ADHD 아동을 위한 인지행동치료

치료사, 부모 및 교사를 위한 안내서

Susan Young · Jade Smith 지음

김지연 · 권윤정 · 정재은 옮김

Σ 시그마프레스

ADHD 아동을 위한 인지행동치료
치료사, 부모 및 교사를 위한 안내서

발행일 | 2026년 2월 5일 1쇄 발행

지은이 | Susan Young, Jade Smith
옮긴이 | 김지연, 권윤정, 정재은
발행인 | 강학경
발행처 | (주)시그마프레스
디자인 | 우주연, 김은경
편　집 | 이지선, 김은실, 윤원진
마케팅 | 문정현, 송치헌, 최성복, 김성옥

등록번호 | 제10-2642호
주소 | 서울특별시 영등포구 양평로 22길 21 선유도코오롱디지털타워 A401~402호
전자우편 | sigma@spress.co.kr
홈페이지 | http://www.sigmapress.co.kr
전화 | (02)323-4845, (02)2062-5184~8
팩스 | (02)323-4197

ISBN | 979-11-6226-511-6

Helping Children with ADHD: A CBT Guide for Practitioners, Parents and Teachers

* 책값은 책 뒤표지에 있습니다.

역자 서문

오늘날 우리는 디지털 기술의 비약적인 발전, 과도한 정보의 홍수, 그리고 끊임없는 자극에 노출된 환경 속에서 살아가고 있습니다. 이러한 사회적 변화는 모든 연령층의 주의 집중과 자기조절 능력에 지속적인 부담을 주며, 특히 주의 조절에 어려움을 겪는 ADHD 아동과 청소년에게는 더욱 깊은 영향을 미치는 것으로 보입니다. 실제로 임상 현장에서 심각하게 느낄 만큼 최근 수십 년 동안 ADHD 증상을 보이는 아동과 청소년의 수는 꾸준히 증가하고 있으며, 이는 단순한 진단율의 증가를 넘어, 현대 사회 환경이 인간의 인지 및 정서 발달에 얼마나 강력한 영향을 미치는지를 여실히 보여줍니다. 역자인 저 역시 이러한 환경적 영향에서 결코 자유롭지 않음을 일상 속에서 자주 실감합니다.

ADHD(주의력결핍 과잉행동장애)는 아동의 성장과 발달 과정에서 부모, 교사, 그리고 치료사 모두에게 깊은 고민과 도전을 줍니다. 무엇보다 아이들 스스로는, 때로는 자신조차 통제하기 어려운 충동성과 산만함 속에서 주변으로부터 이해받지 못하고 외로움과 좌절을 겪는 고통스러운 시간을 보내기도 합니다.

이 책은 Susan Young과 Jade Smith 두 저자가 오랜 임상 경험과 연구를 바탕으로 집필한, ADHD 아동을 위한 실질적이고 체계적인 지침서입니다. 인지행동치료(CBT)의 과학적 근거를 바탕으로, 실제 현장에서 바로 적용할 수 있는 구체적이고 효과적인 개입 전략을 풍부하게 제시하고 있습니다. 특히 치료사뿐 아니라 부모와 교사도 쉽게 이해하고 실천할 수 있도록 구성되어 있어 실로 '보석' 같은 책이라 할 수 있습니다. 다만 무엇보다 강조하고 싶은 점은, 이 책에서 제시하는 CBT 기법들이 치료사의 전문성에 더해 아이를 바라보는 따뜻하고 수용적인 태도와 결합될 때만이 비로소 아동의 내면에 의미 있는 변화를 이끌어낼 수 있다는 사실입니다.

이 번역서가 나오기까지 헌신적인 노력을 아끼지 않으신 (주)시그마프레스와 함께 작업해주신 공동 역자분들께 깊은 감사를 전합니다. 이 책이 ADHD 아동을 이해하고 돕고자 하는 모든 분들께 든든한 길잡이가 되기를 바랍니다. 아이가 자신의 특별함을 발견하고 건강하게 성장해나가는 여정 속에서 이 책이 따뜻한 등불이 되어주기를 진심으로 기원합니다.

2026년 1월

역자 대표 김지연

추천의 글

ADHD는 복잡한 문제들의 집합이며, ADHD를 가진 사람들은 더 복잡합니다. 수년 동안 ADHD에 대한 더 나은 이해와 몇 가지 도움 방법을 발전시켰지만, 이러한 발전은 다소 한쪽으로 치우쳤습니다. 이 책은 새로운 심리적 개입을 위한 세부 계획을 만들어 큰 공백을 메우고 있습니다.

많은 훌륭한 과학 연구가 ADHD에 대한 신경과학 및 인지 분석, 그리고 유전적 기반에 대해 발표해왔습니다. 이러한 연구들은 ADHD가 부적절한 양육의 산물이 아니라 기질적인 문제라는 전문가와 대중의 이해를 형성하는 데 도움이 되었습니다. 그러나 새롭게 얻은 교훈들은 때때로 지나치게 단순화되었습니다. 유전적 영향이 명확하고 강력하지만, ADHD는 단순한 의미에서의 유전질환이 아닙니다. 먼저 유전은 복잡합니다. ADHD의 특징을 나타내는 데 기여하는 유전적 변화는 매우 적으며, 그조차도 드문 경우에만 발생합니다. 오히려 관련된 유전적 변화가 가진 영향력은 매우 약합니다. 많은 유전자들이 함께 작용해야 합니다. 즉, 환경적 특성에 따라 반응을 변화시키기 위해 서로 상호작용을 합니다. 더욱이 환경적 영향이 강력할 수 있습니다. 예를 들어 루마니아의 고아원에서 극심한 방임을 겪은 유아들은 이러한 환경적 영향으로 인해 충동성과 주의력 결핍에 직접적인 영향을 받았습니다.

뇌의 구조와 기능의 변화는 잘 확립되어 있지만, 유전적 변화와 마찬가지로 여러 종류가 있으며, 어느 한 변화도 'ADHD의 원인'으로 볼 수 없습니다. 오히려 여러 기능적 문제들이 사람마다 다른 조합으로 존재합니다. 어떤 사람들은 '실행 기능'(생각 과정에서의 자기 통제)에서 큰 어려움을 겪습니다. 어떤 사람들은 상황에 대한 잘못된 반응을 억제하는 것이 매우 어렵습니다. 어떤 사람들은 기억력이 너무 나빠서 시간과 공간에서 스스로를 완전히 인지할 수 없습니다. 어떤 사람들은 동기 부여가 다른데, 그들은 어떻게든 기다리는 것을 피하려고 합니다. 어떤 사람들은 마음이 너무 산만해서 활동에 집중할 수 없습니다. 어떤 사람들은 감정을 조절하는 것과 스스로를 진정시키는 것이 어렵습니다. 어떤 사람들은 이러한 모든 문제를 가지고 있으며, 그 이상을 겪기도 합니다. 사실 공존하는 문제들이 일상생활의 장애에 주로 기여하는 경우가 많습니다. 어떤 사람들은 반사회적으로 변하거나, 학교에서 받을 수 있는 교육의 혜택을 제대로 누리지 못하며, 또래와 잘 지내는 방법을 배우지 못합니다.

이 모든 연구에서 실질적인 결론은 효과적으로 개입하려면 여러 문제들을 고려해야 하며, 진단이 아닌 개개인별로 치료해야 한다는 것입니다.

가장 잘 연구된 치료법은 뇌에 암페타민과 유사한 방식으로 작용하는 자극제 약물을 사용하는 것입니다(그러나 이것에만 국한된 것은 아닙니다). 약물들은 실제로 큰 차이를 만들 수 있으며, 특히 컨디션에 따라 가장 큰 장애를 겪는 아동에게 도움이 됩니다. 수많은 무작위 대조 시험을 거치면서 국제적으로 약물이 권장되는 치료 계획이 채택되었습니다. 그럼에도 불구하고 약물 치료에서 얻을 수 있는 이익에는 실제적인 한계가 있습니다. 약물 치료는 특히 식습관에 부정적인 영향을 미칠 수 있습니다. 대부분의 아동의 경우 약물 치료가 몇 년 이상의 기간 동안 유용하다는 증거는 거의 없습니다. NICE(National Institute for Health and Clinical Excellence)와 유러피안가이드라인그룹(European Guidelines Group)에 따르면, 대부분의 ADHD 아동은 약물 없이도 상당히 많은 도움을 받을 수 있습니다.

신경생물학적 접근과는 대조적으로 정서적 및 사회적 측면은 덜 공식적으로 연구되었습니다. 치료에 대한 심리적 접근은 대부분 부모(그리고 교사)에게 아동의 나쁜 행동을 통제하는 기술을 가르치는 데 중점을 두었습니다. 이는 성공적이었지만, 아동이 스스로 평가할 수 있는 교육 방식을 개발하지는 못했습니다. 잘 치료받은 아동조차도 성인기에 이르기까지 장애를 겪을 수 있습니다.

대중의 이해도 종종 치우쳐 있습니다. 적어도 유럽의 많은 교육자들은 인식된 환원주의와 '의료화'에 대해 반감을 느껴왔습니다. 그 결과 때때로 그들은 아동의 주의력이 높은 수준으로 부족한 것과 충동적인 행동에 대처하는 것을 돕는 방법에 관심을 가졌습니다. 가족들은 종종 다양한 접근 방식의 충돌로 인해 당황하고 걱정하며, 아동의 발달을 돕는 방법에 대한 지식을 갈망합니다.

무엇이 바뀌어야 할까요? 아동이 그들의 개별적인 문제를 최대한 극복할 수 있도록 돕고, 아직 완전히 도움받을 수 없는 문제에 대처할 수 있는 개입의 개발이 필요합니다. 이러한 개입은 더 넓은 대중에게 수용 가능해야 하며, 아동이 참여하고 배운 것을 지속할 만큼 매력적이고 흥미로워야 합니다. 또한 다양한 발달 수준의 아동에게 유용해야 하며, 충동성과 주의력 부족이라는 핵심 증상뿐만 아니라, 기능적 장애의 넓은 범위를 다뤄야 합니다. 즉, 치료의 균형은 증상을 억제하는 것에 머물지 않고 능력을 발달시키는 것으로 이동되어야 합니다.

이 책은 아동을 교육하는 것과 문제를 치료하는 것에 대해 균형 있게 다루고 있습니다. 인지행동치료에 기반한 구체적이고 실질적인 계획을 제시하며, 잘 설계된 회기와 조언을 제공합니다. 이 책은 아동을 하나의 주체로 대하며, 심리적 발달에 영향을 미치는 모든 강점과 약점을 존중하고 이해합니다. 또한 아동이 직면한 광범위한 어려움을 다루고 있으며, 개별 아동이 ADHD를 성공적으로 극복할 수 있도록 돕는 독특하고 검증 가능한 모델을 제공합니다.

이러한 모든 이유로 이 책은 매우 환영받을 것이며, 어려움을 겪는 아동의 발달 초기에 활용될 수 있을 것입니다. 이 책을 잘 활용하시길 바랍니다!

Eric Taylor 교수

저자 서문

수년간 ADHD 스펙트럼의 청소년과 성인에 초점을 맞추어 작업하면서 고착되고 학습된 부적응 행동이 종종 이들의 치료적 참여와 진행을 방해한다는 것을 발견했습니다. 우리가 더 일찍 개입할수록 결과가 더 좋다고 항상 믿어왔으며, 이제는 그 견해를 뒷받침하는 경험적 자료들이 있습니다. 영국 NICE 가이드라인(National Institute for Health & Clinical Excellence Guidelines)의 ADHD 진단 및 관리 지침 개발 집단의 일원으로 참여했을 때(NICE, 2008), 저는 아동에게 직접적으로 다가가면서도 부모/보호자 및 교사를 포함하는 '모든 점을 잇는' 프로그램이 필요하다고 계속 생각했습니다. 장기적으로 성취에 자부심을 가지고 삶의 만족을 느낄 수 있는, 자신감 있고 성공적인 청소년을 키워내려면 이 광범위하고 기능을 저해하는 상태에 맞서기 위한 전체적이고 통합적인 접근을 제공하는 것이 매우 중요하다고 생각합니다. 따라서 ADHD 청소년과 성인을 치료하기 위한 제 이전 두 권의 인지행동치료(CBT) 책의 성공(스페인어, 노르웨이어 및 폴란드어로 번역됨)에 이어, 공동 저자인 Jade Smith 박사의 격려와 지원을 받아 이번에는 더 어린 아동의 필요를 충족시키는 프로그램 개발에 주력하게 되었습니다.

영-스미스 프로그램(Young-Smith Programme)은 ADHD를 가진 6~12세 아동에게 CBT 기법을 제공하는 보건 및 관련 전문가를 위한 틀을 제공합니다. 이 프로그램은 ADHD 아동이 흔히 겪는 증상, 관련된 공존 질환 및 문제를 다루며, 모듈식 접근 방식을 통해 이 연령의 다양한 요구를 충족하는 것을 목표로 합니다. 이전의 청소년과 성인을 위한 프로그램과 마찬가지로 이 프로그램은 ADHD 증상, 문제 행동 및 정서적 어려움을 다루기 위한 실질적인 전략과 기법을 제공하며, 독자가 쉽게 접근하고 적용할 수 있습니다. 이 전략들은 연속적으로 제공해도 되며, 필요에 따라 '선택'하고 '혼합'하는 등 하위 주제를 자율적으로 선택하여 아동의 구체적인 요구를 충족하도록 맞춤화해도 됩니다. 각 주제는 일상 생활에서 아동의 모습, 평가 방법, CBT 기법 및 부모/보호자와 교사를 위한 실행 조언을 설명하는 표준화된 형식을 따릅니다. 우리는 또한 부모/보호자와 교사들이 치료 기법을 가정과 교실로 성공적으로 도입하고 확장하는 방법에 대한 지침을 제공합니다.

또한 심리 서비스 웹사이트(www.psychologyservices.uk.com/service-users.htm)에서 다운로드할 수 있는 추가 심리교육 자료를 제공합니다. 여기에는 ADHD 아동 평가(ACE)라는 새로운 반구조화된 ADHD 평가 면담이 포함되며, 이는 여러 언어로 다운로드할 수 있습니다.

엄마, 형, 그리고 강아지 윌마와 함께 사는 어린 소년 버즈의 활동과 모험을 소개함으로써 아동의 참여를 이끌어냅니다. 활동지는 아동에게 각 모듈에서 배울 핵심 개념과 기술을 소개합니다. 이러한 내용은 버즈의 시각을 통해 논의되며, 아동은 버즈가 문제를 해결하는 데 도움이 될 만한 아이디어를 생각해냅니다. 이를 통해 아동은 자신의 어려움과 문제에 초점을 맞춰 스스로 기술을 개발하고 적용할 수 있습니다. 프로그램은 모듈형으로 설계되어 있으며 새로운 기술을 습득하고 보상 시스템을 설정하는 핵심 과제는 모든 장에 포함되어 있습니다.

마지막으로 이 치료 프로그램 개발에 도움과 지원을 해준 동료들에게 감사드립니다. 이 프로젝트를 처음 제안하고 저를 '격려'해주며, ADHD 아동과 치료적으로 일하는 지식과 기술을 프로그램에 도입해준 공동 저자이자 임상심리학자인 Jade Smith 박사에게 진심으로 감사드립니다. Jade Smith 박사가 ADHD 청소년들의 삶을 돕고 지원하며 개선하기 위해 헌신한 노력은 정말로 영감을 줍니다. 당신의 열정과 노고 없이는 이 프로그램이 작성되지 않았을 것입니다. 또한 독립 부문에서 오랜 경력을 쌓은 후 기숙형 특수학교 교장이 된 훌륭한 교사 트레이너이자 교육 컨설턴트 Bill Colley에게도 큰 감사를 드립니다. 초안 장들을 읽어주시고, 매우 유익하고 사려 깊은 의견을 제공해주시며, 교육 분야에서 일하는 사람들에게 도움이 될 무언가를 성취할 수 있도록 해주셔서 감사합니다. 이 프로젝트에 대한 지속적인 지원과 디자인에 대한 초기 조언 및 의견을 주신 Eric Taylor 교수님께도 큰 감사를 드립니다. 세부 사항에 대한 꼼꼼함과 교정, 점검, 그리고 시간을 잘 지켜준 Hannah Mullens에게도 진심으로 감사드립니다. 마지막으로 아름다운 딸 Charley에게 고맙습니다. 꿈에 한 걸음씩 다가간다는 것을 절대 잊지 마세요.

Susan Young

참고문헌

National Institute for Health and Care Excellence. (2008). *Attention deficit hyperactivity disorder: Diagnosis and management of ADHD in children, young people and adults*. NICE clinical guidance 72. London: NICE.

Young, S. & Bramham, J. (2012). *Cognitive Behavioural Therapy for ADHD Adolescents and Adults: A Psychological Guide to Practice, Second Edition*. Chichester: John Wiley & Sons.

Young, S. & Bramham, J. (2007). *ADHD in Adults: A Psychological Guide to Practice*. Chichester: John Wiley & Sons.

차례

01 서론

02 영-스미스 프로그램

03 버즈와 가족 소개

04 주의력

05 과잉행동

06 충동성

07 불안

08 좌절과 분노

09 사회적 기술과 관계

10 목표 설정과 계획 세우기

11 문제 해결

12 기분과 자존감

웹사이트 활용 안내

이 책에는 함께 활용할 수 있는 워크시트가 마련되어 있습니다.

www.wiley.com/go/young/helpingadhd

웹사이트 상단에 있는 Resources를 클릭하면
Password Registration Form 페이지에 접속할 수 있습니다.
해당 페이지에서 Click here를 누른 후
패스워드 Teachers를 입력하면
치료사와 아동을 위한 워크시트를 다운로드할 수 있습니다.

1

서론

주의력결핍 과잉행동장애(ADHD)는 아동의 발달 수준에 맞지 않는 부주의, 충동성 및 과잉행동을 주요 특징으로 하며, 이로 인해 기능상에 어려움을 야기하는 신경발달장애이다.

ADHD의 유병률은 아동의 경우 약 5%, 성인의 경우 약 2.5% 정도로 추정된다(APA, 2013). 아동기에는 남아가 여아보다 4배가량 ADHD 진단을 많이 받는 반면, 성인기에는 남녀 비율이 유사하다(Ford, Goodman & Meltzer, 2003; Kessler et al., 2006). 이는 여아들은 주로 부주의한 특성을 더 많이 보이는 반면, 남아들은 과잉행동을 더 많이 나타내기 때문에 더 쉽게 발견되어 평가에 의뢰될 가능성이 높기 때문일 수 있다.

ADHD는 유전될 가능성이 높으며, 뇌의 도파민 및 세로토닌 시스템과 관련된 유전자(Stergiakouli & Thapar, 2010), 흡연, 약물, 조산, 저체중, 출산 외상 및 산모 우울증과 같은 다양한 산전 및 주산기 요인(Thapar, Cooper, Jefferies & Stergiakouli, 2012), 생애 초기 양육 및 자극의 정도(Rutter, 2005)와 같은 유전적 요인과 환경적 요인이 복합적으로 작용하여 발생하는 것으로 알려져 있다.

ADHD는 인지적 및 행동적 특성으로 인해 학업 성취도 저하, 품행 문제, 대인관계 어려움 등 다양한 문제와 연관된다(Shaw et al., 2012). 남아는 여아에 비해 행동 및 품행 문제가 발생할 위험이 더 크며, 이러한 문제로 인해 남아의 의뢰 및 평가 비율이 더 높다. 파괴적인 행동 문제를 동반하는 청소년의 행동은 부모/보호자와 교사 모두에게 특히 어려운 문제이며, 이러한 문제를 관리해야 하는 요구가 스트레스로 이어질 수 있다.

전 생애에 걸친 ADHD

성장하고 발달하는 동안 아동의 두뇌와 행동은 끊임없이 환경에 적응하고 발달한다. 인지 능력이 향상되고, 도전에 대처하는 방법과 장애물을 극복하는 법을 배운다. 그러나 생활 전반에서 ADHD 증상이 더 두드러지게 나타나는 몇몇 중요한 전환기가 있다. 초등학교 입학 즈음 놀이보다 학업에 대한 기대치가 높아지기 시작할 때 ADHD를 처음 인지하는 경우가 많다. 자리에 앉아 있는 것을 유지하지 못하거나, 이야기를 듣거나 혹은 짧은 과제를 혼자서 완수하지 못하고 일어나거나 산만해지는 등의 증상을 보일 수 있다. 이러한 행동이 또래들에 비해 눈에 띄게 두드러진다.

또한 중등학교로의 전환은 계획과 정리의 필요성이 커지고, 수업 시간이 길어지고, 휴식 시간이 줄어들며, 지속적인 집중에 대한 기대치가 높아지는 커리큘럼의 변화로 인해 의뢰의 계기가 될 수 있다. 이 시기에는 어른들의 지원과 지도가 줄어든 채로 새로운 또래 집단을 탐색하고, 자신의 시간과 소지품을 관리하고, 가정과 학교에서 스스로 정리해야 한다. 이와 동시에 사춘기가 가져오는 새로운 감정과 신체 변화에도 대처해야 한다.

일부 개인의 경우 증상과 장애가 성인이 되어서도 지속될 수 있다. 일반적으로 부주의와 안절부절못하는 증상은 성인기에도 유지되는 반면, 과잉 행동과 충동적인 증상은 줄어들기도 한다.

ADHD와 동반이환

ADHD 아동에게 공존 질환은 예외적이라기보다 일반적이다. ADHD 아동의 3분의 2 이상이 한 가지 이상의 공존 질환을 가지고 있는 것으로 알려져 있다. 일반적인 동반 질환으로는 적대적 반항장애, 불안 및 기분 장애, 정서 조절 장애 등이 있다(Biederman, Newcorn & Sprich, 1991; Goldman, Genel, Bezman & Slanetz, 1998; Pliszka, 1998; Elia, Ambrosini & Berrettini, 2008). 기타 동반 질환으로는 자폐스펙트럼장애, 틱장애, 사회적 어려움, 수면 장애, 전반적 지적 손상 또는 난독증과 같은 특정 학습장애 등이 있다.

영재 아동도 ADHD로 진단될 수 있다. 이 경우 ADHD 증상이 지적 능력과 관련되어 아동이 자신의 잠재력을 충분히 발휘하지 못할 수 있다. 영재 아동은 종종 자신의 문제를 감출 수 있는 보완 전략을 갖지만, 학업에 대한 요구와 스트레스가 증가하면 이러한 전략을 사용하기 어려워진다.

ADHD와 가족

ADHD 아동이 있는 가족은 더 큰 양육 스트레스에 노출된다. 특히 아동이 반항적 행동을 하는 경우나 어머니에게 우울증이 있는 경우는 더욱 그렇다(Theule, Weiner, Tannock & Jenkins, 2013). 긍정적이고 즐거운 시간도 많지만 ADHD 아동을 양육하는 것이 항상 쉬운 일은 아니며, 특히 부모/보호자가 피곤하고 정서적으로 지쳐 있을 때는 부모/보호자도 도움이 필요하다. 아동과 질환으로부터 한발 물러서서 가족 내에서 일어나는 일을 바라볼 필요가 있다. 치료사는 아동의 욕구뿐만 아니라 다른 가족 구성원의 욕구에도 초점을 맞추고 이러한 욕구가 충족되고 있는지 고려해야 한다. 한 사람의 행동은 다른 사람의 행동에 영향을 미치기 때문에 가족 역동에 주목하고 가족 내에서 상호 관계가 어떻게 작동하는지 이해하는 것이 중요하다. 가족 내 부정적인 순환 구조가 발생하기 쉬우나 한 사람의 행동 변화가 다른 사람의 행동 변화에 영향을 미칠 수 있다는 긍정적인 측면 또한 존재한다.

가족 전체의 관점에서 볼 때 아동의 형제자매를 고려하는 것이 중요하다. 일상생활에서 ADHD 아동의 요구가 너무 많은 관심을 필요로 하기 때문에 상대적으로 형제자매의 요구는 미뤄지는 경우가 있다. 형제자매가 서로를 배려하고 지지할 수도 있지만(Kendall, 1999), 자신이 다른 형제에 비해 관심을 적게 받는다고 느끼거나 혹은 다른 형제자매가 받는 관심을 부러워할 수도 있다(Mikami & Pfiffner, 2008). 부모/보호자는 모든 형제의 필요를 충족시키고 보상과 제재가 공평하게 이루어지도록 함으로써 긍정적인 가족 관계를 유지하는 것이 중요하다.

ADHD와 학교

교실은 자극이 많은 환경이다. 예를 들어 교사의 말소리, 아이들의 이야기 소리, 스포츠나 잔디 깎기 등 외부 소음, 다른 반이나 친구들이 오가는 소리, 연필로 낙서하는 소리, 바스락거리는 종이 소리, 종소리, 의자 움직이는 소리 등 ADHD 아동의 주의를 흩뜨리는 자극이 가득하다. ADHD 아동에게 이러한 소음은 압도적으로 느껴질 수 있고, 이로 인해 집중력이 떨어지고 과제에서 벗어나거나 중요한 정보를 놓치게 된다. 교사 또한 교실에서는 많은 경쟁적 요구가 있기 때문에 ADHD 아동이 겪는 어려움과 문제를 최소화하고 이들의 노력을 극대화하기 위해 적용할 수 있는 잠재적 방법에 대해 잘 이해하는 것이 중요하다. ADHD가 반항적 행동, 품행 문제 또는 사회적 의사소통 장애와 결합된 경우 교사에게 더 많은 요구가 부과된다(Greene et al., 2002). 이러한 상황들을 고려해볼 때 ADHD 아동과 그들을 둘러싼 주변 사람들의 기술 증진을 돕기 위한 조기 및 표적 개입이 필요하다.

일부 아동은 학습, 자기 모니터링, 과제 수행 능력을 향상시키기 위해 학교에서 추가 지원을 받을 수 있다. 자기 의심 수준이 높거나 자기 효능감이 낮은 아동에게 학습 지원을 하는 경우에는 아동이 성취 가능한 수준에서 단계별로 진행할 수 있도록 격려하고 아동의 노력에 대해 인정하고 보상함으로써 효과를 발휘할 수 있다.

회복탄력성 촉진

모든 아동은 자신만의 고유한 기술, 재능, 자질 및 선호를 가지고 있다. ADHD가 있는 아이와 그렇지 않은 아이의 차이는 전자의 경우 인생의 장애물을 극복하고 잠재력을 발휘하는 방법을 배우는 과정에서 더 많은 지도와 양육이 필요하다는 것이다. 긍정적인 면에 집중하고 자신의 특별함을 수용하는 법을 배우는 것이 중요하다. ADHD 아동은 빠르고 창의적인 사고방식을 가진 경우가 많기 때문에 새롭고 혁신적이며 흥미로운 아이디어를 만들어낼 수 있다. 그들은 또한 사교적이고 재미있으며 외향적이고 직관적일 수 있다. 스포츠에 에너지를 쏟고 새롭고 흥미로운 방법들을 찾아내기도 한다. 그러나 도전과 어려운 문제에 대처하는 방법을 배워야 한다. 좌절에 대처하는 기술을 개발하고, 대인관계 기술을 증진하고, 목표를 설정하고, 자신의 열망을 향해 노력하는 방법도 발달시켜 나가야 한다.

회복탄력성은 개인의 내적 힘과 기술을 바탕으로 하는 자질이다. 이는 평생에 걸쳐 지속되는 특성으로, 삶의 여러 영역에 걸쳐 자신감, 기술 및 역량을 키워나가야 하는 과업이기도 하다. ADHD 아동에 대한 조기 개입은 아동의 강점과 회복력을 증진하고 아동의 향후 발달과 안녕에 영향을 미칠 수 있는 낮은 자존감과 같은 위험 요인을 줄이는 것이 중요하다. 회복탄력성이 있는 사람은 스트레스나 부정적인 사건에 부딪혔을 때 다시 회복하고 적응할 수 있다. 그동안의 연구를 통해 ADHD가 평생 지속되는 질환이라는 사실이 밝혀지면서 조기 개입을 통해 심리적 회복탄력성을 키우는 것의 중요성에 대한 이해가 더욱 높아질 것이다. 조기 개입의 목표는 단순히 기술 발달을 촉진하는 것이 아니라 대처 및 지원 메커니즘을 강화하여 정서적 고통, 행동 문제, 학업 성취 저하로부터 아동을 보호하는 것이다. 조기 개입은 부적응적 패턴이 고착화되는 것을 예방할 수 있다.

우리는 주변 사람들로부터 많은 영향을 받는다. 아이들은 스펀지와 같아서 보고 듣는 것을 잘 흡수한다. 아이들은 성장하면서 부모/보호자, 교사, 또래 친구, 미디어 및 사회의 다른 사람들로부터 다양한 (때로는 상충되는) '메시지'를 받는다. 이러한 '메시지'는 세대와 문화적 규범에 따라 달라질 수 있지만, 아동이 자신에 대한 적응적이고 기능적인 관점을 내면화하려면 이들에게 전달되는 메시지가 희망적이고 긍정적이어야 한다. 스스로를 문제나 걱정거리로 인식하는 아동은 자존감이 낮고, 성장하면서 필연적으로 직면하게 될 삶의 도전과 어려움에 대처할 수 있는 회복탄력성이 부족할 가능성이 높다.

Sonuga-Barke와 Halperin(2010)이 설명한 것처럼 ADHD를 변화 불가능한 핵심적인 결손으로 이해하기보다는 아동의 개별적인 요인, 발달적 신경생물학, 표현형과 대인관계적 역동 간의 상호작용으로 이해해야 한다. ADHD를 아동의 발달에 따라 변화하는 하나의 상태로 볼 필요가 있다. 따라서 ADHD는 아동의 발달적 경로에 따라 역동적 모습을 갖게 되며, 조기 개입을 통해 긍정적인 사회적 지지, 긍정적인 자기 신념, 세심하고 따뜻한 양육 환경, 신체 활동 참여를 이끌어내어 더 나은 상태를 형성할 수 있다.

인지행동치료

영-스미스 프로그램은 인지(생각하는 것), 감정(느끼는 것), 신체 반응(우리 몸에 미치는 영향), 행동(하는 것) 간의 관계에 초점을 맞춘 인지행동치료(cognitive behavioural therapy, CBT)이다(그림 1.1 참조). CBT가 불안, 우울, 대인관계 문제, 공포증, 등교 거부, 품행장애, 강박장애, 통증 관리

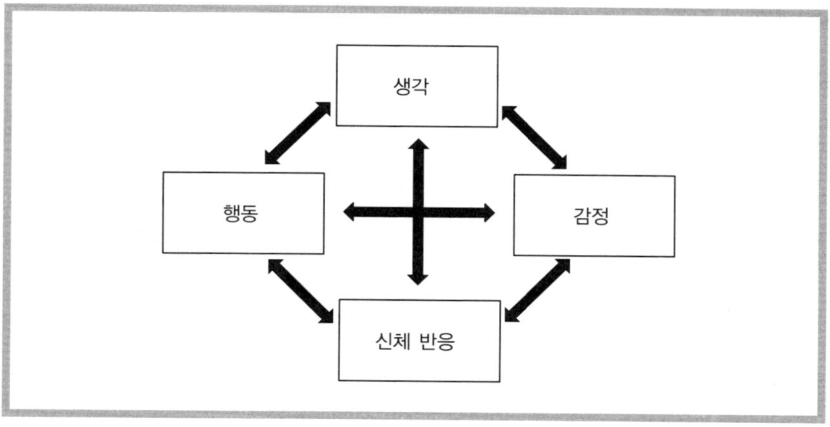

그림 1.1 CBT 사이클

등 아동이 겪는 다양한 문제를 치료하는 데 효과적인 개입이라는 증거가 많다.

CBT는 인지 과정을 변화시켜 심리적 고통과 부적응 행동을 줄이는 것을 목표로 한다. 기본 가정은 정서와 행동은 대부분 인지의 산물이기 때문에 인지 및 행동적 개입이 사고, 감정, 행동에 변화를 가져올 수 있다는 것이다. 따라서 CBT의 목표는 부정적이고 도움이 되지 않는 사고 오류를 재구성하는 동시에 대처 능력을 향상시킬 수 있는, 적응적이고 융통성 있는 행동을 더 많이 하도록 돕는 것을 목표로 한다. 이러한 목표는 생각하는 방식이 감정과 행동을 바꿀 수 있다는 것을 아동에게 가르침으로써 달성될 수 있다. 신체 반응은 감정에 대한 단서를 제공한다. 예를 들어 개를 보고 "저 개는 무섭게 생겼어!"라고 생각하는 아동은 (매우 친근한 개일지라도) 무섭게 느낄 것이다. 심장이 두근거리고 떨리기 때문에 그러한 감정을 쉽게 인식할 수 있다. 이러한 감정에 대한 반응으로 자동적인 행동이 나타나 아동은 개에게서 멀리 떨어진 안전한 곳으로 도망칠 것이다. 아동이 두려움에 직면하지 않으면 생각, 감정 및 행동을 관리하는 방법을 배우지 못하기 때문에 개에 대한 불안은 계속 유지될 가능성이 높다.

어린 아동과 함께 작업하는 치료사는 일반적으로 인지적인 수준에서 작업하기가 쉽지 않기 때문에 행동적인 측면에 좀 더 중점을 둔 치료 목표를 설정한다. 그러나 아동이 성숙함에 따라 더 많은 인지적 개입을 도입할 수 있으며, 이는 치료 결과를 최적화할 수 있다. 인지적 접근 방식은 아동이 자신과 타인, 세상에 대해 어떻게 생각하는지 살펴본다. CBT에서는 '사고 오류(thinking error)'를 자신과 타인, 그리고 세상에 대해 부정적이거나 지나치게 일반화된, 또는 제한적인 생각을 하는 왜곡되거나 편향된 사고로 간주한다. 이러한 '사고 오류'는 우리의 지각을 변화시키며 긍정적인 대처 기술을 사용하지 못하게 함으로써 기능적 사고 과정을 방해한다. 영-스미스 프로그램에서는 이러한 '사고 오류'를 '방해가 되는 생각(enemy thought)'이라고 부른다.

또한 개인은 자신의 사고 오류와 모순되는 관련 정보를 선택적으로 무시할 수 있다. 예를 들어 "모든 선생님은 나를 형편없다고 생각할 거야"라는 생각은 파국적 사고 또는 흑백 논리를 보여주는 지나친 일반화일 가능성이 높다. 이런 생각을 하는 아동은 전날 선생님으로부터 칭찬을 받은 것과 같은 반대되는 증거들을 무시할 가능성이 높다. 이러한 생각은 시간이 지남에 따라 핵심 신념으로 발전할 수 있다. 핵심 신념은 개인이 사건을 인식하고 평가하는 더 강력한 표상으로 작동한다. 조기 개입은 해롭고 부정적이며 뿌리 깊은 핵심 신념의 발달을 예방하고, 미래의 고통을 줄이며, (부정적인) 자기 충족적 예언의 발달 위험을 감소시킬 수 있다.

CBT 기법은 아동이 자신과 타인, 세상에 대한 생각과 신념을 재평가하

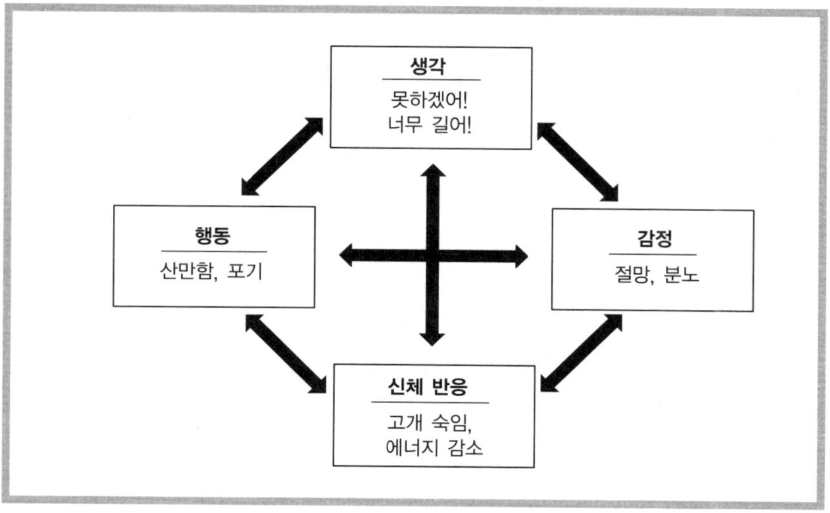

그림 1.2 학교 상황에서 부정적인 자기 충족적 예언의 예시

고 새롭고 적응적인 방식으로 상황을 바라보도록 도와주며, 이를 통해 더 긍정적인 감정을 느끼도록 돕는다. 마찬가지로 아동이 상황에 대응하는 방법을 바꾸면 상황을 인식하는 방식뿐 아니라 어려운 상황에 대처할 수 있는 스스로의 능력에 대한 인식도 변화된다. 결과적으로 이는 더 긍정적인 감정과 자기 효능감 및 자신감 향상으로 이어질 수 있다.

그림 1.2는 수업 시간에 에세이를 쓰는 데 어려움을 겪고 있는 ADHD 아동의 예를 보여준다. 이 아동은 부정적인 자기 충족적 예언에 갇혀 있다. 이 경우 CBT는 아동이 가진 부정적인 생각/사고 오류에 도전하고 "그래 한번 해보자, 할 수 있어. 5분만 더 해보고 도움을 요청하자"와 같은 긍정적인 자기 대화를 적용하도록 가르친다. 이렇게 함으로써 아동이 한번 더 시도하고, 조금 더 노력할 만한 동기가 부여될 수 있으며, 계속 힘들 경우에는 도움을 요청할 수 있다.

영-스미스 프로그램

영-스미스 프로그램(Young-Smith Programme)은 정신건강 전문가나 관련된 전문가들이 ADHD 또는 ADHD와 관련된 증상이 있는 학령기 아동에게 사용할 수 있는 프로그램의 구조와 CBT 기법들을 제공한다. 영-스미스 프로그램과 활동지는 'ADHD'를 직접적으로 언급하지 않으므로, ADHD로 진단받지 않았으나 다른 이유(예 : 가족 내 혼란)로 인지 및 행동 문제를 겪고 있는 아동에게 사용하기에도 적합하다.

영-스미스 프로그램은 아동의 행동 문제와 인지적, 정서적 어려움을 해결하기 위한 실질적인 전략과 기법을 제공한다. 특히 아동의 경우에는 인지적 문제로 인해 CBT의 표준적인 개입 방법을 실시하는 데 어려움이 있을 수 있다. 예를 들어 아동이 안절부절못하고 계속 움직이거나 부주의해져서 회기 시간을 더 줄여야 할 수도 있고, 기억력을 돕기 위한 시각적 자극이나 참여를 지속시키기 위한 창의적인 방법이 필요하며, 잦은 휴식과 보상 등 치료 접근 방식에 유연성이 필요하다. 영-스미스 프로그램은 유연한 접근 방식을 제공함으로써 아동을 둘러싼 네트워크에도 적응적인 CBT 모델을 제공한다. 이를 통해 아동이 새로 습득한 기술을 일상생활에서 연습하고 일반화할 수 있도록 지원한다.

부모/보호자나 교사 등 아동을 둘러싼 중요한 주변 성인이 프로그램에 함께 참여하는 것이 가장 효과적이며, 치료사가 부모/보호자 및 교사와 직접 협력함으로써 아동에 대한 지원을 최적화할 수 있다. 부모나 학교에 대한 개입을 포함하는 이러한 접근의 효과를 뒷받침하는 많은 증거가 있다(Young & Amarasinghe, 2010). 이러한 접근을 바탕으로 인지행동 패러다임을 적용한 영-스미스 프로그램은 ADHD 아동의 기능적 문제에 초점을 맞추고 있으며, 포괄적인 치료 프로그램을 제공한다. 이 프로그램의 상호적이고 모듈식 방식은 부모/보호자, 교사 또는 ADHD 아동을 지원하는 다른 기관의 관계자가 프로그램을 제공할 수도 있음을 의미한다. 특히 부모/보호자 및 교사가 프로그램의 일부를 직접 실시할 것을 권장하며, 이들을 도울 수 있는 구체적인 지침을 제공한다. 이 프로그램은 아동과 부모/보호자 및 교사와 직접적으로 일하는 치료사를 위해 작성되었지만, 다른 영역의 전문가를 위한 프로그램 사용 방법에 대한 추가 조언과 지침을 포함한다는 점에서 새로운 시도라고 볼 수 있다.

또한 교사와 특수교사는 기존 또는 새로 구성하는 개별화 교육 프로그램에 이 프로그램의 구성 모듈을 쉽게 포함시킬 수 있을 것이다. 따라서 단기 목표는 특정한 모듈을 완료하는 것으로 설정할 수 있으며, 아마 더 효과적인 방법으로는 모듈에서 학습한 특정 전략을 학교 상황에 적용하도록 구성할 수 있을 것이다. 예를 들어 자신의 감정을 표현하기 위해 5점 척도 사용하기(이 책의 후반부 참조), 충동적인 행동 및 좌절이나 갈등을 관리하기 위해 버즈 이야기에서 소개된 기술 사용하기, 친구들과 우정을 형성하고 관리하는 방법 배우기 등이 목표가 될 수 있다.

영-스미스 프로그램에서는 세 가지 이유로 ADHD라는 용어를 의도적으로 사용하지 않는다. 첫째는 진단 범주보다는 일상생활에서 어려움을 일으키는 기능적 증상에 초점을 맞추는 것이 더 의미가 있다고 믿기 때문이다. 둘째는 진단명과 관련된 낙인을 피하고 싶어서이고, 셋째는 자신의 어려움이 장애로 인한 것이기 때문에 자신의 통제 밖이라고 느끼기를 원치 않기 때문이다. 만일 아동이 문제(행동, 사건)가 자신을 통제한다고 믿는다면 결과적으로 그 아동은 문제, 행동, 사건 등을 통제하기 위해 아무것도 할 수 없다고 느낄 것이다. 그러나 아동은 스스로 배울 수 있는 전략을 포함하여 자신의 행동과 감정을 조절하기 위해 할 수 있는 일이 많으므로 이러한 믿음은 잘못된 것이다. 이는 일반적으로 아동에 대한 인지행동치료를 뒷받침하는 증거를 통해 잘 입증되어 왔다. 그러나 이를 달성하기 위해서는 많은 노력과 연습이 필요하다. 더불어 아동이 자신의 상태에 대해 비난받는다고 느끼지 않도록 주변 어른들이 아동과 ADHD를 분리해서 생각할 수 있게 돕는 것이 중요하다.

그럼에도 불구하고 정신건강 전문가가 아동에게 ADHD에 대해 알려주는 것이 도움이 된다고 판단되는 경우를 위해 심리 서비스 웹사이트에서 무료로 다운로드할 수 있는 심리교육 자료가 있다(www.psychology-services.uk.com/service-users.htm). 이 심리교육 자료는 아동을 대상으로 한 'So, I have ADHD'와 부모/보호자 및 교사를 대상으로 한 'ADHD?

Information for Parents, Carers and Teachers' 두 버전이 있다.

참고문헌

American Psychiatric Association. (2013). *Diagnostic and Statistical Manual of Mental Disorders* (5th ed.). Washington, DC: American Psychiatric Association.

Biederman, J., Newcorn, J., & Sprich, S. (1991). Comorbidity of attention deficit hyperactivity disorder with conduct, depressive, anxiety, and other disorders. *American Journal of Psychiatry, 148*(5), 564–577.

Elia, J., Ambrosini, P., & Berrettini, W. (2008). ADHD characteristics: 1. Concurrent co-morbidity patterns in children and adolescents. *Child and Adolescent Psychiatry and Mental Health, 2*(15), 1–9.

Ford, T., Goodman, R., & Meltzer, H. (2003). The British child and adolescent mental health survey 1999: The prevalence of DSM-IV disorders. *Journal of the American Academy of Child and Adolescent Psychiatry, 42*(10), 1203–1211.

Goldman, L. S., Genel, M., Bezman, R. J., & Slanetz, P. J. (1998). Diagnosis and treatment of attention-deficit/hyperactivity disorder in children and adolescents. *Journal of the American Medical Association, 279*(14), 1100–1107.

Greene, R., Beszterczey, S., Katzenstein, T., Park, K., & Goring, J. (2002). Are students with ADHD more stressful to teach?: Patterns of teacher stress in an elementary school sample. *Journal of Emotional and Behavioral Disorders, 10*(2), 79–89.

Kendall, J. (1999). Sibling accounts of attention deficit hyperactivity disorder (ADHD). *Family Process, 38*(1), 117–136.

Kessler, R. C., Adler, L., Berkley, R., Biederman, J., Connors, C. K., Demler, O., et al. (2006). The prevalence and correlates of adult ADHD in the United States: Results from the national comorbidity survey replication. *American Journal of Psychiatry, 163*(4), 716–723.

Mikami, A.Y., & Pfiffner, L. J. (2008). Sibling relationships among children with ADHD. *Journal of Attention Disorders, 11*(4), 482–492.

Pliszka, S. R. (1998). Comorbidity of attention-deficit/hyperactivity disorder with psychiatric disorder: An overview. *Journal of Clinical Psychiatry, 59*(Suppl 7), 50–58.

Rutter, M. (2005). Environmentally mediated risks for psychopathology: Research strategies and findings. *Journal of the American Academy of Child and Adolescent Psychiatry, 44*(1), 3–18.

Shaw, M., Hodgkins, P., Caci, H., Young, S., Kahle, J., Woods, A., et al. (2012). A systematic review and analysis of long-term outcomes in attention deficit hyperactivity disorder: Effects of treatment and non-treatment. *BMC Medicine, 10*(99), 1–15.

Sonuga-Barke, E. J. S., & Halperin, J. M. (2010). Developmental phenotypes and causal pathways in attention deficit/hyperactivity disorder: Potential targets for early intervention? *Journal of Child Psychology and Psychiatry, 51*(4), 368–389.

Stergiakouli, E., & Thapar, A. (2010). Fitting the pieces together: Current research on the genetic basis of attention-deficit/hyperactivity disorder (ADHD). *Journal of Neuropsychiatric Disease and Treatment, 6*, 551–560.

Thapar, A., Cooper, M., Jefferies, R., & Stergiakouli, E. (2012). What causes attention deficit hyperactivity disorder? *Archives of Disease in Childhood, 97*, 260–265.

Theule, J., Wiener, J., Tannock, R., & Jenkins, J. M. (2013). Parenting stress in families of children with ADHD: A meta-analysis. *Journal of Emotional and Behavioral Disorders, 21*(1), 3–17.

Young, S., & Myanthi, Amarasinghe, J. (2010). Practitioner review: Non-pharmacological treatments for ADHD: A lifespan approach. *Journal of Child Psychology and Psychiatry, 51*, 116–133.

2

영-스미스 프로그램

이 장에서는 영-스미스 프로그램의 진행 방법에 대한 일반적인 안내와 지침을 제공한다. 회기의 내용과 구조에 대한 정보, 프로그램 자료에 대한 설명, 프로그램의 전달 방식에 대한 논의 등 전반적인 프로그램의 개요가 포함되어 있으므로, 프로그램을 제공하려는 모든 사람은 이 장을 읽어볼 것을 권한다. 정신건강 전문가 및 관련 전문가들을 위해 ADHD 아동 관리에 도움이 될 수 있는 실질적인 조언과 전략을 포함하여 공동 작업에 대한 조언을 제공한다. 각 가정이나 학교 환경에서 ADHD 및 관련 문제를 가진 아동을 지원하기 위해 적용할 수 있는 구체적인 전략을 습득하고자 하는 부모/보호자 및 교사를 위한 조언도 포함되어 있다. 영-스미스 프로그램은 치료사에 의해 제공되지만, 부모/보호자 및 교사가 프로그램의 일부분을 진행하는 것도 가능하다. 이 프로그램이 상호적이고 모듈 방식으로 이루어져 있다는 것은 각각의 장이 활동지와 함께 방향성이 있는 단계적 구조를 제공함을 의미한다.

프로그램 내용

영-스미스 프로그램은 ADHD 아동에게 가장 흔히 나타나는 기능적 문제를 주제로 한 9개의 모듈로 구성되어 있다(표 2.1 참조). 이 목록은 프로그램을 제공하는 사람들에게 가장 도움이 될 주제를 고려하여 선택했으나, 모든 주제가 포함되어 있는 것은 아니다. 또한 각 모듈은 상호 배타적이지 않다.

모듈식 프로그램 방식은 아동의 필요에 따라 특정 모듈을 선택하고 우선순위를 정할 수 있어 유연하게 프로그램을 실행할 수 있다. 따라서 이 프로그램은 자유롭게 조합하여 진행할 수 있다. 아동의 참여, 동기 부여 및 이해를 촉진하기 위해 버즈라는 소년과 그의 가족을 소개함으로써 연령에 적합한 방식을 제공한다(3장 참조). 각 모듈에는 버즈의 경험과 버즈가 일상생활에서 겪는 문제나 어려움을 소개하는 활동지가 포함되어 있다. 이는 아동이 충분히 공감할 만한 경험들로 이루어져 있으며, 아동은 버즈의 문제를 해결하는 데 사용할 수 있는 전략을 치료사와 함께 생각하고 적절한 방법을 결정할 수 있다. 그런 다음 치료사는 버즈의 상황이나 문제에서 벗어나 실제 아동이 겪었거나 현재 겪고 있는 유사한 경험으로 논의를 전환하고, 버즈를 돕기 위해 제시된 제안이 아동에게 어떻게 도움이 될 수 있는지 고려한다. 이 접근 방식은 치료적 협력과 응집력을 강화할 뿐만 아니라 흥미롭고 실용적이며, 시각 자료를 활용한 방식을 제공할 수 있다. 그러나 이러한 진행 방법은 선택 사항이며, 나이가 많은 고학년의 아동에게 적합하지 않다고 판단되는 경우 조정할 수 있다.

그 이후에 아동은 이러한 전략이 도움이 되는지 검증하기 위해 홈미션을 실시한다. 만일 도움이 되지 않는다면 다른 전략을 파악하여 다음 홈미션

표 2.1 영-스미스 프로그램 모듈

3장	버즈와 가족 소개
4장	주의력
5장	과잉행동
6장	충동성
7장	불안
8장	좌절과 분노
9장	사회적 기술과 관계
10장	목표 설정과 계획 세우기
11장	문제 해결
12장	기분과 자존감

에서 시도해볼 수 있다. 아동은 이러한 방식으로 자신을 돕고 지원하기 위해 적용할 수 있는 적응 기술을 배우고 습득하게 된다.

효과를 극대화하려면 부모/보호자, 그리고 가능하면 교사가 프로그램에 함께 참여하는 것이 중요하다. 따라서 각 모듈에서는 아동에게 초점이 맞춰진 전략들과 함께 부모/보호자 및 교사와의 공동 작업을 위한 안내, 그리고 가정 및 학교에서 이러한 전략을 실행하는 방법에 대한 안내를 제공한다. 또한 (아동에게 프로그램을 제공하는 것과는 별개로) 가정과 학교에서 적용할 수 있는 구체적인 '단독' 전략을 안내하기 위해 부모/보호자 및 교사에게 도움이 될 정보도 함께 제공한다.

모듈 형식

3장에 제시된 첫 번째 소개 모듈에 이어 이후 등장하는 모듈은 표준화된 형식을 따른다(표 2.2 참조). 모듈에서는 먼저 ADHD 아동이 경험하는 주제와 관련된 일반적인 문제와 기능적 결함 또는 장애(즉, 일상생활에서 어떻게 나타나는지)에 대해 설명한다. 그다음 관련된 문제를 평가하는 방법에 대한 제언이 기술되어 있는데, 여기에는 변화를 모니터링하기 위해 여러 시점에 사용할 수 있는 설문지 또는 측정법이 제안되어 있다. '인지행동치료' 부분에서는 해당 회기 내 활동계획(아젠다)과 아동 파일을 검토할 때의 고려점이 기술되어 있다. 아동 파일에는 회기 중, 그리고 회기 간에 이루어진 대부분의 자료들이 포함되어 있으므로, 시간이 지나면서 자료가 축적되면 아동에게 도움이 되는 전략에 대한 자료가 모두 포함된 중요한 자원이 된다. 또한 활동지와 회기에서 활동지를 시행하는 방법, 피드백 및 보상에 대한 조언도 기술되어 있다.

그다음으로는 부모/보호자 및 교사와의 협력에 대한 내용이 있으며, 각각의 회기 내 활동계획을 소개할 수 있는 접근 방식, 기법 또는 전략도 함께 기술되어 있다. '부모/보호자(또는 교사)가 무엇을 할 수 있나요?' 부분은 프로그램을 적극적으로 제공하지는 않지만 가정이나 학교 환경에서 '단독'으로 적용할 수 있는 전략에 대해 자세히 알고자 하는 부모/보호자 또는 교사를 위한 부분이다.

표 2.2 영 - 스미스 모듈의 형식

소개
평가
인지행동치료
부모/보호자와 협력하기
부모/보호자가 무엇을 할 수 있나요?
교사 및 학교와 협력하기
교사가 무엇을 할 수 있나요?

영-스미스 프로그램은 교사와 특수교사가 관련된 모듈을 기존 또는 새로 구성된 개별화 교육 프로그램에 쉽게 포함할 수 있도록 설계되었다. 따라서 단기 목표는 특정한 모듈을 완료하는 것 혹은 모듈에서 배운 특정 전략을 학교 상황에 적용하는 것으로 설정할 수 있다. 예를 들어 자신의 감정을 5점 척도를 사용하여 표현하기(이 장의 후반부 내용 참조), 충동적인 행동이나 좌절 피하기, 갈등 관리를 위해 버즈의 이야기에 소개된 기술 사용하기, 또래들과 우정을 형성하고 유지하기 위한 기술 적용하기 등이 있다.

장기적인 목표로는 학업 성적 향상, 학교생활 참여도 향상 또는 부정적 피드백 감소, 자존감 향상 등이 될 수 있다. 목표 설정은 긍정적으로 그리고 아동의 (상대적인) 강점을 강화할 때 효과적인 경향이 있다. 예를 들어 과정을 아동의 축구 경기력 향상이나 컴퓨터 기반 학습 활동의 새로운 레벨 완료와 연결시킬 수 있다.

진행 방식

아동에게 직접 프로그램을 진행할 때는 아동의 연령과 능력을 염두에 두는 것이 중요하다. '버즈와 그의 가족' 활동지는 어린 연령대 아동에게 적합하도록 설계되었으므로 나이가 어린 아동에게 실시하는 것이 바람직하다(초기 치료 회기는 활동지 1~3으로 시작해야 한다. 3장 참조). 치료사는 버즈의 모험을 설명하는 활동지를 선택하여 읽고 지시에 따라 아동과 토론한다. 버즈의 관점, 그리고 다른 사람의 관점에서 문제를 논의하고 버즈의 생각과 행동을 통해 문제나 상황을 해결할 수 있는 방법에 대해 생각해봐야 한다. 그런 다음 치료사는 문제나 주제의 초점을 아동의 경험이나 행동과 연관시킬 수 있도록 전환해야 한다.

나이가 많은 아동(만 12세 이상)이나 활동지를 사용하지 않아도 되는 아동의 경우, 치료사는 활동지를 사용하지 않는 대신 아동에게 직접 주제를 소개하고 제시된 인지 그리고/또는 행동 전략을 아동의 경험에 적용하는 방식으로 조정할 수 있다. 아동의 경험과 행동에 토론의 초점을 맞춘다는 점을 제외하면 비슷한 형식으로 진행된다. 또는 나이가 많은 아동은 영화나 드라마의 등장인물이나 어려움을 겪고 있는 청소년에 관한 TV 프로그램(예 : '브랫캠프')의 주제에 더 쉽게 공감할 수 있으며, 이러한 경우 활동지에 사용된 버즈 프롬프트를 조정하여 연령에 적합하게 만들 수 있다.

어떤 방식으로 진행하는 것이 더 효과적인지는 아동의 발달 수준에 따라 달라질 수 있으므로 고정된 연령 범위를 제공하지는 않는다. 대부분의 경우 진행 방식을 아동에게 맞추는 것은 비교적 간단한 문제라고 생각되나, 어떤 방식이 가장 적합한지 불확실한 경우에는 우선 활동지로 시작하되 아동의 개인적인 경험으로 빠르게 전환하는 것이 좋다.

활동지를 사용하고 중재를 진행하기 전에 치료사는 아동의 언어 능력을 충분히 이해해야 한다. 활동지는 어린 연령의 아동을 위해 설계되었지만 일부 아동에게는 조정이 필요할 수도 있다. 또한 개입을 위해서는 정서에 대한 반영과 이해가 필요한데, 일부 어린 아동은 가능한 감정의 범위를 완전히 이해하지 못했을 수 있다. 이 경우 활동지를 적절히 조절하는 것이 필요하며, 매우 불행(0)에서 매우 행복(5)에 이르는 5점 척도(예 : 행복, 화남, 슬픔, 두려움)를 도입하여 아동이 감정의 강도를 고려할 수 있도록 한다. 일부 아동은 긍정 편향을 가지고 있어 자신에게 문제가 있거나 관련 장애가 있다는 사실을 인식하지 못할 수 있다. 이는 아동이 자신의 능력을 과대평가함으로써 향상을 위한 전략을 무시하고 프로그램에서 이탈하는 결과를 초래할 수 있으므로 이러한 성향이 있는지 파악하고 전체적으로 고려하여 가능한 한 빠른 시일 내에 이를 해결해야 한다.

심리교육

영-스미스 프로그램 활동지에는 ADHD라는 용어를 사용하지 않는다. 이는 두 가지 이유 때문인데, 첫째는 진단 범주보다는 아동이 일상생활에서 겪는 어려움과 기능적 문제에 초점을 맞추는 것이 더 의미가 있다고 생각하기 때문이다. 둘째는 낙인 찍기와 관련된 오명을 원치 않으며, 또한 문제의 원인이 자신이 아닌 '외부'의 무언가라는 인식으로 문제를 외재화하는 것을 원치 않는 까닭이다. 그렇게 되면 아동은 외부의 어떤 문제가 자신을 통제한다고 믿게 될 위험이 있다. 이는 결국 아동이 문제, 행동, 사건 등을 스스로 통제할 수 없다고 믿게 된다는 것을 의미한다. 아동을 위한 인지행동치료를 뒷받침하는 증거에서 알 수 있듯이 아동이 스스로 배울 수 있는 전략을 포함하여 자신의 행동과 감정을 통제하도록 지원하기 위해 할 수 있는 일이 많기 때문에 이는 잘못된 생각이다. 행동과 감정을 조절하는 것은 어느 정도의 노력과 연습이 필요하지만 성취 가능한 일이다. 이는 또한 영-스미스 프로그램 및 관련 자료가 ADHD 진단을 받지는 않았으나 다른 여러 이유로 일상생활에서 기능장애를 겪고 있는 아동에게도 일반적으로 사용하기에 적합하다는 것을 의미한다.

그러나 일부 특별한 상황에서는 아동에게 ADHD에 대한 심리교육적 정보를 제공하는 것이 유용할 수 있다. 이 경우 부모/보호자와 함께 논의하여 진행해야 한다. 이러한 필요를 충족하기 위해 심리 서비스 웹사이트(www.psychology-services.uk.com/service-users.htm)에서 다운로드할 수 있는 몇 가지 자료를 개발했다. 아동 심리교육 자료('So, I have ADHD')와 아동의 치료에 밀접하게 관련된 사람들을 위한 버전('ADHD? Information for Parents, Carers and Teachers')도 제공된다. 이러한 자료들은 면담 시 논의의 기초 자료로 사용하거나 유인물로 제공할 수 있다.

회기 내 활동계획(아젠다)

각 회기가 시작될 때 치료사는 회기 전에 미리 준비한 회기 내 활동계획서를 아동에게 제공한다. 회기 중에 소개할 주제와 활동지를 이 활동계획서를 통해 설명한다.

회기 내 활동계획은 가능한 한 시각적 자료로 구성하는 것이 좋다. 멋진 그림이 아니어도 상관없다. 회기를 진행하면서 활동계획서를 사용하여 주의를 다시 집중시키고 완료된 작업에 체크를 한다. 이는 행동 기술을 역할극으로 연습할 수 있는 기회를 제공하며, 미완성된 자료는 다음번에 할 수도 있다. 활동계획서는 아동의 파일에 넣어 부모/보호자 및 적절한 경우 교사에게 보여줄 수 있도록 해야 한다.

고학년 아동의 경우 현실적으로 달성할 수 있는지를 파악하기 위해 회기의 시간과 과제에 소요되는 시간에 대해 이야기를 나누면서 시간 관리 기술을 소개할 수 있다. 활동계획으로 설정한 모든 작업을 회기 내에 완료하는 것이 목표이지만, 회기 중에 처리해야 할 중요한 문제가 발생하면 모든 작업을 다 진행하지 못할 수도 있다. 이 경우 완료되지 않은 과제는 홈미션으로 제공하거나 다음 회기 내 활동계획에 포함시킬 수 있다. 회기 내 활동계획서는 파일에 넣어 아동이 스스로 진행 상황을 모니터링하고 부모/보호자 및 교사와 공유할 수 있도록 해야 한다.

CBT 활동지

소개 및 활동지를 하는 목적은 각 모듈에서 배우게 될 핵심 개념과 기술을 아동에게 소개하기 위함이다. 치료사는 회기 내 활동계획을 설정하고, 회기와 회기 사이에 완성한 작업을 복습하고, 활동지를 통해 아동과 작업하고(또는 고학년 아동의 경우에는 아동에게 직접 주제를 소개하고 자신의 경험과 잠재적 전략에 대해 토론하고), 홈미션을 설정함으로써 이러한 목표를 달성할 수 있다. 이러한 기법은 각각의 장에 제시된 각 모듈 주제에 자세히 설명되어 있다.

모듈식의 접근을 활용하여 영-스미스 프로그램을 유연하게 제공할 수 있는 것처럼, 각 모듈의 내용도 아동의 필요에 따라 다양한 활동지를 선택하여 유연하게 구성할 수 있다. 따라서 치료사는 각 모듈에서 제시된 활동지를 대체하거나 보완하는 데 도움이 된다고 생각되는 활동지를 선택하여 자유롭게 조합할 수 있다. 한 모듈에 최소 두 장의 활동지가 포함되는 것이 좋지만, 문제가 심각하거나 복잡한 도움이 필요한 아동에게는 더 많은 활동지가 필요할 수 있다. 활동지와 활동지의 기술 목록은 표 2.3에 제시되어 있다.

프로그램은 버즈와 그의 가족 및 일상 활동을 소개하기 위해 고안된 도입 모듈에 관한 활동지로 시작해야 한다(3장 참조). 이 모듈의 목표는 치료적 관계를 형성하고 아동이 자신을 표현하는 능력을 증진하는 것이다. ADHD와 관련된 증상과 행동을 소개하고, 아동이 다른 사람의 입장을 공감하고 이해하도록 격려하며, 도전과 기술의 개념을 소개하고, 지식과 기술을 아동의 생활에 적용하도록 격려한다. 중요한 것은 긍정적인 사고를 통해 보상, 칭찬, 자기 강화의 핵심 개념을 아동에게 소개하는 것이다. 이 프로그램에서 사용하는 활동지의 장점은 대부분의 아동, 특히 나이가 어린 아동과 ADHD 아동이 자신의 행동에 대해 직접 이야기하는 것을 어려워하는데, 이러한 어려움을 피할 수 있다는 것이다. 버즈에 대한 논의는 아동이 자신의 행동에 대해 이야기할 때 편안함을 느낄 수 있도록 도와준다.

활동지는 일반적으로 세 부분으로 구성되어 있다.

1. **도입 활동지** : 이 활동지는 버즈에 대한 이야기를 들려주고 문제를 강조한다(아동에게 버즈와 그의 가족을 소개하고 긍정적 사고와 보상의 핵심 전략을 소개하는 소개 도입 모듈은 제외). 도입 활동지를 아동에게 읽어주고 토론을 위한 분위기를 만든다. 도입 활동지는 아동이 보관한다. 활동지의 모든 그림은 색칠공부책처럼 단순한 검은색 윤곽선으로 구성되어 있어, 아동이 회기 중 휴식 시간이나 숙제로 활동지를 색칠할 수 있다. 이를 위해 아동이 좋아하는 색연필을 회기에 가져오도록 요청할 수도 있지만, 아동이 언제든 사용할 수 있도록 색연필을 준비해두는 것도 좋다.
2. **토론 활동지** : 도입 활동지에 제시된 이야기와 관련하여 아동에게 물어볼 수 있는 질문들이 기록된 토론 활동지가 있다.
3. **과제 활동지** : 문제 해결을 도울 수 있는 아이디어를 적는 등 아동이 완성할 수 있는 연습 문제가 있다.

아동의 능력에 따라 한 회기에 한 개 또는 두 개의 활동지를 진행할 수 있다. 50분 회기의 경우 치료사는 두 개의 활동지를, 30분 회기의 경우 한 개의 활동지를 완료하도록 계획해야 한다. 예상보다 오래 걸리는 경우 치료사는 활동지 하나를 완료한 후 중단할 수 있다.

표 2.3 영 - 스미스 프로그램 활동지

활동지 1 버즈와 그의 가족	3장 도입 모듈	버즈와 그의 가족에 대한 소개와 공감 능력을 키우는 활동하기
활동지 2 버즈와 자기 대화		자기 모니터링 및 긍정적으로 사고하는 기술 습득하기
활동지 3 대회에 참가하다		보상, 칭찬, 자기 칭찬의 개념 이해하기
활동지 4 다른 점을 발견하다	4장 주의력 모듈	자기 모니터링 기술을 발달시키기 위한 주의집중 과제
활동지 5 사이클링 배지를 받다		집중과 산만함의 개념을 소개하는 주의력 과제
활동지 6 숙제를 하다		주의집중을 위한 자기 대화 사용하기
활동지 7 학교에 가다	5장 과잉행동 모듈	가만히 있지 못하는 행동에 대한 지식과 이에 대한 대처 방법 습득하기
활동지 8 잠자리에 들다		수면과 위생 문제 개선하기
활동지 9 병원에 가다	6장 충동성 모듈	충동성 및 보상 전략에 대한 지식 향상하기
활동지 10 놀이동산에 가다		자기 조절 및 대인관계의 어려움에 대처하기
활동지 11 캠핑장에 가다	7장 불안 모듈	'걱정'으로서의 불안의 개념과 이를 관리하는 방법 알아보기
활동지 12 학교에서 연극을 하다		불안, 회피 및 조절에 대한 이해 향상하기
활동지 13 책을 읽다	8장 좌절 모듈	스트레스 및 좌절에 대한 이해와 이를 관리하는 방법 알아보기
활동지 14 생일 선물을 만들다		생리적 반응을 파악하고 대처 전략 습득하기
활동지 15 영화를 보러 가다	9장 사회적 기술 모듈	대화 기술 습득하기
활동지 16 공원에 가다		우정의 특성과 갈등 해결에 대해 이해하기

(계속)

표 2.3 영 - 스미스 프로그램 활동지(계속)

활동지 17 서커스를 보러 가다	10장 계획 모듈	현실적인 목표를 설정하고 목표에 도달하기 위해 인내하는 기술 향상하기
활동지 18 버즈의 생일 파티		내부 및 외부 프롬프트를 사용하여 계획하고 정리하는 방법 배우기
활동지 19 성을 만들다	11장 문제 해결 모듈	부적응 문제 해결 및 결과 확인하기
활동지 20 새로운 소년		문제 해결 능력 개발하기
활동지 21 이야기를 쓰다	12장 자존감 모듈	긍정적인 자질, 기술 및 재능에 대해 인정하기
활동지 22 버즈의 힘든 하루		부정적인 사고에 대응할 수 있는 긍정적인 사고방식과 자기 대화 개발하기

중간 휴식

주의력, 동기 부여 및 학습을 향상시키기 위해 모든 연령대의 아동에게 휴식과 보상, 자유로운 피드백을 제공하는 것이 중요하다. 회기 중 편리한 시간에 휴식 활동(예 : 활동지 그림에 색칠하기 등)을 제공하는 등 휴식 시간을 줄 수 있으므로 치료를 반드시 중단할 필요는 없다. 중간 휴식은 아동에게 일정한 시점까지 집중할 수 있도록 기회를 제공하기도 한다. 즉, 아동은 회기 끝까지 집중하는 대신 체크 포인트(이 경우 중간 휴식)까지 해야 할 일에 집중할 수 있고, 치료사는 그 시점에서 회기 내 활동계획 중 어디까지 진행했는지, 휴식 이후에는 무엇을 할 것인지에 대해 수정할 수 있다. 이러한 중간 체크 포인트를 사용하면 아동이 가시적인 목표(음료수 혹은 색칠하기 등의 보상을 얻는 것)를 위해 노력할 동기가 부여되며 주의를 지속하는 데에도 도움이 된다. 주의력 문제 및/또는 과잉행동/충동성 장애가 심한 아동의 경우 치료사는 추가적인 체크 포인트 휴식이 필요한지 개별적으로 판단하고 그에 맞게 회기를 조정해야 한다(예 : 각 활동지를 완료할 때마다 체크포인트 제공하기 등).

매우 불안하고 과잉행동이 심한 아동의 경우 휴식 활동으로 스트레칭이나 런지 자세 취하기, 몸을 크게 펼치며 점프했다가 오므리는 별 점프, 토끼 점프(양손을 바닥에 대고 양다리를 뒤로 뻗었다가 가슴 쪽으로 다시 올리는 푸시업 동작) 또는 벽 밀기(벽에서 약간 떨어져 발을 넓게 벌리고 서서 벽에 손을 대고 하는 서서 팔굽혀펴기 같은 동작) 같은 신체 활동을 포함할 수 있다. 일부 아동은 이러한 활동을 하며 지나치게 흥분하거나 통제하기 어려워질 수 있으므로, 위험성에 대한 평가와 사용 가능한 공간 등에 따라 달라질 수 있다. 이 경우 활동 이후 심호흡과 같이 흥분을 진정시키는 활동(예 : 4초 정도 숨을 들이마시고 6초 동안 내쉬기)을 포함해야 할 수도 있다.

피드백 및 보상

치료사는 부모/보호자 및 적절한 경우 교사에게 아동의 진행 상황에 대한 피드백을 제공하는 것(그리고 각 회기 사이에 아동이 파일을 복습하도록 격려하는 것) 외에도 회기 중에 아동에게 자주 피드백을 제공해야 한다. 이는 다음 세 가지 이유로 중요하다.

1. 칭찬은 자신감을 높이고 자존감을 강화할 수 있다.
2. 아동은 건설적인 피드백을 통해 배울 수 있다.
3. 참여 동기를 부여하고 자기 효능감을 향상시킬 수 있다.

따라서 피드백은 아동이 긍정적이고 건설적인 방식으로 성장하고 발전할 수 있도록 돕는 것을 목표로 한다. 예를 들어 버즈가 사이클링 배지를 받았을 때 활동지 5를 요약한 내용을 칭찬과 함께 제공하는 것처럼, 칭찬이 담겨 있는 정기적인 요약본을 제공함으로써 이러한 목표를 달성할 수 있다.

> "정말 잘했어요! 우리는 버즈가 사이클링 배지를 획득하고 싶어 하지만 주변에서 놀고 있는 아이들이 너무 많고 시끄럽기까지 해서 힘들다는 것을 알고 있었죠. 버즈는 엄마와 스카우트 대장이 근처에서 자신을 지켜보고 있다는 것도 잘 알고 있었어요. 그래서 버즈는 압박감을 느끼고 있었지요! 그래서 ○○이가 버즈에게 고개를 들지 말고 운전대를 계속 주시하라고 제안했는데, 그건 정말 좋은 생각이었어요! 버즈의 주의가 산만해지는 것을 막을 수 있었거든요. 그리고 또 머릿속으로 배지를 상상하며 자전거 배지 획득에 집중하라고 제안했지요. 그것도 정말 좋았습니다. 나는 버즈가 그렇게 했기 때문에 배지를 받을 수 있었다고 생각해요!"

또한 아동이 주제나 이야기에 대해 얼마나 이해했는지 확인하기 위해 피드백을 줄 수 있는데, 이는 아동이 전체적인 개념과 세밀한 부분을 이해했는지 확인할 수 있는 기회가 된다. 동시에 긍정적인 피드백 제공이 같이 이루어질 수도 있다. 예를 들어 아동이 활동지 1에 제시된 이야기(아동에게 버즈와 그의 가족을 소개하는 내용)를 설명하고 나면, 치료사는 다음과 같이 말할 수 있다.

> "요약을 정말 잘했어요. 그래서 우리는 버즈가 엄마와 형과 함께 살고 있고 가끔 학교에서 말썽을 부리기도 한다는 것을 알게 되었지요. 버즈는 때때로 공부하는 것을 힘들어하지만, 흥이 많고 에너지가 넘치는 아이인 것 같아요. 가끔은 생각 없이 행동하기도 하구요. 버즈에 대해 주의 깊게 들

없으니 활동지에 웃는 얼굴을 그려줄게요."

파일을 검토할 때 아동이 추가한 삽화, 색칠이나 그림, 오려 붙인 잡지나 사진을 잘 살펴봐야 한다. 이에 대해 아동과 대화를 하며 아동이 좋아하는 것, 싫어하는 것, 관심사에 대해 자세히 알아볼 수 있다. 이는 구체적인 목표를 설정하고 작업하는 데 도움이 될 것이다. 아동이 파일에 걱정스러운 그림(예 : 분노나 폭력을 묘사한 그림)을 그린 경우 쉽게 이야기할 수 없는 문제를 전달하려는 것일 수 있으므로 회기 중에 그 그림에 대해 함께 이야기를 나누는 것이 좋다.

또한 아동이 열심히 노력하고 긍정적인 행동을 하는 경우는 칭찬을 통해 정기적인 보상을 해주어야 한다. 아동이 보상과 행동 또는 기술을 명확하게 연관시킬 수 있도록 "애니, 잘했어요, 모두 맞췄어요!"와 같이 칭찬의 이유를 명확하게 설명하는 것이 중요하다. 또한 파일에 있는 활동지나 기타 자료에 스티커나 손글씨 메모 또는 웃는 얼굴을 추가하여 보상을 제공해야 한다.

홈미션

CBT에서 배운 새로운 기술은 회기 밖에서 혹은 이상적으로는 다양한 상황에서 연습될 때 더 효과적이다. 홈미션의 목표는 치료 회기 내에서의 활동이 일상생활과 연결되어 기술의 발달을 최적화하는 것이며, 아동 주변의 성인들이 긍정적인 강화를 줌으로써 함께 노력하는 것이다. 아동이 치료 회기에서 배운 기술을 일상 활동에 적용하는 방법을 배우는 것이 중요하다. 그러나 이것의 잠재적인 장벽은 아이들은 대부분 '숙제'를 좋아하지 않는다는 점이다. 그래서 '숙제'라는 단어를 사용하지 않고 '홈미션'이라는 용어를 사용하여 좀 더 색다르고 흥미롭게 들리도록 했다. 또한 파일에 색칠하기, 그림 그리기 등 '재미있는' 홈미션을 포함했다.

각 모듈마다 각 활동지에 따른 홈미션이 제시되어 있다. 모든 홈미션을

홈미션 기록지 양식

홈미션 다음 회기 날짜 : 4월 18일

1. 자신과 가족의 사진을 오리거나 그림을 그려서 파일 표지에 붙이세요.
2. 그림을 색칠하여 활동지를 꾸미거나 이야기 주제에 맞는 그림을 추가하세요. 사진이나 잡지, 만화의 그림도 가능합니다.

의견란 :
조이가 이 미션을 즐겼으면 좋겠습니다.

피드백

홈미션을 완성한 사람은 누구인가요? 조이

홈미션을 어떻게 수행했나요?

조이는 그날 회기에 대해 우리에게 이야기했고, 집에 가져가서 홈미션을 수행했습니다. 우리의 모습을 멋지게 그렸고, 활동지에 있는 그림을 색칠하면서 즐거워했습니다.

어떤 보상이 주어졌나요?

☆ 초콜릿과 함께 훌륭한 그림과 색칠에 대해 많은 칭찬을 받았습니다. 조이는 이 그림을 학교에 가져가 선생님께 보여주었고, 선생님은 학교 알림장에 스티커를 붙여주셨습니다.

그림 2.1 활동지 1과 관련된 홈미션 기록지를 완성한 예시

수행해야 하는 것은 아니며, 치료사가 가장 적절하다고 판단되고 아동에게 가장 도움이 될 수 있는 것을 선택해야 한다. 이미 학교에서 내준 숙제가 있을 수 있으므로 아동에게 과중한 부담을 주지 않는 것이 중요하다. 표준적

홈미션 기록지 양식

홈미션

다음 회기 날짜 : 4월 18일

1. 그림과 말풍선 등을 색칠하여 활동지를 꾸미거나, 이야기 주제에 맞는 그림을 추가하세요. 사진이나 잡지, 만화의 그림도 가능합니다.

2. 과제 활동지에서 도움이 되는 생각을 한두 개 선택합니다. 이를 메모지에 적어 방해가 되는 생각이 떠오르기 쉬운 곳(예 : 숙제를 하는 곳이나 밤에 침대 옆)에 붙여놓으세요. 그러면 그 생각을 '멀리 날려버릴 수 있게' 도와줄 것입니다.

의견란 :
애니는 회기에서 긍정적인 생각과 자기 대화에 대한 훌륭한 아이디어들을 생각해냈습니다. 그것을 가능한 한 많이 연습해보세요.

피드백

홈미션을 완료한 사람은 누구인가요? 애니(엄마의 도움으로)

홈미션을 어떻게 수행했나요?

애니는 색칠하는 것을 매우 즐거워했습니다. 애니는 활동지에서 도움이 되는 생각 두 개를 선택했고, 하나는 묶기 어려운 신발의 근처에, 다른 하나는 숙제가 있는 책상 위에 붙였습니다. 신발 끈을 묶는 것을 덜 답답해하는 것처럼 보였습니다.

어떤 보상이 주어졌나요?

☆ 애니는 30분 동안 컴퓨터로 게임을 할 수 있었습니다.

그림 2.2 활동지 2와 관련된 홈미션 기록지를 완성한 예시

인 주간 홈미션은 해당 회기 활동지에 있는 그림을 색칠하는 것 정도를 권장한다. 이는 (의도치 않게) 자료를 복습할 수 있는 기회를 제공할 수 있다. 또한 버즈의 활동과 자신의 상황을 연관시킨 그림을 활동지에 그리도록 격려할 수 있다. 이러한 방식으로 파일을 개인화하는 것이 중요한데, 이는 배운 기술을 적용하고 더 의미 있게 만드는 데 도움이 되기 때문이다.

부모/보호자(그리고 함께 참여하는 경우 교사)는 설정된 홈미션을 숙지하여 자녀가 미션을 완료하도록 유도하고, 필요한 경우 도움을 줄 수 있어야 한다. 이는 특히 더 어린 아동에게 중요하다. 따라서 홈미션을 아동에게 알려주고, 파일에 넣을 수 있도록 홈미션 기록지 양식을 각 회기의 마지막에 제공한다. 부모/보호자가 작성한 홈미션 기록지를 다음 회기에서 아동과 함께 검토하고 칭찬해주어야 한다. 조이와 애니의 완성된 홈미션 기록지의 예가 그림 2.1과 2.2에 제시되어 있다.

치료 종료 준비

'치료 종료' 모듈은 아동에게 제공된 모듈과 아동의 반응에 따라 내용이 달라질 수 있으므로 따로 기술하지 않았다. 마지막 회기에서는 치료사가 아동과 함께 파일을 살펴보며 모듈과 활동지를 수정한다. 특히 과제 활동지에는 도움이 될 수 있는 잠재적 전략과 성공적으로 적용된 전략이 포함되어 있으므로 이를 검토하는 것이 중요하다. 파일의 마지막 부분에 아동과 버즈 모두에게 도움이 된 모든 전략 또는 메모들을 추가하면 도움이 될 것이다.

다음으로 치료사는 아동과 함께 '좋은 날'과 '힘든 날'이 있으며, 때로는 전략을 기억하고 적용하기가 어려울 때도 있다는 점을 논의해야 한다(특히

'힘든 날'이 있을 수 있다는 것). 파일에 있는 전략을 수정하거나 다른 사람과 이야기를 하는 등(의논할 대상 목록 작성하기) '힘든 날'에 할 수 있는 행동의 목록을 작성한다. 앞으로 좌절이 있을 수 있다는 것을 아동이 배우고, 이것이 자신의 실패가 아니라 삶의 정상적인 부분이라는 사실을 이해하는 것이 중요하다. 이제 아동은 화가 나거나 스트레스를 받을 때 할 수 있는 행동의 레퍼토리를 갖게 되었다. 아동이 해야 할 일은 파일을 살펴보는 것을 기억하는 것이고, 그것은 아동을 도울 수 있을 것이다.

보호자 및 교사와의 공동 작업

학령기 아동의 경우 학교와 가정이 공동으로 작업하는 것은 아동이 자신을 둘러싼 주변 어른들이 함께 노력한다는 것을 이해하는 것을 도우며, 체화된 기술과 학습을 위해 최적의 기회를 제공하는 데 필수적이다. 공동 작업이 이루어지면 바람직한 기술과 행동을 다양한 상황에서 적용할 수 있도록 강화하여 학습을 향상시킬 수 있다. 또한 주변 어른들이 아동의 강점과 어려움을 전반적으로 파악할 수 있게 해준다. 이를 통해 유용한 전략을 만들고 적용할 수 있는 기회가 늘어날 수 있다. 부모/보호자 또는 교사가 ADHD와 그 예후에 대한 지식과 이해가 부족한 경우 심리교육 자료인 'ADHD? Information for Parents, Carers and Teachers'를 심리 서비스 웹사이트(www.psychology-services.uk.com/service-users.htm)에서 다운로드하여 사용할 수 있다.

효과적인 인지 및 행동의 변화를 달성하려면 아동, 치료사, 부모/보호자 간의 '삼각' 협업이 필요하다. 모든 기반을 포함하는 '사각' 협업에는 교사도 포함된다. 많은 부모/보호자와 교사들은 가정-학교 간 알림장을 사용하는 것이 매일 정보를 공유하는 효율적인 방법이라고 생각한다. 자녀가 이미 가지고 있을 수도 있고, 이런 용도로 노트를 구입할 수도 있다. 또한 모두가 동의한다면 영-스미스 프로그램 파일을 교사와 공유할 수도 있다. 이 경우 교사는 파일을 읽고 칭찬과 스티커를 주는 것 외에도 학교 환경에서 일어나는 행동 변화와 관련된 아동의 노력에 대해 코멘트를 추가로 기록하는 것이 중요하다.

부모/보호자는 매주 교사와 연락하여 그 주에 다루는 특정 전략에 대해 알리고, 교사는 아동의 진보된 상황에 대한 피드백을 제공하기로 합의할 수도 있다. 이러한 방식은 아동이 학교에서 구체적인 목표를 달성하도록 교사도 도울 수 있고, 보상과 칭찬을 공동으로 제공함으로써 치료사와 부모/보호자의 작업 효과를 배가시킬 수 있다. 예를 들어 교사는 아동이 '지시를 잘 듣기'와 같은 현재 치료 초점인 기술을 시연하는 것을 발견하면 점수나 스티커를 줄 수 있다. 이는 아동이 일관되고 명확한 틀 안에서 수행을 더 잘할 수 있게 도울 수 있다.

부모/보호자와 협력하기

부모/보호자를 만날 때는 프로그램의 효과를 극대화하기 위해 치료사와 건설적으로 협력할 수 있도록 부모/보호자를 참여시키는 것이 매우 중요하다. 이러한 양육에 대한 개입에 '부모 훈련'이라는 이름이 종종 붙는데, 이는 '좋은' 양육 행동을 하기 위해서는 훈련이 필요하다는 것을 의미하기 때문에 도움이 되지 않으며, 오히려 참여도를 떨어뜨릴 수 있다. 부모/보호자는 일반적으로 자녀를 잘 돌보고 배려하며 자녀를 사랑하고 자녀의 장점을 가장 잘 파악한다. 그들은 자녀를 돕고 지원하기 위해 할 수 있는 모든 일을 하고 싶어 하며, 이 프로그램을 통해 자녀의 '코치'가 되는 법을 배울 수 있다. 코칭 기법은 ADHD 관련 분야에서 성장하고 있는 영역이며, 몇몇 코칭 기법은 상당히 효과적이다. 인지행동 기법에 기반을 둔 영-스미스 프로그램은 부모/보호자가 자녀를 지원하거나 '코칭'할 때 적용할 수 있는 증거 기반 전략을 가르친다.

부모/보호자가 자녀를 관리할 때 어떻게 해왔었는지를 평가하는 것이 중요하다. 어떤 방법이 도움이 되었는가? 어떤 방식이 덜 도움이 되었는가? 이것이 특정 상황이나 맥락에 따라 달라지는가? 가족 구성원의 접근 방식에 일관성이 없는 것은 도움이 되지 않으므로 이를 파악하는 것이 필수적이다. 이를 달성하기 위해 합의된 목표와 방법이 있어야 하며, 이는 일관되고 건설적이어야 한다. 행동 관리 전략은 심리학 서비스 웹사이트(www.psychology-services.uk.com/service-users.htm)에서 다운로드할 수 있는 'ADHD Do's, Don'ts and Rewards; A Guide for Parents and Carers'에 수록되어 있다. 특히 가정 내 규칙, 행동에 대한 기대치, 노력에 대한 동기 부여 및 성취에 대한 보상 방법을 합의하는 것이 도움이 될 것이다.

가정 내 규칙

대부분의 가정에는 가족의 안전을 지키고 집안의 일들이 원활하게 돌아가기 위해 지켜야 할 몇 가지 가정 내 규칙이 있다. 아동과 가족 모두 함께 각 가정에 어떤 규칙이 있는지를 논의하고 '때리기 금지'와 같은 말보다는 '서로 돌보기'와 같이 긍정적인 방식으로 가정 내 규칙을 표현할 수 있도록 도와야 한다. 부모/보호자와 아동에게 가정 내 규칙을 잘 보이는 곳에 게시하도록 요청한다. 가정에서 아동이 좋은 행동을 하도록 격려할 때 규칙으로 주의를 돌리는 방법을 설명하고, 규칙을 잘 지키는 것을 발견할 때마다 자녀를 칭찬하도록 상기시켜 주어야 한다.

부모/보호자와 논의하여 아동이 홈미션을 수행하기에 가장 적절한 시간과 장소를 찾을 수 있도록 도움을 요청한다. '방해 금지' 및 '알림 기억하기' 기법을 사용하는 방법을 알려주고, 이를 시도해보고 도움이 되는지 확인하도록 격려한다.

기대

목표를 설정할 때 부모/보호자가 아동에 대해 현실적인 기대치를 가지고 있는지 확인해야 한다. 여기서 핵심은 '현실적'이라는 단어이다. 아동에게 너무 어려운 목표를 설정하거나 실패할 수 있는 목표를 설정하고 있지는 않은가? 어른의 기대치가 너무 높으면 아동은 동기를 잃고 노력을 하지 않아 실패할 가능성이 높다. 즉, 아동은 최대한의 노력으로 달성할 수 있는 많은 과제량을 학습하지 못한다. 마찬가지로 기대치가 너무 낮으면 성취와 발전에 대한 동기가 극대화되지 않아서 중요한 기술을 습득하지 못할 수 있다. 잘못은 전적으로 아동에게 있는 것이 아니라 주변 성인들이 아동에 대해 갖는 기대치에 있을 수 있다. 부모/보호자의 경우 자녀가 자신과 같을 것이라는 기대(예 : 스포츠나 음악을 잘하고, 학업에 능하고, 사교적일 것이라는 기대)에서 비롯되는 경우가 많다. 부모/보호자는 자녀가 자신의 거울상이 아니라 부모와 다를 수 있는 자신만의 재능과 기술을 가진 독립적인 사람이라는 것을 인식하는 것이 중요하다.

보상, 칭찬 및 동기 부여

행동을 변화시키고 인지 기술을 향상시키기 위한 핵심 전략은 성공을 촉진하는 동기를 찾는 것이다. ADHD 아동은 즉각적인 보상에 더 잘 반응하는 경향이 있으며, 실제로 즉각적인 보상은 아동이 더 큰 목표를 위해 지연된 만족을 견디는 데 도움이 된다.

부모/보호자는 특히 일상적이거나 반복적인 과제에 대해 자녀가 지속적으로 집중할 수 있도록 동기를 부여하는 방법을 찾아야 한다. 보상은 과제에 비례해야 한다. 부모/보호자는 자녀와 함께 '보상 리스트'를 만들고 매주 보상을 선택할 수 있다. 보상은 비용이 들이는 것이 아니어도 된다. 친구를 초대해 간식을 먹거나, 외박을 하거나, 공원에 가거나, 좋아하는 메뉴로 저녁을 먹거나, 잠자리에 들 때 이야기를 더 들려주는 것 등 무엇이든 할 수 있다. 토큰 경제(즉, 포인트나 토큰을 모아 더 큰 보상을 쌓는 것)를 사용하는 경우 아동이 기억할 수 있도록 시각적으로 차트를 만들어 참조할 수 있도록 해야 한다. 다음 절에서 부모/보호자가 스티커판을 만드는 방법을 설명할 것이다.

칭찬은 바람직한 행동에 대한 보상과 함께 제공되어야 한다. ADHD 아동에게는 작고 빈번한 보상과 칭찬이 도움이 된다. 칭찬은 긍정적인 언어적 피드백과 스티커 사용으로 이루어져야 하며, 목표 행동이나 기술이 관찰되는 즉시 주어져야 아동이 그 둘(행동-보상)이 서로 연결되어 있다는 것을 이해할 수 있다. 아동은 특히 가정-학교가 연계된 알림장에 스티커를 붙이는 것을 좋아하는데, 교사도 이를 볼 수 있기 때문이다(그리고 그 행동이나 기술을 강화할 수 있는 더 많은 칭찬을 받을 수도 있다!). 부모/보호자가 자녀를 칭찬하는 것이 부자연스럽다면 치료사는 회기에서 이를 역할극으로 보여준다. 바람직한 행동과 칭찬을 연합시키는 것이 중요하므로 칭찬은 즉각적이고 구체적이어야 한다는 점을 상기시켜야 한다. 예를 들어 "방금 내 말을 잘 들었네, 잘했어", "숙제에 집중을 잘했구나. 잘했어!", "수학 시험을 잘 봐서 정말 기쁘다"라고 칭찬할 수 있다.

영-스미스 프로그램에는 아동에게 보상, 칭찬, 자기 칭찬의 개념을 소개하는 도입 모듈 활동지가 포함되어 있다. 이 연습을 통해 아동은 자신의 행동을 스스로 모니터링하고 반영하며, 자기 보상 기법으로 긍정적인 자기 진술을 적용하여 스스로 동기를 부여하도록 배운다.

스티커판

부모/보호자는 긍정적인 행동을 강화하기 위해 스티커판을 도입하여 행동 관리 루틴에 도움을 받을 수 있다. 스티커판을 만들고 사용하는 방법은 'ADHD Do's, Don'ts and Rewards; A Guide for Parents and Carers'에 수록되어 있으며, 심리 서비스 웹사이트(www.psychology-services.uk.com/service-users.htm)에서 다운로드할 수 있다. 그 이론적 근거는 즉각적이고 단기적인 보상(예 : 매일매일 활동에 근거)과 지연 후 더 큰 보상(예 : 일주일 동안 바람직한 행동을 한 후)을 결합한 보상 시스템을 설정하여 앞으로 긍정적인 행동이 다시 일어나는 것을 강화하는 것이다. 큰 보상이 있는 계단 꼭대기에 도달하는 것이 목표이지만, 계단을 오르는 데 동기를 부여하기 위해 세 걸음마다 작은 보상을 받는다고 상상하는 것과 같다.

그림 2.3은 스티커판 예시를 보여준다. 첫 번째 단계는 아동과 함께 행동 목표를 설정하는 것이다. 이 목표가 명확하게 정의되는 것이 매우 중요하다. 다음으로 단기 및 장기 보상 목록을 결정한다. 그림 예에서 단기 보상은 과자 한 봉지, 아빠와의 축구, 새로운 색연필, 초콜릿 밀크셰이크, 친구 초대하기, 수영하기이며, 장기 보상은 동물원에 가는 것이다. 그다음 아동의 바람직한 행동을 기록하는 칸과 아동이 노력한 것에 대한 보상 칸이 있는 스티커판을 작성한다. 스티커판은 부엌과 같이 눈에 잘 띄는 곳에 붙여놓아야 한다. 아동이 보상을 받으려면 한 줄에 연속으로 '별' 5개를 획득

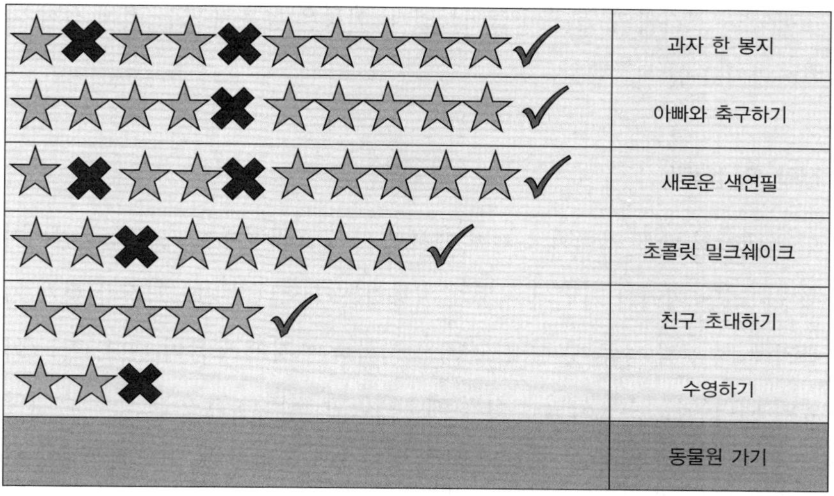

그림 2.3 스티커판의 예

출처 : ADHD Do's, Don'ts and Rewards: A Guide for Parents and Carers' (www.psychology-services.uk.com/service-users.htm).

해야 한다. 보상은 사회적 행동(예 : 형제자매와 사이좋게 공유하기), 과제 완수(예 : 침실 정리하기) 또는 문제 행동의 조절(예 : 슈퍼마켓에서 떼쓰지 않기)에 대한 것일 수 있다. 그러나 아동이 어떤 식으로든 잘못된 행동을 하면 스티커의 행진이 '멈추게' 되고 X표를 받게 된다. 이 경우 이전 스티커의 효력이 취소되며, 아동은 한 줄에 스티커 5개를 연속으로 획득할 때까지 다시 시작해야 해당되는 보상을 받을 수 있다.

스티커판은 매일매일에 기초한 단기 보상으로 구성되어 있지만, 더 큰 보상을 받기 위해 노력하는 방식으로 운영된다(예 : 장기 보상인 '동물원 가기'를 위해 노력하는 것). 따라서 아동이 장기 목표를 향해 나아갈수록 더 작은 단기 보상이 주어지며, 이를 통해 동기를 유지할 수 있다. 위의 예에서 아동은 과자 한 봉지, 아빠와 축구하기, 새 색연필, 초콜릿 밀크 쉐이크, 친구 초대하기라는 작은 보상을 얻었다. 이 과정 동안 아동의 행동이 개선되고 '스티커의 중단'이 줄어들었다. 아동은 동물원 가는 것에 점점 더 가까워지고 있다!

전략 모니터링

회기 내에서 배운 기법이 회기 밖에서 얼마나 효과적으로 적용되고 있는지 측정하려면 이러한 기법이 어떻게 작동하는지 모니터링하고 전략 평가 기록지에 그 결과(성공 및 실패 모두)를 기록하는 것이 도움이 된다. 이는 아동이 어려움을 겪는 특별한 상황(예 : 피곤한 저녁 시간)이 있는지를 파악할 수 있어 유용하다. 치료사는 이후 회기에서 이러한 문제를 해결해야 하는데, 해당 상황에 맞는 다른 전략을 적용하거나 대안을 찾아 문제를 극복하는 방법을 고려할 수 있다. 조이의 전략 평가 기록지의 예가 표 2.4에 제시되어 있다.

문제를 해결할 때는 다음 사항을 고려해야 한다. 과제/체크 포인트를 달성할 수 있는가? 보상이 과제와 균형을 이루는가? 아동이 같은 방식으로 과제를 수행하는 데 익숙해졌는가? 주의집중과 동기를 유지하기 위해 목표에 변화가 필요한가? 과제가 너무 고통스러운 경우 아동은 노력을 기울이지 않을 수 있다. 과제가 너무 복잡하거나, 아동이 가진 자원에 비해 너무 많은 주의가 필요하거나, 피곤한 경우 과제를 조정해야 한다.

교사 및 학교와 협력하기

교실은 아이들이 접하게 되는 가장 흥미롭고 창의적이고 자극적인 장소이며, 이는 학습과 발달에 매우 중요한 역할을 한다. 하지만 ADHD 아동에게 교실은 경쟁적이고 압도적인 시각 정보의 덩어리로 느껴질 수 있다. 따

표 2.4 전략 평가 기록지 예시

날짜	과제	도움을 준 방법 (예 : 체크포인트 및 목표 설정)	얼마나 효과적이었나? (0 = 전혀 그렇지 않다/5 = 매우 그렇다)	효과적이지 않았다면 어떻게 방법을 조정할 수 있을까?
3월 6일 월요일	조이가 숙제로 짧은 이야기를 써야 하는데 시간이 너무 오래 걸린다고 불평했다.	조이에게 네 단락을 쓰는 것을 제안했다. 각 단락을 마칠 때마다 5분간의 휴식과 작은 초콜릿을 주었다.	4점 숙제를 유지하고 세 단락을 쓰는데 도움이 되었지만, 그 이상을 할 수는 없었다.	매우 효과가 있었고, 다음날 다른 한 단락을 완성했다.
3월 11일 토요일	침대 정리하기	조이에게 5분 안에 침대 시트를 벗기는 미션을 설정했고, 이에 대한 보상으로 닌텐도를 할 수 있는 10분의 추가 시간을 주었다. 그런 다음 10분 이내에 새 침대 시트를 덮는 미션을 설정하고 다시 10분의 추가 시간을 더 받을 수 있도록 했다.	5점 조이가 이불을 정리하는 데 도움을 요청했지만 모든 작업을 해냈다. 그래서 추가로 20분 동안 닌텐도를 할 수 있었다.	매우 효과적이었지만, 나의 도움이 없었다면 이불이 뒤집혀 있었을 것이다 (하지만 조이는 알아채지 못했다!).

라서 교실 안에 차단된 '조용한 공간'이 있다면, 아동이 필요할 때 긴장을 풀고 진정하는 데 도움이 될 수 있다. 교실 밖의 '조용한 공간'은 아동에게 '타임아웃'이 필요하거나 흥분했다거나 단순히 교실이 지나치게 시끄럽고 산만한 환경이 되어 기분 전환이 필요할 때 갈 수 있는 이상적인 장소이다. 교사는 이 '조용한 공간'이 처벌이나 고통이 아닌, 조용하고 차분하며 생산적인 공간이라는 것을 알려줘야 한다.

교사와 학교는 이미 영-스미스 프로그램에 소개된 많은 개입을 지원할 수 있는 구조를 갖추고 있을 것이다. 학교에서 ADHD에 특화된 기술을 실행하는 것 외에도 좋은 교수법과 학급 전체의 규칙을 유지하는 것이 ADHD 아동에게 효과적이라는 점을 주목하고 강화할 필요가 있다. 부모/보호자가 교사와 만나 보상 또는 토큰 경제 시스템 같은 이미 시행 중인 규칙에 대해 의논해보는 것도 도움이 될 것이다. 교실 수업에는 종종 많은 변화가 있는데, 이는 반복적인 상황보다 새로운 상황을 더 자극적이고 흥미롭게 느끼는 ADHD 아동에게 매우 도움이 될 수 있다. 따라서 가능하면 수업 과제에 참신함을 더하는 것이 유용한 전략이 될 수 있다. 참신함은 수업 방법의 다양성, 수업 내용과 목표에 대한 예시 및 설명 방법, 이해도 및 평가 방법의 다양성(항상 필기 시험에만 의존하지 않는 등), 단조로움을 피하는 교사의 다양한 음성 전달 등 여러 형태로 이루어질 수 있다.

부모/보호자뿐 아니라 교사와 함께 협력하면 영-스미스 프로그램의 효과를 극대화할 수 있다. ADHD 아동을 지원하기 위해 마련한 전략이 학교 환경을 포함한 여러 상황에서 일관되게 적용될 경우 성공적인 결과로 이어질 가능성이 더 높기 때문이다. 아동이 습득한 전략이 학교에서는 정확히 같은 방식으로 작동하지 않을 수 있지만, 이러한 전략은 어떤 식으로든 학교 환경에서 적절하고 도움이 되도록 조정될 수 있다. 이를 위해서는 교사, 교직원 및 기타 지원 교사들과 소통하고 이들을 참여시켜야 한다. 이들은 구체적인 전략을 실행할 뿐만 아니라 가정에서 사용하는 전략을 강화하고 진행 상황과 결과를 모니터링하는 등 다양한 방식으로 도움을 줄 수 있다.

처리해야 할 다른 업무가 많다는 것을 알고 있지만, 교사가 ADHD 아동의 요구를 이해하고, 아동의 학습 및 행동 기술, 학업 및 사회적 진전을 방해하는 현재의 문제를 어떻게 관리하고 제한할 수 있는지 잘 이해하는 것이 중요하다. 교사와 함께 일할 때는 아동을 대하는 사람들이 비판단적이어야 한다는 점을 강조하는 것이 중요하다. 또한 교실에 있는 모든 어른이 아동을 위해 설정한 목표(가정에서 설정한 목표라고 하더라도 학교에서 행동이 관찰될 수 있으므로)를 인지하는 것도 중요하다. ADHD 아동은 많이 노력하고 있음에도 누군가 알아주지 않으면 실망할 수 있기 때문이다. 부모와 교사가 '팀'으로 함께 일하면 이를 방지할 수 있으며, '팀' 구성원 간의 의사소통이 매우 중요하다. 많은 교사와 부모/보호자들이 가정-학교 연계 알림장을 사용하는 것이 매일의 정보를 공유하는 효율적인 방법이라고 생각하고 있다. 적절하다면 교사가 아동의 프로그램 파일을 검토하는 것도 도움이 될 수 있다. 치료사는 관련된 모든 전문가와 부모/보호자가 참석하는 정기적인 회의를 진행할 필요도 있다.

기대치

학교에서는 허용되는 행동과 학업적 성취에 대한 기대치가 정해져 있다. ADHD 아동은 뇌 발달 지연으로 인해 또래보다 덜 성숙한 경우가 많으므로 기대치를 설정할 때는 이 점을 고려해야 한다. 의심할 여지없이 학교에는 바람직한 행동을 장려하고 학습을 돕고, 아동의 진보를 추적하고 동기를 부여하기 위한 보상 시스템이 있을 것이다. 학교에서 성취에 대한 보상은 성적, 표창, 상장, 상품 등으로 이루어지며, 실패는 벌점 등의 제재로 처벌된다. 심각한 비행을 저지르면 학교로부터 기간이 정해진 정학 처분을 받을 수 있으며, 일부의 경우 영구 퇴학 처분을 받을 수도 있다. ADHD 아동에게는 명확한 목표와 행동에 대한 기대치(일반적으로 학교에서 제공됨)가 필요한 것 외에도 과제를 계속하고 목표를 달성하도록 동기를 부여하는 기술인 빈번한 피드백과 보상 시스템이 필요하다. 교사가 교실을 돌아다니며 때때로 아이들의 공간을 '침범'하는 것은 아동에게 교사가 자신을 관찰하고 있다는 사실을 상기시켜 주고 과제를 계속할 수 있도록 동기를 부여하는 데 도움이 될 수 있다.

치료사는 부모/보호자 및 교사로부터 공통된 관점을 이끌어내는 것이 중요하다. 이를 위한 한 가지 방법은, 아동이 주어진 상황에서 어떻게 행동할지, 이를 통해 무엇을 평가할지, 어떻게 아동을 더 격려할지를 물어보는 것이다. 열린 호기심을 가지고 서로 다른 의견들을 탐색해볼 수 있다. 아동의 과제 수행 능력에 대한 현실적인 기대치를 뒷받침하는 증거를 찾는 것이 목표이다. 예를 들어 방과 후에 숙제를 완료하는 데 필요한 시간 또는 숙제를 완료하는 데 부모/보호자의 개입 수준에 대한 다른 기대치가 있을 수 있다.

보상, 칭찬 및 동기 부여

ADHD 아동은 목표 지향적인 행동을 하도록 돕기 위해 더 많은 동기 부여가 필요하다. 즉, ADHD 아동은 일상생활에서 작은 보상, 칭찬, 피드백, 즉각적인 결과에 대한 이해와 같은 집중하는 데 도움이 되는 더 많은 외적 동기가 필요하다. 보상이나 결과가 너무 멀리 있는 것처럼 느껴지면 아동은 동기를 유지하고 과제에 몰입하는 데 어려움을 겪을 수 있다. 따라서 아동이 동기를 가지고 노력하는 데 필요한 기술과 기법을 배우고 개발할 수 있도록 어른의 도움이 필요하다.

아동이 목표 행동이나 기법을 적용하기 위해 노력하거나 성공적으로 수행하는 것을 교사가 발견하는 즉시 피드백을 제공하는 것이 중요한데, 이는 두 가지(행동–보상)가 서로 연결되어 있다는 것을 아동에게 각인시킬 수 있기 때문이다. 아동과 함께 일하는 모든 성인은 지속적이고 일관된 피드백과 보상을 제공해야 하며, 노력과 성취에 대한 보상을 제공해야 한다. 이 장의 부모/보호자 부분에서 설명한 대로 간단한 언어적 피드백을 제공할 수도 있다. 가정에서 스티커판을 사용하는 아동(이 장의 '부모/보호자와 협력하기'

참조)의 경우 학교 학습 및 행동 목표가 설정되어 있다면 교사와 부모/보호자가 매일 성공과 어려움 및 장애물에 대해 소통하고 스티커판을 알림장에 넣어 모든 관계자가 검토하고 보상할 수 있도록 하는 것이 중요하다.

일상적인 일과 새로운 일

연습이 완벽을 만들긴 하지만, 숙련된 사고나 숙련된 행동이 성공적이기 위해서는 자동적으로 될 때까지 계속해서 반복 또 반복해야 한다. 처음에 자전거나 자동차 운전을 배울 때는 그것이 매우 어려운 일이라고 생각한다. 기억해야 할 것이 너무 많아 보이고 무엇을 해야 하는지 스스로 상기시켜야 하기 때문이다. 넘어지지 않고 자전거를 타거나 엔진이 멈추지 않고 자동차를 운전할 수 있을 때까지는 많은 연습이 필요하다. 그러나 연습을 하면 그 과정이 익숙해지고 정신적인 노력도 덜 들게 된다. 다른 영역의 기술을 습득하는 과정도 마찬가지이다. 연습과 루틴은 아동이 어려움을 겪는 과제를 더 잘 관리하고 새로운 기술을 습관화할 수 있도록 도와준다. 또한 처음부터 수업의 구조가 명확하게 정해져 있으면 시간을 관리하고 집중력을 유지하는 데 도움이 된다. ADHD 아동의 경우 작업 기억력이 좋지 않기 때문에 일정한 시간 간격으로 참조할 수 있도록 과제를 시각적인 형태로 기록하는 것이 중요하다. 그러한 도움 없이 아동이 잘 기억할 것이라고 기대하지 않는 것이 좋다.

하지만 우리 모두는 일상의 단조로움에 익숙하다. 때로는 변화를 통해 활력을 되찾거나 새로운 눈으로 사물을 바라보며 다시 흥미를 느끼고 동기를 부여받을 수 있다. ADHD 아동은 지루함에 대한 역치가 낮기 때문에 긴 과제나 지나치게 익숙한 과제에 어려움을 겪게 된다. 따라서 ADHD 아동에게 지루함은 핵심적인 난적이다. 이 장의 앞부분에서 설명한 것처럼 과제 전환하기, 과제의 순서를 섞어 아동이 다른 순서로 무엇인가를 하도록 하기, 보상, 피드백 및 동기 부여하기, 잠시 (시간이 정해진) 휴식 취하기, 위치 이동하기, 작업 시간 정하기, 적기 전에 큰 소리로 연습하기, 다양한 색깔의 펜을 사용하기 등 여러 가지 방법을 통해 지루함을 극복하는 데 도움을 줄 수 있다.

부모/보호자 및 교사를 위한 자원

각 모듈의 마지막에는 영-스미스 프로그램을 아동에게 직접 진행하지는 않지만(또는 치료사를 통해 진행에 참여하고는 있지만) 각 가정과 학교 환경에서 적용할 수 있는 행동 관리 전략을 배우고자 하는 부모/보호자 및 교사를 위한 부분이 있다. 책의 다른 부분에서도 유용한 정보를 찾을 수 있으므로 이 부분만 읽지는 마시길 바란다.

부모/보호자 및 교사는 활동지를 포함한 프로그램 모듈 중 아동의 요구와 관련이 있는 것으로 보이는 것을 살펴보고, 그중 일부를 직접 실시하는 것을 고려해볼 수 있다(또는 이러한 부분에 관심이 있고 시간적으로 가능한 사람을 찾는 것도 고려해보라). 영-스미스 프로그램은 상당히 높은 수준으로 구조화되어 있으며. 모듈식 내용으로 진행되므로 이 프로그램을 실시하기 위해 수년간의 교육을 받거나 인지행동치료에 대한 높은 전문성을 가질 필요는 없다. 이 프로그램의 구조는 프로그램 제공에 있어 매우 지원적이며, 정신건강 전문가가 아닌 사람도 비교적 쉽고 자신 있게 프로그램을 진행할 수 있다. CBT 기술에 익숙한 부모/보호자 및 교사는 관심 있는 모듈을 선택하고 모듈 진행 방법을 설명하는 전체 장을 읽고(치료사가 진행하는 부분을 모두 포함하여 읽는 것이 좋다), 활동지와 유인물을 다운로드하고, 회기 내 활동계획과 파일을 준비하는 등 프로그램 진행을 위한 준비를 철저히 해야 한다. 모듈에 대한 각각의 장에는 이러한 과정이 단계별로 안내되어 있으며, 정확히 무엇을 해야 하는지 기술되어 있다.

교사와 부모/보호자는 이미 정기적으로 아동에 대한 정보를 공유하고 있을 가능성이 높다. ADHD 아동의 경우 변화를 성공적으로 이끌어내는 데는 공유된 프로토콜이 핵심적인 요소가 되기 때문에 이는 더욱 중요하다. 교사와 부모/보호자는 여러 환경에서 유사한 전략을 사용하여 협력함으로써 치료 효과를 배가할 수 있다. 아동에 대한 토론은 학교 수업이 끝날 때 임시방편적으로 이루어질 것이 아니라, 계획적으로 구조화되어야 한다. 부모/보호자와 교사가 이메일 또는 정기적인 회의 등을 통해 소통을 원활히 할 수 있는 방안을 마련할 것을 강력히 권장한다. 가정-학교 연계 알림장은 일상적인 연락을 위한 가장 일반적인 방법이며, 두 환경 간에 개입 목표를 의사소통하고, 진행 상황을 모니터링하며 그 결과를 기록할 수 있는 완벽한 도구이다. 관련된 모든 성인이 매일 알림장을 보고 댓글을 기록하는 것, 이메일 커뮤니케이션을 사용할 때와 사용하지 않을 때 같은 경계를 정하는 것 등에 대한 동의가 필요하며, 이러한 방식에 대한 기대치를 논의하는 것이 중요하다.

부모/보호자와 교사는 아동의 요구에 대해 비슷한 관점을 공유하고 있을 수도 있지만 대조적인 관점을 가질 수도 있으므로, 함께 목표를 파악하고 우선순위를 정하는 것이 도움이 된다. 또한 동기 부여와 보상 방법을 공유하여 일관성 있게 적용할 수 있도록 해야 한다. 아동에게 도움이 되는 팁이나 '돌파구'가 발견되면 알림장에 피드백하는 것을 잊지 말아야 한다. 장애물이나 진전이 없는 상황이 생기면(이는 불가피하다) 함께 문제를 해결하는 것이 중요하다. 성과와 행동에 대한 기대치를 현실적으로 달성 가능한 수준으로 설정하는 것이 바람직하다. 기대치가 너무 높으면 아동이 과제를 회피하거나 반대로 포기할 수 있고, 기대치가 너무 낮으면(특히 인지능력이 높은 아동의 경우) 의욕이 떨어지고 부주의하며 지루해할 수 있다. 따라서 적절한 수준을 찾기가 어려울 수 있으므로 다음과 같은 질문을 스스로에게 해보는 것이 도움이 된다. 우선순위는 무엇인가? 아동이 가진 기술의 수준은 현재 어느 정도이며, 다음 단계는 무엇인가? 더 작고 실현 가능한 단계로 세분화할 필요가 있는가? 목표를 높인다면 아동의 자신감과 노력을 향상시킬 수 있겠는가? 아동에게 직접적인 도움과 지도가 필요한가, 아니면 단순히 촉진만으로 가능한가? 이전에 아동에게 요청하는 작업을 해본 적이 있었나? 그때 무엇이 도움이 되었나? 먼저 해결해야 할 장애물(예 : 환경적 요인)이 있는가?

마지막으로 ADHD 아동을 관리하는 일은 부모/보호자와 교사 모두에게 큰 부담이 된다. 부모/보호자는 무한한 에너지와 급변하는 감정을 가진 아이를 돌보는 것이 인생에서 이길 수 없는 싸움처럼 느껴질 수 있다. 낮에는 조용히 놀지 않고 저녁에는 잠들지 못하는 아이를 돌보느라 극한으로 내몰리고 있다고 느끼며 피곤하고 지친 상황일 수 있다. 교사 입장에서는 ADHD 아동을 가르치는 데 시간이 많이 걸리고 답답할 수 있으며, 아동의 행동이 까다롭거나 주의를 끌기 위한 것으로 인식될 수 있다. 교사는 학급의 한 아동에게 지속적인 개별 지도를 제공할 수 없으며, 학급의 모든 아동을 가르치고 모니터링해야 할 책임이 있다. 아동은 보통의 다른 아이들처럼 참여하고 배우기를 원하지만 때로는 그렇게 되지 않는 경우가 있으며, 이는 안 하는 것이 아니라 할 수 없는 경우라는 점을 기억해야 한다. 여러분이 스트레스를 받고 피로감을 느끼면 아동을 적절하게 지원할 수 없다. 일주일 중에 자신을 돌볼 수 있는 시간을 꼭 확보하는 것이 좋다. 보상 시스템은 여러분에게도 효과가 있을 것이다! 도움이 필요하거나 스스로 대처할 수 없다고 느껴질 때는 다른 사람들의 도움을 받아야 한다. 휴식을 취하거나, 잠시 시간을 내거나 열까지 세어보자. 필요하다면 100까지 셀 수도 있다. 좌절, 분노, 괴로움 등 아동에 대한 자신의 반응을 효과적으로 관리할 수 있는 방법을 개발하는 것이 중요하다. 특히 반항적이고 경계 설정에 부정적으로 반응하는 아동을 관리할 때 더 어려울 수 있다. 하지만 인내심과 일관성은 긍정적인 상호작용과 부정적인 상호작용의 순환 간에 차이를 만들어낼 수 있으며, 실제로 항상 쉬운 것은 아니지만 부정적인 상호작용이 반복되면 통제 불능 상태가 될 수 있다. 승자가 없는 분투는 누구에게도 도움이 되지 않는다.

3

버즈와 가족 소개

이 모듈의 목적은 아동에게 버즈와 그의 가족에 대해 알려주는 것이다. 모든 치료는 이 모듈로 시작해야 한다. 영-스미스 프로그램 전체의 CBT 연습에서 사용하게 될 버즈의 삶과 모험에 대한 이야기를 아동에게 소개하는 모듈이기 때문이다. 모든 회기와 마찬가지로 이 회기에서도 치료사가 회기 내 활동계획을 설정하고, 선택한 활동지를 진행하고, (아동이 집으로 가져갈) 완성한 활동지를 파일에 넣고, 홈미션을 설정한다.

도입 모듈과 관련된 활동지는 세 가지가 있으며, 이를 모두 사용해야 한다. 버즈와 그의 가족을 소개하고(활동지 1), 긍정적인 자기 대화를 소개하며(활동지 2), 보상 시스템을 확인한다(활동지 3). 보상 및 자기 대화 전략은 회기 내에서, 그리고 가정이나 학교에서 모두 적용된다.

활동지를 사용하지 않는 경우 치료사는 아동에게 직접 주제를 소개하고 토론을 통해 아동의 생활과 경험에 직접 적용해야 한다. 회기 중간에 휴식 시간을 제공하는 것이 좋으며, 특히 어린 아동에게는 더욱 그렇다. 2장에서는 전체 회기의 구조와 내용에 대한 일반적인 정보를 제공했으며, 이번 3장에서는 특히 도입 회기 진행과 관련된 추가적인 정보를 설명하고자 한다.

회기 내 활동계획

회기가 시작될 때 회기 내 활동계획(그림 3.1 참조)을 아동에게 보여주고, 각 목표들을 검토하면서 회기 중에 소개할 주제와 활동지를 연결하여 설명한다. 첫 번째 회기에서는 아동에게 파일을 제공하고, 활동지 1, 2, 3을 도입하여 버즈를 소개하는 것으로 시작한다.

> "우선 우리가 진행하는 모든 작업을 보관할 수 있는 특별한 파일을 주려고 해요. 이 파일은 여러분이 보관할 수 있으며, 집에 가져가서 원하는 사람에게 보여줄 수 있어요. 원한다면 학교에 가져가서 선생님께 보여드릴 수도 있습니다! 그럼 이제 버즈에 대해 알아보도록 해요. 버즈는 여덟 살 소년으로 오늘은 버즈와 그의 가족에 대해 알아볼 거예요. 그 후 잠시 휴식 시간을 가지고 색연필로 활동지에 색칠을 할 수 있습니다. 쉬는 시간이 끝나면 다른 활동지를 보고 보상에 대해 이야기할 거예요. 여러분도 보상을 좋아하겠죠! 버즈는 칭찬을 받고 보상을 받는 것을 좋아한답니다."

활동계획

파일 소개

버즈와 그의 가족 [활동지 1]

휴식 시간

버즈와 자기 대화 [활동지 2]

대회에 참가하다 [활동지 3]

홈미션

그림 3.1 도입 회기 내 활동계획 예시

파일 소개

시간이 지남에 따라 파일은 회기 중에, 그리고 외부에서 사용된 자료(예 : 회기 내 활동계획서, 활동지, 홈미션)들로 채워진다. 따라서 이 파일은 수정과 공유를 위한 종합적인 개인 자료가 된다. 아동에게 자신의 파일에 색칠 도구로 그림으로 그리거나 잡지, 만화 또는 인터넷에서 좋아하는 이미지를 오려서 붙이도록 격려한다. 또한 집에서도 사진이나 그림 등을 추가할 수 있다. 이렇게 하면 파일이 더욱 개인화될 수 있고, 아동에게 더 의미있게 된다. 치료사는 파일을 볼 수 있는 다른 성인과 함께 아동의 노력에 대해 언급하고 스티커나 웃는 얼굴 그림을 추가하여 아동에게 보상해야 한다. 이 파일은 아동에게 변화를 촉진하는 역할 외에도 보상 시스템의 역할을 할 수 있다.

다음 회기에 치료사는 아동과 함께 파일을 검토하여 완료된 홈미션을 확인하고, 중요한 정보를 수정하고, 중요한 개념을 강화한다. 아동이 파일을 꾸미고 개인화하기 위해 기울인 노력에 대해 언급하는 것이 중요하다. 아동이 그린 그림들에 대해 이야기하고 이전 회기에 이야기 나눴던 버즈와 그의 가족의 경험 또는 아동 자신의 경험과 연관 지어 이야기를 나눈다. 스티커, 웃는 얼굴 등을 많이 주는 것을 잊지 말아야 한다! 나이가 좀 더 많은 아동들은 회기에서 사용한 메모와 자료를 추가할 수 있는 노트 형태로 된 '좀 더 성장된' 버전의 파일을 만들고 유지할 수 있다. 공책에 낙서를 하거나 좋아하는 가수 사진, 주말에 다녀온 공연이나 영화의 티켓 등을 붙이고 꾸밀 수 있다.

아동(공책을 사용하는 나이가 많은 아이들)에게 다음과 같이 이야기하며 파일을 소개할 수 있다.

"이 파일을 함께 살펴봅시다. 앞서 말했듯이 이 파일은 여러분이 보관할 수 있으며, 여러분이 한 모든 작업을 여기에 넣을 거예요. 파일은 집에 가져가도 되지만, 다음 회기에 다시 가져오는 것을 잊지 말아야 해요! 원하는 누구에게라도 이 파일을 보여줄 수도 있어요. 자기 파일인데 평범하고 지루해 보이길 원치는 않겠지요. 여러분이 그런 것을 좋아할 리가 없을 것 같아요! 그러니 파일을 꾸며서 사람들에게 여러분 자신이 어떤 사람인지, 어떤 것을 좋아하는지 알릴 수 있도록 하세요. 그림을 그리고 색칠할 수도 있고, 사진을 추가하거나 잡지에서 좋아하는 사진을 오려서 넣을 수도 있어요. 집, 가족, 학교, 반려동물, 친구, 좋아하는 스타, 좋아하는 음식, 좋아하는 스포츠 등 사실 좋아하는 것은 무엇이든 추가할 수 있어요! 파일에 대해 궁금한 점이 있나요?"

아동은 파일에 대해 질문할 수 있으며 이에 대해 답변해주어야 한다.

활동지 1. 버즈와 그의 가족

활동지 설명

버즈는 엄마, 형과 함께 마을에 사는 소년이에요. 그는 윌마라는 개를 키우고 있습니다. 버즈는 자신이 다른 아이들과는 조금 다르다고 생각해요. 왜냐하면 새로운 기술을 배우고 주의를 집중하는 것이 어렵기 때문이죠. 학교에서 버즈는 새로운 것을 배우는 것을 좋아하지만 가끔은 힘들어하기도 해요. 버즈가 가장 좋아하는 수업은 미술입니다. 또 공원에 가서 다른 아이들과 노는 것을 좋아하지요. 버즈는 매일 방과 후에 공원에 가요. 버즈는 뛰어다니는 것을 좋아하고 항상 움직입니다. 매주 금요일마다 버즈는 스카우트에 가서 배지를 받고 그 배지를 옷깃에 달고 다녀요. 버즈는 배지를 더 받고 싶어 해요. 버즈는 열심히 노력하지만 너무 흥분해서 엄마와 학교 선생님에게 자주 야단을 맞기도 합니다. 그들은 버즈에게 "뭔가를 행동하기 전에 생각해야 해"라고 말해요.

(계속)

활동지 1. 버즈와 그의 가족(계속)

활동지 프롬프트

- 버즈와 그의 생활에 대해 생각해봅시다. 버즈가 잘하는 것은 무엇이라고 생각하나요? 무엇이 버즈를 행복하거나 슬프게 만들까요?
- 여러분의 가족에 대해 말해볼까요?
- 학교는 어떤가요? 학교의 어떤 점이 마음에 드나요?
- 여러분은 학교가 끝나면 무엇을 하나요? 취미와 관심사는 무엇인가요?
- 다시 버즈로 돌아가봅시다. 버즈가 어려워하는 것은 무엇일까요? 버즈가 걱정하는 것은 무엇인가요?
- 여러분은 어떤 것이 어려운가요? 어떤 것이 걱정되나요?

활동지 1은 버즈와 가족, 그리고 버즈의 일상생활을 소개한다. 여기에는 버즈와 그의 가족 그림이 포함되어 있으며, 회기 중간 휴식 시간이나 홈미션으로 색칠을 할 수 있게 되어 있다. 활동지 1은 치료적 관계를 형성하고 아동이 자신을 표현하는 능력을 증진하는 것을 목표로 한다. 이 활동지는 아동에게 기술과 도전의 개념을 소개하고 자신과 타인의 관점에서 이러한 개념을 생각해보도록 장려한다.

치료사는 다음과 같이 말하며 활동지를 아동에게 소개할 수 있다.

> "이 그림이 보이나요? 이 사람은 버즈라는 아이이고, 이 사람들은 버즈의 엄마와 형이에요. 강아지도 있네요! 이름은 월마예요. 모두 함께 사는 집 앞에 서 있어요. 버즈의 엄마와 아빠는 함께 살고 있지 않고 헤어져 지내지만, 버즈의 아빠가 근처에 살기 때문에 자주 만나곤 합니다. 우리는 앞으로 만날 때마다 이와 같은 활동지를 보고 버즈의 활동과 모험에 대해 배울 거예요. 여러분도 버즈가 하는 일 중 몇 가지를 해볼 수 있어요. 자, 그럼 버즈와 그의 가족에 대해 읽어보는 것으로 시작해볼게요."

그런 다음 과제 활동지를 아동에게 읽어주거나 아동이 원한다면 치료사와 함께 읽을 수 있다. 아동이 집중하고 있는지, 이해했는지 확인한다. 스카우트는 '함께 기술을 배우고 활동을 하는 아이들을 위한 단체'라고 설명해줄 수 있다. 만약 내가 버즈라면 어떨지에 대해 이야기를 시작할 수 있다. 버즈가 잘할 수 있는 것, 버즈를 행복하게 혹은 슬프게 만드는 것이 무엇인지 물어본다. 그런 다음 토론 활동지의 질문을 사용하여, 아동 자신의 생활과 가족에 대해 이야기하는 것으로 대화를 전환한다. 다시 버즈 이야기로 돌아와서 버즈가 힘들어하는 것이 무엇인지, 버즈에게 어떤 걱정이 있다고 생각하는지, 그리고 그 걱정이 무엇인지 물어본다. 그런 다음 아동 자신이 잘하지 못하는 것이 무엇인지, 걱정거리가 있는지 생각해보도록 격려한다.

좀 더 나이가 많은 아동이나 활동지를 사용하지 않는 경우에는 아동과 이 프로그램에 참여하는 이유에 대해 이야기하고, 제시된 상황에 대한 이해도를 측정해야 한다. 그다지 적극적이지 않은 아동의 경우 '어떤 아이들은 ~라고 생각한다/~ 행동한다'라는 형식을 사용하여 이야기한 다음 아동에게 동의 여부를 물어보는 것이 도움이 될 수 있다. 예를 들면 다음과 같다. "어떤 아이들은 학교에서 어떤 수업을 어려워하는데, 여러분도 마찬가지인가요? 어떤 수업이 가장 어렵나요? 왜 그렇게 생각하나요?" 그런 다음 치료사는 기술과 도전에 대해 이야기하도록 토론을 이끌어야 한다. "'기술'이라는 단어는 무슨 뜻일까요? 기술이란 무엇이라고 생각하세요? 여러분의 기술은 무엇인가요? 새로운 기술은 어떻게 배우나요? '도전'이라는 단어의 뜻은 무엇인가요? 도전이란 무엇이라고 생각하나요? 어떤 것들이 여러분에게 도전이 되나요? 어떻게 극복하나요? 보통 어떻게 해결하나요?"

회기에서 아동의 노력에 대해 칭찬한다. 이 활동지를 기반으로 홈미션을 설정하는 경우 아동에게 다음 사항을 요청한다.

1. 자기 자신과 가족의 사진을 오리거나 그림을 그려서 파일 표지에 붙이기
2. 그림과 말풍선을 색칠해서 활동지를 꾸미거나 이야기 주제와 관련된 사진, 잡지, 만화 등의 그림을 추가해보기

홈미션을 설정했다면 부모/보호자에게 홈미션 기록지를 작성하도록 하고 다음 회기에서 검토할 수 있도록 파일에 넣을 것을 상기시킨다.

중간 휴식

2장에서 설명한 대로 회기의 적절한 시점에 중간 휴식을 제공해야 한다.

활동지 2. 버즈와 자기 대화

활동지 설명

버즈는 가끔 혼잣말을 하곤 해요. 마음속으로 생각하거나 때로는 소리 내어 말하기도 하죠. 우리는 이것을 '자기 대화'라고 부릅니다. 자기 대화는 어떤 일을 할 때 도움이 돼요. 버즈는 "힘내, 할 수 있어!"와 같은 말을 스스로에게 해요. 때로는 "정말 잘했어!"와 같은 말을 조용히 스스로에게 하기도 하고 트로피를 받는 것을 상상하기도 합니다. 버즈의 엄마는 이런 생각들을 '도움이 되는 생각'이라고 불러요. 이런 생각을 할 때 버즈는 자신에 대해 기분이 좋아진답니다. 가끔 버즈는 자신에 대해서 나쁜 생각을 하기도 해요. 버즈의 엄마는 이러한 생각을 '방해가 되는 생각'이라고 부르는데, 이런 생각은 도움이 되지 않아요. 버즈는 가끔 스스로에게 "난 잘할 수 없어, 포기할 거야!", "이건 멍청한 짓이야, 싫어!", "모두가 나를 보고 있어, 내가 바보 같아 보여!" 같은 생각을 해요. 방해가 되는 생각을 할 때 버즈는 기분이 나빠집니다. 버즈는 방해가 되는 생각이 들 때 도움이 되는 생각으로 방해가 되는 생각과 싸울 수 있다는 것을 배

(계속)

활동지 2. 버즈와 자기 대화(계속)

웠어요. 이것은 도움이 되는 생각이 방해가 되는 생각을 머릿속에서 쫓아낸다는 뜻이에요. 도움이 되는 생각을 떠올리는 버즈의 미션을 도와줄 수 있는지 함께 살펴보도록 해요.

활동지 프롬프트

다음의 표를 보세요. 어떤 도움이 되는 생각이 방해가 되는 생각을 쫓아낼 수 있을지 찾아보세요. 우리가 제대로 찾으면 버즈는 기분이 나아질 것입니다.

- 버즈는 언제 이런 방해가 되는 생각을 할까요?
- 방해가 되는 생각이 들 때 버즈는 어떤 기분일까요?
- 도움이 되는 생각으로 방해가 되는 생각을 쫓아낸다면 버즈의 기분이 달라질까요?
- 여러분은 자신에 대해 방해가 되는 생각을 한 적이 있나요?
- 그것에 대해 이야기 나눠보아요. 그때 기분이 어땠나요?

이제 방해가 되는 생각을 쫓아내는 도움이 되는 생각을 함께 찾아 적어봅시다.

활동지 2는 자기 대화의 개념과 이것이 우리의 감정 및 행동에 어떤 영향을 미칠 수 있는지 소개하는 것을 목표로 한다. 이 활동지는 도입 단계의 핵심적인 부분인데, 아동이 스스로를 모니터링하고 부정적인 생각을 인식하고 확인한 다음, 그것을 긍정적이고 동기를 부여할 수 있는 자기 대화로 대체하는 기술을 발달시키는 것이 매우 중요하기 때문이다. 따라서 이 연습은 아동에게 생각과 행동이 서로 관련되어 있음을 가르치고, 스스로에게 하는 말(즉, 아동의 생각)과 이러한 생각이 어떻게 도움이 되는지 혹은 도움이 되지 않는지 생각해보도록 한다. 이것을 방해가 되는 생각과 도움이 되는 생각 사이의 '전투'로 설명하며, 아동은 방해가 되는 생각을 확인하고 도움이 되는 생각으로 이를 '쫓아내고' 대체하는 방법을 배우게 된다. 따라서

표 3.1 방해가 되는 생각과 도움이 되는 생각 연습표

난 잘 못해, 절대 못할 거야.	힘들지만 도움을 요청하고 계속 노력할 수 있어.
다들 내가 틀렸다고 멍청하다고 생각하겠죠.	다른 사람들이 어떻게 생각하든 상관없어. 나는 최선을 다했으니까.
너무 지루해. 포기할래.	지금 포기하면 보상을 못 받아. 쉰 다음에 조금 더 해봐야지.
친구랑 사이가 멀어졌고 다시는 친구가 될 수 없을 거야.	친구와 다시 화해하려면 어떻게 해야 할지 선생님께 물어봐야지.
걔네들이 내 이름을 부르면 때려 주고 싶어.	누군가를 때린다고 문제가 해결되지는 않아. 오히려 문제가 생길 테니 진정해야 해.
틀릴 것 같아서 시도하고 싶지 않아!	대부분의 사람들이 뭔가를 처음 시도할 때 제대로 해내기 어렵지.

아동은 어떤 식으로든 자신을 방해하는 부정적인 생각을 긍정적이고 동기부여를 촉진하는 건설적인 대처 메커니즘으로 대체하는 법을 배우게 된다. 아동은 생각 연습표(방해가 되는 생각과 도움이 되는 생각)에서 이를 수행하는 방법을 배우고, 방해가 되는 생각을 '쫓아내는' 도움이 되는 생각과 자기 대화 주제를 일치시키도록 한다. 이는 표 3.1에 제시되어 있다(활동지에는 도움이 되는 생각은 녹색으로, 방해가 되는 생각은 빨간색으로 표시하여 섞어서 제시한다).

아동에게 활동지를 읽어준다. 혹은 아동이 원한다면 함께 읽는다. 아동이 잘 이해했는지 확인해야 한다. 그런 다음 함께 연습표를 살펴보며 도움이 되는 생각과 방해가 되는 생각을 맞히는 활동을 한다(표 3.1 참조). 아동은 다양한 색의 색연필을 사용하여 두 가지 유형의 생각을 연결할 수 있다. 그런 다음 표를 살펴보고 버즈가 때로 자신에게 말하는 방해가 되는 생각에 대해 이야기를 나눈다. 아동에게 어떤 상황에서 이런 생각이 떠오르는지 질문하고 이야기를 나눈다. "버즈가 이런 생각을 할 때 자신에 대해 어떻게 느낄까요? 다른 사람들이 자신을 어떻게 본다고 생각할까요? 버즈가 도움이 되는 생각으로 방해가 되는 생각을 '쫓아낸다면' 어떻게 달라질 수 있을까요?"

아동에게 이런 생각들을 해본 적이 있는지 물어보면서 아동 자신과 비슷한 점이 있는지 생각해보도록 유도한다. "버즈와 비슷한 생각을 해본 적이 있나요? 언제, 어떤 상황이었나요? 그 생각이 들었을 때 어떤 기분을 느꼈나요? 우리 함께 방해가 되는 생각을 '쫓아낼' 수 있는 도움이 되는 생각을 함께 떠올려봅시다. 이것이 기분이 나아지는 데 도움이 되었을까요? 도움이 되는 생각으로 방해가 되는 생각을 이미 '쫓아낸' 적이 있나요? 다른 사람들(선생님, 친구, 엄마, 할아버지)은 (아동의) 방해가 되는 생각을 도움이 되는 생각으로 '쫓아내려고' 시도한 적이 있나요?" 아동이 기억하고 싶어 하는 유용한 도움이 되는 생각을 과제 활동지에 적어보도록 한다. 회기 내에서 이러한 도움이 되는 생각으로 방해가 되는 생각을 '쫓아내는' 연습을 한다. 아동에게 도움이 되는 생각으로 방해가 되는 생각을 쫓아내는 장면을 머릿속에서 상상하여 시각화하도록 격려한다.

회기에서 아동의 노력에 대해 칭찬한다. 이 활동지를 기반으로 홈미션을 설정하는 경우 아동에게 다음 사항을 요청한다.

1. 그림과 말풍선을 색칠해서 활동지를 꾸미거나 이야기 주제와 관련된 사진, 잡지, 만화 등의 그림을 추가해보기
2. 과제 활동지에서 도움이 되는 생각을 한두 개 선택하여 메모지에 적고, 방해가 되는 생각이 떠오르기 쉬운 곳(예 : 숙제를 하는 장소나 침대 옆 등)에 붙여놓기

홈미션을 설정했다면 부모/보호자에게 홈미션 기록지를 작성하도록 하고 다음 회기에서 검토할 수 있도록 파일에 넣을 것을 상기시킨다.

활동지 3. 대회에 참가하다

활동지 설명

학교에서 대회가 열렸습니다! 자신이 받고 싶은 보상을 많이 생각해야 해요. 보상은 꼭 돈으로 살 수 있는 것이 아니어도 괜찮아요. 가장 많은 보상을 생각해낸 사람이 대회에서 우승하게 됩니다. 버즈가 대회에서 우승하면 '전교 1등'이 되고, 교실 벽에 버즈의 이름이 우승자로 게시될 거예요.

활동지 프롬프트

- 보상이란 무엇인가요?

큰 별 안에 자신이 원하는 작은 보상이나, 잘하고 열심히 노력했을 때 스스로에게 할 수 있는 긍정적인 말을 적으세요.

활동지 3의 목적은 보상 시스템 개발을 통해 아동에게 긍정적 강화의 개념을 소개하는 것이다. 이는 프로그램의 도입에 있어 매우 핵심적인 부분으로, 아동은 연습을 통해 스티커판 사용을 포함하여 회기 안팎에서 적용할 수 있는 다양한 보상을 파악할 수 있게 된다. 이것은 자기 모니터링, 프로그램에 참여와 동기를 높이고 성취감을 얻는 데 필수적이다.

아동에게 과제 활동지를 읽어주거나 아동이 원한다면 함께 읽고 내용을 이해했는지 확인한다. 아동이 보상에 대해 이야기하고 생각하도록 유도한다. 보상은 크거나 혹은 작을 수도 있고, 유형 혹은 무형의 것일 수 있다는 점을 기억해야 한다. 비싼 물건이나 목표를 보상으로 주는 것이 잘못된 것은 아니지만 보상은 현실적이어야 한다. 아동이 너무 크거나 비싼 보상을 원하면 "이게 정말 여러분이 보상으로 받을 만한 것이라고 생각하나요? 선생님이 생각하기에 이 보상은 너무 커서 받으려면 시간이 좀 걸릴 것 같아요. 혹시 더 작거나 다른 것을 생각해볼 수 없을까요?" 또는 "와, 이건 여러분이 정말 좋아할 것 같긴 한데 꽤 비싸서 엄마랑 얘기를 해봐야 할 것 같네요! 다른 것도 생각해봐야 할 것 같아요"라고 직접적으로 생각하도록 질문한다. 물론 보상은 선물이 될 수 있지만 선물이 꼭 돈이 드는 것일 필요는 없다. 공원에 놀러 가거나 잠자리에서 이야기를 나누는 등 무언가를 할 수 있는 시간을 보상으로 줄 수도 있다.

보상은 반드시 다른 사람이 줄 필요는 없다. 아동은 자신이 잘했다고 생각되면 파일에 글쓰기를 하는 등 스스로 보상하는 방법을 배울 수 있다. 따라서 어떤 것이 아동에게 동기를 부여하고 스스로의 노력을 보상할 수 있는지에 대해 논의하는 것이 중요하다. 아동이 아주 어리거나 힘들어하는 경우에는 '도움 주머니'를 만들어 사용할 수 있도록 종이 봉투를 준비하는 것도 좋다. 봉투 안에는 DVD 시청하기, 과자나 비스킷 먹기, 용돈 받기, 방과 후 친구 만나기, 책이나 만화 읽기, 축구하기, 잠자기 등 아동이 좋아하는 것이 적힌 종이를 넣을 수 있다. 아동에게 봉투에 손을 넣어 종이 하나를 꺼내도록 한 다음, 종이에 적힌 내용이 아동이 원하는 보상인지, 혹은 할 수 있는 일인지 이야기를 나눠본다. 주머니에 들어 있는 종이들은 아동이 가지고 싶은 구체적인 보상을 떠올리는 데 도움이 되는 힌트 역할을 할 것이다.

다음으로 아동이 무언가를 잘했거나 많은 노력을 기울였을 때 받고 싶은 보상을 과제 활동지에 적거나 그려보도록 한다. 미완성된 과제라도 노력에 대한 보상을 주는 것이 중요하다. 보상에 대한 과제 활동지에 "참 잘했어요!"와 같은 긍정적인 자기 진술문을 한두 개 써보도록 한다.

회기에서 아동의 노력에 대해 칭찬한다. 이 활동지를 기반으로 홈미션을 설정하는 경우 아동에게 다음 사항을 요청한다.

1. 그림과 말풍선을 색칠해서 활동지를 꾸미거나 이야기 주제와 관련된 사진, 잡지, 만화 등의 그림을 추가해보기
2. 가정에서 부모/보호자와 함께 보상에 대한 과제 활동지를 읽어보고 새로운 아이디어를 포함하여 목록을 함께 확장하기(부모/보호자도 아동이 좋아할 만한 보상 아이디어를 가지고 있을 수 있음)
3. 보상 목록 중 일부를 선택하여 부모/보호자와 함께 스티커판을 만들고 어디에 붙일지 결정하기(파일, 벽 또는 냉장고 등). 스티커판을 만드는 방법은 2장을 참조한다.

홈미션을 설정했다면 부모/보호자에게 홈미션 기록지를 작성하도록 하고 다음 회기에서 검토할 수 있도록 파일에 넣을 것을 상기시킨다. (만일 스티커판을 사용하는 데 교사를 포함할 경우 단순히 교사가 볼 수 있도록 파일에 넣어두는 것만으로는 부족하며, 회기가 끝난 후 부모/보호자 또는 교사에게 연락하여 전략을 소개하고 정보를 어떻게 공유할지 논의해야 한다.)

피드백 및 보상

회기가 끝나면 보상 과제 활동지(활동지 3)에서 보상을 확인한 후 적절한 보상을 적용해야 한다(예 : 아동이 긍정적인 자기 대화를 하는 것). 피드백 및 보상에 대한 자세한 내용은 2장을 참조할 수 있다.

부모/보호자 및 교사와 협력하기

이 도입 모듈과 관련된 자세한 내용은 2장의 관련된 부분을 참조할 수 있다.

부모/보호자 및 교사가 무엇을 할 수 있나요?

이 도입 모듈과 관련된 자세한 내용은 역시 2장의 '부모/보호자 및 교사를 위한 자원'을 참고할 수 있다.

4

주의력

주의력은 가장 관련성이 높은 자극에 주의를 기울이고 관련이 없는 자극은 걸러내거나 무시함으로써 세상을 이해하는 데 도움을 주는 인지적인 기술이다. 주의력 조절 과정은 다양하고 복잡하며 기억, 미래의 계획, 조직화에 중요한 역할을 한다. 주의력은 Norman과 Shallice(1986), Baddeley(1986)를 비롯한 다양한 모델과 이론을 통해 설명되어 왔다. 이 모델에 따르면 핵심적인 요인은 적절한 순간에 주의를 집중시켜서 조절하는 역할을 하는 것이라고 제안하고 있으며, 이는 회사에서 직원들이 일을 지속하도록 조절하는 임원과 비슷하다. 임원이 역할을 효과적으로 하지 못하면 정보 처리가 제대로 이루어지지 않고 경쟁하는 정보 간의 간섭이 일어나 실수가 발생한다. 일반적으로 주의집중 기술은 뇌가 성숙하고 정보에 주의를 기울이고 선택하는 능력이 강화되면서 발달한다(Posner, Rothbart, Sheese & Voelker, 2014). 하지만 ADHD와 관련된 주의력 문제 및 전반적인 증상은 아동발달 전반에 걸쳐 대체로 안정적으로 유지되는 것으로 밝혀졌고, 이는 개인의 유전적인 성향(Larsson, Larsson & Lichtenstein, 2004; Rietveld, Hudziak, Bartels, van Beijsterveldt & Boomsma, 2004)과 뇌 구조(Valera, Faraone, Murray & Seidman, 2007)에 기

표 4.1 주의력 유형

선택 주의력	방해 요소가 있어도 하던 일을 계속할 수 있다.
분할 주의력	한 번에 두 개 이상의 작업을 관리할 수 있다.
지속 주의력	주어진 일에서 벗어나지 않고 오랫동안 작업을 계속할 수 있다.
시각 주의력	보이는 것에 주의를 기울인다.
청각 주의력	들리는 것에 주의를 기울인다.

인하는 것으로 보인다.

주의력은 특정 정보에 집중하면서 다른 정보는 걸러내는 '선택적' 형태를 취할 수 있다(예 : 정신없는 교실에서 책 읽기). 그리고 여러 작업을 동시에 수행해야 하는 상황에서 효율적으로 주의를 이리저리 전환하는 '분할적' 형태를 취할 수도 있다(예 : 공을 보면서 우리 팀과 상대 팀의 움직임을 예측해야 하는 축구 경기). 또 다른 형태의 주의력은 '지속' 주의력으로, 이는 더 오랫동안 주의를 집중하고 유지하며 작업을 수행하는 능력을 말한다

부주의

- 자주 세부 사항에 면밀한 주의를 기울이지 못하거나, 학업, 업무 또는 다른 활동에서 부주의한 실수를 저지름
- 자주 과제를 하거나 놀이를 할 때 지속적으로 주의집중을 할 수 없음
- 자주 다른 사람이 말할 때 경청하지 않는 것처럼 보임
- 자주 지시를 완수하지 못하고, 학업, 집안일 또는 직장 내 업무를 수행하지 못함
- 자주 과제와 활동을 체계화하는 데 어려움이 있음
- 자주 지속적인 정신적 노력을 요구하는 과제에 참여하기를 기피하고, 싫어하거나 저항함
- 자주 학교 과제, 연필, 책, 장난감 등 특정 과제 및 활동에 필요한 물건을 잃어버림
- 자주 외부 자극에 의해 쉽게 산만해짐
- 자주 일상적인 활동을 잊어버림

그림 4.1 ADHD 주의력 증상에 대한 DSM-5 진단 기준

(예 : 이야기 듣기). 표 4.1에는 이러한 주의력 영역이 요약되어 있고, 그림 4.1에는 ADHD 아동을 평가하는 DSM-5(APA, 2013)의 주의력 항목이 나와 있다.

이 장에서는 ADHD 아동의 주의력에 대해 알아보고, 이것이 다양한 생활 영역에서 아동의 기능에 미칠 수 있는 영향을 살펴본다. 주의력 평가에 대해 논의한 후에 인지행동적 접근법을 사용하여 아동과 주변 성인을 위한 중재 및 전략을 살펴보고자 한다.

소개

ADHD와 주의력 문제가 있는 아동은 다양한 영역에서 기능적인 문제를 겪게 된다. 실제로 ADHD 진단을 받으려면 이러한 어려움이 만 12세 이전에 나타나고 최소 6개월 이상 지속되어야 하며, 학교, 가정, 사회생활 등 다양한 영역에서 문제가 발생해야 한다. 효과적으로 기억하고, 학습하고, 듣고 관찰하며, 환경에 적절하게 반응하기 위해서는 주의력이 필요하기 때문에 주의력 문제로 인한 기능적 문제는 학업 기능의 저하, 파괴적인 행동, 또래 및 가족 관계 문제로 나타난다.

행동 기능

주의력은 인지적인 기능이지만 흔히 다른 사람들이 관찰할 수 있는 행동으로 표현된다. 아이들은 공상에 빠지고, 주의가 산만해지고, 집중력을 잃고 한곳에서 다른 곳으로 주의가 옮겨간다. 과제나 지시를 완수하려고 하지만 그 과정에서 자신의 생각을 포함한 무언가에 의해 주의가 산만해진다. 이로 인해 규칙을 따르지 않고 반항적인 것처럼 보일 수 있고, 실제로 그런

면도 있을 수 있다. 하지만 ADHD 아동은 자신이 주의가 산만하거나 공상에 빠져 하던 일에서 벗어나 있다는 사실을 깨닫지 못하는 경우가 많다. 아동은 더 매력적인 다른 세계나 새로운 활동으로 빠져든 것이다. 그러다가 나중에야 자신이 뒤처져 있고 무엇을 해야 할지 이해하지 못하거나 잘못하고 있다는 것을 깨달아 서둘러 무얼 해야 하는지 추측하고 따라잡으려고 노력하지만 속도와 정확성이 부족하기 때문에 어려움을 겪게 된다. 아동은 보통 화가 나고 짜증이 나고 좌절감을 느끼기 시작하며, 실패를 경험하게 되므로 사기가 떨어진다. 자신이 왜 혼이 나고 방해가 되는지, 왜 이목을 집중시키고 나쁜 아이로 낙인 찍히는지 이해하지 못하고, 혼란스러워하며 불공평하게 대우받는다고 느낄 수 있다. 아동이 확실히 알고 있는 것은 본인이 어떤 면에서 또래들과 다르다는 것뿐이다.

ADHD 아동의 부모/보호자는 아동이 해야 할 일을 계속 상기시키고 재촉하며 자신과 아동이 점점 더 좌절하고 긴장하고 예민해지는 것을 느낀다고 보고한다. 동시에 아동은 문제 대처의 어려움과 다른 사람들이 제 탓을 하는 것에 대한 좌절감을 짜증, 반항적인 행동, 슬픔 또는 무관심으로 표현한다. 학교에서 교사들은 수업을 이어나가면서 커리큘럼을 통해 아동을 지원해야 하고, 별도의 교육적 도움이 필요한 ADHD 아동을 지원하는 방법을 배워 아동의 흥미와 주의력을 극대화하기 위해 긍정적이고 도움이 되는 기술을 습득하는 것이 필수적이다. 중요한 것은 갈등과 대립, 처벌적 제지를 특징으로 하는 부정적 상호작용을 피하도록 조정해야 한다는 것이다.

학업 기능

효과적인 학습을 위해 아동은 주변 환경에 주의를 기울여야만 한다. 선생님의 말을 귀 기울여 듣고, 정보를 읽고 이해하며, 또래와 협력하고 다른 사람들이 하는 일을 주의 깊게 관찰해야 한다. 주의력 결핍은 학습과 기억에 영향을 미치며, 아동이 환경으로부터 중요한 정보를 받아들이는 과정을 방해할 수 있다. 즉, 일부 정보를 습득하기는 하지만 주의가 분산되거나 관련 정보에 주의를 기울이지 않아 다른 부분을 놓치게 된다. 예를 들어 수학시간에 다른 아이들이 수다를 떨거나 창밖에서 놀고 있는 상황 등의 외부 방해 요인이나 지루함, 불안, 점심 식단표에 대한 공상 등의 내부 방해 요인에 의해 쉽게 주의가 분산되어 수학 공부에 어려움을 겪을 수 있다. 이는 아동의 지적 능력과는 아무런 관련이 없지만 아동이 가진 잠재력과 성취 사이의 불일치가 발생하는 경우가 많아 실패 경험을 강화하고 자존감을 낮추어 학습 과정에 참여하려는 동기를 떨어트릴 수 있다. 학습을 위해 단기기억에 정보를 저장하기 위해서는 우선 주의를 기울여야 하기 때문에 주의력 문제가 있으면 여러 단계가 필요한 작업을 완수하는 데 어려움을 겪게 된다. 예를 들어 백분율을 계산할 때 주어진 숫자를 머릿속에 담은 채로 계산을 해야 하는데 이러한 과정이 어려울 수 있다. 또한 여러 과제를 완수하기 위해 계획을 세우고, 그 계획을 유지하는 데 어려움을 느끼기도 한다. ADHD 아동은 이야기를 듣거나 읽을 때 줄거리를 놓치거나 주요 등장인물의 이름을 잊어버려 이해를 못하게 될 뿐만 아니라 흥미도 잃을 수 있다.

사람들은 일반적으로 이 아이들을 흥미가 없고 다른 사람을 무시하며 비협조적이거나 장난꾸러기라고 여기는 등 부정적인 색안경을 끼고 바라본다. 보통 사람들은 ADHD 아동이 그렇게 행동하기로 '선택했다'고 여기는 경향이 있다. 하지만 이것은 잘못된 관점으로, 아이들은 '하지 않는 것'이 아니라 할 수 없는 것이다. ADHD 아동에게는 항상 유혹과 방해물이 있고 본인이 해야 하는 것보다 남의 떡이 더 커 보이기 때문에 때때로 과제를 완수해낼 수가 없다. 다수의 ADHD 아동은 교사나 부모/보호자, 또래로부터 부정적 피드백을 많이 받기 때문에 성취감을 느낀다거나 칭찬을 받거나 자부심을 느끼는 것이 어떤 느낌인지 알 수 없다. 몇 가지 예를 들면 숙제를 하지 않거나 준비물을 잊었거나 떠들고 다른 사람을 방해하거나 공을 놓쳐 팀원들을 실망시키는 것 같은 이유로 항상 꾸중을 듣는다고 느낀다. 또한 항상 다른 아이들과 비교당하고 다른 사람들이 자신을 부정적인 시각으로 바라본다고 인식한다.

대인관계 기능

주의력 문제가 있는 아동은 또래 관계에서도 불이익을 받을 수 있다. 대화에 참여하기 위해 주의를 집중해서 상대방에 말에 귀를 기울여야 하고 차례대로 자신의 의견을 개진해야 하며 그 과정에서 서로 다른 주제와 화자들 가운데 동시에 말하고 듣는 것 사이의 주의 전환이 필요하다. ADHD 아동은 대화의 흐름을 잊어버리거나 본인이 했던 말을 잊고, 언어적, 비언어적인 핵심 정보를 놓칠 수 있다. 어떤 아동은 주제에서 다른 주제로 넘어갈 때 짜증을 내기도 한다. 그들은 듣지는 않고 말하고만 싶어 하는 것으로 보이고, 큰소리로 떠들고 다른 아이 순서에 끼어드는 것처럼 여겨지며, 다른 아이들을 화나게 하고 신경 쓰지 않는 것처럼 여겨질 수 있다. 따라서 적응하지 못하는 '이상한 아이'로 여겨지고, 예측할 수 없고 감정적이며 악의적인 아이라는 평판을 얻게 된다. 주의를 유지하는 것이 어려운 아이들은 부모/보호자, 교사를 힘들게 할 수 있으며, 부모/보호자나 교사는 아동에게 밀려나거나 거부당하거나 무시당한다고 느껴 아이와의 관계에 영향을 미침으로써 끊기 어려운 부정적 순환의 시작이 되기도 한다.

대처

아동은 주의력 문제에 여러 가지 방법으로 대처하지만 장기적으로는 그다지 도움이 되지 않는 경우가 많다. 다른 사람과 지속적으로 비교당하고 기대에 미치지 못하는 것은 유쾌한 감정이 아니며 불안 또는 분노로 이어질 수 있다. 또래를 웃겨서 친구를 사귀고 호감을 사기 바라면서 '광대 놀이'를 통해 과잉 보상할 수도 있다. 어떤 이유로 어떤 일을 '할 수 없다'는 것을 인정하는 대신 '하지 않겠다'고 말함으로써 자신의 문제를 감추고자 할 수도 있다. 해야 할 것들을 빨리 끝내버리고자 서두르다가 실수를 많이 하기도 한다. 또한 형제자매, 교사, 가족과의 관계에 신경을 쓰지 않는 척하고 허세를 부리며 관계에 문제가 생기더라도 영향을 받지 않는 것처럼 행동할 수 있다. 예를 들어 아무도 자신을 선택하지 않을까 봐 복통을 호소하여 체육 활동에서 빠지거나, 아예 학교에 가지 않으려고 할 수도 있다.

불안과 주의력은 밀접한 관련이 있는데, 아동이 불안을 많이 느낄수록 더 부주의해진다. 이는 학교 크리스마스 공연에서 양치기 역할을 맡은 ADHD 아동의 예에서 잘 드러난다. 연극은 외워야 할 대사가 많고 리허설에 참석해야 하며, 정확한 순서에 무대에 올라가 제때 대사를 말해야 하므로 고도의 집중력이 필요하다. 하지만 ADHD 아동은 연습 중에 계속 순서를 놓치고 엉뚱한 타이밍에 대사를 해서 선생님과 다른 아이들의 짜증을 유발했다. 아동은 "나는 항상 틀려. 잘 못하겠어"라고 생각하며 불안해지기 시작하고, 순서를 까먹을 것 같다는 걱정이 들어 제대로 집중하지 못하기 때문에 대사를 잊어버리게 된다. 자신은 잘하지 못한다는 아동의 믿음은 대사를 외우지 못해 프롬프터의 도움을 받아야 하고, 교사와 친구들의 짜증에 의해 강화된다. 결국 문제는 더 악화되어 아동은 더 많은 대사를 놓치고 당황하게 되고, 울지 않으려고 노력하지만 점점 더 불안에 휩싸여 상황이 더 나빠지게 된다. 이미 주의 유지에 어려움을 겪고 있는 아동이 불안을 느끼면 두뇌 시스템에 위협이 될 만한 주변 자극과 환경을 살피게 되므로 집중하는 데 더 어려움을 겪는다. 이 경우 위협이 되는 자극은 교사의 짜증 난 표정이나 연극을 하는 다른 아이들의 부정적 반응이다.

평가

ADHD 평가 및 치료에 관한 국제 지침에 따르면 ADHD를 평가하기 위해 훈련받고 자격을 갖춘 정신건강 전문가가 종합적인 평가 절차를 수행할 것을 권장한다(Sexias, Weiss & Müller, 2012). 여기에는 심리 측정 설문지, 임상 면담, 아동 관찰을 포함한 다중 방법 평가가 포함되는 경우가 많으며, 이를 통해 다양한 상황 및 환경에서 아동의 어려움과 행동을 평가한다. 가능하면 아동 본인을 포함하여 아동 양육에 관련된 여러 사람으로부터 다양한 관점에서 정보를 얻는 것이 바람직하며, 여러 기관과 연락이 필요할 수도 있다. 아동의 발달 전반에 걸친 문제의 본질과 복잡성, 발달적, 환경적, 심리사회적 요인과 아동의 강점과 약점, 현재 아동이 받고 있는 지원을 충분히 이해한 후 성공 가능성이 높은 적절한 개입 계획을 수립하는 것이 중요하다. 이 과정에서 아동이 겪는 동반 질환이나 사회적인 문제뿐만 아니라 가족 내에 존재할 수 있는 문제를 염두에 두는 것도 중요하다.

측정 도구

ADHD 아동의 주의력을 평가하는 방법에는 여러 가지가 있으며 가장 일반적으로 사용하는 방법은 6세 이상의 경우 코너스 척도(Conners' Rating Scales 3rd edition; Conners, 2008), 2세 이상의 경우 강점 난점 질문지

(Strengths and Difficulties Questionnaire, SDQ; Goodman, 1997)가 있다. 이 설문지는 아동의 기능을 아동과 같은 연령 및 성별의 일반 인구에서 얻은 표준과 비교한다. 다양한 환경에서 아동의 기능에 대한 광범위한 관점을 얻기 위해 다양한 평가자로부터 정보를 얻는 것이 좋다. 예를 들어 부모/보호자와 교사는 집과 학교에서의 행동에 대한 설문을 작성할 수 있다. 일부 척도는 아동 스스로 평가할 수 있는 자기 보고용도 포함되어 있지만 아동의 읽기 능력과 통찰력 수준에 따라 사용 여부가 달라진다. 평가는 다른 사람들이 지각한 기능에 대한 기초선을 얻는 데도 도움이 되고, 이후 개입의 효과성을 평가하기 위해 반복적으로 평가할 수 있다. ADHD 아동이 자기 보고식 설문지를 직접 작성할 경우 질문을 잘못 읽거나 문항을 빼먹거나 충동적으로 응답하거나 잘못 표시하게 될 수 있으므로 성인의 도움이 필요하고, 앞선 질문의 영향을 받지 않고 답할 수 있도록 하는 것이 중요하며, 읽기에 어려움이 있다면 항상 문항을 읽어주어야 한다. 많은 평가가 그러하듯 평점이 한쪽으로 치우칠 수 있기 때문에 숙련된 전문가가 신중하게 해석해야 한다.

설문지 기반의 평가 외에도 ADHD 아동의 주의력과 관련된 어려움을 측정하는 객관적인 심리 측정 검사가 여러 가지 있다. 6~16세를 대상으로 하는 아동용 일상 주의력 검사(Test of Everyday Attention for Children, TEA-Ch; Manly, Robertson, Anderson & Nimmo-Smith, 1998), 5~18세를 대상으로 하는 실행기능 행동평가 척도(Brief Rating Inventory of Executive Functioning, BRIEF; Gioia, Isquith, Guy, & Kenworthy, 2000), 3~16세를 위한 발달 신경심리평가(Developmental NEuroPSYchological Assessment, NEPSY-II; Korkman, Kirk & Kemp, 2007), 8~16세 아동을 위한 아동용 부주의 증상 평가(Behavioural Assessment of Dysexecutive Syndrome in

Children, BADS-C; Emslie, Wilson, Burden, Nimmo-Smith & Wilson, 2003)가 있다. TEA-Ch는 지속적이고 선택적이며 분할된 주의력을 사용해야 하는 일련의 과제 수행 성과를 통해 평가한 아동의 주의력에 대한 정보를 제공한다. 이러한 성과 기반 평가의 이점은 주관적인 의견보다 아동의 능력에 대해 보다 구체적인 증거를 제공한다는 점이지만, 기술의 복잡한 특성상 생태학적으로 100% 타당할 수는 없다. 같은 연령이나 능력을 가진 아동을 대상으로 표준화된 이러한 검사는 아동이 또래보다 특정 영역 또는 더 광범위한 영역에 기능적 문제가 있는지 여부를 판별할 수 있다. 연속수행검사는 주의력 유지 능력과 반응 억제 및 각성과 같은 관련 기술을 평가할 때 특히 유용할 수 있다. Conners 연속수행 검사 3판(Conners' Continuous Performance Test 3rd edition; Conners, 2014)이 이러한 성과검사의 한 예시이다.

임상 면담

아동에 대한 보다 풍부하고 상세한 정보를 얻기 위해 설문지 작성과 심리평가에 더해 아이를 가장 잘 아는 사람과 임상 면담을 실시하는 것이 필수적이다. 아동이 상호작용하는 다양한 환경과 맥락을 고려하여 부모/보호자, 교사와 함께 면담을 진행하는 것이 좋다. 면담에서는 아동의 어려움이나 관련 장애에 대한 세부 사항을 포괄적으로 살펴봐야 한다. 가능하다면 아동이 스스로 인식하는 어려움, 삶에 미치는 영향, 관련 대처 방법에 대한 피드백을 요청해야 한다.

사고

아동의 마음에 생각이 어떤 단어나 그림으로 떠오르는지 함께 이야기하는 것이 도움이 될 수 있다. 어린 아동은 마음속에 떠오르는 것을 알아차리고 표현하기 어려울 수 있다. 아동에게 자신의 생각을 '따라갈 수 있는지' 또는 생각들이 빠르게 '들락날락거리는 것 같은지' 물어보는 것이 도움이 될 수 있다. "우리는 어떤 것들에 대해 생각할 수 있는데, 때로는 그 생각이 떠올랐다가 빠르게 사라지기도 해요. 그런 일이 있었나요? 이야기하거나 예를 들어줄 수 있나요? 오늘 수업 시간에 그런 일이 있었나요? 뭘 하고 있을 때 그랬을까요?" 이를 통해 아동이 자신의 생각이나 경험을 따라갈 수 있는지, 머릿속을 스쳐 지나가는 생각이나 순간적인 생각을 따라갈 수 있는지, 또는 그것 때문에 주의가 산만해지는지 여부를 알 수 있다. 예를 들어 아동에게 "수업 시간에 수학을 풀 때 그런 생각이 들었군요. 끝까지 문제에 집중할 수 있었나요? 머릿속에 다른 생각이 떠올라서 주의가 산만해졌나요? 그때 떠오른 생각은 무엇이었을까요? 다른 생각 때문에 주의가 산만해졌나요? 교실에서 무슨 일이 일어나고 있었나요?"라고 질문할 수 있다. 다른 사람들이 아동에게 뭐라고 했는지에 대해 물어보면 "선생님이 수업에 집중 안 한다고 말했어요. 엄마는 듣지 않는다고 혼냈어요" 같은 답이 돌아올 수 있다. 나이가 더 많은 아동은 이러한 피드백을 자신의 노력, 동기 부여와 연결시킬 수 있다.

감정과 생리학적 특성

평가할 때 치료사는 아동의 증상을 악화시킬 수 있는 감별진단과 증상에 기여하는 요인을 고려해야 한다. 낮은 주의 조절 능력은 단순히 ADHD 하고만 관련 있는 것이 아니라 불안과 같은 다른 이유에서도 나타날 수 있다. 아동이 불안하거나 걱정이 많은가? 불안과 걱정은 안절부절하게 만들고 근육의 긴장도를 높일 수 있다. 또한 괴로운 반추, 당면한 과제에 대한 집중력 유지의 어려움, 산만함이 유발될 수 있다. 이는 약물 복용 방식에 영향을 줄 수 있다. 게다가 피곤함을 느끼거나 피로하면 아동은 안정을 취하기 어렵고 듣기 능력이 떨어지고 주의력을 유지하기 어려울 가능성이 높다.

행동

부모/보호자 또는 교사와 면담할 때 산만함이나 부주의가 어떤 행동을 통해 나타나는지, 과제를 완수하는 능력은 어떤지, 성취감을 느끼는 것은 무엇인지 등 큰 그림을 파악하는 것이 매우 중요하다. 아동이 과제에서 벗어나거나 산만하고 잘 듣지 않고 주의를 기울이지 않는 모습이 어떻게 나타나는지 설명해달라고 요청할 수 있다. 이렇게 해서 아동에게 어떤 일들이 일어나고 있는지, 과제에서 벗어나는 구체적인 계기가 있는지, 아동이 다른 일로 주의를 옮겨가는 경향이 있는지, 지루해 보이거나 공상하는 것처럼 보이는지, 다른 활동이나 대화로 인해 주의가 산만해지는지 등을 더 잘 이해하는 데 도움이 될 수 있으며, 아동이 집중할 수 있는 활동이 있는지도 확인하는 것이 좋다. 이는 아동이 관심을 보이는 특정 활동일 수도 있고, 게임같이 지속적인 자극과 보상이 있는 빠르게 움직이는 활동일 수도 있다. 아동은 본인이 어떤 모습인지 알아차리고 이해하는 능력이 없을 수 있고 혼이 날 때도 있지만, 잘해내는 것이 있다는 긍정적 피드백을 받는 것이 중요하다. 또한 이를 통해 치료의 목표, 아동에게 가장 적합한 지원 방법이나 지원해줄 사람이 있는지에 대한 통찰력을 얻을 수 있다.

아동의 행동과 상호작용을 직접 관찰하여 기록하는 것도 도움이 될 수 있는데, 관찰자의 존재로 인해 아동이나 또래가 인위적으로 행동하는 데 영향을 미칠 수 있다는 점을 염두에 두어야 하며, 이상적으로는 다양한 상황에서 관찰이 이루어져야 한다. 예를 들어 교실에서는 아동이 얼마나 자주 과제를 하고 있는지/하지 않는지, 정보를 놓치는 것처럼 보이는지, 주의를 돌리는 데 무엇이 도움이 되는지, 이것이 환경 내에서 적응하는 데 어떤 영향을 미치는지를 기록해야 한다.

행동 일지

양육자와 아동 스스로 특정 문제의 빈도와 심각도를 기록하는 일지를 작성할 수 있다. 이는 보고되지 않을 수 있는 상황을 포착하는 좋은 방법이 될 수 있다. 일지에는 문제 행동(예 : 과제이탈 행동, 어떤 과제였는지, 언제 발생했는지, 어디서 발생했는지, 그때 다른 일이 있었는지), 행동의 선행 사건(해당 행동의 원인은 무엇이고 누가 관련되어 있는지), 행동의 결과(행동의 결과는 무엇이고 누가 관련되어 있는지)를 기록하는 것이 포함된다. 이 기록은 'ABC 차트'라고도 하며 수집된 데이터를 기능적으로 분석하면

표 4.2 〈주의력〉 행동 일지 작성 예시

요일/시간	선행 사건 (행동 직전에 어떤 일이 있었나요? 누가 거기 있었나요? 무슨 일이 있었나요?)	행동 (무엇을 관찰했나요? 기간과 심각도를 기록하세요.)	결과 (그다음에 무슨 일이 일어났나요? 결과는 어땠나요?)
월요일 오후 4시	조이는 학교에서 돌아왔다. 놀러 나가기 전에 숙제를 해야 한다고 말했다.	식탁에 앉아 있었는데 20분 뒤 확인해보니 제목만 적어놓았고 TV를 켜놓고 있었다. 빨리 시작하라고 말하자 짜증 내면서 숙제를 바닥으로 밀어 떨어트려버렸다.	떨어트린 걸 집어들어 같이 앉아 있겠다고 말했고 결국 조이보다 내가 더 많이 하게 되었다. 그리고 아이는 놀러 나갔다.
화요일 오후 4시	조이는 방과 후에 옷을 갈아입고 있었고, 수학 숙제가 있다는 것을 알고 있다.	조이는 너무 힘들다며 도와달라고 부탁했다. 그리고 10분 정도 있다가 일어나서 놀러 갔다.	조이의 장난감을 빼앗고 숙제를 다하기 전까지 장난감을 가져갈 수 없다고 말했다.

문제 행동의 패턴과 선행되는 흐름을 파악할 수 있다. 이를 통해 어떤 개입을 시도해볼 수 있는지, 언제 적용하는 것이 가장 좋은지를 알 수 있다. 행동 일지는 치료의 성공 여부에 대한 정보를 얻으려면 개입 이후에도 계속 사용해야 한다. 행동 일지의 예시는 표 4.2에 나와 있다.

이 예시는 ADHD를 가진 조이라는 아동의 기록으로, 조이의 엄마는 조이가 방과 후 숙제를 할 때 일주일 동안 행동 일지를 작성했다. 이 기록을 보면 조이가 집중력 유지에 어려움이 있고 과제가 복잡하거나 주변에 방해 요소가 있을 때 더 심해진다는 것을 알 수 있다.

주의력 향상을 위한 인지행동치료

어린 아동을 대상으로 하거나 활동지를 치료의 기초로 사용하는 경우 첫 회기는 항상 활동지 1, 2, 3으로 시작한다. 아동에게 버즈와 그의 가족을 소개하고(활동지 1), 긍정적인 자기 대화를 소개하고(활동지 2), 보상 시스템을 확인해야 한다(활동지 3). 보상 및 자기 대화 전략은 가정 및 학교에서, 그리고 회기 내에서 적용할 수 있다. 도입 회기를 계획하고 진행하는 방법에 대한 개요는 3장을 참조한다.

주의력 회기의 개입 및 활동지 목표는 아동에게 주의력의 개념을 소개하고 주의산만함을 관리하고 집중력을 향상하는 데 도움이 되는 기술을 개발하도록 돕는 것이다. 치료사는 회기 내 활동계획을 설정하고, 완료한 홈미션을 확인하고, 새로운 활동지(또는 나이가 많은 아동에게는 '전략들')를 통해 작업하고, 새로운 홈미션을 설정하여 이러한 목표를 달성할 수 있다. 필요한 경우 회기 중간에 휴식 시간을 가질 수 있으며, 이는 특히 어린 아동에게 중요할 수 있다. 회기의 구조와 내용에 대한 일반적인 정보는 2장에 제시되어 있으며, 4장에는 주의력 회기의 진행과 관련된 추가적인 정보가 포함되어 있다.

회기 내 활동계획

회기가 시작될 때 아동에게 회기 전에 준비한 회기 내 활동계획서(그림 4.2 참조)를 보여주고, 이를 검토하면서 회기 중에 소개할 주제와 활동지를 연결하여 설명한다. 주의력 모듈에서는 활동지 4, 5, 6을 소개하면서 다음과 같이 말한다.

> "버즈가 늘 집중을 잘하는 건 아니에요. 힘들어할 때도 있어요. 그래서 학교와 집에서 가끔 말썽을 일으키기도 해요. 오늘은 '다른 점 찾기' 게임을 할 건데, 버즈는 이 게임을 잘 못해요! 어떻게 하는지 보고 나서 버즈가 스카우트 배지를 완성하면 어떤 일이 일어날지 이야기해볼 거예요. 그다음에는 잠깐 쉬는 시간을 가지고 색연필로 활동지에 색칠할 거예요. 쉬는 시간이 끝나고 나서 다른 활동지를 보고 버즈가 숙제를 해야 할 때 어떤 일이 일어나는지 이야기할 거예요."

활동계획

파일 검토
다른 점을 발견하다 [활동지 4]
사이클링 배지를 받다 [활동지 5]
휴식 시간
숙제를 하다 [활동지 6]
홈미션 안내

그림 4.2 주의력 회기 내 활동계획 예시

파일 검토

아동과 파일을 검토할 때는 홈미션이 완료되었는지 확인하는 것 외에도 중요한 정보와 개념을 다시 점검할 기회를 갖도록 한다. 이는 아동이 학습한 내용이나 새로 습득한 기술을 강화하는 데 도움이 될 수 있다. 아동이 파일에 추가한 그림, 색칠하기, 직접 그린 것들, 잡지에서 오려 붙인 것 그리고/또는 사진을 살펴보는 시간을 갖도록 한다. 이에 대해 토론하고 버즈와 그의 가족 또는 지금까지 다루었던 주제나 전략을 연관시켜 이야기를 나눌 수 있다. 이는 복습을 위한 도구일 뿐만 아니라 칭찬을 통한 보상 체계로 활용할 수 있다. 칭찬은 구두로 할 수도 있지만 스티커나 손글씨 메모, 웃음 표시를 더해서 보상을 할 수도 있다. 홈미션을 설정했다면 홈미션 기록 양식에서 부모/보호자의 의견과 피드백을 검토하고 아동과 이에 대해 논의해야 한다.

활동지 4. 다른 점을 발견하다

활동지 설명

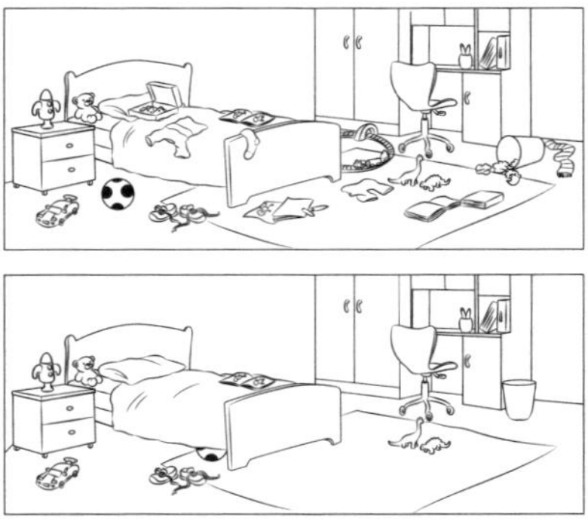

매주 금요일마다 버즈는 방을 정리해야 합니다. 버즈는 치워야 할 물건을 놓쳐서 정리를 잘 못하고, 뭘 정리해야 하는지 찾는 데 엄마만큼 능숙하지 못해요.

이 두 사진 중 먼저 '전' 사진을 보고난 후 '후' 사진을 보고서 무엇이 치워졌는지 비교해봅시다. 첫 번째 그림에서 버즈가 치운 물건에 동그라미를 표시하세요.

(계속)

활동지 4. 다른 점을 발견하다(계속)

활동지 프롬프트

- 버즈가 치운 물건은 10개였어요. 모두 찾았나요?
- 버즈가 또 버릴 만한 물건이 있나요?
- 버즈가 방을 정리하는 데 도움이 될 수 있는 아이디어를 함께 적어보아요.
- 방을 정리해야 할 경우 집에서 어떻게 해야 하는지 말해봅시다.

이제 버즈에게 도움이 될거라고 생각한 것들을 살펴보고 여러분에게도 도움이 될 만한 것들에 동그라미를 표시하세요.

활동지 4의 목적은 주의력 결핍이 일상적인 활동에서 어떻게 수행을 방해할 수 있는지 재미있고 실용적인 방법으로 아동에게 설명하는 것을 목표로 한다. '살펴보기'와 같은 주의집중 기술을 연습할 수 있고, 지속, 선택, 시각 주의력이 필요한 과제에 대해 생각해볼 수 있는 기회를 제공한다.

활동지에는 조금씩 다른 두 장의 버즈 방 그림이 있다. 아동에게는 매주 금요일마다 버즈가 방을 정리해야 하지만 정리해야 할 것들을 놓쳐서 정리를 잘하지 못한다는 이야기를 들려준다. 이 과제는 버즈가 정리하기 전과 정리한 후의 그림을 비교하고 얼마나 많은 차이점이 있는지 찾아내는 것이다. 아동에게 다른 점이 10개 있다고 이야기하지 말고, 이야기를 읽어준 후 잘 듣고 있는지, 이해했는지 확인한다. 먼저 치료사는 아동에게 30초 동안 버즈가 정리한 물건을 찾을 수 있는 만큼 동그라미를 표시하라고 한 후에 30초가 지나면 천천히 다시 그림을 보면서 빠진 건 없는지 확인하도록 한다. 아마도 아동은 몇 개는 놓쳤을 것이다.

서두르면 정보를 놓칠 수 있기 때문에 '서두르지 않고 빠르게' 하는 것에 대해 토론을 이끌어낼 수 있다. 아동이 다른 점이 아닌데 동그라미를 표시하는 실수를 했는지, 실수를 한 후에 알아차리고 스스로 수정했는지 살펴보고, 잘못 그린 동그라미에 × 표시를 하고 서두르면 실수할 수 있음을 알려줄 수 있다. 실수했다는 것을 알아차리기도 하고 모를 때도 있지만, 중요한 것은 할 일이 끝나면 시간을 가지고 다시 한번 살펴보면서 잘했는지 확인하는 것이다.

버즈가 다음번에 물건을 놓치지 않고 방을 정리하는 데 도움이 되는 방법과 집중력을 유지하는 데 도움이 되는 방법에 대해 이야기한다. "버즈가 방 전체를 한눈에 보려면 어디에 서 있는 게 제일 좋을까요?", "천천히 하는 것이 좋을까요? 서두르는 것이 좋을까요?", "TV가 켜져 있다면 어떻게 될까요?", "어른들이 버즈가 집중하는 데 도움을 줄 수 있을까요?", "'기억하기 메모'를 만드는 것이 어떻게 도움이 될까요?" 등의 질문을 통해 아동의 생각을 이끌어낼 수 있다. 여기서 나온 의견들로 과제 활동지를 작성한다(예 : 서랍에 넣어야 할 물건, 버려도 되는 물건, 세탁물을 바구니에 넣을 것, 주방, 욕실 등에 있어야 할 물건 등을 적는 '기억하기 메모'를 만들거나, 도와줄 다른 사람을 찾거나, 방 한가운데서 원을 그려가며 놓친 물건이 없는지 확인하기 등). 아동이 비슷한 과제를 스스로 완수하기 위해 몇 가지 전략을 어떻게 적용할 수 있는지에 대해 토론을 이어간다. 아동에게 가장 도움이 될 것 같은 전략에 동그라미를 표시하게 하고, 아이의 경험과 상황에 더 적합한 전략이 있다면 몇 가지를 추가할 수 있다. 예를 들어 치료사는 아이에게 치료실을 둘러보게 하고 어디에 무엇을 정리할 수 있는지 제안해보라고 요청하는 등 가능하다면 제안 사항에 대해 역할극을 진행할 수 있다.

회기에서 아동의 노력에 대해 칭찬한다. 이 활동지를 기반으로 홈미션을 설정하는 경우 아동에게 다음 사항을 요청한다.

1. 그림과 말풍선을 색칠해서 활동지를 꾸미거나 이야기 주제와 관련된 사진, 잡지, 만화 등의 그림을 추가해보기
2. '확인하기'라고 적힌 카드를 만들어서 눈에 띄게 벽에 붙여 홈미션을 마치기 전에 모두 확인할 수 있도록 상기시키기. 필통에도 붙일 수 있으며 되도록 눈에 띄게 밝고 화려하게 만들기
3. 부모/보호자와 함께 홈미션을 끝내고 확인했을 때 받고 싶은 간식의 사진이나 그림을 오려 벽에 붙이고, 때가 되면 사진을 떼어 간식과 바꾸기
4. 회기에서 버즈가 자신의 방을 정리하는 데 도움이 될 만한 목록을 살펴보고 집에서도 해보기

홈미션을 설정했다면 부모/보호자에게 홈미션 기록지를 작성하도록 하고 다음 회기에서 검토할 수 있도록 파일에 넣을 것을 상기시킨다.

활동지 5. 사이클링 배지를 받다

활동지 설명

버즈는 스카우트에서 육상 배지, 참가 배지, 우정상을 받았어요. 오늘 버즈는 사이클링 배지를 받으려고 해요. 그러려면 몇 가지 과제를 완수해야 하는데, 그중 하나는 자전거에서 바퀴를 분리한 다음 구멍 난 곳을 찾아 수리하는 것이에요. 버즈에게 도움이 될 몇 가지 지침이 있고 버즈의 엄마는 버즈를 지켜보고 있어요. 엄마는 근처 의자에 앉아 버즈가 고개를 들 때마다 손을 흔들어주고 있어요. 다른 아이들은 큰 소리를 내며 자전거를 타고 놀고 있어요. 스카우트 대장도 근처에 있어서 가끔 버즈가 잘 있는지 확인하러

(계속)

활동지 5. 사이클링 배지를 받다(계속)

와요. 구멍 난 곳을 고치고 사이클링 배지를 받은 버즈는 정말 기뻐요.

활동지 프롬프트

- 스카우트 대장은 버즈에게 할 일에 집중하라고 말했어요. 집중이 무슨 뜻인지 아나요?
- 버즈의 주의를 산만하게 하고 작업에 집중하기 어렵게 만든 것에는 무엇이 있나요? 작업에 도움이 될 만한 것에는 무엇이 있나요?
- 버즈가 작업에 집중하는 데 도움이 될 수 있는 몇 가지 방법을 함께 적어보세요.
- 무언가 하려고 하는데 여러 일들이 일어나서 주의가 산만해졌던 일(학교나 집에서 숙제할 때 등)에 대해 이야기해봅시다.

이제 버즈에게 도움이 될 것이라고 생각하는 것들을 살펴보고 나한테도 도움이 될 만한 것들에 동그라미를 표시해보세요.

활동지 5는 집중력과 산만함의 개념을 소개하여 주의력 결핍이 성취에 어떤 영향을 미칠 수 있는지에 대해 생각해볼 수 있는 기회를 제공한다. 버즈가 과제를 달성하는 데 도움이 되는 전략을 파악하고 규칙 설정, 자기 조절과 성취를 연관 지을 수 있게 한다.

이야기에서 버즈는 스카우트 사이클링 배지를 획득하기 위해 몇 가지 과제를 성공적으로 완수해야 한다. 일련의 순서를 따라야 하고 본인이 하는 일에 집중해야 하지만 이는 쉽지 않을 수 있다. 버즈는 엄마가 자신을 지켜보고 있고 다른 아이들이 시끄럽게 떠들고 있어서 주의가 산만해진다는 것을 알고 있다.

아동에게 내용을 읽어주거나 아동이 원한다면 함께 읽는다. 아동의 질문에 답하고, 이 이야기를 이해했고 집중했는지를 확인한다. 이야기를 요약해보라고 하거나 "버즈는 무엇을 하고 싶나요?" 또는 "다른 아이들은 무엇을 하고 있나요?"와 같이 구체적인 질문을 해볼 수 있다. **스카우트**는 '아이들이 모여 함께 기술을 배우고 활동하는 단체'로 설명할 수 있다. 아동이 상황을 살펴보는 데 도움이 되는 토론 포인트를 살펴서 주변 환경의 방해요소와 그것이 활동에 미치는 영향, 집중력을 유지하는 데 도움이 되는 방법에 대해 생각하도록 돕는 것이 목적이다. 아동이 산만함의 의미를 잘 모르는 것 같다면 **산만함**이라는 것은 '주변에서 일어나고 있는 일로 인해 주의를 빼앗기는 것이며, 보이는 것과 들리는 것 때문에 주의가 산만해질 수 있다'고 설명한다. "버즈는 엄마가 지켜보고 있어서 산만해질 수 있다고 생각하는데, 산만해질 만한 다른 것들도 있을까요?" 등의 질문을 통해 아동의 생각을 명확히 하여 토론을 유도한다. 아동이 특정 방식(예 : 시각 또는 청각)의 산만함을 구분하는지 여부는 아동의 경험을 반영할 수 있다는 점에 유의한다.

버즈가 과제에 집중하는 데 도움이 될 수 있는 방법에 대해 아동과 이야기해본다. **집중력**은 '주변에 있는 것 중 중요한 것에 집중하는 것'이라고 설명할 수 있다. 사이클링 배지의 시각적 이미지를 상상해보고 단계별 지침을 차근차근 따라 해보고, 주변을 두리번거리지 않거나 선생님에게 조용한 곳으로 갈 수 있는지 물어보는 것도 좋은 아이디어가 될 수 있다. 이 활동이 끝나면 논의되었던 여러 가지 아이디어로 과제 활동지를 작성한다.

방해가 될 만한 요소가 많은 상황에서 활동을 완수하거나 무언가를 해냈던 경험에 초점을 맞추어 이야기를 나눈다. 집이나 가게 같은 장소, 조별 학습 과제, 운동, 숙제 등 어떤 일을 해야만 했던 시간에 대해 생각해보도록 유도할 수 있다. "무엇을 해야 했나요?", "무엇 때문에 힘들었나요?", "보거나 들을 수 있는 방해요소가 있었나요?", "다른 사람들이 방해가 되지는 않았나요?" 등에 대해 물을 수 있다. 버즈에게 도움이 될 수 있다고 생각해냈던 아이디어 목록으로 돌아가서 가장 도움이 될 것 같은 아이디어에 동그라미를 표시하고, 아동의 경험과 상황에 더 적합한 새로운 아이디어가 있다면 추가한다.

가능하면 역할극을 제안해보는 것도 좋다. 예를 들어 아동은 누군가에게 조용히 해달라고 요청하는 역할을 할 수 있고, 아동은 자신이 원하는 것과 그 이유를 차분하게 말해본다(예 : "나 숙제하는 데 30분 걸리는데 그 동안 조용히 해줄 수 있을까?"). 치료사는 피드백을 주고 아동이 자신 있게 말할 수 있을 때까지 상호작용을 연습한다.

회기에서 아동의 노력에 대해 칭찬한다. 이 활동지를 기반으로 홈미션을 설정하는 경우 아동에게 다음 사항을 요청한다.

1. 그림과 말풍선을 색칠해서 활동지를 꾸미거나 이야기 주제와 관련된 그림을 사진, 잡지, 만화 등의 그림으로 추가해보기
2. 숙제나 다른 집중해야하는 작업을 할 때 '방해 금지' 알림을 문에 붙일 수 있도록 하기. 모든 사람이 볼 수 있도록 밝고 화려하게 만들어보기
3. '기억하기 메모'를 작성해서 집중해야 하는 곳(예 : 숙제하는 곳)이나 정기적으로 볼 수 있는 곳(예 : 알림장의 앞면)에 붙여놓기. '기억하기 메모'에는 집중하는 데 도움이 될 만한 아이디어 적어두기
   - 시끄러운가? 시끄럽다면 조용한 곳으로 옮길 수 있나?
   - TV나 음악소리를 줄여달라고 부탁한다.
   - 주위를 두리번거리지 말고 내가 해야 할 일만 계속 본다.
   - 첫 번째 단계부터 하고 나서 다음 단계를 수행한다.
   - 스스로 "할 수 있다!", "침착해!", "집중해!"라고 말한다.

• 이해가 안 되면 도움을 요청한다.

홈미션을 설정했다면 부모/보호자에게 홈미션 기록지를 작성하도록 하고 다음 회기에서 검토할 수 있도록 파일에 넣을 것을 상기시킨다.

중간 휴식

휴식 시간은 2장에 설명한 대로 회기 내 적절한 시점에 제공해야 한다.

활동지 6. 숙제를 하다

활동지 설명

버즈는 숙제에 집중하려고 노력하고 있지만 머릿속에 많은 생각들이 떠올라서 조용히 집중해서 숙제하기가 어려워요.

활동지 프롬프트

그림을 보고 버즈가 집중하는 데 도움이 되는 생각에는 초록색을 칠하고, 집중하기 어렵게 만드는 방해가 되는 생각은 빨간색으로 칠해보세요.

활동지 6은 아동에게 혼잣말의 개념을 소개하고 긍정적인 혼잣말이 어떻게 도움이 되고, 부정적 혼잣말이 어떻게 도움이 되지 않는지 알아볼 수 있도록 한다.

아동에게 내용을 읽어주거나 아동이 원한다면 함께 읽는다. 활동지의 각 생각을 읽어주고 아동이 각 생각의 의미를 이해했는지 확인한다. 아동이 도움이 되는 생각과 방해가 되는 생각('아군'과 '적군'이라고도 함)의 영향을 이해하고 있는지 확인할 수 있고, 활동지 2에서 배운 기술을 연결하고 강화할 수 있다. 예를 들어 "버즈가 숙제를 하는 것보다 닌텐도를 하는 게 더 재밌다고 생각하면 어떻게 될까요?", "나도 그렇게 생각하는데 주의가 산만해질 수 있어요. 그러면 어떤 결과가 나올까요? 버즈가 숙제를 다 끝마칠 수 있을까요?"라고 질문할 수 있다. 그리고 "도움이 되는 생각은 초록색으로, 도움이 되지 않는 생각은 빨간색으로 색칠할 수 있도록 초록색이랑 빨간색 색연필을 가지고 왔어요"라고 말하며 과제를 하도록 안내한다.

회기에서 아동의 노력에 대해 칭찬한다. 이 활동지를 기반으로 홈미션을 설정하는 경우 아동에게 다음 사항을 요청한다.

1. 그림과 말풍선을 색칠해서 활동지를 꾸미거나 이야기 주제와 관련된 사진, 잡지, 만화 등의 그림을 추가해보기
2. 활동지를 집으로 가져가서 초록색으로 표시한 도움이 되는 자기 대화 문장을 붙이기

홈미션을 설정했다면 부모/보호자에게 홈미션 기록지를 작성하도록 하고 다음 회기에서 검토할 수 있도록 파일에 넣을 것을 상기시킨다.

피드백 및 보상

회기가 끝나면 활동지 3의 보상 과제에서 확인한 적절한 보상을 적용해야 한다(예 : 아동이 긍정적인 자기 대화에 참여해야 한다). 피드백 및 보상에

대한 자세한 내용은 2장을 참조한다.

부모/보호자와 협력하기

이 절에서는 부모/보호자가 아동의 주의력 조절 능력을 지원하기 위해 적용할 수 있는 전략을 소개한다. 무언가를 보는 데 집중하느라 다른 사람의 말을 듣지 못하거나 주변에 많은 소음과 활동으로 인해 읽던 내용에 집중하기 어려운 상황은 누구나 경험한다.

달성할 수 있는 목표에 대해 현실적으로 생각하는 것이 중요하다. 자녀의 행동에 잘 대처하기 위한 전략을 배우는 것이 아동의 행동 자체를 개선하기 위한 전략을 배우는 것만큼이나 도움이 될 수 있다. 이 장에서는 행동일지를 사용하여 아동의 행동을 모니터링하는 방법과 부모/보호자가 아동이 집중력을 높이고, 정보를 관리하기 쉬운 덩어리로 나누고, 이해했는지 확인하고, 환경의 산만함을 줄이고, 주의를 지속할 수 있도록 지원하는 인지행동 전략에 대해 설명한다. 부모/보호자와 함께 작업할 때 치료사는 제안된 기술과 전략을 소개해야 한다. 가능하다면 회기 중에 아동이 없는 상태에서 역할극을 통해 연습하고 시뮬레이션한다. 이후 회기에서는 부모/보호자는 가정에서 이러한 기법을 어떻게 적용했는지 치료사에게 알려주어야 한다. 또한 기술이나 전략을 실행하는 과정에서 발생한 어려움이나 장애물을 논의하고 해결하는 것이 중요하다.

행동을 변화시키고 인지적인 기술을 향상시키기 위한 핵심 전략은 성공을 촉진할 만한 동기를 찾는 것이다. ADHD 아동은 더 크고 좋은 보상일지라도 장기적인 보상에 대한 만족 지연이 어렵기 때문에 즉각적인 보상에 더 잘 반응하는 경향이 있다. 성공에 대한 동기 부여(스티커판 사용 포함)

와 부모/보호자와 협력하는 것과 관련된 일반적으로 적용할 수 있는 주제들은 2장에 설명되어 있다. 주의력 회기 진행과 관련된 보충 정보는 이 장에서 다룬다.

행동 일지

아동이 사회적 기술 부족으로 어려움을 겪는 구체적인 상황을 파악하기 위해 부모/보호자에게 행동 일지(이 장의 앞부분 참조)를 작성하여 행동을 모니터링하도록 요청한다. 일지에 기록된 정보를 부모/보호자와 함께 논의하여 행동 유형, 촉발 요인, 행동이 발생할 가능성이 가장 높은 시점에 대해 더 많은 통찰과 이해를 얻는 것이 좋다.

묶음 정보

주의력과 기억력은 서로 연관된 기술이며, 청각적 주의에 어려움을 겪는 아동은 종종 들은 내용을 잊어버릴 때가 있다. 이는 아동과 부모/보호자 모두에게 좌절감을 안겨준다. 부모/보호자가 아동에게 더 짧고 간단한 정보를 사용하도록 알려줄 수 있다. 경험적으로 좋은 기준은 한 번에 두세 가지 이하로 정보를 나누어 제시하고, 아동이 잘 따라오는지 지켜보는 것이다. 예를 들어 "아침 7시 30분까지는 학교 갈 준비를 마치고 아침을 먹고 양치질을 해야 한다"고 지시하는 것은 특히나 어린 아동에게는 너무 많은 정보일 수 있다. "방에 가서 옷 입어"라고 말한 다음, 이 과정이 끝나면 아동에게 "이제 부엌으로 가서 아침을 먹어"라고 말하는 것이 더 낫다. 연습을 통해 관찰하면 부모/보호자는 곧 무엇이 아동에게 가장 효과적인지 파악할 수 있다.

아동의 이름 부르기

아동에게 말을 걸 때 이름을 부르는 것은 도움이 된다. 이는 자신에게 말하고 있다는 사실에 주의를 기울이도록 유도하기 때문이다. 예를 들어 "조이, 그 의견에 대해 어떻게 생각하니?" 또는 "조이, 그 옷 좀 주웠으면 좋겠다" 같은 식으로 말해볼 수 있다. 또한 부모/보호자가 중요한 정보를 전달하고자 할 때 "조이, 내가 중요한 얘기를 할 거니까 잘 들어야 해"와 같이 강조하는 역할도 한다.

요약 및 개념 확인

아동이 말을 충분히 알아들었는지 또는 아동이 요점을 이해했는지 여부가 불확실할 수 있다. 이 문제는 마지막에 정보를 요약하고 부모/보호자가 아동이 개념을 이해했는지 확인함으로써 극복할 수 있다. 예를 들어 "내가 순서를 설명할 테니까 잘 들어, 조이. 먼저 밀가루를 넣은 후에 계란을 넣어. 알겠지? 밀가루 먼저, 그다음 계란. 자 제일 먼저 뭘 해야 하지? 그래 맞아, 그다음엔 뭘 해야 하지?"와 같이 말한다. 요약 및 개념 확인 기법을 적용하는 것은 부모/보호자와 역할극을 하면서 자연스럽게 익힐 수 있다.

환경 변화

집은 닌텐도 게임기, 음악, 세탁기, 반려동물, 형제자매, 교통, 이웃, 말다툼 등의 시끄러운 방해 요소로 가득할 수 있다. 부모/보호자는 두 가지를 해야 하는데, 첫째는 집 안의 다양한 소음원을 파악하고, 둘째는 아동이 숙제를 해야 할 때나 취침시간 등 특정 시간에 과도한 소음이나 자극을 최소화할 수 있는 방법을 계획해야 한다.

잠재적인 산만함을 파악하려면 부모/보호자가 하루 중 특정 시간대에 조용히 앉아 아동 주변에서 일어나는 일을 관찰한다. 휴대폰으로 녹화를 하거나 방 한구석에 카메라를 설치하여 녹화를 할 수도 있다. 아동의 눈에 띈 것을 녹화하도록 하고 그것을 가져와 이야기해볼 수도 있다. 그런 다음 집에서 시도해볼 수 있는 계획을 함께 세운다. 여기에는 가족이 음악을 듣거나, 게임기를 하거나, TV를 볼 수 없는 시간 규칙을 정하거나, 숙제할 수 있는 조용한 방을 지정하거나, '방해 금지' 표지판을 붙이거나, 다른 가족들에게 개를 산책시키고 오도록 요청하거나, 시끄러운 집안일은 다른 시간에 할 수 있도록 시간을 변경하는 것 등을 포함할 수 있다. 아동의 변화를 모니터링하고 성공 여부를 평가한다. 일부 ADHD 아동의 경우 약한 배경 소음이 예상하지 못한 다른 소음(조용할 때 더 방해가 되는 소음)을 없애기 때문에 집중력을 높이는 데 도움이 될 수 있다. 헤드폰은 교실에서도 일부 어린 아동들에게 가장 효과적이다. 이 경우 필요한 약한 소음은 조용한 음악과 같이 자극적이지 않고 일관성 있는 것이어야 한다.

시끄러운 환경으로 인해 주의가 산만해지는 것 외에도 시각적 정보나 활동의 과부하는 이미 그 시간에 해야 할 일에 집중하는 데 어려움을 겪고 있는 아동들을 압도시킬 수 있다. 숙제, 저녁 식사 및 집중력이 필요한 기타 활동은 자극이 적은 환경에서 시도하는 것이 도움이 된다. 예를 들어 문을 닫아 방을 오가는 가족이나 다른 활동으로 인해 아동의 주의가 산만해지지 않도록 할 수 있다. 의자가 창문이나 문 쪽을 향하지 않도록 하는 것이 도움이 되며, 주변에서 주의를 분산시킬 수 있는 잠재적 요인(예 : 휴대폰, 만화책)을 제거하는 것도 도움이 된다.

시각적 단서 및 프롬프트

'기억하기 메모'나 '스티커판'(과제를 다하면 받을 수 있는 보상을 표시한 것) 같은 시각적인 단서나 프롬프트가 주의를 집중시키는 데 도움이 될 수 있다. 이러한 시각적 프롬프트는 아동이 계속 집중할 수 있도록 동기를 부여하는 데 도움이 된다. 일상생활에서 시각적 프롬프트는 신호등, 현금인출기의 안내, 길을 건너기 전 어떤 방향을 보라는 알림, 화장실 문에 있는 여자/남자 표지판 등 복잡한 환경에서 주의를 중요한 곳으로 유도하기 위해 흔히 사용된다. 외출 시 부모/보호자가 아동이 이러한 시각적 신호와 안내를 잘 사용할 수 있도록 알려주어야 한다. 다음으로 부모/보호자는 아이와 함께 집 안에 배치할 수 있는 시각적 신호와 프롬프트를 생각해내야 한다. '책가방', '물 내리기', '시작하기'와 같은 간단한 지침이나 알림부터 화장실 사용이나 방 정리를 위한 '주의 사항 기억하기'와 같은 보다 복잡한 알림까지 다양한 범위의 과제와 상황을 다룰 수 있다. 단서와 프롬프트는 어떤 식으로든 눈에 띄어야 한다(예 : 밝은 색의 종이, 화려한 그림, 크고 화려한 글꼴 등).

보상과 칭찬

시간이 지남에 따라 주의력을 유지하는 아이의 능력을 향상시키기 위한 핵심 전략은 주의력을 촉진하는 동기를 찾는 것이다. 보상 기법을 사용하고 자주 피드백과 칭찬을 해주는 것이 특히 중요한데, 이는 아동이 최선을 다해 과제를 완수할 수 있도록 동기를 부여하고 몰입을 유지하는 데 도움이 되기 때문이다. 자세한 내용은 2장을 참조한다.

목표, 단계 및 체크 포인트

ADHD 아동은 긴 과제보다 짧은 과제에 더 잘 대처하지만 지루한 과제로 인식되는 경우 심한 ADHD 증상을 가진 아동에게는 짧은 과제마저도 너무 힘들게 느껴질 수 있다. 특히 실패하면 나쁜 일이 생길 거라고 느끼는 아동의 경우 많은 생각을 필요로 하는 쓰기 과제나 복잡한 문제는 더 어려울 수 있다. 아동의 어려움에 대한 공감을 이끌어내기 위해 부모/보호자에게 해야 할 일이 너무 많아 피곤했던 때를 떠올려보도록 요청한다. 아마 어디서부터 시작해야 할지 막막했을 것이고, 그 일을 해내기 위해 무엇이 도움이 되었는지, 도움을 요청했는지, 미루지는 않았는지, 미룰 수 없다면 어떻게 했는지, 시작은 했는지, 한 번에 조금씩 해나갔는지 등에 대해 이야기할 수 있다.

부모/보호자가 아동과 대화를 통해 목표를 정한 다음 이를 작은 단계의 목록으로 세분화하는 것은 아동이 더 긴 기간 동안 과제를 관리할 수 있다고 느끼도록 하는 전략이다. 각 단계 옆에 확인 표시를 추가한다. 예를 들어 글쓰기 과제는 10분 단위로 나누거나 주제별로 나누고, 정리 정돈의 경우 특정 영역으로 나눌 수 있다. 목표를 작은 단계로 나누어 아동의 주의를 지속시키는 것이다. 부모/보호자는 시도한 단계를 확인하고 달성한 경우 확인 칸에 표시를 한다(스티커나 그림 등의 보상). 이러한 연습을 통해 아동이 도움 없이 전략을 적용하도록 격려하며, 나이가 많은 아동은 어린 아동보다 스스로 모니터링을 하고 자기 보상 절차를 더 잘 이용할 수 있을 것이다.

자기 대화

자기 대화는 우리의 생각을 지시하는 데 사용하는 내적인 전략이다. 부모/보호자와 '내면의 목소리'와 생각에 대해 의견을 나누어보면 대부분 부모/보호자는 자신의 행동을 지시하고 자기 모니터링을 유지시키는 지속적인 내면의 대화가 있음을 인식할 것이다. 부모/보호자는 아동이 "나는 할 수 있어", "침착해", "거의 다 왔으니 잠깐 쉬어도 돼" 등 스스로 동기를 부여하는 문장을 생각해내도록 도울 수 있다. 이러한 말을 아동이 스스로 이해하고 하는 것이 매우 중요하지만, 부모/보호자는 특히 아동이 불안해하거나 짜증 내거나 괴로워하는 것을 발견했을 때 아동에게 자기 대화(도움이 되는 생각)를 적용하도록 상기시킬 수 있다.

부모/보호자가 무엇을 할 수 있나요?

표 4.3에는 가정에서 실행할 수 있는 전략 목록을 포함한 접근 방식이 요약되어 있다. 전략의 효과를 극대화하기 위해 가능하다면 교사와 논의하여 가정과 학교에서 모두 실행하는 것이 도움이 된다. 많은 부모/보호자와 교사들은 '알림장'을 사용하는 것이 정보를 공유하는 효율적인 방법이라고 생각한다(2장 참조).

영-스미스 프로그램 진행에 대한 중요한 배경 정보에 대해서는 2장을 참고할 수 있다. 어린 자녀의 경우 부모/보호자가 아동과 각 주제에 권장되는 활동지를 함께 해보는 시간(약 45~60분)을 따로 마련하는 것이 좋다. 각 장의 '인지행동치료'에 지침이 기술되어 있다. 버즈와 그의 가족을 소개하는 활동지는 3장에 요약되어 있다. 나이가 많은 아동(예 : 12세 이상)의 경우 필요하다면 버즈 활동지를 생략하고 대신 아동에게 직접 주제를 소개하고 활동지의 토론 프롬프트를 사용하여 이를 아동의 경험에 적용하고 전략에 대해 토론할 수 있다. 홈미션을 설정하고 자녀가 이를 완수하도록 지원한다. 자주 피드백을 주고 칭찬하는 것을 잊지 말아야 한다. 스티커판(2장 참조)을 만들어 눈에 잘 띄는 곳에 붙여두고 매일 사용할 수 있도록 한다.

표 4.3 주의력에 대한 가정 내 전략

묶음 정보
- 정보를 한 번에 두세 가지 이하로 주기
- 글머리 기호와 목록을 가급적 많이 사용하기

아동의 이름 부르기
- 지시를 내리기 전에 자녀의 이름을 말하기

요약 및 개념 확인
- 아동에게 지시 사항 또는 정보를 다시 반복하도록 요청하기
- 간단하게 적기

환경 변화
- 숙제를 하는 시간을 줄일 수 있도록 일과를 변경하기(예 : 세탁기 사용)
- 숙제를 할 수 있는 전용 공간(TV나 포스터 등 방해 요소가 없는)을 만들기
- '방해 금지' 표시를 함께 만들고 사용하기
- 숙제를 할 때는 TV, 휴대폰, 음악 끄기
- 다른 가족, 반려동물은 멀리 떨어져 있기
  (안내나 지시가 필요한 경우가 아니라면 부모/보호자도)

시각적 단서 및 프롬프트
- 눈에 띄는 종이나 펜을 사용하여 함께 집중해야 할 사항을 '기억하기 노트'로 만들어 어디에 붙일지 함께 결정하기

목표, 단계 및 체크 포인트
- 과제에 집중하고 주의력을 유지할 수 있도록 구체적인 목표를 설정하기
- 이야기 쓰기를 다섯 단락으로 나누거나 수학 숙제를 5문항으로 구성된 3세트로 나누는 등 벅차게 느껴지는 큰 과제나 목표를 작은 단계로 나누기
- 각 단계가 끝나면 칭찬해주기

자기 대화
- 과제를 계속하는 데 도움이 되는 동기 부여 문장(도움이 되는 생각)을 찾아내도록 유도하고 이를 사용하도록 유도하기

휴식 시간
- 힘들어한다면 잠시 휴식을 취한 후 다시 과제를 시작하도록 하기
- "어떻게 하고 있는 것 같니?", "집중력은 어떠니?", "잠깐 쉬어야 할 것 같아?" 등의 질문을 통해 스스로 모니터링할 수 있도록 격려하기

교사 및 학교와 협력하기

이번 장에는 청각, 시각 및 지속적인 주의력을 높이기 위한 전략이 포함되

어 있다. 학교 환경은 산만함으로 가득하기 때문에 무언가를 보는 데 집중하느라 누군가의 말을 듣지 못하거나, 주변이 너무 시끄럽고 복잡해서 읽고 있는 책에 집중할 수 없었던 상황을 경험한 적이 있을 것이다. 교사는 학생이 수업에 집중할 수 있도록 지원하는 방법에 대해 신중하게 생각해야 한다. 현실적으로 달성할 수 있는 목표를 생각하는 것이 중요하다. 아동의 행동 자체를 개선할 수 있는 전략을 배우는 것 만큼이나 아동의 행동에 더 잘 대처할 수 있는 전략을 배우는 것도 도움이 될 수 있다. 이 절에서는 교사가 아동의 집중력을 높이고, 정보를 관리하기 쉬운 덩어리로 나누고, 이해했는지 확인하고, 환경의 산만함을 줄이고, 주의를 지속할 수 있도록 지원하는 인지행동 전략에 대해 설명한다.

교사와 학교는 이미 영-스미스 프로그램에 도입된 많은 개입을 지원할 수 있는 구조를 갖추고 있을 것이다. 부모/보호자와 교사를 연결하여 통합 전략을 장려하고 성공을 공유하는 것이 중요하다. 아동을 성공적으로 도울 수 있도록 기술이나 전략을 조정하는 방법을 생각하고 나타날 수 있는 장애물 또는 어려움을 해결하는 것이 중요하다. 성공에 대한 동기를 부여하는 방법과 교사 및 학교와 협력하는 것과 관련된 일반적인 기타 주제는 2장에 설명되어 있고, 여기에는 주의력 회기 진행과 관련된 보충 정보도 있다.

묶음 정보

주의력과 기억력은 서로 연관된 기술이며, 청각적 주의에 어려움을 겪는 아동은 종종 들은 내용을 잊어버릴 때가 있다. 이는 아동뿐 아니라 교사에게도 좌절감을 줄 수 있는데, 교사는 아동이 장난을 치고 있다거나 게으르거나 또는 반항적이라고 생각할 수 있다. 교사는 더 짧고 간단한 지시를 사용하고, 한 번에 두세 가지 이하로 정보를 압축해서 알려주고 아동이 어떻게 대처하는지 살펴볼 수 있다. 예를 들어 "바닥에 떨어진 종이를 줍고, 물감 붓은 씻어서 사물함에 다시 넣고, 교실에서 나갈 때 문을 닫아봅시다"라는 지시는 특히 ADHD가 있는 어린 아동에게 너무 많은 정보일 수 있다. "바닥에 있는 종이를 주워요"라고 말한 다음, 끝나고 나면 "붓 씻어서 사물함에 넣자", 마지막으로 "나갈 때 문 닫고 나갑시다"라고 말하는 것이 더 좋다. 연습을 통해 관찰하면 교사는 곧 무엇이 아동에게 가장 효과적인지 파악할 수 있을 것이다.

아동의 이름 부르기

아동과 대화할 때 이름을 부르면 상대방이 자신에게 말하고 있다는 사실에 주의를 기울이도록 유도할 수 있다. 예를 들어 "조이, 그 의견에 대해 어떻게 생각하니?", 또는 "조이, 그 옷 좀 주웠으면 좋겠다" 같은 식으로 말해 볼 수 있다. 또한 교사가 중요한 정보를 전달하고자 할 때 "조이, 내가 중요한 얘기를 할거니까 잘 들어야 해"와 같이 강조하는 역할도 한다. 이러한 기법은 일반적으로 학교에서 사용하고 있지만, 특히 ADHD 아동에게 도움이 될 수 있다는 것을 알리는 것이 좋다.

요약 및 개념 확인

아동이 말을 충분히 알아들었는지, 요점을 이해했는지 여부가 불확실할 수 있다. 이는 마지막에 정보를 요약한 후 교사가 아동이 개념을 이해했는지 확인함으로써 극복할 수 있다. 예를 들면 다음과 같다.

> "내가 몇 가지를 지시할 건데 잘 들어봐. 조이, 농장으로 갔던 체험학습에 대해 글을 써야 해. 농장과 그곳에서 일하는 사람, 그리고 봤던 동물에 대

해 설명해줄래? 그리고 그날 가장 좋았던 점을 말해줘. 자, 내가 뭘 하라고 했었지? … 맞아, 그리고 또 뭐였지? 다음은 뭐지?”

교사가 아동과 함께 일반적으로 사용하기 좋은 짧은 지시어(예 : “다시 말해줄래?”)를 고안하는 것도 도움이 될 수 있다. 과제에 긴 설명이 필요하다면 글로 적은 것을 보고 설명해야 한다. 중요한 정보의 요약은 칠판에 적어주는 것도 유용하다.

도움/설명 요청하기

교사는 아동이 일부 정보를 놓쳤거나 해야 할 일을 제대로 이해하지 못했을 경우 마음대로 추측해서 잘못하는 것보다 도움이나 설명을 요청하는 방법도 있다는 점을 알려주어야 한다. 다만 아동이 곤경에 처하거나 바보처럼 보이거나 방해를 받거나 이목을 끌게 될까 봐 말하기를 꺼릴 수 있다는 점도 염두에 두어야 한다. 아동이 매우 예민하거나 이해하지 못한 것을 말하기를 꺼릴 경우에 도움이 필요하다는 것을 표현하기 위해 자신의 귓불을 잡아당겨 신호를 보내는 것 같은 신호를 미리 정할 수 있다. 그러나 이러한 행동이 관심을 끌기 위한 행동이 되지 않도록 교사는 즉시 반응하기보다 여유가 생겼을 때 다시 와서 도와주겠다고 말해야 한다.

언어적 프롬프트

보조교사나 교사가 ADHD 아동에게 프롬프트를 제공하는 것은 해야 할 일을 기억하고 그 일을 하기 위해 계속 집중하는 데 도움이 될 수 있다. 아동 스스로 모니터링하는 것을 돕기 위해 “선생님이 무얼 하라고 했지?”라고 하거나, “잘 들어봐”와 같은 지시를 하거나, 필요하다면 “선생님이 42페이지라고 했단다" 등의 정보를 반복한다.

시각적 단서 및 프롬프트

과제나 숙제에 대한 지침은 기억하는 것을 돕기 위해 눈에 잘 띄는 곳에 표시해두어야 한다. 사물함에 "외투는 옷걸이에 걸어두세요"라는 표지판을 붙이거나, 문에 "운동복 가방을 집에 가져 가세요"라는 메모를 붙이는 등 적절한 장소에 '주의 사항'을 표시할 수 있다. 이러한 안내문은 글이나 그림으로 표시할 수 있고, 학교 일과를 안내하는 데도 사용할 수 있다.

환경 변화

교실에 조용하고 자극이 적은 공간이 아직 없다면 이러한 공간을 마련하도록 권유할 수 있다. 교사는 학습 효과를 높이기 위해 가능한 한 조용한 교실 환경을 조성하는 데 이미 익숙할 것이다. 주의가 쉽게 산만해지는 아동에게는 별도의 장소나 가림막이 유용할 수 있고, 특히 필요할 때 멀리 이동시킬 수 있다면 더욱 좋다. 소음에 매우 민감한 아동의 경우 이어폰이나 귀마개가 도움이 될 수 있으며 일부 아동은 이어폰을 따로 가지고 있을 수 있다. 또 다른 방법은 아동을 앞쪽에 더 가깝게 앉히는 것인데, 이렇게 하면 교실 전체에서 오는 시각적, 언어적 자극으로부터 주의가 산만해지는 것을 줄일 수 있다. 또한 외부의 움직임에 의해 산만해질 수 있기 때문에 창문이나 교실 문을 마주 보고 앉히지 않는 것이 좋다.

타임아웃 공간

교실에서 타임아웃을 통해 아동을 도울 수 있다(예 : 교실이 너무 시끄러울 때 아동 또는 아동과 보조교사가 교실 바로 바깥의 조용한 공간으로 이동하는 것). 이 공간은 방해 없이 조용히 책을 읽거나 작업할 수 있는 장소를 제공할뿐더러 아동이 불안해하거나 방해가 되거나 감정이 격해질 때 타임아웃을 위한 공간으로 활용할 수도 있다. 아동에게 이 공간의 사용에 대해 명확하게 설명하고, 아동이 조용하고 생산적인 공간을 벌을 받거나 괴로워하는 공간으로 인식하지 않도록 주의를 기울여야 한다.

보상과 칭찬

시간이 지나도 주의력을 유지하는 능력을 향상시키기 위한 핵심 전략은 주의력을 촉진할 수 있는 동기를 찾는 것이다. 보상 기술을 사용하고 자주 피드백과 칭찬을 제공하는 것이 특히 중요한데, 이는 아동이 최선을 다해 과제를 완수할 수 있도록 동기를 부여하고 참여를 유지하는 데 도움이 되기 때문이다. 교사와 함께 칭찬과 보상을 학교 수업에 어떻게 접목할 수 있는지 논의가 필요하다. 보상을 위한 포인트를 쌓는 토큰 보상 제도는 즉각적인 강화가 필요한 ADHD 아동에게 도움이 될 수 있다. 보조교사나 교사가 일정기간 동안 매 분 확인 표시를 하거나 토큰을 주고 이를 모아 마지막에 보상을 주는 방식으로 과제를 계속 수행하도록 하면 더 큰 효과를 볼 수 있다.

목표, 단계 및 체크 포인트

ADHD 아동은 긴 과제보다 짧은 과제에 더 잘 대처하지만 지루한 과제로 인식되는 경우 심한 ADHD 증상을 가진 아동에게는 짧은 과제마저도 너무 힘들게 느껴질 수 있다. 특히 아동이 실패하면 나쁜 일이 생길거라고 느끼는 경우 많은 생각을 필요로 하는 쓰기 과제나 복잡한 문제는 더 어려울 수 있다. 아동이 더 길게 과제를 지속할 수 있다고 느끼도록 돕기 위해 목표를 정하고 이를 작은 단계의 목록으로 세분화한다. 예를 들어 이 장의 앞부분에서 설명한 농장 이야기 예시처럼 글쓰기 과제를 단락으로 나누고 각 문단이나 단락을 완료할 때마다 확인 표시를 한다. 과제에 적합한 경우에는 타이머를 사용하면 과제를 완료하는 데 남은 시간을 명확하게 알 수 있으므로 아동에게 도움을 줄 수 있다. 타이머의 목적은 아동을 재촉하는 것이 아니라 스스로 속도를 조절하고 미루는 것을 줄이는 것이다. 작은 단계들을 완료한 후에는 아동을 칭찬하고 격려해야 하며, 아동이 불안해하면 "정말 잘하고 있어요. 3분만 더 해보자" 또는 "계속해봐요. 아주 정확하게 잘 쓰고 있어요"와 같은 동기 부여하는 말을 통해 격려할 수 있다. 이 기법은 작은 단계별로 아동이 집중력을 유지하는 것이 목표이며, 시간이 지남에 따라 계획과 정리가 필요한 큰 프로젝트를 달성할 수 있도록 지원하는 데 특히 중요하다.

확인한 것을 교사가 볼 수 있는 목록으로 옮겨 적거나 목표가 달성된 곳에 표시를 할 수도 있으며 스티커나 스마일 모양을 그려 성취감을 강화할 수도 있다. 어린 아동은 연습을 통해 도움 없이 전략에 익숙해지도록 하고, 나이가 많은 아동은 스스로 자신의 행동을 모니터링하고 확인하며, 자기보상 과정을 더 잘 사용할 수 있게 한다. 작은 단계별 목표를 완료한 후에 체크 표시를 해서 진행 상황을 볼 수 있게 되면 동기가 부여되고 장기 과제도 성공적으로 해낼 수 있게 되므로 이를 독려하는 것이 좋다. 교사나 보조교사는 이 전략이 어떻게 도움이 되는지에 대해 논의하고 부모/보호자와 연락하여 집에서도 이 전략이 성공할 수 있는 방법을 모색해야 한다.

자기 대화

자기 대화는 긍정적인 생각을 이끌어내기 위해 사용하는 내적인 전략이다. 교사와 함께 '내면의 목소리'와 생각에 대해 의견을 나누어보면 대부분의 교사는 자신의 행동을 지시하고 자기 모니터링을 유지시키는 지속적인 내면의 대화가 있음을 알고 있을 것이다. “나는 할 수 있어”, “침착해”, “거의 다 왔으니 잠깐 쉬어도 돼” 등 아동이 스스로 동기를 부여하는 문장(도움이 되는 생각)을 생각해낼 수 있도록 교사가 도울 수 있다. 이 말이 무엇인지 스스로 이해하는 것도 매우 중요하지만, 아동이 불안해하거나 짜증 내거나 괴로워하는 것을 발견했을 때 교사는 아동에게 자기 대화를 적용하도록 상기시켜 줄 수도 있다. 성공적인 전략은 부모/보호자에게 공유하면 도움이 될 것이다.

피젯토이

일부 아동의 경우 피젯토이를 가지고 놀 때 집중력을 유지하기 더 쉽다. 이는 탱글, 스트레스볼, 피젯팔찌 등 방향성이 있는 움직임과 촉각을 촉진하는 장난감인데, 탱글은 90도 곡선으로 이어져 있고 관절이 있어서 회전시킬 수 있는 장난감으로, 이를 비틀고 움직여서 다양한 모양으로 만들 수 있다. 블루텍(떡지우개)은 피젯토이로 사용하기 좋은데, 소리가 나지 않고 저렴하고 쉽게 구할 수 있다. 피젯토이는 아동이 집중을 하고 주의를 기울이며 차분해지고 적극적으로 경청하도록 도와 학습을 향상시키는 자기 조절 도구이다. 아동이 몸을 꿈틀거리고 과제에서 벗어나고 싶은 충동을 제어하려고 애쓰느라 생기는 스트레스를 해소하고 긴장과 불안을 줄이는 데 도움이 된다.

활동 휴식 시간

불안감이나 일어서서 걸어다니고 싶은 충동을 완화하기 위해 움직이기 시간이나 스트레칭 시간을 활용할 수 있다. 교사는 움직임이 있는 수업 계획을 세울 수도 있다.

교사는 무엇을 할 수 있나요?

표 4.4에는 학교에서 시행할 수 있는 전략 목록을 포함하여 교사를 위해 제안된 접근 방법들이 요약되어 있다. 전략의 효과를 극대화하기 위해 가능하다면 부모/보호자와 논의하여 가정과 학교에서 유사하거나 보완적인 전략을 실행하는 것이 도움이 된다. 대부분의 교사와 부모/보호자는 '알림장'을 사용하는 것이 정보를 공유하는 효율적인 방법이라고 생각한다(2장 참조).

영-스미스 프로그램 진행에 대한 중요한 배경 정보를 제공하는 2장을 읽어볼 것을 권유한다. 교사에게 아동과 함께 구체적인 활동지를 검토할 시간이 없을 가능성이 높지만, 부모/보호자가 이를 수행할 수 없는 경우 특수 교사와 이를 논의하는 것이 도움이 될 수 있다. 이를 실행하는 방법에 대한 지침은 각 장의 '인지행동치료'에서 확인할 수 있다. 버즈와 그의 가족을 소개하는 활동지는 3장에 요약되어 있다. 나이가 많은 아동(예 : 12세 이상)의 경우 필요하다면 버즈 활동지를 생략하는 대신 아동에게 직접 주제를 소개하고 활동지의 토론 프롬프트를 사용하여 이를 아동의 경험에 적용하고 전략에 대해 토론할 수 있다. 홈미션을 설정하고 아동이 이를 완수하도록 지원해주는 것이 좋으며, 자주 피드백을 주고 칭찬하는 것을 잊지 말아야 한다. 스티커판을 사용하는 경우(2장 참조) 부모/보호자가 정기적으로 검토할 수 있도록 '알림장'에 기재할 수 있다.

표 4.4 주의력에 대한 학교 내 전략

묶음 정보 • 정보를 한 번에 두세 가지 이하로 주기 • 글머리 기호와 목록을 사용하고 간단하게 적기
요약 및 개념 확인 • 지시를 내리기 전에 아동의 이름을 말하기 • 아동에게 지시 사항 또는 정보를 다시 반복하도록 요청하기
도움/설명 요청하기 • 아동이 집중하지 못하거나 이해하지 못하면 선생님에게 말하도록 격려하기 • 아동이 놓친 것이 있거나 이해하지 못했다면 손들고 이야기하도록 격려하기
시각적 단서 및 프롬프트 • 눈에 띄는 종이나 펜을 사용하여 '기억하기 노트'에 적어두기 • 매우 예민한 아동의 경우 도움이 필요하다는 것을 알릴 수 있는 '신호' 만들기
환경 변화 • 교실에 조용한 공간을 마련하고 가림막 같은 보조도구로 공간을 분리하기 • 교사를 잘 보고 들을 수 있는 곳에 앉히기 • 창문과 문에서 멀리 떨어트려 앉히기 • 주의가 산만해지는 물건은 손에 닿지 않는 곳에 두고, 가끔 피젯토이가 도움이 될 수 있다는 점을 기억하기 • 과제를 지속하는 데 도움이 되고 아동을 지지해줄 수 있는 친구와 함께 앉히기 • 교실 밖에 '타임아웃' 할 수 있는 조용한 공간 마련하기
목표, 단계 및 체크 포인트 • 과제에 집중하고 주의력을 유지할 수 있도록 구체적인 목표를 설정하기 • 이야기 쓰기를 다섯 단락으로 나누거나 수학 숙제를 5문항으로 구성된 3세트로 나누는 등 벅차게 느껴지는 큰 과제나 목표를 작은 단계로 나누기 • 각 단계가 끝나면 칭찬해주기
활동 휴식 시간 • 힘들어한다면 잠시 휴식을 취한 후 다시 과제를 시작하도록 하기 • "어떻게 하고 있는 것 같니?", "집중력은 어떠니? 잠깐 쉬어야 할 것 같아?" 등의 질문을 통해 스스로 모니터링할 수 있도록 격려하기
교직원 협업 • 모든 교직원이 아동에게 어떤 전략이 사용되고 있고 그 이유가 무엇인지 이해하기

참고문헌

American Psychiatric Association. (2013). *Diagnostic and statistical manual of mental disorders* (5th ed.). Washington, DC: American Psychiatric Association.

Baddeley, A. D. (1986). *Working memory*. Oxford: Clarendon Press.

Conners, C. K. (2008). *Conners 3rd edition*. Toronto: Multi-Health Systems.

Conners, C. K. (2014). *Conners Continuous Performance Test 3rd edition*. Toronto: Multi-Health Systems.

Emslie, H., Wilson, F. C., Burden, V., Nimmo-Smith, I., & Wilson, B. A. (2003). *The behavioural assessment of dysexecutive syndrome in children*. London: Harcourt Assessment.

Gioia, G. A., Isquith, P. K., Guy, S. C., & Kenworthy, L. (2000). *Behavior rating inventory of executive function (BRIEF)*. Odessa, FL: Psychological Assessment Resources.

Goodman, R. (1997). The strengths and difficulties questionnaire: A research note. *Journal of Child Psychology and Psychiatry and Allied Disciplines, 38*(5), 581–586.

Korkman, M., Kirk, U., & Kemp, S. (2007). *NEPSY-II: Clinical and interpretive manual*. San Antonio, TX: Psychological Corporation.

Larsson, J. O., Larsson, H., & Lichtenstein, P. (2004). Genetic and environmental contributions to stability and change of ADHD symptoms between 8 and 13 years of age: A longitudinal twin study. *Journal of the American Academy of Child and Adolescent Psychiatry, 43*(10), 1267–1275.

Manly, T., Robertson, I. H., Anderson, V., & Nimmo-Smith, I. (1998). *Test of everyday attention for children (TEA-Ch)*. London: Pearson Assessment.

Norman, D. A., & Shallice, T. (1986). Attention to action: Willed and automatic control of behaviour. In R. J. Davidson, G. E. Schwartz, & D. Shapiro (Eds.), *Consciousness and self-regulation: Advances in research and theory* (4th ed.) (pp. 1–18). New York: Plenum Press.

Posner, M. I., Rothbart, M. K., Sheese, B. E., & Voelker, P. (2014). Developing attention: Behavioral and brain mechanisms. *Advances in Neuroscience*, 2014. doi: 10.1155/2014/405094.

Rietveld, M. J. H., Hudziak, J. J., Bartels, M., van Beijsterveldt, C. E. M., & Boomsma, D. I. (2004). Heritability of attention problems in children: Longitudinal results from a study of twins, age 3 to 12. *Journal of Child Psychology and Psychiatry and Allied Disciplines, 45*(3), 577–588.

Sexias, M., Weiss, M., & Müller, U. (2012). Systematic review of national and international guidelines on attention deficit hyperactivity disorder. *Journal of Psychopharmacology, 26*(6), 753–765.

Valera, E. M., Faraone, S. V., Murray, K. E., & Seidman, L. J. (2007). Meta-analysis of structural imaging findings in attention-deficit/hyperactivity disorder. *Biological Psychiatry, 61*(12), 1361–1369.

5

과잉행동

과잉행동은 아동의 인지 및 발달 단계를 넘어 에너지 수준이 높아진 신체적 상태를 말한다. 과잉행동은 목표 지향적 행동과 지속적인 주의력을 담당하는 뇌의 신경 경로 및 신경전달물질과 관련이 있으며 특정 식단과도 관련이 있다. 다중 불포화지방산 보충제, 특히 오메가 보충제의 경우 작지만 유의한 치료 효과에 대한 근거가 있다(Sonuga-Barke et al., 2013).

과잉행동은 행동의 맥락과 사회적 기대에 따라 다양한 환경에서 정도의 차이를 두고 나타날 것이다. 실제로 아동 행동에 대한 문화적 기대와 관점은 과잉행동이 어떻게 인식되는지에 영향을 미칠 수 있다(James & Taylor, 1990; Timmi & Taylor, 2004). 또한 환경적 맥락 역시 중요한 요인이 된다. 예를 들어 사회적 규범에 따르면 공원에서 아동은 아주 활동적일 수 있지만 도서관에서는 행동이 통제되어야 한다. 그림 5.1은 ADHD 아동의 과잉행동 증상을 평가하는 DSM-5(APA, 2013)를 설명한다.

이 장에서는 ADHD 아동의 과잉행동에 대해 알아보고, 이것이 다양한 생활 영역에서 아동의 기능에 미칠 수 있는 영향을 살펴본다. 과잉행동 평가에 대해 설명한 다음, 인지행동 모델을 사용하여 아동과 주변 성인을 위

과잉 활동

- 자주 손발을 만지작거리며 가만두지 못하거나 의자에 앉아서도 몸을 꿈틀거림
- 자주 앉아 있도록 요구되는 교실이나 다른 상황에서 자리를 떠남
- 자주 부적절하게 지나치게 뛰어다니거나 기어오름(주의점 : 청소년 또는 성인에게서는 주관적으로 좌불안석을 경험하는 것으로 국한될 수 있음)
- 자주 조용히 여가 활동에 참여하거나 놀지 못함
- 자주 '끊임없이 활동'하거나 마치 '태엽 풀린 자동차'처럼 행동함

그림 5.1 ADHD 과잉행동 증상에 대한 DSM-5 진단 기준

한 개입 및 전략에 대해 살펴보자.

소개

사람들이 ADHD 아동에 대해 부정적인 태도를 갖는 것은 드물지 않은데, 이는 아동이 과잉행동을 통제할 수 있다고 생각하기 때문이다. 이러한 '나쁜 행동'에 대한 설명을 찾는 과정에서 사람들은 아동이 주의를 끌기 위해 행동하거나 일부러 규칙(예 : 앉아서 조용히 하기)을 따르지 않고 반항하는 것이라고 생각할 수 있다. 그들은 시끄럽고 통제 불능으로 여겨질 수 있으며, 이러한 행동은 종종 나쁜 양육 방식 때문이라고 비난받는다. 이러한 의견은 틀렸을 뿐만 아니라 해롭다. 과잉행동 장애가 있는 아동은 필요에 따라 상황에 적응하는 능력이 있는 외향적이고 반항적인 아이들과 다르다. 그들은 가만히 있고 싶지만 그럴 수 없는 아이들이다. 그들은 '움직이지 않을 수가 없다'고 말하며, 이러한 행동 때문에 특히 학교에서 문제가 생긴다는 것을 알아 좌절감을 느끼는 경우가 많다. 부모/보호자에게 책임을 전가하는 것은 전혀 도움이 되지 않으며, 양육 방식이 과잉행동을 유발하는 것

은 아니라는 점을 인식하는 것이 매우 중요하다. ADHD 아동을 매일 관리하는 것은 매우 어려울 수 있고, 잘못된 양육 방식이 원인이라고 믿는 사람들에게는 성인도 ADHD를 가지고 있고 그들의 안절부절못하는 행동이 잘못된 양육 때문은 아님을 상기시켜야 한다.

행동 기능

과잉행동이 있는 아동은 다양한 일상적인 요구나 기대에 부응하는 데 어려움을 겪으며, 이는 조용한 장소나 영화관, 도서관, 모임, 병원 같은 엄격하고 낮은 수준의 신체 활동이 기대되는 곳에서 흔하게 관찰된다. 아동은 마치 '모터에 의해 움직이는 것'처럼 끊임없이 움직이거나, 수다를 떨고, 계속해서 움직이고, 물건을 뒤섞고, 손을 만지작거리고, 자주 일어났다 앉았다를 반복하거나, 기어오르기도 하고 자세를 바꾸는 등의 행동을 보일 수 있다. 이러한 행동은 다른 사람들로부터 받는 피드백과 인정, 학습 및 활동에 효과적으로 참여하는 능력에 영향을 미친다. 특히 아동이 자신의 이러한 모습을 인식하고 있고 자신의 행동을 통제할 수 없다고 느끼는 경우 괴로울 수 있다. 긍정적인 측면을 보자면 아동이 성숙함에 따라 신체적인 과잉행동은 줄어드는 경향이 있지만 주관적으로 느끼는 내적 불안감은 남아 있다.

학업 기능

처음 학교에 입학한 아동은 학습에 대한 부담이 적고 자유롭게 놀면서 환경을 탐색할 수 있다. 하지만 학년이 올라갈수록 점점 오랜 시간 동안 자신의 행동을 관리해야 한다. 학생들은 실습 시간에 자리에 앉아 있어야 할 때뿐만 아니라 인지적인 과제를 듣거나 완성하는 동안에도 그래야 한다. 자리에 앉아 있지 않거나 안절부절못하는 아동은 과제에 집중할 수 없으며, 또래나 교사 등 다른 사람의 주의를 산만하게 할 수도 있다. 이는 새로운 기술을 배우고 습득하는 능력에 장애를 초래하여 궁극적으로 잠재력을 발휘하지 못하게 하며, 이러한 행동은 비판이나 비난의 대상이 될 수 있다.

대인관계 기능

과잉행동은 ADHD 아동만 지치게 하는 것이 아니라 그 아동과 상호작용하는 사람들, 특히 낮은 수준의 소음과 신체 활동을 선호하는 사람들을 지치게 한다. 가족 구성원의 요구와 아동의 욕구가 충돌할 때 갈등이 발생할 수 있으며, 부모/보호자는 ADHD 아동의 행동을 항상 경계하고, 지켜보고, 지원하고, 관리해야 한다고 느끼며 이로 인해 지칠 수 있다. 형제자매는 ADHD 아동에게 쏠리는 부모/보호자의 지원과 관심을 부러워할 수 있다. 학교에서 또래 친구들은 규칙을 따르지 못하고 적절하게 행동하지 못하는 것 같아 보이는 아동을 피할 수 있는데, 연관된 문제에 휘말리는 것을 걱정하기 때문이다. 과잉행동 아동은 지나치게 시끄러운 행동, 거칠고 난폭한 놀이, 멈출 때를 몰라 무모하거나 위험한 행동으로 인해 놀이친구로 매력적이지 않을 수 있다.

대처

일부 가정에서는 아동의 부정적인 행동이 눈에 띌 만한 장소에 가지 않는 회피 전략을 사용하기도 한다. 이는 단기적으로는 도움이 될 수 있지만 장기적으로는 도움이 되지 않는데, 이는 아동이 다양한 환경에서 언제, 어떻게 자신이 행동을 적절히 조절해야 하는지 배울 기회를 갖지 못하기 때문이다. 또한 부정적인 경험으로 인해 사회불안이 생기는 것을 예방하기 위해서도 아동을 이러한 환경에 노출시키는 것이 중요하다. 예를 들어 사람이 붐비지 않는 시간에 다녀오거나 과잉행동에 중점을 두어 긍정적인 행동으로 전환하는 법을 찾는 등 아동의 행동을 개선하는 방법을 배울 수 있도록 돕는 것이 유용하다. 일단 성공하면 점차 어려운 시간대(예 : 더 붐비는 시간)로 외출 시간을 옮긴다. 스포츠 활동, 야외 놀이, 자전거 타기, 트램펄린과 같이 과도한 에너지를 건설적인 방향으로 전환할 수 있는 환경이 다른 환경보다 더 적합하다.

수면

ADHD 아동의 경우 취침 습관과 수면 패턴이 완전히 깨져 있는 경우가 많으며 숙면을 취하지 못하면 집중력을 유지하고 감정을 관리하며 행동을 조절할 가능성이 더욱 낮아진다. 부모/보호자도 밤에 아이를 돌보느라 잠을 못 자서 수면 부족으로 인한 스트레스, 기분저하, 대처 능력 저하를 겪을 수 있다.

평가

ADHD 평가 및 치료에 관한 국제 지침에 따르면 ADHD를 평가하기 위해 훈련받고 자격을 갖춘 정신건강 전문가가 종합적인 평가 절차를 수행할 것을 권장한다(Sexias, Weiss & Müller, 2012). 여기에는 심리 측정 설문지, 임상 면담, 아동 관찰을 포함한 다중 방법 평가가 포함되는 경우가 많으며, 이를 통해 다양한 상황 및 환경에서 아동의 어려움과 행동을 평가한다. 가능하면 아동 본인을 포함하여 아동 양육에 관련된 여러 사람으로부터 다양한 관점에서 정보를 얻는 것이 바람직하며, 여러 기관과 연락이 필요할 수도 있다. 아동의 발달 전반에 걸친 문제의 본질과 복잡성, 발달적, 환경적, 심리사회적 요인과 아동의 강점 및 약점, 현재 아동이 받고 있는 지원을 충분히 이해한 후 성공 가능성이 높은 적절한 개입 계획을 수립하는 것이 중요하다. 이 과정에서 아동이 겪는 동반 질환이나 사회적인 문제뿐만 아니라 가족 내에 존재할 수 있는 문제를 염두에 두는 것도 중요하다.

측정 도구

ADHD에 대한 많은 평가에는 과잉행동과 관련된 항목이 포함되어 있고 가장 일반적으로 사용하는 방법은 6세 이상의 경우 코너스 척도 3판(Conners, 2008), 2세 이상의 경우 강점 난점 질문지(SDQ; Goodman, 1997)가 있다. 이 설문지는 아동의 기능을 아동과 같은 연령과 성별의 일반 인구에서 얻은 표준과 비교한다. 다양한 환경에서 아동의 기능에 대한 광범위한 관점을 얻기 위해 다양한 평가자로부터 정보를 얻는 것이 좋다. 예를 들어 부모/보호자와 교사는 집과 학교에서의 행동에 대한 설문을 작성할 수 있다. 일부 척도는 아동 스스로 평가할 수 있는 자기 보고용도 포함되어 있지만 아동의 읽기 능력과 통찰력 수준에 따라 사용 여부가 달라진다. 평가는 기능에 대한 기초선을 얻는 데도 도움이 되고, 이후 개입의 효과성을 평가하기 위해 반복적으로 평가할 수 있다. 코너스 평가척도 3판과 강점 난점 질문지 모두 반복 평가가 가능하다. ADHD 아동이 자기 보고식 설문지를 스스로 작성할 경우 질문을 잘못 읽거나 문항을 빼먹거나 충동적으로 응답하거나 잘못 표시하게 될 수 있으므로 성인의 도움이 필요하다. 앞선 질문의 영향을 받지 않고 답할 수 있도록 하는 것이 중요하며, 읽기에 어려움이 있다면 항상 문항을 읽어주어야 한다. 많은 평가가 그러하듯 평점이 한쪽으로 치우칠 수 있기 때문에 숙련된 전문가가 신중하게 해석해야 한다.

임상 면담

치료사는 먼저 아동의 부모/보호자와 만나 어떤 상황이 가장 문제가 되는지 파악하고 아동의 어려움이 기능 수행 및 삶의 질에 미치는 영향을 확인할 것을 제안한다. 치료사는 아동이 특정 맥락이나 시점에 과잉행동 증상이 더 심하게 나타나는지 여부를 물어봐야 한다. 무엇이 증상을 악화시키는지, 무엇이 증상을 완화시키는지, 무엇이 도움이 되는 것 같고 도움이 되지 않는지 묻는 것이 좋다. 집, 교실, 친구들과의 관계, 낯선 사람과의 상황 등 다양한 환경에서의 구체적인 상황과 교회, 영화관, 쇼핑할 때 등 사회적 환경에서 증상이 어떻게 다르게 나타나는지 물어볼 수 있다. 이러한 상황을 표 5.1의 예와 같은 표에 기록한다. 과잉행동을 평가할 때 모든 맥락에서 행동이 부적응적으로 기능하는 것은 아니라는 점을 유념해야 한다. 예를 들어 스포츠같이 높은 에너지와 움직임이 요구되는 상황에서는 적절할 수 있다. 목표는 역기능적이고 손상을 초래하는 과잉행동을 평가하는 것이다.

사고

아동과 그들이 겪는 어려움에 대해 이야기를 나눔으로써 아동의 관점을 이해하는 것도 유용하다. 아이들은 자신만의 견해와 통찰력을 가지고 있다.

표 5.1 과잉행동 기록의 예시

상황	이 상황에서 과잉행동은 얼마나 방해가 되나요? (0=전혀 없음, 10=심함)	이 행동을 관리하는 데 얼마나 스트레스를 받나요? (0=전혀 없음, 10=심함)	지금까지 어떤 시도를 해보았고, 어떤 점이 도움이 되거나 도움이 되지 않았나요?
영화관	8점. 앉아서 영화 내내 사람들이 뭐라고 할까 봐 걱정한다.	7점. 문제가 생길 거라고 알고 있고 그래서 가끔은 가야 할 가치가 없다고 생각한다.	사람들의 시야를 방해하지 않도록 뒤쪽에 앉으려고 노력한다.

문제를 외현화하는 구체적인 기법이 있으며, 이러한 기법은 아동이 죄책감을 덜 느끼고 객관적이고 솔직하게 대답할 수 있도록 돕는다. 예를 들어 "과잉행동이 하는 일에 방해가 된 적이 있었나요?", "과잉행동이 가장 심할 때는 언제인가요?", "과잉행동 때문에 누가 가장 짜증을 내나요?", "과잉행동 때문에 혼난 적이 있나요?" 등의 질문을 던질 수 있다. 그런 다음 아동, 부모/보호자, 교사 간의 관점을 비교할 수 있다.

감정과 생리학적 특성

평가할 때 치료사는 아동의 증상을 악화시킬 수 있는 감별진단과 증상에 기여하는 요인을 고려해야 한다. 과잉행동 증상은 단순히 ADHD에만 국한되지 않고 다른 이유로도 나타날 수 있다.

- 불안 : 초조함과 긴장은 과잉행동으로 나타날 수 있다. 아동이 불안해하거나 걱정하는 것이 있는가? 불안과 걱정은 안절부절못하게 하고 근육 긴장을 증가시킬 수 있다.
- 피로 : 우리 모두는 피곤할 때 짜증이 나는 것을 알고 있고, 아동은 피곤할 때 조용해지기보다 더 활동적이고 가만히 있지 못할 수 있다.
- 과제 회피 : 아동은 어렵거나 지루한 과제에 직면했을 때 안정감을 느끼지 못하고 과잉행동을 보일 수 있다. 이러한 행동은 과제를 중단하게 하거나 타임아웃에 의해 강화될 수 있고, 그 결과 기피했던 과제를 하지 않을 수 있다.
- 약물 복용 : 과잉행동이 약물 혹은 약물 투약 방법의 변경 등 약물과 관련이 있는지 살펴봐야 한다.
- 식단 : 일부 음식은 과잉행동과 관련된 것으로 알려져 있다. 첨가물이

없거나 생선 기름이나 비타민이 보충된 식단은 과잉행동을 줄이는 데 도움이 될 수 있다.

행동

과잉행동을 보이는 아동을 돌봐야 하는 사람들은 항상 경계심을 늦추지 않고 아동의 행동을 모니터링해야 하기 때문에 매일이 전쟁처럼 느껴질 수 있으며 스트레스와 피로를 느끼게 된다. 보호자의 스트레스 수준을 측정하는 것이 도움이 될 수 있으며, 치료의 진행 상황과 결과를 평가하기 위해 이를 반복할 수 있다. 매주 스트레스를 간단하게 기록하는 방법도 있고, 0~100%(0%는 스트레스가 전혀 없는 상태, 100%는 극심한 스트레스를 받는 상태)로, 스트레스를 모니터링할 수 있다. 양육 스트레스 검사(Abidin, 1995)와 같은 객관적인 측정 도구 또한 널리 사용되고 있는데, 이 검사는 아동의 특성과 관련된 스트레스, 고통 및 대처 측면을 측정하는 데 자주 사용된다.

조이의 엄마가 작성한 행동영향 척도는 표 5.2에 제시되어 있으며, 조이의 엄마가 어떻게 느끼는지가 자세히 요약되어 있다. 그녀는 압도되고 스트레스를 받는다고 설명하며, 때로는 아동의 과잉행동을 관리하는 데 성공하기도 하지만 일상적으로 전략을 사용하지는 않는다. 그러므로 그녀는 조이에게 가장 적합한 전략이 무엇인지 알아내지 못했고, 그녀가 사용하는 전략도 항상 효과적이지는 않다.

부모/보호자는 보통 긴장이 풀리고 활동이 줄어드는 취침 시간에 자녀의 활동 수준이 악화되는 것을 종종 발견한다. 이러한 경우 수면 루틴(취침 시간 및 활동), 매일 하는 운동, 투약 시간, 기타 가정 내 일상을 평가하는 것이 중요하다. 이를 통해 취침 전 비디오 게임, 밝은 조명, 시끄러운 형제자매와 같이 방을 사용하는 경우 취침 전 싸움 놀이, 야식 등 성공적인 수면

표 5.2 행동 영향 척도의 예시

	전혀 그렇지 않다	조금 그렇다	가끔 그렇다	자주 그렇다	항상 그렇다
자녀의 행동에 대해 걱정하는 데 얼마나 많은 시간을 보내나요?				✓	
이러한 행동이 가정생활에 지장을 주나요?				✓	
아이와 함께 있을 때 스트레스를 받나요?					✓
자신감 있고 침착하게 자녀의 행동을 관리할 수 있나요?			✓		
자녀의 행동을 관리하기 위한 전략을 적용하고 있나요?		✓			
전략이 효과가 있나요?			✓		

위생에 방해가 되는 요소를 파악할 수 있다. 수면 전략 안내 'Strategies for Sleep Problems'는 심리 서비스 웹사이트(www.psychology-services.uk.com/service-users.htm)에서 다운로드할 수 있다.

행동 일지

특정 문제의 빈도와 심각도를 기록하는 일지는 아동을 돌보는 사람이나 아동 스스로 집이나 학교에 보관할 수 있다. 이는 다른 방법으로는 보고되지 않았을 수 있는 혼란스러운 상황을 포착하기에 아주 좋은 방법이 될 수 있다. 행동 일지에는 과잉행동(예 : 아동이 무엇을 하고 있는지, 언제 그랬는지, 어디서 그랬는지, 당시 다른 상황은 무엇이었는지), 행동의 전조(해당 행동의 원인은 무엇이고 누가 관련되어 있는지), 행동의 결과(행동의 결과는 무엇이고 누구와 관련되어 있는지)를 기록한다. 이 행동 일지는 'ABC

차트'라고도 하며, 수집된 자료를 기능적으로 분석하면 문제 행동의 패턴과 '선행 사건'을 파악할 수 있어 어떤 개입을 시도할 수 있는지, 언제 적용하는 것이 가장 좋은지에 대한 정보를 줄 수 있다. 행동 일지의 예시는 표 5.3에 있다.

이 예시는 ADHD가 있는 조이라는 남자아이의 일지이다. 행동 일지는 조이의 엄마가 작성한 것으로, 이 예시를 보면 과잉행동을 유발할 수 있는 여러 가지 요인이 나타난다. 조이는 방금 학교에서 나왔는데, 학교에서는 활동 수준을 조절해야 했지만 이제 공원에서 축구를 할 생각에 들떠 있다. 그런데 형이 학교에서 돌아올 때까지 기다려야 했던 점이 상황을 더 악화시켰을 가능성이 크다. 기다린 시간은 단 30분 정도이지만 ADHD 아동은 기다리기가 어렵기 때문에 조이에게는 아주 긴 시간으로 느껴졌을 것이다. 조이는 자신이 원하는 것들을 바로 할 수 없고 대신 자신의 행동을 통제해야 했으며 꾸중을 받자 소리를 지르기 시작했다. 조이의 엄마는 그 행동을

표 5.3 〈과잉행동〉 행동 일지 작성 예시

요일/시간	선행 사건 (행동 직전에 어떤 일이 있었나요? 누가 거기 있었나요? 무슨 일이 있었나요?)	행동 (무엇을 관찰했나요? 기간과 심각도를 기록하세요.)	결과 (그다음에 무슨 일이 일어났나요? 결과는 어땠나요?)
금요일 오후 4시	학교에서 집에 돌아오는 길에 조이와 친구는 축구를 할 생각에 들떠 있었다. 조이의 형은 학교에서 집에 돌아오면(약 30분 후) 공원에 데리고 가겠다고 말했다.	조이는 에너지가 넘치는 모습으로 돌아왔다. 앉으라고 해도 앉지 않고 계속 거실을 뛰어다니고 소파에서 뛰어다녔다. 계속 그러면 공원에 갈 수 없다고 말했다. 내가 이 말을 하자 조이는 매우 화를 내고 소리를 지르기 시작했다.	조이가 집안에서 시끄럽게 떠들고 방해하는 바람에 뒤뜰에서 형을 기다리라고 하고 밖으로 내보냈다. 조이는 축구공을 가져가고 싶어 했지만 나는 조이가 진정할 필요가 있어 보여서 거절했다.

참지 못하고 밖으로 내보냈다. 이는 조이가 안전한 장소에서 에너지를 발산할 수 있다는 점에서는 긍정적으로 보인다. 앞으로 조이의 엄마는 혼내고 소리 지르는 상황을 피하기 위해 이 전략을 더 일찍 사용하는 것이 좋을 수 있다.

그러나 이 예는 하나의 에피소드일 뿐이며, 행동 일지의 목적은 시간이 지남에 따라 여러 에피소드를 기록하여 패턴이 나타날 수 있도록 하는 것이다. 예를 들어 조이가 과잉행동을 보이기 전에 탄산음료를 마셨다는 기록이 있다면 해당 행동이 식이 섭취와 관련이 있다고 결론을 내릴 수 있다. 개입 방법은 조이의 식단에서 탄산음료를 제거하고 그 결과를 평가하는 것이다.

학교와 가정에서 관찰과 행동 일지를 같이 사용하면 과잉행동의 성격, 심각성 및 기여 요인을 더 잘 이해할 수 있다. 수업시간에 아동을 관찰할 때는 교실에서 일어나는 일(상황), 행동의 세부 사항과 행동의 결과(결과), 다른 사람들의 반응 등을 구체적으로 기록하여 행동 일지를 작성한다. 다양한 환경(예 : 학업 수행 중, 실기 수업 중, 쉬는 시간, 집, 여가 활동 등)에서 아동을 관찰해본다. 자녀를 도울 때 성공적이었던 점과 어려웠던 점을 기록한다.

과잉행동을 위한 인지행동치료

어린 아동을 대상으로 하거나 활동지를 치료의 기초로 사용하는 경우 첫 회기는 항상 활동지 1, 2, 3으로 시작한다. 아동에게 버즈와 그의 가족을 소개하고(활동지 1), 긍정적인 자기 대화를 소개하고(활동지 2), 보상 시스템을 확인해야 한다(활동지 3). 보상 및 자기 대화 전략은 가정 및 학교에서, 그리고 회기 내에서 적용할 수 있다. 도입 회기를 계획하고 진행하는 방법에 대한 개요는 3장을 참조한다.

과잉행동 회기의 중재와 활동지의 목표는 아동에게 과잉행동의 개념을 소개하고 이를 인식하고 대처하는 기술을 향상시키는 것이다. 치료사는 회기 내 활동계획을 설정하고, 완료한 홈미션을 확인하고, 새로운 활동지(또는 나이가 많은 아동에게는 '전략들')를 통해 작업하고, 새로운 홈미션을 설정하여 이러한 목표를 달성할 수 있다. 필요한 경우 회기 중간에 휴식 시간을 가질 수 있으며, 이는 특히 어린 아동에게 중요할 수 있다. 회기의 구조와 내용에 대한 일반적인 정보는 2장에 제시되어 있으며, 과잉행동 회기의 진행과 관련된 추가적인 정보는 이 장에 기술되어 있다.

회기 내 활동계획

회기가 시작될 때 아동에게 회기 전에 준비한 회기 내 활동계획서(그림 5.2 참조)를 보여주고, 이를 검토하면서 회기 중에 소개할 주제와 활동지를 연결하여 설명한다. 과잉행동 모듈에서는 활동지 7과 8을 소개하면서 다음과 같이 말한다.

활동계획

파일 검토

학교에 가다 [활동지 7]

휴식 시간

잠자리에 들다 [활동지 8]

홈미션 안내

그림 5.2 과잉행동 회기 내 활동계획 예시

"버즈는 학교에서 몸을 가만히 두지 못해서 혼이 납니다. 오늘 첫 번째 이야기에서는 버즈가 의자에서 넘어지고 선생님은 화를 내요. 버즈를 돕기 위해 무엇을 할 수 있을지 함께 생각해볼게요. 쉬는 시간에는 색연필을 사용해서 활동지에 색칠을 할 수 있어요. 쉬는 시간이 끝나면 다른 활동지를 보고 버즈가 잠잘 때 무슨 일이 일어나는지 이야기를 해볼 거예요. 버즈는 잠드는 게 쉽지 않기 때문이에요."

파일 검토

아동과 함께 파일을 검토하는 것은 홈미션이 완료되었는지 확인하는 것 외에도 중요한 정보 또는 개념을 수정할 기회를 가질 수 있으며, 이를 학습이나 새로 습득한 기술과 통합하는 데에도 도움이 될 수 있다. 아동이 파일에 추가한 그림이나 색칠, 그림, 오려 붙인 잡지 또는 사진을 살펴보는 시간을 갖는다. 그것들에 대해 토론하고 버즈와 그의 가족에 대한 이야기와 연결시키며, 이전에 다루었던 주제나 전략과도 연결시키도록 노력하는 것이 중요하다. 이것은 행동 수정을 촉진할 뿐만 아니라 아동에게 보상 시스템으로 작용할 수도 있다. 칭찬은 구두로 해야 하지만 스티커, 손글씨 메모 또는 웃는 얼굴을 추가하여 보상할 수도 있다. 홈미션을 설정했다면 홈미션 기록지에서 부모/보호자의 의견과 피드백을 검토하고 이에 대해 아동과 논의해야 한다. 파일 검토 및 홈미션에 대한 자세한 내용은 2장을 참조하면 된다.

활동지 7. 학교에 가다

활동지 설명

버즈가 또 선생님에게 혼났어요. 선생님이 이야기를 들려주는 동안 아이들은 조용히 앉아 있어야 해요. 선생님은 아이들이 얼마나 기억하는지 알아보기 위해 나중에 시험을 보려고 해요. 버즈는 가만히 있기가 너무 힘들어서 꼼지락거리기 시작했고 더 이상 선생님의 말을 듣

(계속)

활동지 7. 학교에 가다(계속)

지 않고 엄마가 집에 가는 길에 사준다고 한 아이스크림에 대해 생각하고 있어요. 버즈는 아이스크림을 기다릴 수가 없고 더 이상 가만히 앉아 있을 수가 없어서 결국 의자를 흔들기 시작해요. 잠시 후 의자가 넘어지고 결국 바닥으로 떨어졌어요! 이제 아무도 선생님의 이야기를 듣지 않고 선생님은 아주 화가 나셨어요.

활동지 프롬프트

- 버즈처럼 꼼지락거린 적이 있나요? 보여줄 수 있나요?
- 버즈가 이야기를 듣지 못하는 이유는 무엇인가요? 여러 분도 그런 적이 있나요?
- 버즈는 선생님에게 왜 혼이 났나요? 버즈가 바닥에 떨어졌을 때 기분이 어땠을까요?
- 다른 아이들의 반응은 어땠을까요?
- 이 상황에서 버즈가 할 수 있는 몇 가지 아이디어를 함께 작성해봅시다.

이제 버즈에게 도움이 될 거라고 생각한 것들을 살펴보고 여러분에게도 도움이 될 만한 것들에 동그라미를 표시하세요.

활동지 7은 과잉행동과 주의력 문제 사이의 관계를 보여준다. 또한 산만해지거나 다른 사람을 방해할 가능성을 소개하며, 이로 인해 다른 사람이 과제를 완수하지 못하게 되는 상황과 이러한 행동이 사회적 관점에서 어떻게 인식될 수 있는지 다룬다. 따라서 이 이야기는 아동, 또래, 교사의 관점에서 생각해볼 수 있다. 아동이 불안정감을 줄이고 자리에 앉아 집중할 수 있도록 도울 방법을 제시하고 논의한다.

이 이야기에서 버즈는 학교에서 이야기 시간에 가만히 앉아 집중하는 데 어려움을 겪는다. 과제 활동지를 아동에게 읽어주거나 아동이 원한다면 함께 읽는다. 아동이 이야기를 이해했는지 확인하고 질문이 있다면 대답해준다. 토론 활동지를 사용하여 아동과 함께 요점을 이야기하면서 상황에 대해 생각해보도록 한다. 첫 번째 요점은 아동이 버즈와 비슷한 어려움을 겪고 있는지 생각하도록 돕는 것이다. 예를 들어 아동은 "나는 벌레처럼 꿈틀거리진 않아요"라고 말할 수 있지만, 뒤척거리거나 자주 일어나거나 손을 가지고 노는 등의 행동은 한다고 말할 수 있다. 이때 아동에게 실제로 그러한 행동을 보여달라고 요청하거나 회기에서 관찰한 가만히 있지 못하거나 과도하게 움직인 행동에 대해 말해달라고 할 수 있다. 다음으로 아동에게 "버즈는 무엇 때문에 이야기를 제대로 듣지 못할까요?"라고 물어본다. 이 질문의 목적은 아동이 아이스크림을 상상하며 조바심을 내는 것 같은 내적 요인과 조용히 앉아 있기를 기대하는 것 같은 외적 요인이 모두 활동에 영향을 미칠 수 있음을 파악하도록 돕기 위한 것이다. "버즈가 무얼 생각하고 있었죠? 버즈는 무얼 하려고 했나요?"라고 물어봐서 아동을 촉구해야 할 수도 있다.

아동에게 비슷한 경험을 했던 상황에 대해 생각해보도록 유도한다. 버즈의 상황과 똑같을 필요는 없고 가만히 있기 힘들었던 시간을 포함할 수 있다. 아동에게 "무슨 일이 있었고 기분이 어땠나요?", "선생님은 어떻게 하셨나요?"라고 물어본다. 버즈가 선생님에게 혼난 이유에 대해 생각해보는 것으로 대화를 이어간다. "버즈와 반 아이들이 해야 할 일은 무엇이었을까요?", "이야기를 듣는 것은 왜 중요했을까요?"라고 질문할 수도 있다. 아동에게 웃기거나, 산만하거나, 짜증을 내는 등 다른 아이들이 어떻게 반응했는지 생각해보도록 한다. 버즈가 의자에서 떨어져 관심의 중심이 되었을 때 어리석거나 멍청한 것 같고 부끄러웠거나 자의식을 느끼는 등 어떤 기분이었을지 생각해보도록 한다.

이런 상황에서 버즈에게 도움이 될 수 있는 방법을 아동과 이야기 나누고 활동지에 적는다(예 : '타임아웃' 요청하기, 자신이 해야 할 일을 상기하기, 침착함을 유지하기 위해 심호흡 하기, 사과하기, 피젯토이를 가지고 놀기 등). 아동은 버즈가 하기에 좋지 않은 해결책을 떠올릴 수도 있다(예 : 말하지 않고 교실 밖으로 나가기). 아동에게 이러한 경험을 한 적이 있는지, 무엇을 했는지, 어떻게 해결되었는지 물어본다. 의견에 대한 토론을 통해 어떤 의견이 가장 도움이 될 것 같은지 이야기해본다. 아동에게 가장 도움이 될 것 같은 의견에 동그라미를 표시하도록 하고, 아동의 경험과 더 적합한 새로운 의견을 추가하고 가능하면 제안한 내용을 역할극으로 연습한다. 예를 들어 치료사는 아동에게 잠시 휴식을 취할 수 있는지 물어보는 연습을 할 수 있다.

회기에서 아동의 노력에 대해 칭찬한다. 이 활동지를 기반으로 홈미션을 설정하는 경우 아동에게 다음 사항을 요청한다.

1. 그림과 말풍선을 색칠해서 활동지를 꾸미거나 이야기 주제와 관련된 사진, 잡지, 만화 등의 그림을 추가해보기
2. 부모/보호자 또는 선생님과 행동을 통제하는 방법에 대한 아이디어를 공유하고 한 주 동안 연습해보기

홈미션을 설정했다면 부모/보호자에게 홈미션 기록지를 작성하도록 하고 다음 회기에서 검토할 수 있도록 파일에 넣을 것을 상기시킨다.

중간 휴식

휴식 시간은 2장에 설명한 대로 회기의 적절한 시점에 제공한다.

활동지 8. 잠자리에 들다

활동지 설명

버즈는 잠자리에 드는 것을 좋아하지 않아요. 버즈의 머릿속은 온갖 흥미로운 생각으로 가득 차서 잠들기가 어려워요. 그래서 아침에 자주 피곤해해요. 엄마가 자라고 하면 잠자리에 들긴 하지만 실제로는 깨어 있어요. 엄마는 침대 밖으로 나오면 혼내기 때문에 버즈는 뭔가 필요한 척을 해요(물 마시기, 화장실 가기, 엄마한테 말해야 하는 것을 까먹은 척하기 등).

활동지 프롬프트

- 버즈가 늦게 잠들고 아침에 피곤한 일이 반복되면 어떻게 될까요?
- 버즈를 진정시키고 잠들게 하는 데 도움이 될 만한 의견이 있나요?
- 여러분의 수면 루틴에 대해 알려주세요.
- 잠이 들거나 깨지 않고 자는 데 어려움을 겪은 적이 있나요?
- 버즈의 수면을 돕기 위해 할 수 있는 몇 가지 의견을 함께 작성해봅시다.
- 숙면을 방해하는 요인은 무엇인가요? 무엇이 숙면에 도움이 되나요?

이제 버즈에게 도움이 될 것이라고 생각하는 것을 살펴보고 여러분에게도 도움이 될 만한 것들에 동그라미를 표시하세요.

활동지 8의 취침 과제는 수면 문제를 인식하고 수면장애와 과잉행동 증상을 연결시키는 것을 목표로 한다. 아동은 숙면에 도움이 되는 요인을 포함하여 자신의 수면패턴과 일과에 대해 이야기해볼 수 있다. 토론을 통해 아동과 부모/보호자가 모두 실천할 수 있는 수면 위생을 소개해야 한다.

이야기에서 버즈는 밤에 쉽게 잠들지 못하고 침대에 누워 오늘 하루의 일이나 다음 날 일어날 일에 대해 생각한다. 왜냐하면 버즈는 잠들지 못하는 핑계를 대며 침대에서 나오기 때문이다. 과제 활동지를 아동에게 읽어주거나 아동이 원한다면 함께 읽는다. 아동이 이야기를 이해했는지 확인하고 질문이 있다면 대답해준다. "버즈가 계속 늦게 자고 아침에 피곤하면 어떻게 될 것 같나요?"라고 질문하여 토론을 이끌어낸다. 이를 통해 피로감, 지각, 감정기복, 통제력 저하 등에 대한 대화를 유도할 수 있다. 버즈나 아동이 충분한 수면을 취하는 것이 왜 중요하다고 생각하는지 함께 이야기를 나눈다. "뇌와 몸은 휴식을 취하고 성장하기 위한 시간이 필요하고 잠을 잘 때 휴식과 성장이 이루어지므로 수면이 아주 중요해요"라고 설명할 수 있다. "잠은 사람들이 감정과 행동을 더 잘 조절하고 집중하며 하루를 잘 보낼 수 있도록 도와줘요"라고도 설명할 수 있다.

수면의 중요성을 이해했다면 아동에게 "버즈가 숙면을 취하기 위해 어떻게 하면 몸과 마음을 가라앉힐 수 있을까요?"라고 묻는다. 아동은 이미 어른들로부터 들었거나 스스로 찾아낸 몇 가지 의견을 가지고 있을 가능성이 높다. 잠들 때까지 침대에서 게임을 하는 것 같은 도움이 되지 않는 잘못된 생각(또는 욕구)이 있다면 바로잡아 준다. 아동의 수면 루틴에 대해 물어본다. 대부분은 이에 대해 말할 수 있지만 "언제 잠자리에 들 준비를 시작하나요?", "잘 준비를 하는 순서는 뭔가요?"라고 질문하여 유도할 수 있다. 아동에게 형제자매가 있다면 루틴을 비교하고 차이점에 대해 어떻게 생각하는지 물어본다(일부 아동은 차이가 불공평한 것이라고 느낀다). 그런 다음 아동이 말한 내용을 요약한다(예 : "그러니까 너는 동생이 옷을 갈아입은 다음 7시 정도에 잠옷을 입는구나. 동생은 너보다 일찍 잠들고, 너는 다시 방 밖으로 나가는데, 그 시간 이후로 게임은 못 하지만 가끔 엄마랑 책을 읽기도 해").

대화를 이어가며 아동이 잠드는 데 어려움은 없는지 묻는다. 아동이 밤

늦게까지 잠들기 어렵다고 말한다면 어떤 생각이 드는지, 기분이 어떤지, 그 시간에 무엇을 하는지 물어본다. 아동이 밤에 잠을 깨는 이유에 대해서도 알아본다. 아동이 잠에서 깨어 다시 잠들지 못하면 무엇을 하는지, 또는 무엇을 하라고 들었는지 함께 살펴본다. 오해가 있다면 부드럽게 바로잡아 주고 부모/보호자와도 함께 논의한다. 예를 들면 다음과 같다.

> "네가 나에게 밤에 잠에서 깼을 때 태블릿 게임을 하면 다시 잠드는 데 도움이 된다고 얘기 했잖아. 그런데 내가 알고 있기로, 그리고 다른 아이들도 얘기하기를, 그렇게 하면 더 잠이 들기 어려워. 우리는 잠이 정말 중요하다는 걸 알고 있고 ○○이도 잘 자기를 바라. 우리는 다시 잠드는 데 도움이 되는 다른 방법을 찾아내야 해."

활동지에 버즈의 숙면에 도움이 될 만한 의견을 적게 한다. 차분하게 호흡하기, 베개를 푹신하게 해서 편안하게 하기, 포근한 장난감이나 이불 안아주기 등이 포함될 수 있다. 아동에게 가장 도움이 될 것 같은 것에 동그라미를 표시하도록 한다. 아동의 경험과 상황에 더 적합한 것이 있다면 추가하고 가능하다면 제안 사항에 대한 역할극으로 연습한다. 예를 들어 아동이 차분한 호흡을 연습하거나 형제자매에게 TV 소리를 조금 줄여달라고 요청할 수 있다. 치료사는 아동이 자신 있게 전달할 수 있을 때까지 피드백을 주고 상호작용을 연습해야 한다.

회기에서 아동의 노력에 대해 칭찬한다. 이 활동지를 기반으로 홈미션을 설정하는 경우 아동에게 다음 사항을 요청한다.

1. 그림과 말풍선을 색칠해서 활동지를 꾸미거나 이야기 주제와 관련된 사진, 잡지, 만화 등의 그림을 추가해보기

2. 나만의 수면 루틴을 작성하고 숙면을 위해 어떻게 바꿀 수 있을지 결정하기
3. 부모/보호자와 아이디어를 공유하고 긍정적인 변화를 가져올 수 있는 몇 가지 아이디어를 실천하기

홈미션을 설정했다면 부모/보호자에게 홈미션 기록지를 작성하도록 하고 다음 회기에서 검토할 수 있도록 파일에 넣을 것을 상기시킨다.

피드백 및 보상

회기가 끝나면 활동지 3의 보상 과제에서 확인한 적절한 보상을 적용해야 한다(예 : 아동이 긍정적인 자기 대화에 참여해야 한다). 피드백 및 보상에 대한 자세한 내용은 2장을 참조한다.

부모/보호자와 협력하기

이 장에서는 부모/보호자가 아동의 불안정감(restlessness)을 조절하고 아동의 과잉행동을 줄이거나 대처할 수 있도록 지원하기 위해 적용할 수 있는 전략을 제시한다.

달성할 수 있는 목표를 현실적으로 생각하는 것이 중요하다. 자녀의 행동에 더 잘 대처하기 위한 전략을 배우는 것도 아동의 행동 자체를 개선하기 위한 전략을 배우는 것만큼이나 도움이 될 수 있다. 이 장에서는 행동일지를 사용하여 행동을 모니터링하는 방법을 논의하고, 신체 활동에 아동을 참여시키고 움직일 수 있는 공간(위글 스페이스)을 만들고, 계획된 휴식으로 아동이 진정할 수 있도록 지원하는 방법을 소개하고, 차분한 호흡 기

술을 사용하는 것을 포함하는 행동 전략을 제시한다. 또한 긍정적인 방식으로 요청하는 것, 긍정적인 반응과 행동을 강화할 필요성에 대해서도 논의한다. 일관된 수면 루틴의 필요성을 포함하여 수면 문제에 대한 구체적인 개입을 논의하고, 아동이 밤에 안정되도록 돕는 방법을 제안한다. 부모/보호자가 도전적인 상황과 환경을 미리 계획하고 긍정적인 자기 대화에 참여할 수 있도록 지원하는 인지 전략을 제시한다. 부모/보호자는 또한 자신의 스트레스 수준과 반응을 모니터링하도록 조언받는다.

부모/보호자와 함께 작업할 때 치료사는 기법과 전략을 소개하고 가능하다면 회기 중에 아동이 없는 상태에서 역할극을 연습하고 실제로 해보아야 한다. 부모/보호자는 가정에서 이러한 기법을 어떻게 관리했는지 치료사에게 알려주어야 한다. 이후의 회기에서 아동을 성공적으로 도울 수 있는 기법이나 전략을 조정하는 방법을 생각하고 발생 가능한 장애물 또는 어려움을 해결하는 것이 중요하다.

행동을 변화시키고 인지적인 기술을 향상시키기 위한 핵심 전략은 성공을 촉진할 만한 동기를 찾는 것이다. ADHD 아동은 더 크고 좋은 보상일지라도 장기적인 보상에 대한 만족 지연이 어렵기 때문에 즉각적인 보상에 더 잘 반응하는 경향이 있다. 성공에 대한 동기 부여(스티커판 사용 포함)와 부모/보호자와 협동하는 것과 관련된 일반적으로 적용할 수 있는 주제들은 2장에서 설명되어 있다. 과잉행동 회기 진행과 관련된 보충 정보는 이 장에서 다룬다.

행동 일지

아동이 과잉행동을 보이는 특정 상황을 파악하기 위해 부모/보호자에게 이 장의 앞부분에 설명한 행동 일지를 작성하여 행동을 모니터링하도록 요청한다. 일지에 기록된 정보를 부모/보호자와 함께 논의하여 행동 유형, 촉발 요인, 행동이 발생할 가능성이 가장 높은 시점에 대해 더 많은 통찰과 이해를 얻는 것이 좋다. 시간이 지남에 따라 일부 행동의 원인을 설명할 수 있는 패턴이 나타난다. 이는 문제를 해결하기 위해 어떤 개입을 해야 하는지 결정하는 데 도움이 될 수 있다.

신체 활동

때로는 아동의 문제 행동을 완전히 멈추게 하려고 시도하기보다 지도하고 조성해나가는 것이 하는 것이 더 현실적이다. 이 경우 아동이 움직일 수 있는 적절한 활동이나 장소로 아동을 안내한다(단, 취침 시간은 제외!). 부모/보호자가 가족에게 효과적이고 창의적인 의견을 내도록 도와주어야 한다. 예를 들어 정원에서 자전거 타기, 트램펄린 타기, 재활용품 분리수거하기, 한바퀴 뛰고 돌아오기, 계단 오르내리기, 일어서서 스트레칭하기, 손/발 흔들기, 손을 모으고 주먹을 쥐었다 펴기, 벽에 대고 팔굽혀펴기, 메모장에 낙서하기 등이 있다. 목표는 에너지를 무언가에 집중시키고 도움이 될 만한 일을 하는 것이다. 아동의 노력을 강화하기 위해 칭찬과 격려가 필요하다.

움직임 공간(위글 스페이스)

또 다른 방법은 집에서 아이들을 위한 움직임 공간을 지정하는 것이다. 움직임 공간은 방 한 구석이나 자녀의 침실 또는 복도에 있는 장소일 수 있다. 공간을 표시하는 표지판을 설치하는 것도 좋다. 움직임 공간은 신체 활동 후 안정을 취할 수 있는 장소로 사용하거나 집안의 다른 사람들에게 방해가 되지 않는 곳에서 잠시 활동하는 공간으로 사용할 수 있다. 숙제나 집안일을 피하는 장소가 되지 않도록 움직임 공간 사용에는 시간 제한이 있다는 것을 아동에게 알려준다.

휴식 시간

가끔 아이들은 같은 일을 계속하면 안절부절못하는 경우가 있다. 이 시간이 일반적으로는 그리 길지 않게 느껴질 수 있지만 ADHD 아동에게는 영원처럼 느껴질 수 있다. 이때 부모/보호자는 휴식 시간을 제공하는 것이 좋다. 일어나서 구조화된 방식으로 다른 일을 하면 아동이 산만해지거나 반항적인 행동을 보이는 것을 예방할 수 있다. 몇 분 후에는 원래 과제로 다시 돌아가서 마칠 수 있도록 해야 한다. 휴식 시간에는 음료를 마시거나 다른 과제하기 같은 활동을 포함할 수 있다. 또한 짐볼에서 5분 쉬거나 벽을 여러 번 밀어내는 동작을 하거나 별 모양으로 점프하는 운동을 하는 것, 또는 신선한 공기를 마시고 돌아오는 산책과 같은 활동을 통해 휴식을 취할 수 있다. 이 방법은 아동이 외출할 때도 적용할 수 있고 부모/보호자가 어떤 방법이 효과적일지 미리 계획해볼 수 있다.

긍정적인 요청과 강화

연구에 따르면 아동은 질책보다는 칭찬이라는 강화에 더 잘 반응하는 것으로 나타났다. 따라서 부정적 명령을 긍정적인 요청으로 대체해야 한다. 즉, "엎드려", "그만해", "뛰지마", "만지지마"와 같이 하지 말라는 말을 "이리와", "최대한 가만히 있어 봐", "이 노래 끝날 때까지만 움직이지 말자", "5분 동안 밖에 나가서 뛰고 와" 등 원하는 행동에 대한 설명으로 바꾸어 말하는 것이다. 부정적인 명령은 특정 행동을 멈출 수는 있지만 건설적이지는 않다. 긍정적인 요청은 더 많은 정보를 제공하고 아동에게 자신에게 무얼 바라는지를 파악할 수 있게 한다.

심호흡

몸이 지나치게 흥분하고 불안할 때 진정시키는 데 적용시킬 수 있는 방법이다. 부모/보호자가 아동에게 가르칠 수 있는 한 가지 방법은 코로 세 번 숨을 들이마시고 입으로 세 번 내쉬는 것이다. 부모/보호자와 아이 모두 함께 기술을 연습하면서 어깨가 올라가지 않고 배가 빵빵해지도록 횡격막을 사용하는 방법을 시범으로 보여줄 수 있다.

수면 루틴

부모/보호자를 위한 수면위생 가이드 'Strategies for Sleep Problems'는 심리서비스 웹사이트(www.psychology-services.uk.com/service-users.htm)에서 확인할 수 있다. 차분하고 편안해야 할 밤 시간이 가정에서 전쟁터가 될 수 있다. 가능한 한 편안한 휴식을 취할 수 있도록 수면 루틴과 좋은 습관을 따르게 하는 것이 중요하다. 부모/보호자와 자녀의 일과와 수면에 대해 이야기하고 개선하거나 변경할 수 있는 부분에 대해 생각해볼 수 있도록 도와준다. 예를 들어 시끄러운 형제자매를 멀리하고 저녁에 자극적인 활동을 줄이며 낮에 충분한 운동을 통해 육체적 피로를 풀 수 있도록 하는 것이 좋다. 노트북, 컴퓨터, 태블릿, 휴대폰 등의 전자기기에서 방출되는 빛이 수면을 촉진하는 멜라토닌의 자연 생성을 방해하므로 잠자리에 들기 전에는 사용을 금지한다.

게임

'잠자는 동물 게임'은 아동이 잠든 동물을 선택하고 연기해야 한다. 1분, 3분, 5분 등 점점 더 많은 시간 동안 동물에게 잠을 자게 하고 부모/보호자가 움직임의 징후를 지켜볼 수 있다. 아동이 가만히 있으면 점수를 얻고,

아동이 움직이면 부모/보호자가 점수를 얻는다. 부모/보호자는 자녀의 수행에 대해 "와우! 진짜 가만히 있네! 내가 점수 받으려면 집중해서 봐야겠다!", "정말 잘한다! 꼼짝도 안하더라!"라고 칭찬해준다. 아동은 부모/보호자의 긍정적 강화를 좋아하며, "그래서 언제 가장 움직이고 싶었니?" 등 이해를 돕기 위한 대화를 나눌 수 있다. 부모/보호자는 현실적인 목표를 설정하고 게임을 부당하게 사용하지 않는 것이 중요하다. 만약 취침 시간에 이완을 위한 게임을 하다가 아동이 잠든 것처럼 보인다면 부모/보호자는 피드백을 하지 않는 것이 좋다. 아동이 깰 수 있기 때문이다.

자기 대화

부모/보호자에게 유용한 자기 대화(도움이 되는 생각)를 통해 자녀가 스스로 활동을 관리하도록 상기시키고 유도하는 방법에 대해 이야기한다. 여기에는 "몇 분은 더 버틸 수 있어. 그러고 나서 쉬자"와 같은 아이디어나 "다리를 떨기 시작하면 쉴 시간이야" 같은 재미있는 리듬이 포함될 수 있다.

신호 및 장소

부모/보호자와 협력하여 여러 상황에서 과잉행동의 초기 신호를 알아차리고 파괴적이 되기 전에 이를 관리할 수 있도록 도울 수 있다. 일부 환경, 예를 들어 교회, 박물관, 저녁 식사 자리같이 조용히 가만히 있어야 하거나 오랜 시간 앉아 있어야 하는 상황은 다른 환경보다 더 어려울 수 있다. 부모/보호자는 아동에게 힘든 장소를 인식함으로써 자녀의 의견을 포함한 관리계획을 수립하고 실행할 수 있다.

잘못된 믿음과 감정

아동을 함께 지원하는 부모/보호자도 스스로를 돌볼 수 있도록 지원한다. 피곤하고 지친 부모/보호자는 때때로 자녀가 일부러 자신을 시험한다고 느끼기 시작한다. 이런 생각은 부정적이고 도움이 되지 않으며, 관용과 이해보다 처벌로 이어질 가능성이 더 높다. 아동은 이러한 분위기를 알아차리고 '나는 충분하지 않다'고 느끼거나 불안해하거나 심지어 화를 낼 수 있으며, 이러한 감정은 결국 가족 내 관계에서 드러나 영향을 미칠 수 있다.

부모/보호자가 무엇을 할 수 있나요?

표 5.4에는 가정에서 실행할 수 있는 전략 목록을 포함한 접근 방식이 요약되어 있다. 전략의 효과를 극대화하기 위해 가능하다면 교사와 논의하여 가정과 학교에서 모두 실행하는 것이 도움이 된다. 많은 부모/보호자와 교사는 '알림장'을 사용하는 것이 정보를 공유하는 효율적인 방법이라고 생각한다(2장 참조).

영-스미스 프로그램 진행에 대한 중요한 배경 정보에 대해서는 2장을 참고할 수 있다. 어린 자녀의 경우 부모/보호자가 아이와 각 주제에 권장되는 활동지를 함께 해보는 시간(약 45~60분)을 따로 마련하는 것이 좋다. 각 장의 '인지행동치료'에 지침이 기술되어 있다. 버즈와 그의 가족을 소개하는 활동지는 3장에 요약되어 있다. 나이가 많은 아동(예 : 12세 이상)의 경우 필요하다면 버즈 활동지를 생략하고 대신 아동에게 직접 주제를 소개하고 활동지의 토론 프롬프트를 사용하여 이를 아동의 경험에 적용하고 전략에 대해 토론할 수 있다. 홈미션을 설정하고 자녀가 이를 완수하도록 지원한다. 자주 피드백을 주고 칭찬하는 것을 잊지 말아야 한다. 스티커판

표 5.4 과잉행동에 대한 가정 내 전략

신체 활동
- 스포츠, 운동, 신체 활동을 일상에 추가하기
- 휴식 시간에는 자녀를 신체 활동에 참여시키기
- 집에서 사용할 수 있는 작은 트램펄린이나 짐볼 준비하기
- 정원에서 뛰어보는 등 자녀가 에너지를 소모할 수 있는 장소로 방향을 바꾸기
- 자녀에게 시간을 내서 별 모양 점프나 벽에 대고 팔굽혀펴기를 할 수 있다는 것 상기시키기

움직임 공간(위글 스페이스)
- 집에서 아동이 방해받지 않는 움직임 공간 만들기

휴식 시간
- 아동이 피곤해하거나 지루해할 때 주의 깊게 관찰하고 신속하게 휴식 또는 활동 변경을 실행하기

긍정적인 요청과 강화
- 부정적인 명령보다는 긍정적이고 지시적인 요청하기
- 인내심을 가지고 화 내지 않기

심호흡
- 아동에게 간단한 진정 호흡을 하도록 유도하기

수면 루틴
- 자녀가 편안한 휴식을 취할 수 있는 수면 습관 들이기
- 취침 전에는 전자기기 사용을 금지하기
- 일관된 수면 루틴을 만들기

자기 대화
- 대처하는 데 도움이 되는 긍정적인 자기 대화(도움이 되는 생각)를 찾아내도록 유도하기

신호 및 장소
- 자녀가 불안해하는 조기 경고 신호를 숙지하기
- 불안과 같이 활동 수준에 영향을 미치는 요인 고려하기
- 자녀와 함께 관리 계획 세우기

(2장 참조)을 만들어 눈에 잘 띄는 곳에 붙여두고 매일 사용할 수 있도록 한다.

교사 및 학교와 협력하기

수업 시간에 아이들은 배우는 동안 조용히 앉아 있어야 하는 경우가 많다. 따라서 과잉행동이 심한 아동은 학습 능력에 방해를 받는다. 이 장에서는 교사가 아동이 불안정감을 조절하고 과잉행동을 줄이거나 대처할 수 있도록 지원하기 위해 적용할 수 있는 전략을 제시한다.

달성할 수 있는 목표를 현실적으로 생각하는 것이 중요하다. 아동의 행동에 더 잘 대처하기 위한 전략을 배우는 것도 행동 자체를 개선하기 위한 전략을 배우는 것 만큼이나 도움이 될 수 있다. 이 장에서는 행동 일지를 사용하여 행동을 모니터링하는 방법을 논의하고, 신체 활동에 아동을 참여시키고 움직일 수 있는 공간(위글 스페이스)을 만들고, 계획된 휴식으로 아동이 진정할 수 있도록 지원하는 방법을 소개하고, 차분한 호흡 기술을 사용하는 것을 포함하는 행동 전략을 제시한다. 또한 아동의 과잉행동으로 인해 화를 내거나 불안해할 수 있는 다른 아이들의 반응을 관리해야 할 필요성과 긍정적인 방식으로 요청을 하고 긍정적 반응과 행동을 강화해야 할 필요성에 대해서도 논의한다. 교사가 도전적인 상황과 환경을 미리 계획하고 긍정적인 자기 대화에 참여하도록 지원하는 인지 전략을 제시한다. 교사 또한 자신의 스트레스 수준과 반응을 모니터링하는 것이 좋다.

교사와 학교는 이미 영-스미스 프로그램에 도입된 많은 개입을 지원할 수 있는 구조를 갖추고 있을 것이다. 부모/보호자와 교사를 연결하여 통합 전략을 장려하고 성공을 공유하는 것이 중요하다. 아동을 성공적으로 도울 수 있도록 기술이나 전략을 조정하는 방법을 생각하고 나타날 수 있는 장애물 또는 어려움을 해결하는 것이 중요하다. 성공에 대한 동기를 부여하는 방법과 교사 및 학교와 협력하는 것과 관련된 일반적인 기타 주제는 2장에 설명되어 있고, 여기에는 과잉행동 회기 제공과 관련된 보충 정보도 있다.

신체 활동

교실에서는 아동의 행동을 완전히 막는 것보다 아동의 행동을 지도하고 조성해나가는 것이 더 현실적일 때가 있는데, 이렇게 하면 문제를 확대하거나 논쟁하는 것을 피할 수도 있다. 예를 들어 교사는 아동이 불안정해지는 것을 발견했을 때 아동에게 다른 활동으로 바꾸거나 더 활동적인 장소로 이동하도록 제안할 수 있다. 치료사는 교사와 협력하여 특정 환경에서 효과가 있는 아이디어를 생각해내야 하므로 이에 대해 정확하게 규정하는 것은 불가능하지만, 복도 오르내리기, 일어서서 스트레칭 또는 손발 흔들기, 엄지 손가락 돌리기, 책상 밑에서 발로 걷기, 손 모아 쥐기, 주먹 쥐었다 펴기, 연필 끝을 씹거나 의자에 놓여있는 밸런스 쿠션을 사용하는 것 등을 제안할 수 있다. 목표는 에너지를 집중시키고 주위에 경계를 설정하는 것이다. 아동의 이러한 노력을 강화하기 위해 칭찬과 격려가 필요하다.

움직임 공간(위글 스페이스)

보다 공식적인 방법은 교실의 일부에 움직임 공간을 할당하는 것으로, 이 공간은 신체 활동 후 안정을 취하거나 다른 사람들에게 방해가 되지 않는 임시 활동 공간으로 사용할 수 있다. 또한 움직임 공간이 학교 공부를 피하는 장소가 되지 않도록 아동에게 사용 시간 제한이 있음을 알려준다.

휴식 시간

가끔 아이들은 같은 일을 계속하면 안절부절못하는 경우가 있다. 이 시간이 일반적으로는 그리 길지 않게 느껴질 수 있지만 ADHD 아동에게는 영원처럼 느껴질 수 있다. 교사는 이를 인지하고 아동이 일반적으로 어느 정도까지 감당할 수 있는지에 대해 이해하는 것이 중요하다. 그러면 교사는 문제가 생기기 전에 휴식 시간(또는 활동의 변화)을 계획할 수 있다. 아동이 일어나서 구조화된 방식으로 다른 활동을 하는 것은 산만해지거나 반항적으로 변하는 것을 방지할 수 있다. 몇 분 후에 아동은 원래의 과제로 돌아가 목표를 완수할 수 있다.

긍정적인 요청과 강화

연구에 따르면 아동은 질책보다는 칭찬이라는 강화에 더 잘 반응하는 것으로 나타났다. 따라서 부정적 명령을 긍정적인 요청으로 대체해야 한다. 이는 일반적으로 학교에서 잘 실천되고 있는데, 치료사는 교사가 아동에게 무엇을 하도록 요청하는 방법, 아동의 주의를 환기시키고 과제에 참여시키는 방법, 아동의 노력을 칭찬하고 보상하는 방법에 대해 생각해보도록 격려해야 한다. 교사와 함께 긍정적인 요청을 사용하여 아동이 기대하는 바를 이해하도록 돕는 방법에 대해 논의한다. 예를 들어 "다른 사람의 주의를 산만하게 하지 말고 해야 할 일을 해"라는 지시를 "다음에 할 일은 3번 문제를 푸는 거야"라는 보다 구체적인 요청으로 바꾸고 즉각적인 칭찬으로 강화하는 것이 좋다. 이렇게 하면 ADHD 아동이 자신에게 기대되는 것이 무엇인가 하는 문제를 풀 수 있고, 특히 아동이 압도감을 느끼고 무엇을 해야 할지, 또는 어떻게 반응해야 할지 모를 때 유용하다.

심호흡

몸이 지나치게 흥분하고 불안할 경우 진정시키는 데 적용시킬 수 있는 방법이다. 교사가 아동에게 가르칠 수 있는 한 가지 방법은 코로 세 번 숨을 들이마시고 입으로 세 번 내쉬는 것이다. 어깨가 올라가지 않고 배가 빵빵해지도록 횡격막을 사용하는 방법을 교사와 함께 연습한다. 이 단순한 기술은 교사가 아이와 함께 사용해볼 수 있다.

다른 사람의 반응

교사는 교실에 있는 모든 아동에게 주의를 기울여야 한다는 점을 염두에 두어야 한다. ADHD 아동이 주의가 산만해지거나 방해하게 될 때 학급 내 다른 아동의 반응을 어떻게 관리하는 것이 가장 좋은지 논의하는 것이 도움이 된다. 예를 들어 또래 친구들은 아동을 비웃거나 조롱하거나 모욕감을 주거나 아동을 흉내 내거나 괴롭히는 방식으로 반응할 수 있다. 때때로 ADHD 아동의 행동은 또래의 관심에 의해 강화되어 '광대 역할'을 하거나 주의 끌기 행동을 하게 될 수도 있다. 교사가 침착하게 통제력을 유지하는 것이 중요하다.

자기 대화

교사에게 유용한 자기 대화(도움이 되는 생각)를 통해 아동이 스스로 활동을 관리하도록 상기시키고 유도하는 방법에 대해 이야기한다. 여기에는 "몇 분은 더 버틸 수 있어. 그러고 나서 쉬자"와 같은 아이디어나 "다리를 떨기 시작하면 쉴 시간이야" 같은 재미있는 리듬이 포함될 수 있다.

신호 및 장소

교사와 협력하여 특정 상황에서 과잉행동의 초기 신호를 알아차림으로써 그것이 파괴적 행동으로 발전하기 전에 관리하여 아동에게 필요한 것들을 더 잘 인식할 수 있도록 도울 수 있다. 조기 경고 신호를 인식함으로써 교사는 조기에 개입하여 지나치게 흥분하거나 반항하거나 대립하는 행동으로 확대되는 것을 방지할 수 있다. 모임, 도서관, 시험 상황, 이야기 시간과 조용한 쓰기 시간 등 일부 장소와 상황은 ADHD 아동에게 더 도전적일 수 있다. 어려운 시간과 장소를 인식함으로써 교사는 아동을 지원하기 위한 관련된 계획을 발전시킬 수 있다. 하지만 교사가 현실적인 기대치를 갖는 것이 중요하다. 허용할 수 있는 움직임 전략과 휴식 시간을 제공하더라도 ADHD가 있는 아동은 그렇지 않은 아동만큼 조용히 있는 것을 감당하지 못할 수도 있다.

잘못된 믿음과 감정

아동과 함께하는 교사들도 스스로를 돌볼 수 있도록 지원한다. 교사는 매일의 일정과 많은 수의 아이들을 관리하느라 피곤하거나 지칠 때가 있다. 이러한 순간에는 도전적인 행동이나 욕구를 가진 아동이 너무 까다로워 보일 수 있고, 그로 인해 아동에게 부정적인 태도를 보이거나 인내심이 낮아질 수 있다. 이러한 생각이나 감정을 느끼는 교사가 관리자 또는 동료와 대화하는 등 스스로를 돕기 위해 무엇을 할 수 있는지 파악할 수 있게 지원하는 것이 중요하다.

교사가 무엇을 할 수 있나요?

표 5.5은 학교에서 시행할 수 있는 전략 목록을 포함하여 유용한 접근 방식이 요약되어 있다. 전략의 효과를 극대화하기 위해 아동의 부모/보호자와 이 전략들을 논의하는 것이 유용하며, 가능한 경우 집과 학교에서 유사하거나 보완적인 전략이 시행되도록 한다. 많은 교사와 부모/보호자는 '알

표 5.5 과잉행동에 대한 학교 내 전략

신호 및 장소
- 아동이 불안해하는 조기 경고 신호 숙지하기
- 아동이 불안해하는 경우 적용할 수 있는 관리 또는 비상 계획 세우기
- 아동과 이에 대해 논의하고 서로 소통할 방법을 계획하기

기타 영향력이 있는 요인
- 불안정감과 같은 다른 요인이 해당 행동의 원인이 될 수 있는지 고려하기
- 아동이 배고픔이나 목마름과 같은 욕구 때문에 안절부절못하는지 고려하기

신체 활동
- 휴식 시간을 정하고 휴식 시간이 끝나면 아동은 수업 활동으로 돌아오기
- 휴식 시간에는 아동이 신체 활동에 참여하게 하기
- 활동적인 학습 과제와 신체 운동을 극대화하기
- 수업 시간에 짐볼의 사용을 고려하기(예 : 움직임 공간 또는 타임아웃 공간)
- 짧은 휴식이 필요한 경우 진행 상황을 기록하기

움직임 공간(위글 스페이스)
- 교실에 아동이 방해받지 않는 움직임 공간(위글 스페이스) 만들기

심호흡
- 아동에게 간단한 진정 호흡을 하도록 유도하기

자기 대화
- 대처하는 데 도움이 되는 긍정적인 자기 대화를 찾아내도록 유도하기

교직원 협업
- 아동이 방해가 되거나 통제불능 상태가 되면 침착하게 차분하게 대처하며, 공정하되 단호하게 대처하기
- 부정적 명령보다는 긍정적이고 직접적인 요청하기
- 인내심을 가지고 화내지 않기
- 모든 교직원이 아동에게 어떤 전략이 사용되고 있고 그 이유가 무엇인지 이해하기

림장' 사용이 정보를 공유하는 것이 효율적인 방법이라고 생각한다(2장 참조).

교사는 영-스미스 프로그램 제공과 관련된 배경 정보가 기술되어 있는 2장을 읽어볼 것을 권장한다. 교사는 아이들과 활동지를 꼼꼼하게 검토할 수 있는 여유는 부족하므로 부모/보호자가 이를 도울 수 없다면 특수교육

지원을 협의하는 것이 도움이 될 수 있다. 각 장의 '인지행동치료'에서 이 방법에 대한 지침을 확인할 수 있고, 버즈와 그의 가족을 소개하는 활동지는 3장에 요약되어 있다. 12세 이상의 나이가 많은 아동은 필요한 경우 버즈 활동지를 생략하고 대신 아동에게 직접 주제를 소개하고 활동지의 토론 활동을 사용해서 이를 아동의 경험에 적용해보고, 제안하고 있는 전략에 대해 토론해볼 수 있다. 아동이 홈미션을 완료하도록 돕고 자주 피드백을 주고 칭찬하는 것을 잊지 않도록 한다. 스티커판(2장 참조)을 사용할 경우 이를 '알림장'에 기록하여 부모/보호자가 정기적으로 검토하도록 할 수 있다.

참고문헌

Abidin, R. (1995). *Parenting stress index* (3rd ed.). Odessa, FL: Psychological Assessment Resources.

American Psychiatric Association. (2013). *Diagnostic and statistical manual of mental disorders* (5th ed.). Washington, DC: American Psychiatric Association.

Conners, C. K. (2008). *Conners 3rd edition*. Toronto: Multi-Health Systems.

Goodman, R. (1997). The strengths and difficulties questionnaire: A research note. *Journal of Child Psychology and Psychiatry and Allied Disciplines, 38*(5), 581–586.

James, A., & Taylor, E. (1990). Sex differences in the hyperkinetic syndrome of childhood. *Journal of Child Psychology and Psychiatry and Allied Disciplines, 31*(3), 437–446.

Sexias, M., Weiss, M., & Müller, U. (2012). Systematic review of national and international guidelines on attention deficit hyperactivity disorder. *Journal of Psychopharmacology, 26*(6), 753–765.

Sonuga-Barke, E. J. S., Brandeis, D., Cortese, S., Daley, D., Ferrin, M., Holtmann, M., et al. (2013). Nonpharmacological interventions for ADHD: Systematic review and meta-analyses of randomized controlled trials of dietary and psychological treatments. *American Journal of Psychiatry, 170*(3), 275–289.

Timmi, S., & Taylor, E. (2004). ADHD is best understood as a cultural construct. *British Journal of Psychiatry, 184*(JAN), 8–9.

6

충동성

충동성은 계획, 판단, 목표 지향적 행동, 억제 및 주의력과 같은 실행 기능 기술과 관련이 있다. 아동은 자신의 행동의 결과를 예측할 수 있는 경험이나 기술 혹은 미리 계획할 수 있는 능력이 부족하기 때문에 성인이나 청소년보다 충동성이 더 강하다. 즉, 이전에 어려움을 겪었거나 해를 끼쳤던 행동을 반복할 수 있다. 아동은 학습 중이며 뇌가 발달하고 있는 중이므로, 나이가 들면서 이러한 기능들이 향상되는 것이 정상적이다.

충동성은 미성숙한 반응, 잘못된 타이밍 또는 억제의 어려움으로 분류할 수 있으며, 각 유형은 행동이 덜 기능적이거나 적합한 형태가 아님을 의미한다(Dalley & Rosier, 2012). 충동성은 행동 활성화 및 억제 시스템, 보상에 반응하는 시스템을 포함한 뇌의 여러 부분에서 세로토닌과 도파민 수치의 교란에 의해 매개되는 것으로 알려져 있다. 이는 머릿속에 떠오르는 것을 충분히 생각하기 전에 말하고, 그 행동의 사회적 결과에도 불구하고 경험하는 대로 순간적인 감정을 표현하며, 생각과 욕구에 대해 그 의미와 결과를 생각하지 않고 행동하는 것을 의미한다. 생각에서 행동으로 이어지는 과정이 '빠르기' 때문에 종종 부적절한 행동과 잘못된 결과로 이어져 경우에 따라서는 해를 끼칠 수 있다. 그러나 충동성은 순간을 포착하거나 자발적으로 행동할 수 있게 해주는 긍정적인 특성이 될 수도 있다. 충동성과 자발성의 차이는 그 정도 및 시기(타이밍)와 관련이 있다. 전자(충동성)는 종종 자신이나 타인에게 해를 끼치는 것과 관련이 있으므로 역기능적인 특성으로 간주된다.

이 장에서는 ADHD 아동의 충동성과 이것이 다양한 삶의 영역에서 아동의 기능에 미칠 수 있는 영향에 대해 살펴보고자 한다. 충동성 평가에 대해 개관한 다음, 인지행동 모델을 기반으로 아동과 아동을 둘러싼 주변 성인을 위한 개입 및 전략에 대해 설명할 것이다.

소개

ADHD 아동은 일반적으로 여러 가지 면에서 또래보다 충동적인 경향이 있다. 이들은 종종 자신의 행동이 미칠 영향에 대해 전혀 생각하지 않고 행동하고 말하기도 한다. 이들은 자신의 반응을 억제하는 데 어려움을 겪기 때문에 성인의 세심한 감독이 필요하다. 마치 속도를 줄이거나 비상 정지할 수 있는 내부 브레이크가 없는 것과 같다. 이는 종종 부정적인 결과를 초래하고 위험을 동반하거나 중독성 있는 행동으로 이어질 수 있다. DSM-

충동성

- 종종 질문이 끝나기 전에 성급하게 대답함
- 종종 자신의 차례를 기다리지 못함
- 종종 다른 사람의 활동을 방해하거나 침해함

그림 6.1 ADHD 충동성 증상에 대한 DSM-5 진단 기준

5(APA, 2013)에는 충동성과 관련된 세 가지 항목이 ADHD에 포함되어 있다(그림 6.1 참조).

행동 기능

ADHD 아동은 생각 없이 행동하는 경향이 있기 때문에 규칙을 잘 지키지 않거나 자신의 행동이 초래할 수 있는 잠재적 결과에 대해 생각하지 않을 수 있다. 이로 인해 학교에서 문제를 일으킬 수 있으며, 길에서 뛰어다니거나 흥미로운 것이 있을 때 부모나 보호자에게서 멀리 떨어지며, 전기제품과 같이 위험한 물건을 만지는 등 위험하거나 무모한 행동을 할 수도 있다. 위험한 장소에서 위험에 대한 감각을 느끼지 못할 수 있으며, 이는 ADHD 아동을 감독하는 성인에게 스트레스가 될 수 있다. 종종 ADHD 아동은 경미한 부상을 입거나 사고 및 응급 서비스에 노출되기도 한다. 하지만 ADHD 아동의 가장 큰 문제는 실수로부터 배우지 못한다는 점이다. 충동성은 필연적으로 아동으로 하여금 '잘못된 행동'을 하게 하거나, 혹은 부주의하거나 반항적인 문제를 일으킨다. 아동의 주변 성인은 이러한 행동으로 인해 통제 불능 상태에 빠지고 좌절감을 느끼며 긍정적인 변화를 위해 무엇을 해야 할지 몰라 어려움을 겪을 수 있다.

학업 기능

충동적인 아동에게 학교는 힘든 곳이다. 충동적인 아동은 수업 시간에 손을 들지 않고 이야기하거나, 질문이 끝날 때까지 기다리지 않으며, 다른 사람의 말을 끊고 큰소리를 질러 다른 학생을 방해할 수도 있다. 이는 또래와 교사 모두에게 짜증을 유발한다. 충동적인 아동은 가장 먼저 떠오르는 답을 말하기 때문에 어리석고 불필요한 실수를 자주 저지르곤 한다. 너무 빠르게 반응하기 때문에 자신의 답을 스스로 모니터링하거나 다시 확인할 시간이 없다. 때로는 스스로 수정하기도 하지만, 그렇지 않을 수도 있다. 이는 과제나 상황의 맥락에 따라 다른데, 예를 들어 시간 제한이 있는 시험에서는 정확성보다 속도를 선호하기 때문에 답안 확인에 소홀할 가능성이 높다. ADHD 아동은 시험에서 추가적인 시간이 있다 하더라도 답을 확인할 때 시간을 효과적으로 사용하지 못할 수 있다. 이들은 답안을 주의 깊게 보기보다는 빠르게 훑어보는 경향이 있어 자신의 실수를 발견하지 못할 수 있다. 또한 ADHD 아동은 깊이와 세부 사항보다 속도를 선호하기 때문에 답안을 확장하지 않을 수 있다. 부주의와 충동성의 누적 효과로 인해 ADHD 아동은 학업 잠재력보다 낮은 성취도를 보이는 것이 일반적이다.

대인관계 기능

사회적 기술의 습득은 직관적으로 일어나는 일련의 복잡한 과정을 포함하는 발달의 중요한 측면이다. 사회성 발달은 아동이 또래와 어울리고 협력하며, 역할과 사회 집단을 형성하는 방법을 배우는 것을 포함한다. 충동적인 행동은 종종 사회적 상호작용과 의사소통에 부정적인 영향을 미치며, ADHD 아동은 사회적 접촉과 이로 인해 촉진될 수 있는 학습과 멀어질 수 있다. 충동적이고 사회적으로 부적절한 행동은 충동적인 언어 및 행동의 폭발로 인해 오해와 대인관계 갈등으로 이어질 수 있으므로 이러한 발달 과정을 저해할 수 있다. 또한 바람직하지 않은 행동을 선택하고 '학급의 광대'와 같은 사회 집단 내 역할을 채택하도록 조장할 수도 있다. 그 결과 관계는 진정한 상호 호혜성보다는 주목을 끌기 위한 피상적인 관계에 그칠 수 있다.

특히 주변 성인이 아동의 행동을 '관심 끌기 위한' 또는 '화를 일으키는 버튼을 누르는' 고의적이고 무례한 행동으로 생각한다면 ADHD 아동은 반항적인 아이로 인식될 수 있다. ADHD 아동이 질책이나 처벌(예 : 감금)을 받는 경우가 드물지 않은데, 다른 사람을 화나게 하는 것에 대해 거부감, 후회, 당혹감, 수치심을 느끼기 때문에 매우 괴로울 수 있다. 문제는 아동이 자신의 행동을 통제할 수 없다는 것이다. '하지 않겠다'가 아니라 '할 수 없다'는 것이다. 한 어린 소년은 "착해지고 싶지만 몸이 허락하지 않는다"고 말하기도 했다.

사회적 · 학업적 실패는 낮은 자존감과 밀접한 관련이 있으며, 이는 학교에서 관찰되는 명백한 행동 자체에서는 드러나지 않을 수 있지만 만성적으로 사회적 · 학업적 발달을 저해할 수 있다. 일부 아동은 이러한 어려움을 내면화하여 불안, 기분 저하 또는 우울증을 보이기도 한다.

대처

'정서 조절'은 자신의 내적인 정서 상태와 반응을 관리하는 능력이다. ADHD 아동은 정서 상태에 대한 반응을 억제하는 능력, 때때로 정서 상태를 이해하는 능력이 손상되어 있다. 이는 인내심이 매우 낮으며 또래에 비해 좌절감과 분노를 더 쉽게 표현할 가능성이 높음을 의미한다. 부정적인 제재 또는 부정적인 결과에 대한 정서적 반응이 증폭되어 흥분, 슬픔, 무력감이 증가함으로써 짜증을 내고 자존감이 낮아지거나 위축될 수 있다. 통제되지 않는 느낌을 피하기 위해 일부 아동은 부인("원래 그렇게 할 생각이었어")을 사용하여 자신의 행동을 선택했다고 주장할 수 있으며, 결과를 최소화하거나 신경 쓰지 않는 것처럼 행동할 수도 있다("그래서 뭐, 상관없어").

평가

ADHD의 평가 및 치료에 관한 국제 지침에서는 ADHD를 평가하기 위해 훈련받고 자격을 갖춘 정신건강 전문가가 종합적인 평가 절차를 수행할 것을 권장한다(Sexias, Weiss & Müller, 2012). 평가는 다양한 상황 및 환경에서의 어려움과 행동을 평가하기 위한 심리 측정 설문지, 임상 면담 및 아동 관찰을 포함한 다면적 평가가 이루어진다. 가능하면 아동 본인을 포함해서 아동 양육에 관련된 여러 사람으로부터 다양한 관점을 얻는 것이 바람직하며, 여러 다양한 기관으로부터의 자료가 요구된다. 성공 가능성이 높은 적절한 개입을 위한 치료 계획을 개발하려면 아동의 발달적, 환경적 및 심리사회적 요인과 아동의 강약점, 현재 받고 있는 지원 등 아동의 발달 전반에 걸친 어려움의 특징과 복잡성을 완전히 이해하는 것이 중요하다. 이 과정에서 아동이 겪는 동반 질환 및 사회적 문제뿐만 아니라 가족 내 문제도 염두에 두는 것이 필요하다.

치료사는 먼저 아동의 부모/보호자 혹은 교사를 만나 어떤 증상이 가장 문제가 되는지, 그 어려움이 아동의 기능 및 삶의 질에 어떤 미치는지에 대해 파악해야 한다. 무모하거나 위험한 행동에 대한 평가(및 치료)는 불안, 우울증 및 사회적 기능 장애에 대한 고려와 마찬가지로 항상 우선순위에 두어야 한다.

측정 도구

6세 이상을 위한 코너스 척도 3판(Conners, 2008)과 2세 이상을 위한 강점 난점 질문지(SDQ; Goodman, 1997)와 같은 일반적인 ADHD 평가에 충동적 행동에 대한 평가가 포함된다. 부모/보호자 및 교사가 아동에 대한 관찰과 지식을 바탕으로 평가한 후, 아동의 연령 및 성별 규준과 비교한다. 이는 치료 시작 전 기준선을 제공하는 유용한 척도로 치료 기간 동안 일정 간격을 두고 반복하여 치료 결과를 평가할 수 있다. 성인은 아동이 자기 보고 설문지를 작성하는 것을 도와주어야 한다. ADHD 아동은 질문을 잘못 읽거나, 답을 놓치거나, 충동적으로 응답하거나, 척도 점수를 잘못 표시할 수도 있다. 그러나 유도된 질문의 영향을 받지 않도록 응답을 작성하는 것이 중요하다. 읽기에 어려움을 겪는 아동은 항상 문항을 읽어주어야 한다. 대부분의 검사와 마찬가지로 검사 점수는 편견의 영향을 받을 수 있으므로 숙련된 전문가가 신중하게 해석해야 한다.

아동의 충동성 또는 억제력을 구체적으로 측정하는 객관적인 심리 측정 도구로는 아동용 일상 주의력 검사(TEA-Ch; Manly, Robertson, Anderson & Nimmo-Smith, 1998), 델리스-카플란 실행기능 시스템(Delis-Kaplan Executive Function System, DKEFS; Delis, Kaplan & Kramer, 2001), 실행기능 행동평가 척도(BRIEF; Gioia, Isquith, Guy & Kenworthy, 2000) 및 아동용 부주의 증상 평가(BADS-C; Emslie, Wilson, Burden, Nimmo-Smith & Wilson, 2003) 등이 있다.

임상 면담

부모/보호자 및 교사와의 논의, 그리고 아동에 대한 관찰을 통해 현재 어떤 상황에서 충동성이 가장 문제가 되는지, 어떤 충동 조절 전략이 효과적이거나 비효과적으로 사용되고 있는지 파악할 수 있다.

사고

아동이 멈추고 생각하며 충동적인 반응을 줄이고 결과를 고려한 사고 과정에 참여하도록 돕기 위해 적용되는 다양한 인지 전략이 있다. 예를 들어 길을 건널 때 "왼쪽을 보고, 오른쪽을 보고, 다시 왼쪽을 보고, 모두 안전하면 건넌다"와 같이 어릴 때부터의 일상적인 훈련으로 이러한 전략을 도입할 수 있다. 따라서 "문제를 해결하기 위해 머릿속으로 이런 말을 한 적이 있나요?"라고 질문함으로써 아동이 스스로 행동을 유도하기 위해 자기 대화 기술을 사용하는지 확인하는 것이 필요하다. 보통 '셋까지 세기' 또는 '멈추고 생각하기'와 같은 전략을 들어본 적이 있을 것이다. 이러한 전략을 실행하고 있는가? 도움이 되는 전략과 도움이 되지 않거나 심지어 부적응적인 전략을 파악해야 한다. 아동이 "그게 무슨 소용이에요?" 또는 "소용없어요!"와 같은 반응을 보인다면, 그것은 아동이 새로운 기술을 배울 준비가 되어 있고 동기가 있다는 신호일 수 있다. 아동과 돌봄을 제공하는 성인 모두가 생활을 더 편하게 만들기 위해 할 수 있는 일이 있다는 점을 인식시키는 것이 중요하다.

감정과 생리학적 특성

충동성은 여러 가지 방식으로 경험될 수 있다. 부모/보호자와 아동 모두에게 "감정이 갑자기 0에서 100이 되는 것처럼 느껴본 적이 있나요?", "아동이 이러한 감정이나 상황에 즉각적으로 반응하는 것 같지는 않나요?"라고 물어봐야 한다. 치료사는 아동에게 억제나 충동성의 느낌을 설명할 수 있는지 물어볼 수 있다. 예를 들어 "그건 정말 빨리 일어나는 일이에요. 나는 그냥 그렇게 했을 뿐이에요" 또는 "화산이 폭발하는 것 같아요. 그냥 그렇게 돼요"라고 아동이 이야기할 수도 있다. 아동이 무언가를 하고 싶은 충동을 참으려고 노력하는지, 그리고 그것이 성공적인지 그렇지 않은지 물어봐야 한다. 더 성공적이 되는 특정 상황이나 맥락이 있는지 확인해보라. 이는 치료에 긍정적인 매개체로 도입될 수 있으므로 중요하다.

행동

치료사는 아동의 충동적인 행동이 여러 환경과 상황에서 어떻게 나타나는지 파악하는 것을 목표로 삼아야 한다. 부모/보호자에게 가장 문제가 되는 행동을 설명하도록 요청하고 이러한 행동과 관련된 위험 또는 위험 수준이 어느 정도인지 확인한다. 그다음에는 충동적인 행동으로 인해 아동이 곤경에 처했거나 다친 적이 있는지, 다른 사람을 다치게 한 적이 있는지 질문해야 한다. 충동성은 신체적인 행동뿐만 아니라 생각을 억제하는 능력이 부족하여 상처를 주고 화나게 하는 말을 하는 언어적 상호작용을 통해서도 표현될 수 있다. 이러한 행동과 상호작용에 대한 아동의 감정 상태가 정서적 반응성 및 대인관계 상황에서의 갈등과 관련이 있는지 평가해야 한다. "생각 없이 무언가를 한 적이 있나요?", "이로 인해 곤경에 처한 적이 있나요?", "생각 없이 무언가를 하다가 다친 적이 있나요?", "상처가 되는 말을 해서 소중한 사람을 화나게 한 적이 있나요?" 등의 질문을 통해 아동의 통찰력을 평가한다. 다른 사람들이 반응하는 방식도 파악해야 한다. 예를 들어 무엇이 상황에 도움이 되었는지, 가족이 외출을 중단했는지, 자녀에게 안전에 대해 상기시켜 주었는지, 감독을 강화했는지 등을 확인한다.

관찰은 아동의 충동적 행동의 특성, 심각성 및 원인 등을 더 심도 있게 이해하는 데 도움이 될 수 있다. 이상적으로는 다양한 상황에서 관찰하는 것이 바람직하다. 다양한 환경(예 : 학교 수업 중, 실기 수업 중, 쉬는 시간, 집 또는 여가 활동/클럽 등)에서 아동을 관찰해보도록 노력하라. 이러한 관찰은 아동이 활동에 참여하는 방식, 과제에 집중하는 방식, 수행 및 활동을 피하기 위해 우회 전략을 사용하는 방식을 파악하는 데 도움이 된다. 쉬는 시간, 휴식 시간, 점심 시간 등 비구조화된 시간 동안 또래들의 참여 정도와 비교하여 아동의 수행을 관찰하면 도움이 될 것이다. 다른 사람들이 적용한 성공적인 행동 관리 전략과 실패한 행동 관리 전략을 주목하라. 규칙 위반, 정학, 등교 제한 등 기록된 학교 데이터를 활용하면 어느 정도 객관성을 확보할 수 있다. 보상이나 성취와 같은 긍정적인 평가도 주목해야 한다.

행동 일지

행동 일지는 행동의 표현에 어떤 식으로든 기여하는 특정한 패턴이 있는지 평가하는 데 유용하다. 여기에는 부모/보호자 또는 교사가 아동이 충동적으로 행동한 상황을 기록하고 그 행동의 이전 상황과 결과를 기록하는 것이 포함된다. 행동 일지는 'ABC 차트'라고도 한다. 치료사는 아동의 연령과 능력에 대해서 발달적으로 일반적인 것이 무엇인지, 그리고 그 이상의 어려움이 무엇인지 판단해야 한다. 이러한 결정을 돕기 위해 동반된 문제와 부모/보호자 및 교사가 그 행동에 어떻게 반응하는지 고려하는 것도 중요하다. 조이의 행동 일지 작성 예가 표 6.1에 제시되어 있다. 치료의 우선순위를 정하기 위해서는 가장 자주 나타나는 행동과 함께 즉각적인 관리가 필요한 위험한 행동을 파악하는 것이 중요하다.

충동성에 대한 인지행동치료

어린 아동을 대상으로 하거나 활동지를 사용하는 경우 첫 회기는 항상 활동지 1, 2, 3으로 시작한다. 아동에게 버즈와 그의 가족을 소개하고(활동지 1), 긍정적인 자기 대화를 소개하고(활동지 2), 보상 시스템을 확인해야 한다(활동지 3). 보상 및 자기 대화 전략은 가정 및 학교에서, 그리고 회기 내

표 6.1 〈충동성〉 행동 일지 작성 예시

요일/시간	선행 사건 (행동 직전에 어떤 일이 있었나요? 누가 거기 있었나요? 무슨 일이 있었나요?)	행동 (무엇을 관찰했나요? 기간과 심각도를 기록하세요.)	결과 (그다음에 무슨 일이 일어났나요? 결과는 어땠나요?)
월요일 오후 12시	수학 수업 시간은 조이가 가장 좋아하는 수업으로, 수학에 매우 열정적이며 수업을 기다렸다.	조이는 수업 시간에 질문에 답하라는 요청을 받을 때마다 계속 소리를 질렀다. 보조선생님이 함께 앉아 속도를 늦추도록 도우면, 적절히 작업하고 종이에 적힌 질문을 완성할 수 있었다. 문제는 구두로 대답해야 할 때 발생했는데, 조이는 큰 소리로 틀린 답을 말했다.	교사는 다른 아이들이 대답할 기회를 주지 않고 큰소리로 떠드는 조이를 질책했다. 다른 학생들은 대답할 기회를 얻지 못해 짜증을 냈다.
월요일 오후 4시	방과 후 집에서 조이는 부엌에 있었다. 배가 고팠고 저녁 식사를 기다릴 수 없었다.	조이는 돕고 싶다고 말하고는 오븐에서 막 꺼낸 뜨거운 쟁반을 집어 들었다. 나는 그러지 말라고 말했지만 그는 전혀 눈치를 채지 못했다.	조이는 손에 화상을 입고 울었다.

에서 적용할 수 있다. 도입 회기를 계획하고 진행하는 방법에 대한 개요는 3장을 참조하라.

충동성 회기의 목표는 아동에게 충동성의 개념을 소개하고, 아동이 자신의 행동을 관리하고 속도를 늦추고 결과를 고려하는 능력을 향상하는 데 도움이 되는 기술을 발달시키도록 돕는 것이다. 치료사는 회기 내 활동계획을 설정하고, 완료한 홈미션을 확인하고, 새로운 활동지(또는 나이가 많은 아동에게는 '전략들')를 통해 작업하고, 새로운 홈미션을 설정하여 이러한 목표를 달성할 수 있다. 필요한 경우 회기 중간에 휴식 시간을 가질 수 있으며, 이는 특히 어린 아동에게 중요할 수 있다. 회기의 구조와 내용에 대한 일반적인 정보는 2장에 제시되어 있으며, 충동성 회기의 진행과 관련된 추가적인 정보는 이 장에 기술되어 있다.

회기 내 활동계획

회기가 시작될 때 아동에게 회기 내 활동계획서(그림 6.2 참조)를 보여주고, 이를 검토하면서 회기 중에 소개할 주제와 활동지를 연결하여 설명한다. 충동성 모듈에서는 활동지 9와 10을 소개하면서 다음과 같이 말한다.

> "이 이야기는 버즈가 사고를 당한 것에 관한 것입니다. 버즈는 길을 건너기 전에 주위를 제대로 살피지 않아 사고가 났고 병원에 가야만 했어요. 어떻게 하면 버즈가 사고를 당하지 않았을지 함께 생각해봅시다. 그런 다음 잠시 쉬면서 색연필을 사용하여 활동지에 색칠할 수 있어요. 휴식 시간이 끝나면 다른 활동지를 보고 버즈가 가족과 함께 테마파크에 갔을 때 어떤 일이 일어나는지 이야기해볼 거예요."

활동계획

파일 검토

병원에 가다 [활동지 9]

휴식 시간

놀이동산에 가다 [활동지 10]

홈미션 안내

그림 6.2 충동성 회기 내 활동계획 예시

파일 검토

아동과 함께 파일을 검토하는 것은 홈미션이 완료되었는지 확인하는 것 외에도 중요한 정보 또는 개념을 수정할 기회를 가질 수 있으며, 이를 학습이나 새로 습득한 기술과 통합하는 데에도 도움이 될 수 있다. 아동이 파일에 추가한 그림이나, 색칠, 그림, 오려 붙인 잡지 또는 사진을 살펴보는 시간을 갖는다. 그것들에 대해 토론하고 버즈와 그의 가족에 대한 이야기와 연결시키며, 이전에 다루었던 주제나 전략과도 연결시키도록 노력하는 것이 중요하다. 이는 행동 수정을 촉진할 뿐만 아니라 아동에게 보상 시스템으로 작용할 수도 있다. 칭찬은 구두로 해야 하지만 스티커, 손글씨 메모 또는 웃는 얼굴을 추가하여 보상할 수도 있다. 홈미션을 설정했다면 홈미션 일지에 기록된 부모/보호자의 의견과 피드백을 검토하고 이에 대해 아동과 논의해야 한다. 파일 검토 및 홈미션에 대한 자세한 내용은 2장을 참조하면 된다.

활동지 9. 병원에 가다

활동지 설명

달리기가 매우 빠른 버즈는 지역 팀에서 축구선수로 활약해달라는 요청을 받았어요. 중요한 날이라 버즈는 매우 흥분했습니다. 버즈는 매우 붐비는 도로의 반대편에 있는 공원에서 자신을 기다리는 팀원들을 보았어요. 길 아래쪽에 횡단보도가 있지만 버즈는 빨리 팀에 합류하고 싶어서 주위를 제대로 살펴보지 않고 길을 가로질러 뛰어갑니다. 버즈는 자전거를 탄 소년을 발견하지 못했고 충돌했어요. 자전거를 탄 소년은 자전거와 함께 넘어져서 팔을 다쳤습니다. 버즈는 다리가 부러져 둘 다 병원에 가야 했어요. 버즈는 매우 미안했습니다.

(계속)

활동지 9. 병원에 가다(계속)

활동지 프롬프트

- 버즈는 왜 횡단보도까지 걸어가지 않았나요?
- 버즈가 길을 건너기 전에 무엇을 생각했어야 했을까요?
- 그는 어떻게 했어야 했나요?
- 버즈가 멈춰서 생각하지 않았던 다른 상황을 생각해볼 수 있나요?
- 여러분도 멈춰서 생각하지 않았던 때가 있었다면 그것에 대한 이야기를 들려주세요. 어떻게 되었나요?
- 어떻게 했어야 했나요? 그랬다면 다르게, 혹은 더 좋게 끝났을까요?
- 버즈가 멈추고 생각할 수 있도록 도와줄 수 있는 몇 가지 아이디어를 함께 작성해봅시다.

이제 버즈에게 도움이 될 것이라고 생각되는 것들을 살펴보고 여러분에게도 도움이 될 만한 것들에 동그라미를 표시하세요.

활동지 9는 충동성의 개념을 소개한다. 아동에게 '멈추고 생각하기'라는 용어와 충동적인 행동의 결과를 소개한다. 그런 다음 생각 없이 행동했던 상황에 대해 토론하며 버즈의 경험을 아동 자신에게 적용해보도록 한다. 이 활동을 통해 아동은 충동적이고 무모한 행동을 줄이는 기술과 보상 전략을 발달시킬 수 있을 것이다.

아동에게 과제 활동지를 소리 내어 읽어주거나 아동이 원한다면 아동이 읽는다. 아동이 질문하면 대답해준다. 아동이 이야기를 듣고 집중하고 있는지 확인한다. 이야기에서 버즈는 도로를 가로질러 달려가다가 자전거와 부딪힌다. 버즈가 차에 치이거나 더 큰 부상을 입지 않은 것은 다행스러운 일이다. 아동이 이에 대해 걱정한다면 버즈와 소년이 다쳤기는 하지만 심각한 부상은 아니라고 설명할 수 있다. 하지만 이는 버즈가 한동안 축구를 할 수 없다는 것을 의미한다. 상황이 더 위험할 수도 있었기 때문에 버즈가 다른 어떤 행동을 할 수 있었는지 함께 생각해볼 수 있다.

먼저 "버즈가 사고가 난 이유는 무엇일까요?", "왜 버즈는 횡단보도를 이용하지 않았을까요?"라고 질문하여 사고가 일어난 이유를 생각해보도록 유도한다. 아동이 횡단보도가 너무 멀었다고 대답하면 버즈도 아마 그렇게 생각했을 것임을 확인하되, "다른 이유가 있었나요?"라고 물어본다. 버즈가 성급하거나 조급하게 행동했다고 아동이 생각하도록 격려한다. 그런 다음 그렇다면 버즈가 다르게 어떻게 했어야 한다고 생각하는지 질문한다. 아직 어린 아동은 혼자서 길을 건너는 것이 익숙하지 않더라도 길을 건널 때 양쪽을 살피거나 안전한 장소로 가는 것과 같은 생각들을 떠올릴 수 있다. 대화를 계속 진행하면서 버즈가 멈추고 생각하기 어려울 것 같은 다른 상황에 대해 함께 생각해본다.

그러면서 자연스럽게 아동의 경험에 대한 토론으로 이어간다. 만일 아동도 비슷한 어려움을 가진다면, "복잡한 수학 문제를 풀 때나 또는 줄을 설 때 여러분은 어떤가요?", "부모님으로부터 앞서 뛰지 말고 함께 걸어가자는 말을 들어본 적이 있나요?"와 같은 일반적인 예를 들어 아동에게 질문을 해볼 수 있다. 버즈를 도울 수 있는 몇 가지 아이디어를 함께 생각해보고 과제 활동지에 적는다(예 : 다시 확인하기, 도움 요청하기, 무슨 일이 일어날지 생각하기, 다섯까지 세기). 마지막 단계는 아동이 자신의 경험을 바탕으로 버즈가 어떻게 다르게 행동할 수 있었는지, 그리고 그러한 아이디어가 어떻게 도움이 될 수 있는지 생각해본다. "만약 여러분이 조금 더 천천히 했다면 어떻게 됐을 것 같나요?", "그래요, 여러분의 말이 맞는 것 같아요. 더 많이 맞혀서 스티커를 받으면 좋겠네요." '멈추고 생각하기' 표지판을 만들어 홈미션을 하는 벽에 붙이는 등 아동이 홈미션을 할 때 더 많은 시간을 할애하는 데 도움이 될 수 있는 방법을 생각해보도록 유도한다.

회기에서 아동의 노력에 대해 칭찬한다. 이 활동지를 기반으로 홈미션을 설정하는 경우 아동에게 다음 사항을 요청한다.

1. 그림과 말풍선을 색칠해서 활동지를 꾸미거나 이야기 주제와 관련된 사진, 잡지, 만화 등의 그림을 추가해보기
2. '멈추고 생각하기' 표지판 만들기. 홈미션을 하는 곳이나 침실, 냉장고와 같이 눈에 잘 띄는 곳에 포스터로 만들어 붙이기. 작은 버전으로 만들어 학교 책상에 붙이거나 가방이나 주머니에 넣어 알림 역할을 할 수도 있다.
3. 충동적이 되는 상황에서 따를 수 있는 자기 교시 안내문 만들기(붐비는 도로를 건널 때와 같이 충동적으로 행동하는 특정한 상황을 확인한 후). "위험한 길에서는 멈춰서 엄마를 기다려", "뛰지 말고 걸어", "손을 잡고", "왼쪽을 보고, 오른쪽을 보고, 다시 왼쪽을 보고, 모두 안전하면 건너" 등 어떻게 해야 하는지 스스로 상기시킬 수 있는 지침 적어두기. 이를 알아차렸을 때 스스로 칭찬과 다른 사람의 칭찬을 받으면 더 도움이 될 수 있다. 부모/보호자에게 도움을 요청하여 한 단계도 놓치지 않도록 한다. 일주일 동안 연습한다.
4. 기다리는 데 도움이 될 수 있는 아이디어(활동지에 있는)를 하나 이상 시도해보기. 필요하다면 이러한 전략을 시도하고 실행할 때 부모/보호자 또는 교사에게 도움 요청한다.

홈미션을 설정했다면 부모/보호자에게 홈미션 기록지를 작성하도록 하고 다음 회기에서 검토할 수 있도록 파일에 넣을 것을 상기시킨다.

중간 휴식

이는 2장에서 설명한 대로 회기 중 적절한 시점에 제공되어야 한다.

활동지 10. 놀이동산에 가다

활동지 설명

버즈의 엄마는 버즈와 그의 형을 놀이동산에 데려갔습니다. 버즈는 외출에 매우 들떠 있었어요. 도착할 때까지 시간이 오래 걸렸고, 버즈는 계속해서 자리에서 안절부절못했어요. 형이 말할 때 끼어들어서 형도 매우 짜증이 났지요. 도착했을 때 놀이동산은 사람들로 매우 붐볐고 놀이기구를 타기 위해 긴 줄을 서 있었습니다. 버즈는 놀이기구를 타기 위해 조바심이 나서 줄 앞쪽으로 가려고 했어요. 어떤 아저씨가 새치기를 한다고 버즈를 나무랐습니다. 버즈의 엄마는 화가 났고 버즈가 차례를 기다리지 않으면 집으로 돌아가겠다고 했어요.

활동지 프롬프트

- 버즈에게 화가 난 사람은 누구이며 그 이유는 무엇인가요?
- 버즈의 속마음은 어땠을 것 같은가요? 그 이유는 무엇이라고 생각하나요?
- 여러분은 차례를 기다리는 것이 힘들었던 적이 있었나요?
- 기다리기가 힘들었던 순간에 대해 이야기해보세요. 무슨 일이 있었나요?
- 버즈가 기다리는 것을 돕기 위해 할 수 있는 아이디어들을 함께 적어봅시다.

이제 버즈에게 도움이 될 것이라고 생각되는 것들을 살펴보고 여러분에게도 도움이 될 만한 것들에 동그라미를 표시하세요.

활동지 10은 아동이 자신의 충동적인 행동과 다른 사람들이 이를 어떻게 인식할 수 있는지에 대한 통찰력을 키우도록 격려하는 것을 목표로 한다. 아동은 이 연습을 통해 어려운 상황이 언제 발생할지 예측하는 기술과 자신의 행동을 스스로 조절하고 관리하는 방법을 배울 수 있다. 또한 대인관계의 어려움을 해결하는 기술을 발달시킬 수 있는 기회도 제공한다.

이 이야기는 놀이동산 방문에 지나치게 흥분한 버즈의 이야기이다. 버즈는 너무 흥분한 나머지 ADHD 증상이 더욱 두드러지고 행동 조절에 어려움을 겪었다. 과제 활동지를 아동에게 읽어주거나 아동이 원한다면 함께 읽는다. 아동이 이야기를 이해하고 집중하고 있는지 확인하고 궁금한 점이 있으면 답변해준다. 아동이 놀이동산에 방문한 적이 없다면 놀이동산이 어떤 곳인지 잘 이해하고 있는지 확인한다. 대부분의 아동은 한 번쯤 놀이동산이나 놀이기구나 에어바운스가 있는 박람회나 축제와 같은 유사한 곳을 방문한 적이 있을 것이다. 또한 아동이 '참을성이 없다'와 같은 용어를 이해했는지도 확인한다.

"가는 길에 차 안에서 무슨 일이 있었나요?", "외출할 때 버즈의 기분은 어땠나요?"라고 질문하여 버즈의 기대감과 설렘에 대해 생각해보도록 유도한다. 버즈의 흥분된 감정이 버즈의 행동(안절부절못하기, 끼어들기)에 어떤 영향을 미쳤는지 이야기해본다. 토론 활동지로 넘어가서 누가 버즈에게 화가 났고 그 이유는 무엇인지 물어본다(버즈의 형, 엄마, 줄을 서 있던 사람들). 다른 사람이 화난 감정을 느끼는 것이 괜찮은지 아닌지에 대해서 의견을 물어볼 수 있다. "버즈가 왜 참을성이 없었는지 그 사람들이 알았을까요?"와 같은 질문을 통해 아동이 이에 대해 생각해볼 수 있도록 도울 수 있다. "맞아요, 줄을 서고 있던 아저씨는 화가 났지요"처럼 중간중간 요약해주는 것을 잊지 말아야 한다. "버즈의 속마음은 어땠을 것 같나요?", "그런 기분이 들면 몸은 어떤 느낌이 들까요?" 또는 "좋은 설명이네요, 그 감정의 이름을 알고 있나요?"와 같은 촉진을 줄 수 있다.

기다리는 것과 관련된 아동의 경험으로 대화를 이어간다. 아동이 상황을 떠올리는 것을 어려워한다면 학교에서 급식 시간에 줄을 서서 기다리거나 마트에서 계산할 때 기다리는 것과 같은 일반적인 예를 제시할 수 있다. 그런 다음 "버즈가 기다리는 동안 할 수 있는 일이 있었다면 기다림이 그렇게 나쁘게 느껴지지 않았을까요?"라고 질문하며 버즈가 그 시간을 재미있게 보낼 수 있는 아이디어를 함께 생각해본다. 이러한 아이디어를 과제 활동지에 적는다. 마지막으로 기다리는 상황이 어려울 때 도움이 될 수 있는 아이디어에 동그라미를 표시하도록 한다. 할 수 있는 활동 찾기, 누군가와 이야기하기, 기다리기 힘들면 누군가에게 알리기 등 아동이 언급한 것들에 아이디어를 추가할 수도 있다. 만일 아동이 기다리는 일이 없어져야 한다고 이야기하는 경우 그러면 정말 좋겠다는 것을 인정해주고 그렇지만 살다 보면 누구나 기다려야 할 때가 있다는 것을 이야기해준다(간혹 아동이 다른 사람을 기다리게 했던 경험을 떠올려볼 수 있도록 유도한다).

회기에서 아동의 노력에 대해 칭찬한다. 이 활동지를 기반으로 홈미션을 설정하는 경우 아동에게 다음 사항을 요청한다.

1. 그림과 말풍선을 색칠해서 활동지를 꾸미거나 이야기 주제와 관련된 사진, 잡지, 만화 등의 그림을 추가해보기
2. 기다리기가 매우 어려운 상황을 생각해보고, 이것을 적어서 부모/보호자 또는 교사에게 보여주기
3. 활동지에 있는 아이디어 중 기다리는 데 도움이 될 만한 아이디어를 하나 이상 시도해보기. 부모/보호자나 교사에게 도움을 요청하여 전략을 시도하고 아이디어를 실행해보기

홈미션을 설정했다면 부모/보호자에게 홈미션 기록지를 작성하도록 하고 다음 회기에서 검토할 수 있도록 파일에 넣을 것을 상기시킨다.

피드백 및 보상

회기가 끝나면 활동지 보상 과제에서 확인한 적절한 보상을 적용해야 한다(예 : 아동이 긍정적인 자기 대화에 참여해야 한다). 피드백 및 보상에 대한 자세한 내용은 2장을 참조한다.

부모/보호자와 협력하기

이 절에서는 부모/보호자가 자녀의 충동적인 행동을 관리하기 위해 적용할 수 있는 전략을 소개한다. 이는 주로 행동 전략이지만 종종 인지적 요소도 포함된다.

달성할 수 있는 목표에 대해 현실적으로 생각하는 것이 중요하다. 자녀의 행동에 잘 대처하기 위한 전략을 배우는 것은 아동의 행동 자체를 개선하기 위한 전략을 배우는 것만큼이나 도움이 될 수 있다. 이 회기에서는 행동 일지를 사용하여 아동의 행동을 모니터링하는 방법과 충동성 및 위험감수 행동을 줄이는 것을 목표로 하는 행동 전략에 대해 설명한다. 특정한 상황과 맥락에서 문제 행동을 개선하는 것을 목표로, 점진적인 위계 구조 내에 있는 도전적인 과제에 대해 새로운 기술을 연습하는 방법을 제시한다. 또한 계획 수립 능력을 향상시키고 기다림과 만족 지연에 대처하며 학업에서 오류를 줄이기 위해 아동을 지원하는 인지 전략에 대해 논의한다. 부모/보호자와 함께 작업할 때 치료사는 제시된 기술과 전략을 소개하고, 적절한 경우 회기 중에 역할극을 통해 (아동이 참석하지 않은 상태에서) 연습한다. 부모/보호자는 가정에서 이러한 어려움을 어떻게 관리하고 있는지 치료사와 논의해야 한다. 이후 회기에서는 아동을 성공적으로 도울 수 있도록 기법이나 전략을 적용하는 방법을 생각하면서, 발생하는 어려움이나 장애물을 해결하는 것이 중요하다.

행동을 변화시키고 인지 능력을 향상시키기 위한 핵심 전략은 성공을 촉진하는 동기를 찾는 것이다. ADHD 아동은 (더 크고 좋은 보상일지라도) 장기적인 보상에 대한 만족 지연에 어려움이 있기 때문에 즉각적인 보상에 더 잘 반응하는 경향이 있다. 성공에 대한 동기를 부여하는 방법(스티커판 사용 포함) 및 부모/보호자와 함께 작업할 때 일반적으로 적용되는 추가적인 정보는 2장에 제시되어 있다. 충동성 회기 진행과 관련된 부가적인 정보는 이 장에 요약되어 있다.

행동 일지

아동이 충동적인 행동으로 어려움을 겪는 구체적인 상황을 파악하기 위해 부모/보호자에게 행동 일지(이 장의 앞부분 참조)를 작성하여 행동을 모니터링하도록 요청한다. 일지에 기록된 정보를 부모/보호자와 함께 논의하여 행동 유형, 유발 요인, 행동이 나타날 가능성이 가장 높은 시기에 대해 더 많은 통찰과 이해를 얻어야 한다. 시간이 지남에 따라 일부 행동의 원인을 설명할 수 있는 패턴이 나타날 것이다. 이를 바탕으로 문제 발생을 방지하기 위해 조기에 어떤 개입을 할 수 있는지 부모/보호자와 논의한다.

미리 계획하기

행동 일지를 사용하여 부모/보호자와 협력하는 것은 어렵거나 도전적인 상황을 예측할 수 있도록 도와준다. 여기에는 기다리기 혹은 아동의 주의를 끌 요소가 많은 공공 장소 등 다양한 사회적 상황이 포함된다. 충동성과 관련한 이러한 상황에서 부모/보호자가 특히 어려워하는 이유와 이를 위해 미리 계획할 수 있는 것이 무엇인지 생각해보도록 격려한다. 예를 들면 아동에게 활동을 제공하기, 스티커판과 추가 보상을 마련하기, 아동과 미리 이야기하여 준비하기, 규칙 또는 경계 설정하기, 주변 사람들에게 예상되는 상황을 알리기, 대기줄 프리패스권 구매하기, 성인 한 명이 더 동행하기(특히 위험한 상황인 경우) 등의 아이디어가 있을 수 있다. 부모/보호자가 예상되는 상황에 대해 생각해보고, 문제를 최소화하기 위해 무엇을 할 수 있는지 결정하고, 아이디어를 실천에 옮기도록 격려한다. 이후 회기에서 부모/보호자가 어떻게 대처했는지 논의하고 발생했던 문제를 해결한다. 이를 통해 부모/보호자는 자신감과 통제력을 키우고, 아동은 특정 상황에서 자신의 행동을 통제하는 방법을 배울 수 있다. 결과적으로 모두가 더 긍정적인 경험을 하게 된다.

위험 관리하기

부모/보호자의 최우선 과제는 잠재적인 위험을 파악하고 관리하는 것이다. 대부분의 부모/보호자는 아동이 도로를 향해 돌진하거나 뜨거운 불판에 손가락을 데이거나 깊은 물에 뛰어들거나 불안정한 물건에 올라갔던 일 등을 경험한 적이 있을 것이다. 미리 계획을 세우고 적절한 감독이 이루어지도록 하는 것 외에도 부모/보호자와 함께 지속적으로 환경을 평가하고 재평가하여 상황을 '읽어야' 할 필요성에 대해 논의한다. 이를 통해 뜨겁거나 날카로운 물체를 손이 닿지 않는 곳에 두는 등 위험한 상황이 발생하지 않도록 예방할 수 있다. 부모/보호자에게 "우리는 복잡한 도로에 접근하고 있어. 안전을 위해서 내 손을 꼭 잡아야 해"와 같이 일어나는 상황을 큰 소리로 '읽도록' 알려준다. "차에 부딪히면 안 되니 왼쪽, 오른쪽, 다시 왼쪽을 주의 깊게 살펴보고, 모두 안전하다고 판단되면 건너편에 안전하게 도착할 수 있도록 건너자"처럼 위험을 명시적으로 언급하고 아동이 미처 생각하거나 이해하지 못한 결과에 대해 알리면서 이 행동의 근거를 설명해줘야 한다. 이는 결과를 고려하는 사고와 관련된 인지적 전략을 아동에게 모델링해줄 수 있을 뿐 아니라 보호자가 없을 때 아동이 따라야 할 행동 전략에 대한 모델링을 보여줄 수도 있다.

멈추고 생각하기

이 기법은 충동적이고 자동적인 반응을 중단하고 대신 아동에게 대안 행동과 그 잠재적 결과를 고려하도록 안내하는 과정을 촉진하기 위해 가르칠 수 있는 구체적인 기술이다. 아동이 속도를 늦추고 결과를 고려하도록 돕기 위해 적용할 수 있다. 멈추고 생각하기 기법은 다음과 같이 STOP이라는 단어 앞글자로 만들어진 과정과 연결시킬 수 있다.

Stop : 멈추자.

Think : 그 행동을 하면 어떻게 될까?

Options : 대신 어떤 행동을 할 수 있을까?

Proceed : 실행해보자.

치료사는 부모/보호자와 아동에게 실제적인 생활의 문제나 도전을 사용하여 기술을 가르치는 것 외에도 이 과정을 촉발할 수 있는 신호를 만들도록 확인해야 한다. 이는 상황에 따라 다를 수 있으며, 부모/보호자가 STOP의 의미로 손을 드는 것으로 이 과정을 촉발시킬 수 있다(공공장소에서는 더 미세한 버전으로 사용할 수 있다). 도로 표지판과 같은 다른 촉발제도 사용할 수 있으며, 단순히 “멈춰”라고 말함으로써 언어적 신호를 보낼 수도 있다. 아동이 단서 카드를 만들어서 눈에 잘 띄는 곳에 놓아둘 수도 있다. 치료사는 부모/보호자와 함께 이 기법을 가장 잘 소개하는 방법, 과정을 시작하게 하고 관심을 끌기 위한 방법, 아동이 고려하기를 원하는 결과가 무엇인지 등에 대해 함께 고민해야 한다. 이 기법은 아동에게 기능적인 의사결정 과정에 참여할 수 있다는 것을 가르쳐준다. 부모/보호자는 자녀가 이 과정에 참여하는 것에 대해 강화와 보상을 제공해야 한다. 부모/보호자가 소리 내어 말하기를 통해 이 기법을 아동에게 모델로 보여줄 수 있다. 이 기법은 연습을 해야 효과를 볼 수 있으며 일관성을 유지하는 것이 중요하다.

대안 활동과 주의분산 활동

ADHD 아동에게는 기다림이 매우 힘든 경험일 수 있는데, 만족 지연의 어려움으로 인해 짜증이 나고 지루함을 견디기 힘들기 때문이다. 부모/보호자와 협력하여 아동이 기다리는 시간 동안 할 수 있는 것들을 생각해본다. 퍼즐책, 즉흥적으로 함께할 수 있는 게임(예 : ‘제로 게임’), 휴대용 게임, 피젯토이 등이 아이디어가 될 수 있다. 부모/보호자가 마트의 카트에서 물건을 내리는 것을 돕는 것과 같이 도움을 주는 기능적인 활동도 가능하다.

단계별 연습

만족 지연에 대한 인내심을 향상할 수 있도록 도우면 아동의 충동적인 행동이 줄어들 수 있다. 예를 들어 아동이 점심이나 저녁 식사를 위해 식당에 갔을 때 음식이 나올 때까지 기다리는 것을 참지 못해 지루해하는 경우가 많다. 많은 레스토랑에서는 어린이에게 종이 식탁 매트와 색연필을 제공하여 퍼즐을 완성하거나 그림을 색칠할 수 있도록 함으로써 이러한 문제를 해결하고 있다. 그러나 대기 시간을 통제할 수는 없으므로 부모/보호자는 집에서 아이들이 더 긴 대기 시간을 견딜 수 있도록 '훈련'하는 데 사용할 수 있는 단계별 연습 기법을 배워야 한다. 먼저 아동이 집에서 저녁 식사가 제공될 때까지 기다릴 수 있는 시간을 파악한 다음, 매주 몇 분씩 점차적으로 대기 시간을 늘려간다. 아동이 기다리는 것을 돕기 위해 다른 데로 주의를 돌릴 수 있는 자극을 도입하는 것이 좋다. 이렇게 하는 것은 기다림에 대한 좌절감을 견디는 인내심을 키우는 데 도움이 된다. 만일 아동이 기다림을 견디지 못한다면 부모/보호자는 시간을 줄이고 다시 시작해야 한다. 이 아이디어는 아동이 기다림을 혐오스러운 것이 아니라 보상(재미있는 활동, 멋진 저녁 식사)과 연관시키기 시작한다는 것을 의미한다.

작은 단계로 나누기

아동이 충동적일 때는 서둘러 할 일을 마무리하기보다는 부모/보호자와 함께할 일을 체계적으로 작은 단계로 나누어 처리하는 방법을 생각해야 한다. 이는 아동이 더 느리고 통제된 과정을 겪도록 격려할 수 있다. 이 과정의 핵심은 각 단계를 기록하여 과제를 완료했을 때뿐만 아니라 중간 단계마다 칭찬과 보상을 주는 것이다. 부모/보호자가 현실적인 기대치를 가지고 있는지 확인하는 것도 잊지 말아야 한다.

재확인

충동성의 위험은 미리 계획하지 않고 서두르다가 실수나 오류를 범하는 것이다. 부모/보호자는 추측하고 서두르기보다는 아동이 한 일과 해야 할 일의 목록을 대조하고, 지침을 읽고 이해했는지 확인하는 등 아동이 다시 재

확인하는 것을 격려해야 한다. 또한 부모/보호자가 직접 이 과정을 확인하고 소리 내어 말함으로써 재확인하는 과정의 모범을 보여야 한다.

부모/보호자가 무엇을 할 수 있나요?

표 6.2에는 가정에서 실행할 수 있는 전략 목록을 포함한 접근 방식이 요약되어 있다. 전략의 효과를 극대화하려면 가정과 학교(가능한 경우)에서 모두 실행할 수 있도록 교사와 논의하는 것이 도움이 된다. 많은 부모/보호자와 교사들은 '알림장'을 사용하는 것이 정보를 공유하는 효율적인 방법이라고 생각한다(2장 참조).

영-스미스 프로그램 진행에 대한 중요한 배경 정보에 대해서는 2장을 참고할 수 있다. 어린 자녀의 경우 부모/보호자가 아이와 각 주제에 권장되는 활동지를 함께 해보는 시간(약 45~60분)을 따로 마련하는 것이 좋다. 각 장의 '인지행동치료'에 지침이 기술되어 있으며 버즈와 그의 가족을 소개하는 활동지는 3장에 요약되어 있다. 나이가 많은 아동(예 : 12세 이상)의 경우 필요하다면 버즈 활동지를 생략하고 대신 아동에게 직접 주제를 소개하고 활동지의 토론 프롬프트를 사용하여 이를 아동의 경험에 적용하고 전략에 대해 토론할 수 있다. 홈미션을 설정하고 자녀가 이를 완수하도록 지원해야 한다. 자주 피드백을 주고 칭찬하는 것을 잊지 말아야 한다. 스티커판(2장 참조)을 만들어 눈에 잘 띄는 곳에 붙여두고 매일 사용하기 시작해보자.

표 6.2 충동성에 대한 가정 내 전략

미리 계획하기
- 미리 준비하기
- 도전적이고 위험한 상황을 파악하기
- 자녀와 일어날 상황에 대해 미리 이야기하여 준비시키기
- 자녀가 동의할 수 있는 명확한 규칙과 경계를 설정하기
- 다른 성인들을 준비시키고 지원얻기
- 지루함을 피하기 위한 건설적인 활동을 계획하기
- 대기줄을 점프할 수 있는 통행권을 준비하기
- 스티커판과 보상 시스템을 사용하기

위험 관리하기
- 충분한 감독이 있는지 확인하기
- 지속적으로 환경을 평가하고 재평가하기
- 위험한 물건은 아동의 시야와 손이 닿지 않는 곳에 보관하기
- 적절한 행동을 해야 하는 근거와 위험성을 설명하여 그 과정을 아동이 모델링하게 하기

멈추고 생각하기
- STOP 과정을 사용하여 멈추고 생각하기 과정을 가르치기
- 이 과정을 시작하기 위한 신호(언어적, 시각적 신호 모두)를 파악하기
- 단서 카드를 만들어 집에 도움이 될 만한 곳에 배치하기

대안 활동과 주의분산 활동
- 자녀가 지루함을 느끼거나 기다려야 하는 경우 계속 무언가에 집중할 수 있게 하기
- 빠르게 적용할 수 있는 게임과 활동의 레퍼토리를 개발하기
- 가방에 항상 책, 퍼즐, 작은 장난감 또는 휴대용 게임을 가지고 다니기

단계별 연습
- 집에서 어려운 상황을 연습하기
- 집에서 하는 연습을 통해 기다림에 대한 인내심을 점차적으로 키우기

작은 단계로 나누기
- 과제를 더 작은 단계로 나누고 단계를 기록하기
- 과제를 완료할 때뿐만 아니라 중간중간 칭찬과 보상을 제공하기

재확인
- 해야 할 일의 목록과 완료된 일을 교차 확인하여 놓친 것이 없는지 확인하기
- 지시 사항을 이해했는지 확인하기

교사 및 학교와 협력하기

이 절에는 아동의 충동적인 행동을 관리하기 위한 전략과 아동이 자신의 사고방식을 인식하고 대처할 수 있도록 돕는 방법이 포함되어 있다. 교실에서 아이들은 기다릴 줄 알고 차분히 체계적인 방식으로 작업할 수 있어야 한다. 이 장에서는 충동성과 위험을 감수하는 행동을 줄이기 위한 행동 전략에 대해 설명하고자 한다. 또한 계획 능력을 향상시키고, 기다림과 만족지연에 대처하며, 학업에서 오류를 줄이는 것을 목표로 하는 인지 전략에 대해서도 논의할 것이다. 달성할 수 있는 목표에 대해 현실적으로 생각하는 것이 중요하다. 아동의 행동을 개선하기 위한 전략을 배우는 것만큼이나 아동의 행동에 더 잘 대처할 수 있는 전략을 배우는 것도 도움이 될 수 있다. 충동적인 행동이 문제가 될 수 있는 상황은 다양하므로 이 장의 목표는 이러한 상황을 관리하는 방법을 찾는 동시에 아동이 충동적인 반응을 조절하는 기술을 습득하고 발달시키도록 돕는 것이다.

교사와 학교는 이미 영-스미스 프로그램에 도입된 많은 개입을 지원할 수 있는 구조를 갖추고 있을 것이다. 부모/보호자와 교사가 연결되어 통합된 전략을 장려하고 성공을 공유하는 것이 유용할 것이다. 아동을 성공적으로 도울 수 있는 기술이나 전략을 선택하여, 발생하는 장애나 어려움을 해결하는 것이 중요하다. 성공에 대한 동기를 부여하는 방법, 그리고 교사 및 학교와 협력할 때 일반적으로 적용되는 기타 주제는 2장에 설명되어 있다. 충동성 회기 진행과 관련된 부가적인 정보는 이 장에 요약되어 있다.

미리 계획하기

교사들은 미리 계획을 세우고 모든 상황에 대비하는 데 매우 능숙하다. 현장 학습을 갈 때는 동료 교사나 종종 자원봉사자, 부모/보호자로부터 추가적인 도움을 받기도 한다. 특히 현장 학습과 같이 ADHD 증상이 악화될 수 있는 상황에서 아동이 매우 흥분할 경우 충동적이고 무모한 행동을 하기 쉽다는 점을 교사에게 상기시켜 줄 필요가 있다.

위험 관리하기

교사는 특히 과학 장비나 도구 또는 스포츠 장비가 있는 교실, 학교 운동장 등에서 발생할 수 있는 부정적이거나 위험한 잠재적 결과 때문에 아동의 충동적인 행동에 대해 우려할 수 있다. 학교에는 일반적으로 위험 평가 절차가 마련되어 있고, 이러한 절차는 잘 작동하여 ADHD 아동에게 모든 기회를 제공하고 안전한 환경에서 포괄적인 학습을 장려한다. 그러나 교사는 ADHD 아동이 일부 활동(예 : 과학 수업에서 실험용 분젠 버너 사용)에 참여할 때 추가적인 (개별적인) 감독이 필요한지 여부를 고려해야 한다. 또한 규칙과 경계를 명확히 설정하고 그 근거를 설명하는 것도 중요하다. 예를 들어 "오늘은 접착제를 사용할 거예요. 접착제는 옷에 묻으면 옷이 손상될 수 있으므로 모두 앞치마를 입고 조심해서 사용해야 해요. 접착솔을 마술 지팡이처럼 흔들거나 다른 사람의 얼굴이나 머리 가까이에 대지 않도록 해요"라고 설명할 수 있다.

멈추고 생각하기

교사는 이 장의 '부모/보호자와 협력하기'에 기술되어 있는 '멈추고 생각하기' 기법을 적용할 수 있다. 교사는 가정에서 부모/보호자가 사용하는 것과 동일한 시각적 또는 언어적 신호를 사용하거나 교실 정면에 이 기법을 알리는 표지판을 배치하여(필요에 따라 가볍게 두드려 주의를 끌 수 있음) 기법을 실행할 수 있다. 교사는 이 기법을 학급 전체에 적용할 수도 있고, 직접 소리 내어 말하기를 통해 사고 과정을 보여줌으로써 이 기법을 모델링하도록 보여줄 수 있다.

대안 활동과 주의분산 활동

ADHD 아동에게는 기다림이 혐오스러운 경험이 될 수 있는데, 이들은 만족감이 지연되는 것을 참지 못하기 때문이다. 교사는 ADHD 아동이 기다리는 동안 바쁘게 지낼 수 있도록 작은 과제를 추가로 제공하는 것이 좋다. 휴식 시간 추가, 책 읽기, 작은 장난감 제공 또는 교실에서 할 일(예 : 움직임을 동반하는 무언가를 하는 것) 등이 좋은 아이디어가 될 수 있다.

질문에 답하고 차례 기다리기

아동들은 질문에 답하고 차례를 지키는 데 도움이 되도록 이미 잘 훈련되어 있지만, ADHD 아동은 이를 방해하거나 차례를 지키는 것이 어려울 수 있으므로 이것이 얼마나 중요한지 다시 한번 강조해야 한다. 교사는 아동이 사회적 규칙을 지키려는 노력에 대해 보상하고, 차례를 지키거나 질문에 답할 수 있도록 지원함으로써 아동을 도울 수 있다. 또한 이것이 왜 중요한지에 대한 부가적인 설명이 필요할 수 있다(예 : 아동이 실수로 답을 큰소리로 말할 때 친구들이 짜증을 내는 것을 방지하기 위해).

작은 단계로 나누기

교사는 아동이 과제를 더 작은 단계로 나누도록 유도하여, 더 느리고 통제된 방식으로 접근하도록 장려할 수 있다. 예를 들어 겨울에 눈이 와서 아이들이 쉬는 시간에 밖에서 놀고 싶어 하는 경우 교사는 아이들이 밖에 나가기 전에 외출용 옷으로 갈아입도록 유도할 수 있다. 서둘러 문을 열고 나가는 대신, 교사는 아이들에게 "탈의실로 가서 장화, 코트, 목도리, 모자, 장갑을 착용하고 나가라"고 말하면서 이 과정을 세분화하여 진행한다. 교사는 일반적으로 학급에서 이 방법을 사용하여 바람직한 행동을 유도한다. "감기에 걸리거나 신발을 망쳐서 집에서 곤란을 겪지 않기를 바란다"라고 말하는 것처럼 서두를 경우 발생할 수 있는 결과와 그 이유에 대해 알려주는 것이 중요하다.

재확인

충동성의 위험은 서두르고 미리 계획하지 않아 실수와 오류를 범하는 것이다. 교사는 이 장의 부모/보호자 부분에서 설명된 재확인 기법을 적용할 수 있다.

교사가 무엇을 할 수 있나요?

표 6.3에는 학교에서 시행할 수 있는 전략 목록을 포함하여 교사를 위해 제안된 접근 방법이 요약되어 있다. 전략의 효과를 극대화하려면 가정과 학교(가능한 경우)에서 유사하거나 보완적인 전략이 시행될 수 있도록 아동의 부모/보호자와 함께 논의하는 것이 도움이 된다. 대부분의 교사와 부모/보호자는 '알림장'을 사용하는 것이 정보를 공유하는 효율적인 방법이라고 생각한다(2장 참조).

영-스미스 프로그램 진행에 대한 중요한 배경 정보를 제공하는 2장을 읽어볼 것을 권유한다. 교사에게 아동과 함께 구체적인 활동지를 검토할 시간이 없을 가능성이 높지만, 부모/보호자가 이를 수행할 수 없는 경우 특

표 6.3 충동성에 대한 학교 내 전략

미리 계획하기
- 미리 준비하기. 잠재적인 위험과 이를 최소화할 수 있는 방법을 고려하기
- 현장 체험학습의 경우 ADHD 아동이 몇 명인지, 어떤 추가 자원이 필요한지 고려하기
- 아동이 동의하는 명확한 규칙과 경계를 설정하기
- 다른 성인들을 준비시키고 지원얻기
- 대기줄을 점프할 수 있는 통행권을 준비하기

위험 관리하기
- 충분한 감독이 있는지 확인하기
- 지속적으로 환경을 평가하고 재평가하기
- 위험한 물건은 아동의 시야와 손이 닿지 않는 곳에 보관하기
- 잠재적 위험이 있는 품목의 사용을 모니터링하기
- 적절한 행동을 해야 하는 근거와 위험성을 설명하여 그 과정을 아동이 모델링하게 하기

멈추고 생각하기
- STOP 과정을 사용하여 멈추고 생각하기 과정을 가르치기
- 단서 카드를 만들어 도움이 될 만한 곳에 배치하기
- 이 과정을 시작하기 위한 신호(언어적, 시각적 신호 모두)를 파악하기

대안 활동과 주의분산 활동
- 아동이 지루함을 느끼거나 기다려야 하는 경우 계속 무언가에 집중할 수 있게 하기
- 빠르게 적용할 수 있는 게임과 활동의 레퍼토리를 개발하기
- 가방에 항상 책, 퍼즐, 작은 장난감 또는 휴대용 게임을 가지고 다니기

작은 단계로 나누기
- 과제를 더 작은 단계로 나누고 단계를 기록하기
- 메모를 작성하여 '공지 사항 기억하기'로 게시하기
- 과제를 완료할 때뿐만 아니라 중간중간 칭찬과 보상을 제공하기

재확인
- 해야 할 일의 목록과 완료된 일을 교차 확인하여 놓친 것이 없는지 확인하기
- 지시 사항을 이해했는지 확인하기

교직원 협업
- 모든 교직원이 아동에게 어떤 전략이 사용되고 있고 그 이유가 무엇인지 이해하기

수교사와 이를 논의하는 것이 도움이 될 수 있을 것이다. 이를 실행하는 방법에 대한 지침은 각 장의 '인지행동치료'에서 확인할 수 있다. 나이가 많

은 아동(예 : 12세 이상)의 경우 필요하다면 버즈 활동지를 생략하는 대신 아동에게 직접 주제를 소개하고 활동지의 토론 프롬프트를 사용하여 이를 아동의 경험에 적용하고 전략에 대해 토론할 수 있다. 홈미션을 설정하고 아동이 이를 완수하도록 지원해주는 것이 좋으며, 자주 피드백을 주고 칭찬하는 것을 잊지 말아야 한다. 스티커판을 사용하는 경우(2장 참조), 부모/보호자가 정기적으로 검토할 수 있도록 '알림장'에 기재할 수 있다.

참고문헌

American Psychiatric Association. (2013). *Diagnostic and statistical manual of mental disorders* (5th ed.). Washington, DC: American Psychiatric Association.

Conners, C. K. (2008). *Conners 3rd edition.* Toronto: Multi-Health Systems.

Dalley, J. W., & Roiser, J. P. (2012). Dopamine, serotonin and impulsivity. *Neuroscience, 215*(July), 42–58.

Delis, D. C., Kaplan, E., & Kramer, J. H. (2001). *Delis–Kaplan Executive Function System (D-KEFS).* San Antonio, TX: The Psychological Corporation.

Emslie, H., Wilson, F. C., Burden, V., Nimmo-Smith, I., & Wilson, B. A. (2003). *The behavioural assessment of dysexecutive syndrome in children.* London: Harcourt Assessment.

Gioia, G. A., Isquith, P. K., Guy, S. C., & Kenworthy, L. (2000). *Behavior rating inventory of executive function (BRIEF).* Odessa, FL: Psychological Assessment Resources.

Goodman, R. (1997). The strengths and difficulties questionnaire: A research note. *Journal of Child Psychology and Psychiatry and Allied Disciplines, 38*(5), 581–586.

Manly, T., Robertson, I. H., Anderson, V., & Nimmo-Smith, I. (1998). *Test of Everyday Attention for Children (TEA-Ch).* London: Pearson Assessment.

Sexias, M., Weiss, M., & Müller, U. (2012). Systematic review of national and international guidelines on attention deficit hyperactivity disorder. *Journal of Psychopharmacology, 26*(6), 753–765.

7

불안

불안은 신체적인 반응과 사고, 행동에 영향을 미치는 각성이 높아진 상태이다. 불안은 스트레스나 지각된 위협에 반응할 때 발생하는 정상적이고 기능적인 특성이라는 점을 명심해야 한다. 예를 들어 호랑이 우리 안에 있는 사람은 불안과 관련된 자율신경계 흥분으로 인해 '싸우거나 도망가는 것'에 대비할 수 있게 된다. 그러나 교실 앞에 나가 발표를 준비하거나, 학교 퀴즈나 시험을 치르거나, 어른이나 또래와 상호작용을 관리하면서 극도의 각성이 발생할 때도 불안해지는 역기능이 생긴다. 가족에게 스트레스를 주는 심리사회적 요인, 양육 방식, 불안의 가족력 등 불안의 발병 위험을 높이는 소인 요인이 있다.

ADHD 아동의 최대 50%는 높은 수준의 부주의, 충동성, 학교 걱정, 사회적 능력 저하와 같은 불안과 관련된 동반 장애를 겪는다(Pliszka, 1998; Bowen, Chavira, Bailey, Stein, & Stein, 2008). 이러한 아동은 ADHD 약물치료만 했을 경우 효과가 덜하고 복합적인 접근 방식이 필요하다(Jensen et al., 2001). 따라서 ADHD를 동반한 불안은 발달 중인 아동에게 특히나 심각한 영향을 미칠 수 있으며, 불안은 개인의 수행 능력과 기능뿐만 아니라 삶의 질에도 영향을 미친다.

이 장에서는 ADHD 아동의 불안과 불안이 삶의 다양한 영역에서 아동의 기능에 미칠 수 있는 영향을 살펴본다. 불안에 대한 평가와 인지행동 모델을 사용한 아동과 주변 성인을 위한 개입 및 전략에 대해 설명한다.

소개

불안의 특징은 부정적 사고(인지), 생리적 각성 및 회피(행동 반응)이며, 작업기억 결함(예 : 부주의와 집중 문제)과 관련되어 있다. 따라서 ADHD가 동반된 불안을 가진 아동은 인지 증상이 더 뚜렷해지면서 '2배의 문제'를 일으킨다(Ferrin & Vance, 2014). 그림 7.1은 인지행동적 구조 내에서 ADHD 아동에게 나타나는 불안과 관련된 흐름을 보여준다. 초기의 부정적인 신경 발달 경험과 ADHD 증상은 아동 자신에 대한 부정적인 믿음, 낮은 자기 효능감, 낮은 자존감을 갖게 할 수 있다. 어려운 상황에 직면했을 때 자신의 능력에 대해 확신이 없고 실패 또는 거절을 두려워한다.

이러한 기분에 반응하여 나타난 행동은 미래의 결과에 영향을 준다. 철회와 회피를 통해 불안과 지각된 위협의 근원으로부터 일시적으로 벗어날 수 있지만 결국 이는 아동이 목표를 달성하지 못했음을 의미하며, 기술과 회복탄력성을 더 발전시킬 기회를 놓칠 수 있다는 것이다. 상황-불안-철회의 순환은 반복된다. 그 결과 자기 충족적 예언이 발생하며 아동은 향후 비슷한 상황을 의도적으로 피하게 된다. 타인의 기대는 물론 아동 자신에 대한 기대감 또한 낮다. 불안은 과거의 평가에 근거하므로 미래를 바라보는 아동의 인식에 부정적 영향을 미쳐서 일이 잘못될 것이라는 걱정, 평가를 받거나 꾸중을 들을 것이라는 두려움, 실패할 것이라는 불안으로 이어진다.

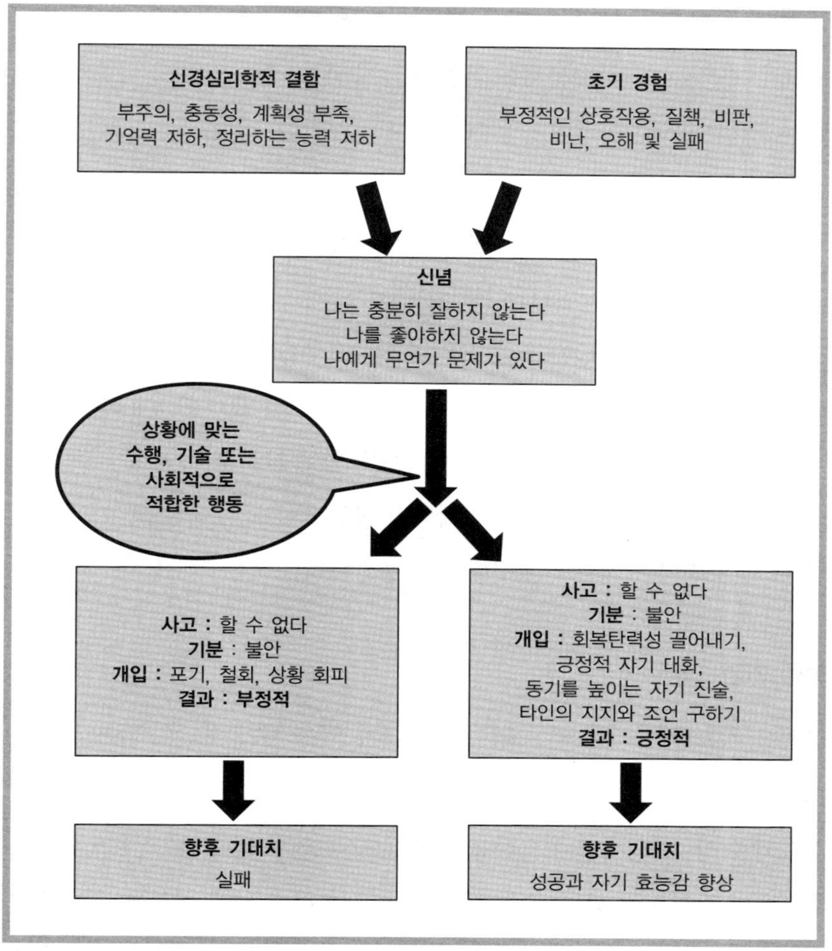

그림 7.1 ADHD을 가진 아동의 불안에 대한 인지행동치료 공식

이 과정은 참여와 회복탄력성을 촉진하고 성취동기를 부여하는 개입을 통해 멈출 수 있다. 이는 인지적 개입(긍정적 자기 대화, 동기부여가 되는 자기 진술)과 행동적 개입(상황 회피 대신 직면하기, 다른 사람의 도움을 받음)을 통해 달성할 수 있다. 이는 미래의 성공에 대한 기대와 자신에 대한 믿음으로 이어진다. 목표를 완벽하게 달성하지 않았더라도 아동이 과제

를 회피하거나 실패하지 않았기 때문에 목표에 도달한 것으로 볼 수 있다. ADHD가 있는 아동의 문제는 불안을 느낄 때 증상이 악화되어 주의가 더 산만해지고 과잉행동하며 충동적이 된다는 것이다.

불안은 기억력과 구조화에 더 큰 영향을 미치며 안절부절못함을 증가시켜서 목적 없이 원을 그리며 뛰어다니거나 주의를 끄는 행동과 같은 역기능적 대처 과정을 초래한다. 이로 인해 ADHD, 불안, 실패의 악순환이 발생한다. 따라서 ADHD가 있는 불안한 아동은 ADHD가 없는 불안한 아동보다 더 불리한 상황에 처하게 되는데, 그 이유는 ADHD 증상으로 인해 다른 사람이 제공하는 조언이나 지원 같은 도움이 되는 자극에 주의를 기울일 가능성이 낮아지기 때문이다. 따라서 불안 증상이 나타날 때 이에 대응할 수 있는 전략을 개발하는 것이 매우 중요하다.

행동 기능

불안은 정확한 기준에 따른 명확한 기대가 있을 때와 타인의 기대에 부응하려고 노력하는 가정과 학교, 과외 활동(예 : 스포츠/유스 클럽) 등 다양한 상황과 환경, 사회적인 상호작용 등에서 나타날 수 있다. 부정적인 경험은 혐오스러운 경험이 되고, 결국 아동은 이를 피하기 위해 최선을 다하게 된다. 회피 반응은 아동이 아픈 척하면서 학교(또는 다른 사회적 상황)에 결석하기 위한 핑계를 대거나 심한 경우 공개적으로 등교를 거부하는 행동으로 나타날 수 있다.

청소년들은 성장 과정에서 일련의 도전과 딜레마에 직면한다. 예를 들어 또래 집단에 속하고 싶은 욕구와 좋은 성적을 거두고 친구를 사귀며 효과적으로 소통하는 방법을 배우는 것 등이 있다. 때로는 학업이나 사회적으로 요구되는 발달 과업을 감당하는 것이 부담스럽고 스트레스로 느껴질 수 있다. ADHD 아동은 사회적 인정 욕구, 정체성 확립, 학교생활, 가정생활, 일상생활의 번거로움 등 또래 친구들과 똑같은 일상적인 문제에 직면하지만 같은 발달 수준의 또래보다 유능하지 못해서 불안감, 취약성, 차이, 불안전감 등을 느끼기 쉽다. 실패, 오해, 낙인, 통제력 부족, 타인의 부정적 판단을 더 많이 경험하고 그 결과 친구나 가족과의 관계가 소원해질 수 있다. 일부 아동은 허세를 부리며 주변 사람들이 자신에 대해 어떻게 생각하는지, 어떻게 행동하는지 신경 쓰지 않는다고 주장하기도 하며, 어떤 경우에는 공감 능력이 낮고 공격적이고 반항적인 대인관계 양상을 통해 근본적인 불안감을 감추기도 한다.

학업 기능

학교에서 아동은 끊임없이 평가를 받는다. 아동은 학업적, 사회적, 행동적으로 성과를 내야 하고 교사와 정부가 정한 기준을 항상 유지해야 한다. 적절하게 수행하지 못하면 부모/보호자에게 부정적인 피드백, 비난, 처벌, 또래로부터 사회적 거부를 받게 된다. 이는 아동의 미래에 부정적인 영향을 미치게 된다.

ADHD 아동은 실수를 더 많이 하고 중요한 정보를 놓치며 때로는 현명하지 못한 결정을 내리거나 부적절한 행동을 취하기도 한다. 성공하고 성취하며 높은 기준을 충족해야 한다는 압박감으로 인해 불안해질 수 있다. 학교에서는 글짓기, 책가방 정리하기, 선생님의 지시 듣기, 게임 참여하기, 질문에 대한 답을 기다리기 등 사소한 일(특히 자신이 평가받고 있다고 느끼는 경우)에도 스트레스를 받는 경우가 많다. 이러한 활동은 일상적인 활동처럼 보일 수 있지만 ADHD 아동에게는 어려운 기술을 요구한다. 결국 불안은 ADHD의 증상을 악화시켜 수행 능력과 기술을 더욱 저해하고 더 많은 실수를 저지르고 행동에 대한 통제력을 떨어트리게 된다.

대인관계 기능

ADHD 아동은 또래, 주변 성인 및 가족 구성원과 효과적으로 상호작용하는 데 필요한 필수 기술을 사용하는 일에 어려움을 겪는 경우가 많다. 이들은 자신이 어떻게 '맞추고' 어울리는지에 대해 걱정이 많을 수 있다. 자신의 행동에 대한 통찰력이 부족하고, 부당하게 비판받고 있다고 느끼며, 자신의 어려움에 대해 다른 사람을 비난할 수 있다. 자의식과 자기중심적 사고를 증가시키는 사회적 불안은 주변의 중요한 정보와 자극으로부터 아동의 주의를 분산시킨다. ADHD에서 자연스럽게 나타나는 부주의로 인해 중요한 정보를 이미 놓치기 쉬운데, 자의식과 산만함으로 인해 더욱 영향을 받을 수 있다. 이로 인해 놓친 정보가 누적되고, 오해의 소지가 있는 상황, 대인관계 갈등, 나아가 자기 자신이나 상호작용에 대한 부정적인 견해를 경험할 수 있다. 또한 아동이 잘해보려는 자신의 노력을 알아차리고 지나치게 평가하기 시작하면 불안이 증가된다. 불안으로 인해 아동은 다른 사람의 말을 제대로 듣지 못하게 되고 상대방은 자신이 무시당하거나 이해받지 못한다고 느낄 수 있다. 또래관계를 형성, 유지, 회복하려는 시도를 실패하면 아동은 사회적 접촉을 회피하거나 반대로 광대 역할을 맡으며 원하는 관심 얻기에 성공하지만 자신의 학업 성취도와 타인의 학습에 방해가 되는 결과를 초래한다.

대처

실패 경험의 증가는 필연적으로 낮은 자기 효능감과 낮은 자존감으로 이어질 수밖에 없다. ADHD 아동은 문제 해결 능력이 떨어지기 때문에 이러한 부정적인 감정에 대처하는 능력이 떨어지며, 증상으로 인해 문제를 정확하게 평가하고 해결책을 생성하고 최선의 해결책을 계획, 조직화, 실행하는 능력이 저하된다(11장 참조). 불안을 유발하는 상황에 대한 철회 및 회피('도피 모드')는 빠르고 효과적인 '해결 방법'이지만, '싸움 모드'로 대응하는 것은 자기 조절에 어려움을 겪는 ADHD 아동에게 과잉 반응과 공격성, 지각된 위협 자극에 대한 주의력 증가, 타인의 의도와 반응을 잘못 평가하는 등의 문제를 초래할 수 있다. 결과적으로 아동은 지지적이고 도움이 되는 개입에 주의를 기울일 가능성이 낮아진다.

일부 아동은 성장하면서 과도한 통제를 통해 불안 증상을 관리하는 방법을 배울 수 있다. 이는 높은 인지 능력을 갖춘 사람들에게서 더 흔한데, 이들은 자신의 어려움을 보상하기 위한 엄격한 규칙을 정하고 이를 지킬 만한 능력이 있기 때문이다. 이는 완벽주의적 특성과 비현실적인 높은 기대치를 이끌 수 있다. 이러한 특성은 규칙에 대한 경직성, 실수나 실수를 취소하거나 만회하기 위한 반복적 행동, 지나친 확인, 일찍 도착하기, 안심시키기, 지나친 친근감, 사회적 승인과 인기를 얻기 위한 부적절한 관대함, 개인사 공개 등이 포함될 수 있다. 부모/보호자 및 교사도 이러한 과잉 보상을 조장할 수 있고, 이는 장기적으로 유지되기는 어려운, 더 열심히 따라잡고 노력해야 한다는 압박감으로 인한 불안을 증가시킬 수 있다.

평가

ADHD의 평가 및 치료에 관한 국제 지침에서는 ADHD를 평가하기 위해 훈련받고 자격을 갖춘 정신건강 전문가가 종합적인 평가 절차를 수행할 것을 권장한다(Sexias, Weiss & Müller, 2012). 평가는 다양한 상황 및 환경에서의 어려움과 행동을 평가하기 위한 심리 측정 설문지, 임상 면담 및 아동 관찰을 포함한 다면적 평가가 이루어진다. 아동 양육에 관련된 여러 사람(가능하면 아동 본인도 포함)으로부터 다양한 관점을 얻는 것이 바람직하며, 여러 다양한 기관으로부터의 자료가 요구된다. 성공 가능성이 높은 적절한 개입을 위한 치료 계획을 개발하려면 아동의 발달적, 환경적 및 심리사회적 요인과 아동의 강약점, 현재 받고 있는 지원 등 아동의 발달 전반에 걸친 어려움의 특징과 복잡성을 완전히 이해하는 것이 중요하다. 이 과정에서 아동이 겪는 동반 질환 및 사회적 문제뿐만 아니라 가족 내 문제도 염두에 두는 것이 필요하다. 임상 평가는 교실에서의 관찰과 구조화되지 않은 쉬는 시간이나 점심 시간 놀이터와 같은 상황에서 아동이 어떻게 행동하는지에 대한 보고서를 통해 지원할 수 있다.

측정 도구

아동의 불안에 대한 평가는 여러 가지가 있는데, 일반적으로 사용하는 평가로는 정서적 증상을 검토하는 2세 이상을 대상으로 하는 강점 난점 질문지(SDQ; Goodman, 1997)와 6세 이상을 대상으로 하는 범불안장애, 사회불안장애, 공황장애를 포함한 다양한 진단적 특성에 걸친 불안을 측정하는 개정된 아동 불안 및 우울 척도(Revised Children's Anxiety and Depression Scale, RCADS; Chorpita, Yim, Moffitt, Umemoto & Francis, 2000)가 있다. 부모/보호자 및 교사가 아동에 대한 관찰과 지식을 바탕으로 평가하며, 자기 보고식 측정도 가능하다. 그 후 아동의 연령과 성별에 따른 표준화된 점수와 비교해서 채점한다. 이러한 측정은 기준선이 되며, 이는 치료 과정 내내 반복 측정할 수 있다. 스펜스 아동불안 척도(Spence Children's Anxiety Scale; Spence, 1998)는 8세 이상 아동을 대상으로 한 불안 척도로 부모, 보호자, 자기 보고식으로 평가하는 형식이 제공되며 부모용 유아판도 제공된다. RCADS와 스펜스 아동불안 척도는 문항이 많기 때문에 아동이 직접 설문지를 작성할 수 있게 성인이 도와줄 필요가 있다. ADHD가 있는 아동은 질문을 잘못 읽고 답을 놓치고 충동적으로 응답하고 잘못된 답을 할 수 있다. 하지만 응답을 유도하는 질문을 하지 않는 것이 중요하다. 읽기에 어려움을 겪는 아동은 항상 문항을 읽어주어야 하고, 많은 척도와 마찬가지로 평가는 편향될 수 있으므로 숙련된 전문가가 신중하게 해석해야 한다.

임상 면담

평가에는 현재 문제를 더 잘 이해하기 위해 아동과 부모/보호자 모두의 면담이 포함되어야 한다. 때때로 불안은 약물의 부작용일 수 있으므로 불안의 시작과 잠재적 유발 요인을 파악하는 것이 중요하다. 면담에서 다루어야 할 영역과 가능한 질문은 다음과 같다.

> "불안은 언제부터 시작되었나요?", "처음 불안해진 사건을 기억할 수 있나요?", "불안의 원인이 무엇인지 알고 있나요?", "어떤 상황에서 아동이 불안을 느끼나요?", "아이와 주변 사람들 모두가 얼마나 괴로운가요?"(0=전혀 괴롭지 않음, 5=매우 괴로움으로 5점 척도로 평가), "아동은 불안 증상을 관리하기 위해 무엇을 하나요?", "아동이 그 상황에서 보통 어떻게 행동하나요?"(회피 행동과 안심을 얻기 위한 행동에 유의할 것), "다른 사람들은 어떻게 반응하나요?", "다른 사람들은 무엇을 하나요?"(친구, 부모/양육자, 교사, 형제 자매 등이 포함될 수 있음)

아동 주변의 어른들은 미리 상황이 발생할지 예측하고 이에 대한 계획을 세우는지, 아동을 안심시키거나 도망치게 하기보다는 맞서도록 격려하는지, 혹은 어떤 방식으로든 상황을 회피하도록 돕는지 파악하는 것이 중요하다. 이러한 접근 방식은 가정, 학교, 외부 환경에서 아동에게 어떤 영향을 미치는가? 그리고 어른들은 무엇이 달라지기를 바라는가?

면담 시 불안을 유발하는 구체적인 상황(예 : 지시 듣기, 지시 따르기, 학교 준비물 계획 및 정리, 소리 내어 말하거나 대사를 외우는 등의 수행, 사회적인 상황, ADHD를 이해하지 못하는 사람들과 함께 있는 상황, 아동이 좋은 인상을 남기고 싶어 하는 상황, 규칙을 지켜야 하는 상황 등)을 파악한다. 이 문제는 조용히 기다려야 할 때(예 : 줄을 서거나 게임에서 자신의 차례를 기다릴 때)와 같이 특정 시간에 유발될 수 있는데, ADHD 아동은 기다리는 것을 매우 싫어하기 때문이다. 면담이 끝날 때쯤 임상가는 불안이 언제 나타나는지, 불안이 ADHD 증상의 심각성 및 표현과 어떻게 연관되어 있는지, 가정과 학교에서 불안이 어떻게 이해되고 있는지, 현재 불안이 개선 또는 유지될 수 있는 대처 전략이 무엇인지에 대한 '전체적인 그림'을 얻어야 한다.

사고

불안은 부정적 생각이나 타인의 부정적인 반응에 대한 우려에 의해 유지된다. "나는 할 수 없어", "잘못될 거야", "혼날 거야", "싫어할 거야"와 같은 생각은 불안과 스트레스를 증가시킨다. 아동은 자신이 가진 것보다 더 많은 자원이 필요하다고 생각한다. 어느 정도 이 판단은 정확할 수 있는데, 아동은 개인적, 사회적 기술을 발달시키는 과정에 있기 때문이다. 이러한 기술은 아동마다 습득 속도가 다를 수 있다. 특히 ADHD 아동은 과거의 경험과 타인으로부터 받은 부정적인 피드백으로 인해 자신감이 낮고 자기 효능감도 낮아지는 추가적인 어려움을 겪는다.

감정과 생리학적 특성

아동(특히 어린 아동)은 아직 자신의 감정을 표현 할 언어를 습득하는 과정에 있으며, ADHD 아동에게는 언어 및 의사소통 장애가 흔히 나타난다. 이들은 자신의 감정을 '불안'이라고 표현하기보다 스트레스, 걱정, 긴장, 공황 상태, 불편함, 두려움과 같은 단어를 사용할 수 있다. 또한 몸이 떨리거나 아픈 느낌, 두통과 같은 신체적 증상을 호소하기도 한다. 아동이 은유나 그림을 사용해 창의적이고 개별적인 방식으로 감정을 표현하도록 격려해야 한다. 또한 아동에게 불안을 묘사할 수 있는 단어를 제시하여 아동이 표현할 언어를 '빌려' 사용할 수도 있다.

아동에게 불안 증상이 주는 경험 자체가 그와 관련된 생각이나 상황만큼이나 괴로울 수 있다는 점을 기억해야 한다. 경우에 따라 아동은 불안을 너무 심하게 경험하여 자해를 하기도 하는데, 흔히 자해는 손목을 긋는 방식으로 나타난다. 그러나 아동이 생각, 감정, 행동 사이의 연관성을 스스로 깨닫는 경우는 드물며, 성공적인 개입을 위해 반드시 그 연관성을 이해할 필요는 없다. 어린 아동의 경우 개입은 주로 행동에 초점을 맞추는 반면, 나이가 많은 아동은 인지적 중재를 적용할 수 있는데 생각, 감정, 행동이 불안과 연관되어 있고, 실제로 불안을 유지시키는 역할을 한다는 점을 배우는 것이 도움이 될 수 있다.

불안은 각성을 증가시키며, 이는 아동에게 짜증과 좌절(경우에 따라서는 공격적인 행동)로 나타날 수 있다. 따라서 짜증, 안절부절못함, 낮은 좌절 인내력, 공격성과 같은 증상이 있는지를 평가 과정에서 탐색하는 것이 중요하다. 안절부절못하고, 신경질적이며, 참을성이 없고, 예상치 못한 요구나 과제 또는 문제를 감당하지 못하는 모습으로 나타날 수 있다. 따라서 치료사는 이러한 문제의 근본 원인이 불안인지 여부를 판단하는 것이 중요하다. 이 판단은 문제를 해결하기 위한 개입 선택에 영향을 미친다. 만약 근본 원인이 불안이 아니라면 8장에서 다루는 좌절과 분노 관련 개입(또는 문제 상황에 따라 다른 개입)이 더 적합할 수 있다. 그러나 근본적인 불안이 존재하거나 의심된다면 이 장에서 제시된 개입이 반드시 포함되어야 한다.

행동

회피는 가장 흔한 행동 문제이다. 예를 들어 학교 연극에 출연해야 하는 아동이 불안해하며 대사를 잊어버리고, 다시 그 일이 일어날까 걱정하여 연습을 회피하는 경우를 들 수 있다. 이러한 회피는 심각한 수준에 이를 수 있으며, 일부 아동은 학교에서 매우 부정적인 경험을 하고 무단결석, 꾀병, 혹은 노골적인 등교 거부로 학교를 회피하기도 한다. 따라서 아동, 부모/양육자, 교사가 사용하는 현재의 대처 전략(효과적인 것과 비효과적인 것 모두)을 평가하는 것이 중요하다. 회피는 단기적으로는 불안을 줄일 수 있지만, 장기적으로는 아동이 새로운 기술을 배우는 것이나 불안을 유발하는 상황에서도 잘 대처할 수 있다는 것을 배우지 못하게 하여 오히려 불안을 지속시키게 된다.

성인들이 흔히 사용하는 지원 방법 중 하나는 아동을 안심시켜 기분을 나아지게 하는 것이다. 하지만 아동은 이러한 안심에 지나치게 의존하게 될 수 있다. 치료사는 불안을 유발하는 상황뿐만 아니라 비슷한 상황도 탐색하며, 다른 환경에서 성공적으로 사용된 긍정적이고 도움이 되는 전략을 파악하는 것이 좋다. 아동이 차분하고 침착하게 머물 수 있도록 도와주는 것은 무엇인가? 아동이 불안감을 느끼는 상황에 직면하기 전에 물러날 수 있는 학교 내 '안전한 장소'가 있는가? 불안을 유발하는 상황에 아동이 직면했지만 결과적으로 잘 해결된 적은 언제였는가? 아동이 걱정스러운 상황에 직면해야 할 때 가장 잘 도와주는 사람은 누구인가? 그 사람은 어떤 접근 방식을 사용하는가?

창의적 방법

불안한 감정을 느낄 때 아동은 자신의 감정을 말로 표현하는 데 어려움을 겪을 수 있다. 이러한 경우 치료사가 종이에 큰 '불안 주머니'를 그려 아동과 함께 불안에 대한 이해를 논의할 것을 제안한다. 아동이 알고 있는 단어는 무엇인가? '걱정'이라는 말을 들어본 적이 있는가? 아동이 화가 나거나 두려움을 느끼는 것은 무엇인가? 아동은 걱정이 많은 다른 사람을 알고 있는가? 그들의 걱정은 무엇인가? 치료사는 단어, 그림, 또는 불안이 아동에게 의미하는 것을 표현하는 이미지 등을 활용하여 아동이 자신의 불안으로 주머니를 채우도록 돕는다. 여기에는 아동이 자신의 몸에서 불안을 어떻게 알아차리는지, 경계하는 상황은 무엇인지, 그리고 머릿속으로 어떤 생각이 스치는지가 포함될 수 있다. 균형을 유지하기 위해 대화는 아동이 걱정을 어떻게 다루는지, 누가 도와주는지, 그리고 어떤 상황에서 편안하고, 차분하며, 행복함을 느끼는지에 대한 내용을 포함해야 한다.

불안을 위한 인지행동치료

어린 아동을 대상으로 하거나 활동지를 치료의 기초로 사용하는 경우 첫 회기는 항상 활동지 1, 2, 3으로 시작한다. 아동에게 버즈와 그의 가족을 소개하고(활동지 1), 긍정적인 자기 대화를 소개하고(활동지 2), 보상 시스템을 확인해야 한다(활동지 3). 보상 및 자기 대화 전략은 가정 및 학교에서, 그리고 회기 내에서 적용할 수 있다. 도입 회기를 계획하고 진행하는 방법에 대한 개요는 3장을 참조한다.

불안 회기의 중재와 활동지의 목표는 아동에게 불안의 개념을 소개하고 그들의 신체에서 불안을 인식하는 방법을 가르치며, 불안을 유발하는 상황을 이해하도록 돕는 것이다. 또 다른 목표는 ADHD와 불안 사이의 관계를 이해하고, 이를 관리하기 위한 인지적, 행동적 기술을 습득하도록 돕는 것이다. 치료사는 회기 내 활동계획을 설정하고, 완료한 홈미션을 확인하고, 새로운 활동지(또는 나이가 많은 아동에게는 '전략들')를 통해 작업하고, 새로운 홈미션을 설정하여 이러한 목표를 달성할 수 있다. 필요한 경우 회기 중간에 휴식 시간을 가질 수 있는데, 이는 특히 어린 아동에게 중요할 수 있다. 회기의 구조와 내용에 대한 일반적인 정보는 2장에 제시되어 있으며, 이 장에서는 불안 회기의 진행과 관련된 추가적인 정보가 포함되어 있다.

회기 내 활동계획

회기가 시작될 때 아동에게 회기 전에 준비한 회기 내 활동계획서(그림 7.2

활동계획

파일 검토

캠핑장에 가다 [활동지 11]

휴식 시간

학교에서 연극을 하다 [활동지 12]

호흡 연습(선택 사항)

홈미션 안내

그림 7.2 불안 회기 내 활동계획 예시

참조)를 보여주고, 이를 검토하면서 회기 중에 소개할 주제와 활동지를 연결하여 설명한다. 불안 모듈에서는 활동지 11과 12를 소개하면서 다음과 같이 말한다.

> "오늘은 버즈가 처음으로 캠핑을 갔을 때 어떻게 대처했는지 배워볼 거예요! 버즈는 조금 긴장한 것 같았어요. 그다음에는 잠깐 쉬는 시간을 가질 거고, 색연필로 활동지에 색칠을 할 수 있어요. 그 후에는 버즈가 학교 연극에 참여한 이야기를 읽고, 여러분이 걱정되는 일을 해야 했던 때에 대해 함께 생각해볼 거예요."

파일 검토

아동과 함께 파일을 검토하는 것은 홈미션이 완료되었는지 확인하는 것 외에도 중요한 정보 또는 개념을 수정할 기회를 가질 수 있으며, 이를 학습이나 새로 습득한 기술과 통합하는 데에도 도움이 될 수 있다. 아동이 파일에 추가한 그림이나, 색칠, 그림, 오려 붙인 잡지 또는 사진을 살펴보는 시간을 갖는다. 그것들에 대해 토론하고 버즈와 그의 가족에 대한 이야기와 연결시키며, 이전에 다루었던 주제나 전략과도 연결시키도록 노력하는 것이 중요하다. 이는 행동 수정을 촉진할 뿐만 아니라 아동에게 보상 시스템으로 작용할 수도 있다. 칭찬은 구두로 해야 하지만 스티커, 손글씨 메모 또는 웃는 얼굴을 추가하여 보상할 수도 있다. 홈미션을 설정했다면 홈미션 기록지에서 부모/보호자의 의견과 피드백을 검토하고 이에 대해 아동과 논의해야 한다. 파일 검토 및 홈미션에 대한 자세한 내용은 2장을 참조하면 된다.

활동지 11. 캠핑장에 가다

활동지 설명

스카우트 대원들이 주말에 캠핑을 떠나요. 하루종일 게임을 하고 저녁에는 캠프파이어를 하고 텐트에서 잠을 잔다고 하니 정말 재미있을 것 같네요! 버즈는 특히 새 캠핑 배지를 소매에 달 수 있을지도 모른다는 생각에 기대로 부풀어 있어요. 캠핑 주말을 이틀 앞두고 버즈는 걱정이 되기 시작합니다. 버즈가 집을 떠나는 것은 이번이 처음이거든요. 윌마와 가족, 그리고 침대가 그리울 거라는 걸 알아요! 그곳에는 다른 스카우트 그룹도 있을 텐데, 버즈는 다른 그룹 대원들을 만나는 것도 걱정돼요.

활동지 프롬프트

- 걱정이란 무엇인가요?
- 버즈는 어떤 기분일까요?
- 불안하거나 긴장될 때 여러분의 몸은 어떻게 반응하나요?
- 버즈처럼 느꼈던 때에 대해 말해줄 수 있나요?
- 걱정될 때 침착함을 유지하기 위해 무엇을 하나요?
- 걱정될 때 다른 사람들이 여러분을 돕기 위해 할 수 있는 일은 무엇인가요?
- 버즈가 기분이 나아지도록 도울 수 있는 모든 방법들을 함께 적어봅시다.

이제 버즈에게 도움이 될 거라고 생각한 것들을 살펴보고 여러분에게도 도움이 될 만한 것들에 동그라미를 표시하세요.

활동지 11은 불안 조절에 대한 것이다. 이 활동에서는 불안을 '걱정'이라는 개념으로 소개한다. 아동에게 버즈의 경험을 통해 자신의 걱정과 불안 감정을 표현할 기회를 제공하여 자기 성찰과 인식을 높인다. 이 연습은

ADHD가 있는 아동이 흔히 직면하는 친구를 사귀고 유지하는 것, 또래집단 상호작용 같은 도전을 바탕으로 구성되어 있다. 토론을 통해 아동이 불안 감소에 적용할 수 있는 사회적 지지를 포함한 기능적 불안 관리 전략을 생각해보도록 유도한다.

아동에게 과제 활동지를 소리 내어 읽어주거나, 아동이 원한다면 함께 읽는다. 아동이 이야기를 이해했는지 확인하고 질문이 있다면 대답해준다. (스카우트는 '아이들이 함께 기술을 배우고 활동하는 집단'이라고 설명할 수 있다.) 이 이야기에서 버즈는 주말에 스카우트 캠핑을 가는데, 기대를 하고 있긴 하지만 집을 떠나는 것에 대한 걱정도 있다. 그는 한 번도 집을 떠나 본 적이 없었다. 주말이 다가올수록 그의 불안은 커지고 새로운 사람들을 만나고 새 친구를 사귀는 것에 대한 걱정스러운 생각이 들며, 배가 아픈 것으로 인식되는 불안의 신체적 증상을 경험하기 시작한다. 아동이 이해하고 잘 들었는지 확인하며 이야기를 탐색하도록 도울 수 있다. "버즈는 어디서 잘까요?", "윌마가 누구인지 기억나나요?" 아동은 자신의 캠핑, 게임 또는 반려동물에 대한 이야기를 할 수 있다.

우선 아동에게 걱정이 무엇이라고 생각하는지 물어보는 것으로 시작한다. 아동이 '불안'이라는 단어에 익숙하지 않다면 이를 설명한다. 목표는 걱정이 마음속의 생각이나 그림이라는 것을 인식하도록 아동을 돕는 것이다. 어린 아동은 도움 없이는 이를 인식하지 못할 수 있지만, 나이 든 아동은 스스로 설명할 가능성이 높다. 이를 말풍선 안에 같이 적은 후에 버즈가 어떤 기분이었는지를 파악하는 다음 과제로 넘어간다. 많은 감정이 어울릴 수 있으며, 모든 감정을 적을 수 있도록 큰 종이를 준비하는 것이 좋다. 예를 들어 흥분, 두려움, 긴장, 불안, 걱정, 행복 등이다. 아동이 언급한 감정을 강조하고 "맞아요, 버즈는 아마도 캠핑 가는 것이 흥분되고 윌마를 떠나는 것이 슬프고 집을 떠나 새로운 곳에 가고 새 친구를 사귀는 것에 대해 걱정되는 등 한꺼번에 많은 감정을 느꼈을 거예요"라고 말하며 그들의 대답을 확인할 수 있다. 그런 다음 "무서워하거나 걱정될 때 몸에서 어떤 느낌이 드나요?"라고 묻는다. 걱정과 불안을 느끼는 것 사이의 명확한 연결을 만드는 것이 중요하다.

다음으로 아동이 버즈처럼 느꼈을 때를 생각해보도록 하고(예 : 학교 가기, 새로운 곳에 가기, 사람들 앞에서 말하기, 대회에 참가하기) 아동의 이야기를 듣는다. 이는 아동이 침착함을 유지하기 위해 이미 하고 있는 것에 대해 이야기하는 것으로 이어져야 한다. 아동은 이 영역에서 다양한 수준의 기술을 가지고 있을 수 있으며 어떤 아동은 "모르겠어요"라고 말할 수 있고 또 어떤 아동은 이미 전략을 가지고 있을 수 있다. "걱정될 때 숨을 깊이 쉬어본 적이 있나요?", "누군가와 이야기해본 적이 있나요?", "아니면 괜찮을 거라고 스스로에게 말해본 적이 있나요?"와 같은 아이디어로 그들을 도울 수 있다.

마지막으로 다른 사람들이 자신을 위해 무엇을 해주는지 생각해보도록 격려한다. 어린 아동은 예시를 통해 더 쉽게 이해할 수 있다. "○○이가 자기 방에서 혼자 자는 것을 걱정했지만 스스로 할 수 있다고 말했고, 엄마도 들어와서 확인을 해주었죠"라고 요약하는 것을 잊지 말자.

버즈의 이야기로 돌아가서 아동이 토론 활동지를 버즈의 상황에 도움이 될 수 있는 아이디어로 채울 수 있도록 독려한다. 예를 들어 아동은 주말 계획을 정확히 알아보거나, 인터넷에서 캠프장을 찾아보거나, 스카우트 리더와 대화하거나, 집과의 연락을 준비하거나(필요한 경우), 집에서 가져갈 물건들(예 : 사진, 좋아하는 장난감, 위안이 되는 물건)을 챙기거나, 떠나 있는 동안 열어볼 수 있는 집에서 온 편지를 가져가거나, "괜찮을 거야, 나는 할 수 있어” 또는 “재미있을 거야”라고 자신에게 말하며 긍정적인 자기대화(도움이 되는 생각)를 사용할 수 있다. 그런 다음 버즈를 위해 만든 전략 목록을 검토하고 아동이 걱정할 때 도움이 될 수 있는 아이디어에 동그라미를 표시한다.

회기에서 아동의 노력에 대해 칭찬한다. 이 활동지를 기반으로 홈미션을 설정하는 경우 아동에게 다음 사항을 요청한다.

1. 그림과 말풍선을 색칠해서 활동지를 꾸미거나 이야기 주제와 관련된 사진, 잡지, 만화 등의 그림을 추가해보기
2. 불안 탐정이 되어 일주일 동안 있었던 걱정이나 긴장되거나 불안했던 때를 노트에 기록하고 다음 회기에 가지고 오기(치료사가 원인을 탐색하고 도움이 될 수 있는 대처 전략을 파악하기 위한 것이다.)
3. 활동지에서 걱정에 도움이 될 수 있는 아이디어 중 하나 이상을 시도해보기. 부모/보호자 또는 교사에게 전략을 시도하고 아이디어를 실행하는 데 도움을 요청할 수 있다.

홈미션을 설정했다면 부모/보호자에게 홈미션 기록지를 작성하도록 하고 다음 회기에서 검토할 수 있도록 파일에 넣을 것을 상기시킨다.

중간 휴식

휴식 시간은 2장에 설명한 대로 회기의 적절한 시점에 제공한다.

활동지 12. 학교에서 연극을 하다

활동지 설명

버즈는 학교 연극에서 역할을 맡았어요. 연극은 학기 말에 학생 전체와 선생님들, 가족들 앞에서 공연될 예정인데, 그 날이 가까워지자 버즈는 매우 긴장하기 시작했어요. 작년에는 대사를 잊어버려서 선생님이 여러 번 힌트를 줘야 했는데, 모든 사람이 지켜보는 가운데 버즈는 바보가 된 것같이 느꼈어요. 관객을 볼수록 대사를 기억하고 집중하는 것이 더 어려웠어요. 이번에는 잘하고 싶어서 버즈는 집과 학교에서 많은 연습을 했어요. '대망의 날'이 다가왔고, 너무 걱정되어 몸이 조금 아프기까지 하고, 마치 배 속에서 나비가 날아다니는 것 같은 기분이 들었어요. 버즈는 더 이상 하고 싶지 않아졌어요.

활동지 프롬프트

- 버즈가 걱정하고 긴장하는 것들에 대해 모두 말해보아요.
- 버즈는 어떤 일이 일어날거라고 생각하나요?
- 버즈가 걱정을 하면 집중력에는 어떤 변화가 생길까요?
- 버즈가 연극에서 빠지면 어떤 일이 일어날까요?
- 버즈는 어떻게 느끼고 있을까요? 여러분도 그런 기분을 느낀 적이 있나요?
- 이제 버즈가 기분이 나아지게 할 수 있는 방법을 찾아봐요.

이제 버즈에게 도움이 될 거라고 생각한 것들을 살펴보고 여러분에게도 도움이 될 만한 것들에 동그라미를 표시하세요.

활동지 12는 아동의 불안이 어떻게 그들의 수행에 부정적인 영향을 미칠 수 있는지 생각하도록 돕는 것을 목표로 한다. 또한 불안과 ADHD 증상 사이의 관계를 살펴보도록 안내한다. 아동은 불안의 부정적 순환 개념을 배우게 되며, 과거의 행동과 경험이 미래 행동에 대한 기대에 영향을 미치고, 이것이 다시 자기 충족적 예언이나 회피, 철회로 이어져 하향 나선의 악순환을 만드는 과정을 이해하게 된다. 아동과 함께 회피의 역기능적 결과에 대해 논의하고 성공적인 과제 달성을 도와주는 대안적인 긍정적 전략을 파악해야 한다.

이 이야기는 학교 연극에서 잘 수행할 수 있을지에 대한 불안감을 다룬다. 버즈는 작년에 대사를 잊어버렸고 그 일이 다시 일어날까 봐 걱정하고 있다. 연습을 했음에도 불구하고 당일에는 너무 불안해서 아프다고 하며 연극을 하고 싶지 않아 한다. 지켜보는 모든 사람이 자신을 비웃거나 바보라고 생각할까 봐 두려워한다. 과제 활동지를 아동에게 읽어주거나 아동이 원한다면 함께 읽는다. 아동이 이야기를 이해했는지 확인하고 질문에 답하도록 한다. 아동이 자신의 학교 연극에 대한 이야기, 특히 역할을 맡아 불안했던 경험이 있다면 이를 이야기하도록 격려한다.

우선 아동이 버즈가 무엇에 대해 불안해하고 있는지 고려하도록 돕는 것으로 시작한다. "버즈는 무슨 일이 다시 일어날까 봐 걱정하고 있나요?", "지난번에 무슨 일이 있었기에 버즈가 불안해할까요?", "버즈는 사람이 많아서 긴장하고 있다고 생각하나요?"라고 물어볼 수 있다. 아동이 버즈의 걱정이 무엇일지에 대한 구체적인 의견이 있다면 이를 함께 적을 수 있다. 예를 들면 "버즈는 '안 돼, 잘못되면 어쩌지!'나 '난 할 수 없어'라고 생각하고 있어요"와 같다. 이는 버즈가 무슨 일이 일어날 것이라고 생각하는지에 대해 아동이 생각해보는 것과 연결 지을 수 있다.

이어서 "버즈가 걱정할 때 그의 집중력은 어떻게 되나요?"라고 물어본다. "사람들이 걱정할 때는 집중하고 필요한 것들에 주의를 기울이는 것이 더 어려워져요. 이는 걱정에 대해 생각하느라 그래요"라고 요약할 수 있다.

나이가 있는 아동은 주의력에 어려움이 있는 아동에게 이러한 문제가 왜 더 심각하게 나타나는지 연결지어 생각할 수 있을 것이다.

버즈가 연극을 포기할 경우의 잠재적 결과에 대해 논의한다. 예를 들어 자신과 반 친구들, 선생님, 가족을 실망시키는 것 등이다. 급하게 대체할 사람을 찾아야 하고 그 아동은 연습할 시간이 많지 않을 것이기 때문에 모든 사람을 실망시키게 될 것이다. 만약 아동이 버즈가 연극을 그만두면 기분이 나아질 것이라고 생각한다면 이것이 단기적인 해결책이라는 것을 깨닫도록 도와준다. 결국 아동은 스스로에게 화가 나고 실망할 수 있다. 이것은 걱정을 극복하는 해결책이 되지 않는다. 이는 버즈가 자신의 감정을 관리하기 위해 할 수 있는 일들에 대한 의견을 내도록 하는 좋은 시작점이 될 수 있다. 예를 들어 더 자신감을 느끼도록 도와주는 긍정적인 자기 대화(도움이 되는 생각)를 사용하는 것이다. 다른 의견으로는 선생님과 대화하기, 추가 연습과 리허설하기, 또는 긴장을 풀고 편안해지기 위해 무언가를 하는 것(예 : 깊게 숨쉬기, 누군가와 대화하거나 머릿속으로 숫자를 세는 등으로 부정적인 생각에서 주의를 돌리기) 등이 있다.

아동에게 호흡과 이완 기법을 소개하고 함께 연습한다. 전형적인 호흡과 이완 운동은 'So, I have ADHD'라는 심리교육 자료에 포함되어 있으며, 이는 심리 서비스 웹사이트 www.psychology-services.uk.com/service-users.htm에서 다운로드할 수 있다. 부모/보호자가 함께 연습하는 것이 도움이 되는데, 이를 통해 집에서 어떻게 하는지 배울 수 있기 때문이다.

회기에서 아동의 노력에 대해 칭찬한다. 이 활동지를 기반으로 홈미션을 설정하는 경우 아동에게 다음 사항을 요청한다.

1. 그림과 말풍선을 색칠해서 활동지를 꾸미거나 이야기 주제와 관련된

사진, 잡지, 만화 등의 그림을 추가해보기

2. 부모/보호자와 함께 집에서 호흡과 이완 기법을 연습하기
3. 침착함을 유지하기 위한 자기 대화 문구(도움이 되는 생각)를 만들어 보기. 예를 들면 "나는 최선을 다해서 해볼 거야" 같은 것으로, 이를 색이 있는 포스터로 만들어 다음 회기에 가져와서 보여준다.

홈미션을 설정했다면 부모/보호자에게 홈미션 기록지를 작성하도록 하고 다음 회기에서 검토할 수 있도록 파일에 넣을 것을 상기시킨다.

피드백 및 보상

회기가 끝나면 활동지 3의 보상 과제에서 확인한 적절한 보상을 적용해야 한다(예 : 아동이 긍정적인 자기 대화에 참여해야 한다). 피드백 및 보상에 대한 자세한 내용은 2장을 참조한다.

부모/보호자와 협력하기

이 절에서는 부모/보호자가 아동의 불안감을 조절하고 과잉행동을 줄이거나 대처할 수 있도록 지원하기 위해 적용할 수 있는 전략을 제시한다.

달성할 수 있는 목표에 대해 현실적으로 생각하는 것이 중요하다. 자녀의 행동에 잘 대처하기 위한 전략을 배우는 것이 아동의 행동 자체를 개선하기 위한 전략을 배우는 것만큼이나 도움이 될 수 있다. 아동이 다양한 상황에서 여러 번 불안해하고 걱정하는 것은 당연하다. 그러나 때때로 불안은 행동, 수행 및 건강에 부정적인 영향을 미칠 수 있다.

부모/보호자와 협력할 때 불안에 대해 잘 이해하고 불안이 아동의

ADHD 증상에 어떤 영향을 미치는지에 대해 잘 이해하도록 돕는 것이 중요하다. 과거의 경험이 미래의 유사한 상황에서 어떤 일이 일어날지 예측하게 하고, 이것이 차례로 그들의 생각, 감정, 행동에 어떤 영향을 미치는지에 대해 이야기할 수 있다. 또한 이것이 어떻게 기대와 행동의 악순환으로 이어지고, 어떻게 점점 더 악화되어 일부 상황을 완전히 회피하게 되며 '내가 괜찮았던 것은 그것을 피했기 때문'이라는 믿음을 갖게 되는지 설명한다. 부모/보호자는 불안과 걱정이 주의력 부족과 안절부절못함을 증가시키고 명확한 사고를 방해함으로써 ADHD 증상을 악화시키며, 이로 인해 충동적인 반응의 위험이 더 커지고, 결과적으로 다른 사람들의 주의를 끌게 된다는 사실을 알지 못할 수 있다. 아동이 인정과 지원을 받는다면 이는 좋은 일일 수 있지만, 실수와 실패로 인해 더 자주 꾸중을 들을 가능성이 있다면 나쁜 일일 수도 있다.

이 절에서는 부모/보호자가 현실적인 기대치를 세우는 것과 함께 아동이 불안을 유발하는 상황에 직면하고, 안절부절못하는 감정을 조절하며, 호흡과 이완 기법을 활용하도록 지원하기 위해 적용할 수 있는 행동 전략에 대해 논의한다. 또한 아동이 문제해결에 초점을 맞춘 접근을 사용하도록 돕는 인지 기법과 스트레스 상황에서 자기 대화와 긍정적인 자기 진술을 활용하도록 돕는 방법도 함께 다룬다. 부모/보호자와 함께 작업할 때 치료사는 제안된 기술과 전략을 소개해야 한다. 가능하다면 회기 중에 아동이 없는 상태에서 역할극을 통해 연습하고 시뮬레이션할 수 있다. 이후 회기에서 부모/보호자는 가정에서 이러한 기법을 어떻게 적용했는지 치료사에게 알려주어야 한다. 또한 기술이나 전략을 실행하는 과정에서 발생한 어려움이나 장애물을 논의하고 해결하는 것이 중요하다.

행동을 변화시키고 인지적인 기술을 향상시키기 위한 핵심 전략은 성공을 촉진할 만한 동기를 찾는 것이다. ADHD 아동은 더 크고 좋은 보상일지라도 장기적인 보상에 대한 만족 지연이 어렵기 때문에 즉각적인 보상에 더 잘 반응하는 경향이 있다. 성공에 대한 동기 부여(스티커판 사용 포함) 및 부모/보호자와 협력하는 것과 관련된 일반적으로 적용할 수 있는 주제들은 2장에 설명되어 있다. 불안 회기 진행과 관련된 보충 정보는 이 장에서 다룬다.

현실적인 기대

일부 아동은 부모/보호자의 기대를 충족하지 못한다고 느낄 때 스트레스나 불안을 겪는다. 따라서 부모/보호자가 아동의 역량(강점과 약점)을 현실적으로 파악하고, 아동이 할 수 있는 것과 달성 가능한 범위를 이해하도록 돕는 것이 필수적이다. 때로는 아동이 어떤 일을 할 수 없어서 못하는 것인지, 아니면 의도적으로 하지 않으려는 것인지 부모/보호자가 구분하기 어려울 수 있다. 특히 아동이 허세나 미루기를 통해 문제를 감추는 데 능숙하다면 그러한 상황이 더 두드러진다. 아동의 역량을 현실적으로 평가하면 아동이 달성 가능성이 높은 현실적인 목표를 세울 수 있고, 이는 모두에게 이로운 '윈윈' 상황이 된다.

피하지 않고 직면하기(단계적 접근)

불안을 극복하기 위한 효과적인 방법 중 하나는 불안을 유발하는 상황에 직면하는 것이다. 이를 위해 아동이 감당할 수 있는 쉬운 단계부터 시작해서 점차 원래의 상황에 익숙해지도록 돕는 '단계적 접근(Graded Hierarchy)'을 사용한다. 이 방법의 목적은 자신감과 대처 능력을 높이고, 이후에 비슷한 상황에 직면했을 때 필요한 기술을 개발하도록 돕는 것이다. 특히 어떤 상황에 참여하기를 꺼리거나 그 상황 자체를 완강하게 피하려는 아동에게는 이 방법이 더욱 중요하다. 작고 감당하기 쉬운 단계부터 진행하면 아동과 부모/보호자가 긍정적인 경험을 하며 성공하게 될 가능성이 커진다. 부모/보호자에게 '사다리'를 비유 삼아 단계적 위계를 어떻게 만들어 나갈 수 있는지 설명해준다. 우선 쉬운 상황에서 시작하여 사다리를 올라갈수록 점차 어려운 상황으로 넘어가는 방식이다. 부모/보호자가 아동과 함께 이 상황들에서 아동이 느낄 불안의 정도를 평가하는데, 예를 들어 가장 쉬운 상황은 불안감 1/10, 가장 어려운 상황은 10/10으로 점수를 매긴다. 그 후 아동은 단계적 위계에서 가장 쉬운 상황에 직면하는 첫걸음을 시작하게 된다.

불안을 유발하는 상황에 직면하려면 준비 과정이 필요하다. 따라서 부모/보호자와 함께 "어떻게 하면 좀 더 수월해질까? 무엇이 더 어렵게 만들까? 스스로에게 어떤 말을 해주면 도움이 될까? 누군가 도움을 줄 사람이 있을까?" 등과 같은 질문을 통해 아동을 어떻게 준비시킬지 논의한다. 첫 단계는 항상 가장 도전이 적은 상황부터 시작해야 하며, 이후 점차 난이도를 높여나간다(예 : 부모/보호자와 함께 가보기 → 친구와 안정을 주는 물건을 가지고 가보기 → 친구와 가보기 → 안정을 주는 물건만 가지고 가보기 → 혼자 가보기). 회기에서 부모/보호자와 함께 이 기술을 미리 연습해 보고, 각 단계마다 아동이 목표를 달성할 수 있는 인지적 전략을 찾아 적용하도록 하는 것이 중요하다는 점을 강조한다. 또한 부모/보호자에게 스티커판, 칭찬과 보상은 아동이 긍정적이고 의욕적인 상태를 유지하게 해주며, 그 노력을 강화시키는 데 매우 중요한 방법임을 상기시킨다.

불안정함

아동은 걱정거리에 대해 솔직하게 표현하지 않을 수 있다. 부모/보호자에게 불안이 불안정함(restlessness)과 과잉행동을 증가시킬 수 있다는 점을 상기시켜 주어야 한다. 아동이 평소보다 더 들떠 있거나 활동적인 것처럼 보인다면, 그 원인이 불안이나 걱정에서 비롯된 것인지 고려해볼 필요가 있다. 불안이 촉발되는 상황에 어떻게 대응해야 하는지 도울 수 있는 전략을 개발할 때 불안정한 감정을 해소할 수 있는 전략도 포함시키는 것이 좋다(5장 참조).

호흡과 이완

아동에게 호흡과 이완 기술을 소개한다. 전형적인 호흡 및 이완 운동은 심리교육 자료인 'So, I have ADHD'에 포함되어 있으며, 심리 서비스 웹사이트 www.psychology-services.uk.com/service-users.htm에서 다운로드할 수 있다. 부모/보호자는 이 기술을 아동과 함께 연습하여 생리적 증상을 통제하는 데 도움을 줘야 한다. 부모/보호자에게 아동이 이 기술을 연습할수록 더 자연스럽게 될 것이라는 점을 상기시켜 주어야 한다. 연습하기 좋은 시간으로는 잠자리에 들기 전, 여행 중, 학교 가기 전후가 있다. 또한 아동이 불안과 관련된 생리적 증상을 호소할 경우 이 기술을 적용하도록 부모/보호자가 아동을 독려해야 한다.

문제 해결

부모/보호자는 상황에 대처하는 방법을 모르는 것이 불안을 유발할 수 있다는 사실을 인지하지 못할 수 있다. "내가 무얼 해야 하지?"와 같은 생각은 불안을 증가시키고 회피 행동이나 현명하지 못한 충동적 결정으로 이어진다. 이는 문제 해결, 의사 결정 및 해결책을 이행하는 데 이미 어려움을 겪고 있는 ADHD 아동에게 특히 더 해당되는데, 공존하는 불안은 상황을 더욱 악화시켜 아동을 압도하게 만든다. 이러한 문제가 나타날 것 같으면 11장에서 설명하는 적절한 전략을 포함시킬 것을 고려해야 한다.

자기 대화

부모/보호자는 자녀가 긍정적인 자기 대화와 자기 진술(도움이 되는 생각)을 사용하도록 돕는 중요한 역할을 한다. 부모/보호자에게 아동의 자기 대화는 아동이 주변 어른들로부터 듣는, 자신의 역량과 다른 사람들의 상황을 대처하는 능력에 관한 메시지로부터 발달한다고 설명하라. 자기 대화는 또한 아동 자신의 노력으로부터도 발달하며, 부모/보호자는 긍정적인 예를 들어 아동을 격려해야 한다. 자기 대화의 예시(긍정적인 것과 부정적인 것)와 그것이 불안 상태에 미치는 영향을 논의하며, 이것이 아동의 행동에 어떤 차이를 만들어낼 수 있는지 고려해볼 것을 제안한다. 예를 들어 "조금 긴장되지만 최선을 다해볼 거야"라는 생각은 아동이 상황에 적극적으로 참여하도록 동기를 부여하지만, "절대 못 해. 무서워서 그만두고 싶어"라는 생각은 그렇지 않다. ADHD 아동은 불안할 때 긍정적인 생각을 하지 못하고 부정적인 생각들로 마음을 가득 채우기 쉽다. 부모/보호자는 아동 앞에서 긍정적인 자기 대화와 진술을 모델링하고, 긍정적인 자기 대화와 진술을 발전시키는 방법을 고려하도록 격려해야 한다. 또한 아동이 불안해 보일 때 이 기술을 사용하도록 아동을 독려해야 한다. 자기 대화는 다른 사람으로부터의 확신과 긍정적인 말로 강화할 수 있다.

역할 모델

부모/보호자는 자녀에게 중요한 역할 모델이 된다. 아동은 부모/보호자가 걱정하는 것에 대해 불안해하는 것을 '배울' 수 있다. 따라서 부모/보호자가 어떤 것들에 대해 걱정하는지, 그리고 그것들을 어떻게 관리하는지(특히 그들의 반응에서 얼마나 표현적이거나 시범적인지) 파악하는 것이 도움이 될 수 있다. 또한 그들이 자녀의 불안을 어떻게 경험하는지도 중요하다. 부모/보호자는 자신의 불안을 직면하고 긍정적인 태도를 기르기 위한 자기대화 사용, 적응적 행동을 안내하기 위한 긍정적인 자기 진술 사용, 건설적인 문제 해결 방법 적용 및 호흡 및 이완 기술을 적용함으로써 적응 기능을 모델링할 수 있다는 것을 인식해야 한다. 부모/보호자는 자신의 행동을 유도하는 지시를 소리 내어 말함으로써 어떻게 해야 하는지 가르칠 수 있다. 이 방법으로 아동은 부모/보호자로부터 불안에 대해 '배우는' 동시에 그것을 극복하는 방법도 배울 수 있다.

부모/보호자가 무엇을 할 수 있나요?

표 7.1에는 가정에서 실행할 수 있는 전략 목록을 포함한 접근 방식이 요약되어 있다. 전략의 효과를 극대화하기 위해 가능하다면 교사와 논의하여 가정과 학교에서 모두 실행하는 것이 도움이 된다. 많은 부모/보호자와 교사들은 '알림장'을 사용하는 것이 정보를 공유하는 효율적인 방법이라고 생각한다(2장 참조).

영-스미스 프로그램 진행에 대한 중요한 배경 정보에 대해서는 2장을 참고할 수 있다. 어린 자녀의 경우, 부모/보호자가 아이와 각 주제에 권장되는 활동지를 함께 해보는 시간(약 45~60분)을 따로 마련하는 것이 좋다.

표 7.1 불안에 대한 가정 내 전략

현실적인 기대 • 자녀의 강점과 약점을 모두 고려하기 • 자녀가 성공을 경험할 수 있도록 달성 가능한 목표를 설정하기 • 자녀가 허세나 지연 행동으로 근본적인 문제를 가리고 있는지 고려하기
피하지 않고 직면하기 • 자녀와 함께 단계적 계획을 세워 불안을 유발하는 상황에 직면하도록 지원하기 • 각 단계를 평가하고 쉬운 것부터 어려운 것까지 순서대로 배치하기 • 각 단계를 처리하면서 침착함을 유지하고 단계를 성공하는 데 도움이 될 기술을 제안하기 • 자녀의 노력과 성취에 대해 칭찬하고 보상하기
불안정함 • 불안이 불안정함을 증가시킬 수 있음을 상기하고 5장의 전략이 도움이 될 수 있음을 기억하기
호흡과 이완 • 호흡 및 이완 기술 함께 연습하기 • 자녀가 불안을 느낄 때 이 기술들을 사용하도록 유도하기
문제 해결 • 자녀가 스트레스를 받거나 걱정하는 문제를 해결할 수 있도록 돕기(11장 전략 참조)
자기 대화 • 불안을 관리하는 데 도움이 되는 긍정적인 자기 대화 문장과 자기 지시를 함께 생각해내기 • 자녀가 불안을 느낄 때 이 문장들을 사용하도록 유도하기
역할 모델 • 직접 전략을 실천하여 자녀에게 모범을 보이기 • 이를 소리 내어 실행하여 자녀가 관찰하고 배울 수 있도록 하기

각 장의 '인지행동치료'에 지침이 기술되어 있다. 버즈와 그의 가족을 소개하는 활동지는 3장에 요약되어 있다. 나이가 많은 아동(예 : 12세 이상)의 경우 필요하다면 버즈 활동지를 생략하고 대신 아동에게 직접 주제를 소개하고 활동지의 토론 프롬프트를 사용하여 이를 아동의 경험에 적용하고 전략에 대해 토론할 수 있다. 홈미션을 설정하고 자녀가 이를 완수하도록 지원한다. 자주 피드백을 주고 칭찬하는 것을 잊지 말아야 한다. 스티커판(2장

참조)을 만들어 눈에 잘 띄는 곳에 붙여두고 매일 사용할 수 있도록 한다.

교사 및 학교와 협력하기

학교는 학업, 부모/보호자와의 분리, 다른 사람들과의 관계 등의 다양한 이유로 아동에게 불안을 유발할 수 있다. 아동이 협력적으로 행동하고 새로운 기술을 습득하리라고 기대하는 학교 환경에서 불안을 느끼는 것은 드문 일이 아니다. 그러나 빈번하거나 심각한 불안은 아동의 기능을 저해하고 집중력을 감소시키며, 정보를 기억하고 생각과 행동을 조직하는 능력에 영향을 미칠 수 있다. 또한 미래를 예측하고 상황을 판단하는 능력을 저해하거나 심지어 교실에 머무는 것조차 어렵게 만들 수 있다. 교실은 아동들이 조용히 앉아 오랜 시간 동안 규칙을 따르며 학습하는 장소이므로, ADHD와 동반된 불안을 가진 아동에게 학교는 매우 도전적이고 스트레스가 많은 환경이 될 수 있다. 불안과 걱정은 주의산만과 불안정성을 증가시켜 명확한 사고를 방해하고 충동적 반응의 위험을 높이는데, 이는 결국 그들이 친구나 선생님을 방해하고 산만하게 하며 짜증 나게 할 가능성이 더 높아지고 '나쁜 행동'으로 질책을 받을 가능성이 더 커진다.

교사와 협력하면서 아동의 ADHD 증상에 미치는 불안의 영향을 이해하도록 도움을 주는 것이 중요하다. 불안은 몸이 '싸우거나 도망치기' 반응을 준비하게 하는데, 이를 통해 불안, 동요, 불안정이 자주 함께 발생하는 이유를 설명할 수 있다. 교사에게 아동이 과거 경험을 통해 향후 비슷한 상황에서 어떤 일이 일어날지를 예측한다는 것을 설명한다. 그리고 이러한 예측은 아동의 생각, 감정, 행동에 영향을 준다. 이 과정으로 인해 '예측-기대-행동'으로 이어지는 악순환이 형성되고, 어떤 상황에서는 더 악화되어 "피했으니까 괜찮아"라는 믿음을 강화하며 그 상황을 완전히 회피하게 된다.

교사와 부모/보호자는 학교에 기반을 둔 걱정을 해결하기 위해 함께 협력해야 한다. ADHD 아동이 학교에 대해 갖는 흔한 걱정은 수업 따라잡기, 과제를 이해하지 못하기, 규칙을 따르지 않아 혼나기, 다른 아이들과 잘 지내기, 물건을 잃어버리기, 일반적인 정리정돈의 어려움 등이다. 아동은 최선을 다하고 있음에도 불구하고 불공평한 대우를 받는다고 느낄 수 있고 이로 인해 절망감을 느끼고 포기할 수 있다. 즉각적인 보상과 칭찬은 ADHD 아동의 행동을 지도하는 데 효과적인 기술이다. 아동의 생물학적 부모 역시 ADHD의 역사를 가지고 비슷한 부정적인 학교 경험을 겪었을 수 있는데, 문제에 대한 좋은 접근 방법을 모르기 때문에 도움이 되지 않을 수 있다. 따라서 부모/보호자와 교사가 의견을 공유하고 알림장 같은 도구를 사용하는 것이 중요하다. 아동의 걱정은 가정 문제에서 비롯될 수도 있다. 이 경우 교사는 부모/보호자와 만나 아동을 대변하거나 가족에게 도움을 제공할 필요가 있다. 스트레스 요인으로는 숙제를 완료하는 데 어려움이 있거나 아동의 능력에 대한 비현실적인 기대, 학교와 관련 없는 문제(예 : 가족 상황이나 역학의 변화) 등 환경 요인이 포함될 수 있다. 이러한 협력적 접근 방식은 아동에게 필요한 교육적 및 정서적 요구를 효과적으로 돕는 데 필수적이다.

이 절에서는 교사가 아동의 불안과 걱정의 시기를 줄이거나 대처하는 데 도움을 줄 수 있는 전략을 소개한다. 달성 가능한 것에 대해 현실적인 기대를 하는 것이 중요하다. 아동의 행동에 더 잘 대처하기 위한 전략을 배우는 것도 행동 자체를 개선하기 위한 전략을 배우는 것만큼이나 도움이 될 수 있다. 이 절에서는 현실적인 기대뿐만 아니라 교사들이 불안을 유발하는 상황을 직면하도록 돕고, 불안정함을 조절하며, 호흡 및 이완 기술을 적용하는 데 도움이 될 수 있는 행동 전략에 대해 논의한다. 문제 해결 중심의 접근 방식을 적용하고, 스트레스를 받는 시기에 자기 대화와 긍정적인 자기 진술을 사용하는 데 도움을 줄 수 있는 인지 기술도 다룬다.

교사와 학교는 이미 영-스미스 프로그램에 도입된 많은 개입을 지원할 수 있는 구조를 갖추고 있을 것이다. 부모/보호자와 교사를 연결하여 통합 전략을 장려하고 성공을 공유하는 것이 중요하다. 아동을 성공적으로 도울 수 있도록 기술이나 전략을 조정하는 방법을 생각하고 나타날 수 있는 장애물 또는 어려움을 해결하는 것이 중요하다. 성공에 대한 동기를 부여하는 방법과 교사 및 학교와 협력하는 것과 관련된 일반적인 기타 주제는 2장에 설명되어 있고, 이 장에서는 불안 회기 제공과 관련된 보충 정보를 설명한다.

현실적인 기대

교사는 아동의 상대적인 강점과 약점, 그리고 또래와 비교했을 때 발달 수준을 잘 이해하고 있을 가능성이 높다. 반면 부모/보호자는 동일한 관점을 공유하지 않을 수 있으며, 아동의 능력이나 성취 가능성에 대해 비현실적인 기대를 가질 수 있다. 따라서 교사는 아동이 잠재력을 발휘하도록 지원하고, 부모/보호자가 아동의 사회적, 인지적, 행동적 특성에 더 적절한 기대를 갖도록 돕는 데 중요한 역할을 한다. 그러나 교사는 목적 없이 뛰어다니기, 수다 떨며 다른 사람을 방해하기, 아프거나 피곤하다고 엄살 부리기, 교실 밖으로 나가게 해달라고 요청하기, 또는 과제를 '지루하다', '멍청하다', '이미 아는 것이다'라며 평가절하하는 등 근본적인 어려움과 불안을 감추기 위해 아동이 하는 행동을 인식하는 것이 중요하다. 어린 아동의 경우 더 완강하게 "하기 싫어요", "안 할 거예요", "이거 싫어요"라고 말하며 명백히 참여를 거부할 수 있다. 이런 행동을 대할 때 "이것을 반항적이거나 도전적인 행동이 아니라 불안의 신호로 이해한다면 나의 관리 접근 방식은 어떻게 달라질까?"라고 자문해보는 것이 아동의 행동을 다른 관점에서 고려하는 데 도움이 될 수 있다.

피하지 않고 직면하기(단계적 접근)

교사는 아동과 협력하여 학교와 관련된 불안을 유발하는 상황을 작고 관리하기 쉬운 단계부터 다룰 수 있도록 하는 단계적 위계를 개발할 수 있다. 이 기술은 앞서 부모/보호자 부분에 설명되어 있다. 학교 관련 불안의 경우 또래들이 아동이 불안을 유발하는 상황에 직면하도록 도울 수 있으며, 또래들 또한 좋은 역할 모델이 될 수 있다.

불안정함

교실에서 불안한 아동은 또한 불안정하고 안절부절못하는 아동일 수 있다. 따라서 ADHD 아동의 경우 이는 '이중고'가 된다. 아동이 평소보다 더 들떠 있거나 안절부절못하는 것처럼 보인다면, 교사는 이러한 행동이 근본적인 걱정이나 불안에서 비롯되었는지 고려해야 한다. 일부 아동은 불편함을 관리하고자 뛰어다니는 등의 대처 전략을 사용하고, 다른 아동은 압박감을 느낄 때 회피 수단으로 활동하기도 한다. 여기서 중요한 것은 근본적인 문제가 있을 수 있음을 인식하고 적절한 전략을 파악하는 것이다. 이 경우 5장에 제시된 과잉행동에 대한 몇 가지 전략을 포함하는 것이 도움이 될 수 있다.

호흡과 이완

'부모/보호자와 협력하기'에서 소개된 호흡 및 이완 기술은 학교 관련 불안을 위해 교사들에 의해서도 적용될 수 있다. 어린 아동의 경우 이 기술들은 휴식 시간 동안 전체 반 활동으로 배울 수 있다. 그러나 이러한 기술은 집과 학교에서 모두 적용되는 것이 바람직하다. 아동이 안절부절못하거나 불안과 관련된 생리적 증상을 호소할 때 부모/보호자나 교사 모두 아동이 이 기술을 사용하도록 독려할 수 있다.

문제 해결

불안은 문제 해결 및 의사 결정 기술이 부족할 때 발생할 수 있다. 이러한 상황인 것 같다면 11장에서 설명하는 적절한 전략을 포함하는 것을 고려해야 한다.

자기 대화

교사는 아동이 긍정적인 자기 대화와 긍정적인 자기 진술(도움이 되는 생각)을 사용하도록 지원할 수 있다. 자기 대화 레퍼토리를 개발하는 것은 감정 조절을 유도하고 유지하며 기능적 행동에 동기 부여하는 데 도움이 될 수 있다. 긍정적이고 부정적인 자기 대화의 예시와 이것이 아동의 행동에 미치는 각기 다른 영향을 고려하여 불안 상태에 미치는 영향에 대해 이야기 나누는 것이 좋다. 예를 들어 "이번엔 축구 팀에 들어가지 못했지만 연습해서 다음에는 될 거야"와 "다시는 시도하지 않을 거야. 나를 원하지 않는데 내가 왜 해야 돼?"를 비교해볼 수 있다. ADHD 아동은 불안할 때 부정적인 생각이 마음을 가득 채우기 때문에 긍정적인 생각을 놓치기 쉽다. 교사들이 아동 앞에서 긍정적인 자기 대화와 진술을 모델링하도록 격려하라. 또한 아동이 불안해 보일 때 이 기술을 사용하도록 아동을 독려해야 한다. 자기 대화는 다른 사람들의 확신과 긍정적인 말을 통해서도 강화될 수 있다.

교사가 무엇을 할 수 있나요?

표 7.2는 학교에서 시행할 수 있는 전략 목록을 포함하여 교사를 위해 제안된 접근 방법이 요약되어 있다. 전략의 효과를 극대화하기 위해 가능하다

표 7.2 불안에 대한 학교 내 전략

현실적인 기대
- 아동의 강점과 약점을 모두 고려하기
- 아동이 성공을 경험할 수 있도록 달성 가능한 목표를 설정하기
- 부모/보호자가 현실적 기대를 설정할 수 있도록 돕기
- 아동이 어떤 행동을 함으로써 근본적인 문제를 가리고 있는지 고려하기

피하지 않고 직면하기
- 아동과 함께 단계적 계획을 세워 불안을 유발하는 상황에 직면하도록 지원하기
- 각 단계를 평가하고 쉬운 것부터 어려운 것까지 순서대로 배치하기
- 각 단계를 처리하면서 침착함을 유지하고 단계를 성공하는 데 도움이 될 기술을 제안하기
- 또래를 역할 모델로 참여시키거나 불안이 유발되는 상황을 돕는 역할로 참여시키기
- 노력과 성취에 대해 칭찬하고 보상하기

불안정함
- 불안이 불안정함을 증가시킬 수 있음을 상기하고 5장의 전략이 도움이 될 수 있음을 기억하기

호흡과 이완
- 속상해하거나 불안해할 때 숨을 수 있는 학교 내 '안전한 장소' 파악하기
- 쉬는 시간에 호흡 및 이완 기술을 반 전체 활동으로 소개하기
- 이러한 내용을 부모/보호자에게 전해 집에서도 연습하게 하기
- 아동이 불안하거나 안절부절못하거나 지나치게 흥분할 때 기술들을 사용하도록 유도하기

문제 해결
- 아동이 스트레스를 받거나 걱정하는 문제를 해결할 수 있도록 돕기(11장 전략 참조)

자기 대화
- 불안을 관리하는 데 도움이 되는 긍정적인 자기 대화와 자기 지시를 함께 생각해내기
- 아동 앞에서 긍정적 자기 대화와 자기 진술의 모델링 보이기
- 아동이 불안을 느낄 때 이 문장들을 사용하도록 유도하기

교직원 협업
- 모든 교직원이 아동에게 어떤 전략이 사용되고 있고 그 이유가 무엇인지 이해하기

면 부모/보호자와 논의하여 가정과 학교에서 유사하거나 보완적인 전략을 실행하는 것이 도움이 된다. 대부분의 교사와 부모/보호자는 '알림장'을 사용하는 것이 정보를 공유하는 효율적인 방법이라고 생각한다(2장 참조).

영-스미스 프로그램 진행에 대한 중요한 배경 정보를 제공하는 2장을 읽어볼 것을 권유한다. 교사에게 아동과 함께 구체적인 활동지를 검토할 시간이 없을 가능성이 높지만, 부모/보호자가 이를 수행할 수 없는 경우 특수 교사와 이를 논의하는 것이 도움이 될 수 있을 것이다. 이를 실행하는 방법에 대한 지침은 각 장의 '인지행동치료'에서 확인할 수 있다. 버즈와 그의 가족을 소개하는 활동지는 3장에 요약되어 있다. 나이가 많은 아동(예 : 12세 이상)의 경우 필요하다면 버즈 활동지를 생략하는 대신 아동에게 직접 주제를 소개하고 활동지의 토론 프롬프트를 사용하여 이를 아동의 경험에 적용하고 전략에 대해 토론할 수 있다. 홈미션을 설정하고 아동이 이를 완수하도록 지원해주는 것이 좋으며, 자주 피드백을 주고 칭찬하는 것을 잊지 말아야 한다. 스티커판을 사용하는 경우(2장 참조), 부모/보호자가 정기적으로 검토할 수 있도록 '알림장'에 기재할 수 있다.

참고문헌

Bowen, R., Chavira, D. A., Bailey, K., Stein, M. T., & Stein, M. B. (2008). Nature of anxiety comorbid with attention deficit hyperactivity disorder in children from a pediatric primary care setting. *Psychiatry Research, 157*(1–3), 201–209.

Chorpita, B. F., Yim, L., Moffitt, C., Umemoto L. A., & Francis, S. E. (2000). Assessment of symptoms of DSM-IV anxiety and depression in children: A revised child anxiety and depression scale. *Behaviour Research and Therapy, 38*(8), 835–855.

Ferrin, M., & Vance, A. (2014). Differential effects of anxiety and depressive symptoms on working memory components in children and adolescents with ADHD combined type and ADHD inattentive type. *European Child & Adolescent Psychiatry, 23*(12), 1161–1173.

Goodman, R. (1997). The strengths and difficulties questionnaire: A research note. *Journal of Child Psychology and Psychiatry and Allied Disciplines, 38*(5), 581–586.

Jensen, P. S., Hinshaw, S. P., Kraemer, H. C., Lenora, N., Newcorn, J. H., Abikoff, H. B., et al. (2001). ADHD comorbidity findings from the MTA study: Comparing comorbid subgroups. *Journal of the American Academy of Child and Adolescent Psychiatry, 40*(2), 147–158.

Pliszka, S. R. (1998). Comorbidity of attention-deficit/hyperactivity disorder with psychiatric disorder: An overview. *Journal of Clinical Psychiatry, 59*(Suppl 7), 50–58.

Sexias, M., Weiss, M., & Müller, U. (2012). Systematic review of national and international guidelines on attention deficit hyperactivity disorder. *Journal of Psychopharmacology, 26*(6), 753–765.

Spence, S. H. (1998). *A measure of anxiety symptoms among children. Behaviour Research and Therapy, 36*(5), 545–566.

8

좌절과 분노

ADHD 아동은 특히 좌절감과 분노를 느끼기 쉬우며, 자기 조절 능력이 낮기 때문에 종종 갑작스러운 폭발을 한다. 이러한 아동은 과민하고 반응적이기 때문에 분노의 감정이 급격히 치솟을 수 있다. 이는 '순간의 화'로 나타나며 빠르게 진정될 때도 있지만 진정되는 데 더 오래 걸릴 수도 있다. 분노는 사람마다 느끼는 정도와 시기가 다른 자연스러운 감정이라는 것을 명심하는 것이 중요하다. 분노는 위험에 대해 경고를 하고 몸이 반응하도록 준비시키는 적응적인 감정이다. '생사가 달린' 생존 상황에서는 싸우는 것이 적절하다. 그러나 자신의 뜻대로 되지 않는다고 해서 매번 그런 식으로 반응하는 것은 부적절하다.

자기 조절 문제 외에도 ADHD 아동은 좌절감과 분노의 감정을 행동으로 옮기고자 하는 충동을 억제하는 데 어려움을 겪는 추가적인 문제에 직면한다. 정서적 충동성은 인내심 부족, 좌절에 대한 낮은 내성, 쉽게 화를 내고 흥분하는 것으로 특징지어진다(Barkley & Fischer, 2010). ADHD 아동은 충동적으로 반응하는 경향이 있기 때문에, 자신의 행동이 자신이나 타인에게 미칠 결과를 생각하거나 더 나은 해결책을 고민할 가능성이 적다. 이는 고통을 유발하는 감정과 싸워야 할 뿐만 아니라, 상황을 악화시키며, 고통을 증가시킬 수 있는 행동으로 인해 어려움을 겪는다. 또한 차례를 지키지 않고 말하거나 사랑하는 사람들에게 상처가 되는 말을 하거나 다른 사람들을 때리는 것은 관계를 손상시킬 수 있다. 그러나 가장 큰 피해를 입을 수 있는 사람은 낙인 찍히고 거부당하며 고립되는 아동 자신이다.

이 장에서는 ADHD 아동의 좌절, 분노 및 이것이 생활의 다양한 영역에서 아동의 기능에 미칠 수 있는 영향을 살펴본다. 분노와 도전적인 행동에 대한 평가를 논의한 다음 인지행동 모델을 사용하여 아동과 주변 성인을 위한 개입과 전략에 대해 설명한다.

소개

ADHD 아동은 갑작스럽게 폭력적으로 폭발하여 문제를 일으키곤 한다. 이는 좌절감에 충동적으로 반응하거나 비판 또는 타인의 공격성에 대해 과민 반응하기 때문에 발생한다. 그러나 아동의 분노나 도전적인 행동은 단 하나의 사건으로 인한 것이 아니라 오랜 기간 동안 서서히 좌절감이 쌓여 발생한 결과일 수 있다. 각각의 비판, 질책, 부정적인 피드백은 스트레스, 고통, 짜증, 좌절감을 증가시키며, 이러한 감정은 아동이 사소해 보이는 일에 '폭발'하는 것처럼 보일 때까지 시간이 지나면서 계속 쌓일 수 있다. 예를 들어 비가 와서 놀이공원에 가지 못하는 것같이 보상이 연기되는 것이 유발 요인이 될 수 있다. 부모/보호자의 입장에서 날씨는 통제할 수 없지만 아동의 입장에서는 간절히 기다렸던 것을 얻지 못하는 것이 '마지막 한 방울'이 되어 큰 분노 발작으로 나타날 수 있다.

아동은 최선을 다하고 있음에도 자신의 노력이 충분하지 않을 때 쉽게 좌절할 수 있다. 자신이 영어 수업에서 꼴찌를 하거나, 형제나 자매가 가족 내에서 훨씬 뛰어나다고 생각하는 것, 부모/보호자가 자신에게 실망했다는 것을 예민하게 인식할 수 있다. 일부 아동은 신경 쓰지 않는 척할 수 있지만 다른 아동은 주의를 끌기 위해 '바보 같은' 행동으로 과도하게 보상하려고 한다.

행동 기능

분노 폭발은 종종 나쁜 행동이나 돌발 행동으로 이어진다. 공격적이거나 상처를 주거나 파괴적인 행동이 관찰될 수 있으며, 사람을 때리거나 물건을 파손하는 등 공격적인 행동을 보이기도 한다. 때로는 머리 부딪히기, 깨물기, 긁기 등의 자해 행동을 통해 분노를 내면으로 돌리기도 한다. 분노가 외부로 향하든 자기 자신에게 향하든 행동으로 표출하는 행동은 도움이 되지 않는다. 왜냐하면 주의가 부정적인 행동에 집중되고 그 행동을 유발하는 감정이 인정받지 못할 수 있기 때문이다. 또한 이러한 행동은 관리하기 어렵고 주변 사람들에게 매우 괴로울 수 있다. 폭력적인 행동은 자신 또는 타인이 다칠 위험이 있음을 명심하는 것이 중요하다. 기물을 파손하는 것은 불쾌한 일이지만 심각한 부상을 초래할 가능성은 거의 없다.

아동이 좌절감을 행동으로 옮기거나 도움이 되지 않을 정도로 좌절감이 커지는 데는 여러 가지 이유가 있을 수 있다. 그중 하나는 충동적인 반응과 관련이 있다. 감정을 관리하려면 반응을 억제해야 하는데, 충동성이 높은 아동은 감정 반응을 조절하지 못하고 자신의 감정을 그대로 행동으로 옮길 가능성이 높다. 일반적으로 충동적인 감정 표현에는 물건을 던지거나 부모/보호자 및 교사에게 반항하거나 상처 주는 말을 하거나 다른 아이를 때리거나 밀치는 것 등이 포함된다. 아동은 진정되고 난 후에 후회할 수 있지만 이미 피해는 발생하고 난 후이다. 이러한 행동은 스트레스를 느낄 때 주로 유발되고 아동이 좌절감에 대한 내성이 낮은 것으로 인식되는 경우가 많다. 아동에게 필요한 것은 자신의 감정과 행동을 더 잘 통제할 수 있는 전략이다.

일부 아동의 경우 적대적 반항장애(ODD)가 발달하며 문제의 양상이 더 복잡해진다. 적대적 반항장애는 협조를 거부하거나 불복종하고, 실수를 남의 탓으로 돌리며, 자주 언쟁을 벌이고 화를 내는 등 특정 행동 양상에 대한 진단 용어이다. ADHD 아동의 약 40%는 ODD를 함께 가지고 있다고 알려져 있다(Jensen et al., 2001). 남아에게서 더 흔하게 나타나는데(대략 여아 두 명당 남아 세 명의 비율), 이는 유전적 차이보다 성 역할 및 행동 양식과 관련이 있을 수 있다. 어떤 행동이 ADHD와 관련되고 어떤 행동이 ODD와 관련되는지를 구분하기는 까다로울 수 있다. 예를 들어 부모/보호자는 ADHD 아동이 자신들의 말을 듣지 않고, 지시대로 하지 않으며, 실수로부터 배우지 못한다고 보고한다. 그러나 '못하는' 아동과 '안 하는' 아동 사이에는 큰 차이가 있다. ADHD 증상은 아동이 집중하거나, 듣고 지시를 따를 수 없음을 의미하는 반면, ODD 증상은 아동이 의도적으로 집중하거나 듣고 지시에 따르기를 거부함을 의미할 수 있다. 어느 쪽이든 부모/보호자와 교사는 무력감, 짜증, 좌절감을 느낄 수 있다. 그들은 자신의 권위가 도전받거나 무시당한다고 느낄 수도 있다. 그러나 권위주의적인 역기능적 상호작용에 휘말리는 것은 도움이 되지 않으며, 오히려 관계가 무너지고 도전적인 행동이 증가하는 결과를 초래할 수 있다.

학업 기능

학교 환경은 ADHD 아동에게 좌절감의 원인이 될 수 있다. 환경에 맞추고 잘하고 싶어 하며 실수에 대처하고 압도당하는 느낌을 견디려 노력해야 하기 때문이다. 지루함은 고통스러운 경험일 수 있으며, 좌절감과 분노를 비롯한 바람직하지 않은 감정과 행동으로 이어질 수 있다. 분노가 담긴 반추가 아동의 사고를 장악하여 현재 해야 할 과제에 집중할 수 없게 만든다. 게다가 분노 어린 생각은 더 많은 분노를 불러일으켜 행동 폭발로 이어질 가능성을 높인다.

아동이 교실에서 좌절감을 행동으로 표출하는 것은 경험이 많은 교사에게도 어려운 과제가 될 수 있다. 게다가 이런 행동은 다른 아동을 방해하거나, 최악의 경우에는 학급 전체를 방해할 수도 있다. 이런 경우 교실의 구조가 무너지고, 교사는 통제를 유지하는 데 어려움을 겪을 수 있다. 이는 아동에게 '이차적 이득'이 될 수 있는데, 과제에 집중하거나 자신의 행동을 통제해야 하는 상황에서 벗어나는 환영할 만한 탈출구가 되기 때문이다. 이를 피하기 위해서는 아동이 스트레스와 좌절감을 느끼고 행동으로 표출하기 시작하는 경고 신호를 주의 깊게 살펴야 한다. 학교 환경에서 행동으로 표출되는 모습은, 예를 들어 아동이 수업에 집중하지 않고 주의를 돌려 우스꽝스러운 행동을 하면서 다른 친구들을 즐겁게 해주는 '광대 역할'이 되는 것 등을 포함한다. ADHD 아동은 이를 학업을 피하는 동시에 친구를 사귀는 방법으로 인식할 수 있다.

대인관계 기능

또래관계 형성과 관리에 있어 여러 가지 기술이나 우정의 '규칙'이 있다. 여기에는 좋은 매너, 경청 기술, 충성심, 타인에 대한 배려, 협력, 타협, 상호성, 그리고 공감이 포함된다. 우리는 말하거나 행동하기 전에, 특히 그것이 다른 사람들에게 어떤 영향을 미칠지 생각한다. 이는 우리가 호감 가는 사람으로 보이고, 우리의 우정이 가치가 있다는 것을 보여주어 사람들이 우리를 알고 싶어 하고 함께 시간을 보내고 싶어 하도록 노력하기 때문이다. 일부 아동에게는 이러한 과정이 자연스럽게 일어나지만, 어떤 아동은 이를 위해 많은 노력을 기울여야 한다. ADHD는 아동이 친구를 사귀고 또래관계를 관리하는 것을 더 어렵게 만든다. ADHD 아동은 부정적인 평판을 가질 가능성이 높아 또래(그리고 그들의 부모/보호자)가 그들을 조심스러워할 수 있다. 어떤 아동은 친구를 사귀지만, 이를 지속하는 데 어려움을 겪는다. 특히 감정적으로 반응적이고 예측할 수 없는 갑작스러운 폭발을 자주 보이는 것으로 인식될 때 이러한 경향이 두드러진다. ADHD 아동은 일이 끝난 후 진정되고 나서 자신이 한 말이나 행동이 다른 사람을 화나게 했다는 것을 깨닫고 속상해하기도 한다. 그들은 죄책감을 느끼고 사과를 통해 이를 '되돌리려' 한다. 반면 어떤 아동은 상처받는 것을 피하기 위해 신경 쓰지 않는 척하며 자신의 감정을 숨긴다. 이는 죄책감(즐겁지 않은 감정)을 피하는 보호막 역할을 한다. 자책하지 않으면 죄책감을 경험하지 않아도 되기 때문이다.

마찬가지로 가정에서도 빈번한 논쟁과 공격적인 행동으로 인해 가족 관계가 악화될 수 있다. 가족 내에서 비난하는 문화가 있을 경우 가족 관계가 틀어질 가능성이 높다. ADHD 아동은 자신의 상태를 통제하기 어렵기 때문에 그들을 비난하는 것은 부당할 수 있다. 또한 이들은 '쉬운 희생양'으로 여겨져 자신이 하지 않은 일까지도 다른 사람에게 비난받는 경우가 많다. ADHD 아동에게 추가적인 도움과 관찰이 필요하기 때문에 형제자매는 그들이 받는 관심에 질투를 느낄 수 있다. 또한 형제자매에게 항상 그들을 돌보아야 한다는 기대가 있을 경우 이에 대해 분개할 수도 있다.

대처

대부분의 ADHD 아동은 분노를 조절하는 데 도움을 줄 수 있는 긍정적인 전략을 익히지 못했을 가능성이 높다. 대신 이들은 분노가 자신에게 어떻게 작용하는지 배우게 될 수 있다(예 : 원하는 것을 얻거나, '강한 사람'으로 보이는 것). 아동은 어떤 행동이 가장 좋은 결과를 가져오는지 빠르게 배우고, 이를 반복한다. 따라서 어떤 방식으로든 자신에게 도움이 된다고 학습하면 더 공격적이거나 화를 내는 경향이 나타날 수 있다. 예를 들어 교사가 없을 때 싸움을 통해 또래의 괴롭힘을 멈추게 한다거나, 싸움을 통해 존중받는다든지, 부모가 갈등을 피하려고 늦게 잠에 드는 것을 허락하거나, 공공장소에서 떼쓰기를 피하기 위해 좋아하는 사탕을 사주는 것 등이 그러하다. 이러한 상황은 행동을 강화하며 심지어 확대될 수도 있다.

주변 사람들은 ADHD 아동의 변덕스러운 기질과 예측 불가능한 행동 수준을 관리하는 데 어려움을 느낄 수 있다. 특히 아동이 행동으로 감정을 표출할 때 그렇다. 부모/보호자와 교사는 아동이 반복적으로 자신들의 조언과 개입의 대상이 되는 행동을 할 때 좌절감을 느낄 수 있다. 이는 아동이 규칙을 고의로 따르지 않는 것으로 인식되어 할 수 없는 것이 아니라 반항적인 것으로 해석될 가능성을 높인다. 성인과 아동 간에 좌절의 악순환이 발생할 수 있다는 점을 염두에 두어야 한다. 또한 나쁜 행동이 양쪽의 기대에서 비롯된 자기 충족적 예언이 되지 않도록 주의해야 한다. 부모/보호자와 교사는 통제를 잃고 통제당하지 않도록 해야 하며, 이를 위해 일관된 접근 방식을 채택하고 아동이 강한 감정을 조절할 수 있는 적절한 전략을 배우고 적용할 수 있도록 지원해야 한다.

평가

ADHD의 평가 및 치료에 관한 국제 지침에서는 ADHD를 평가하기 위해 훈련받고 자격을 갖춘 정신건강 전문가가 종합적인 평가 절차를 수행할 것을 권장한다(Sexias, Weiss & Müller, 2012). 평가는 다양한 상황 및 환경에서의 어려움과 행동을 평가하기 위한 심리 측정 설문지, 임상 면담 및 아동 관찰을 포함한 다면적 평가가 이루어진다. 아동 양육에 관련된 여러 사람(가능하면 아동 본인도 포함)으로부터 다양한 관점을 얻는 것이 바람직하며, 다양한 기관으로부터의 자료가 요구된다. 성공 가능성이 높은 적절한 개입을 위한 치료 계획을 개발하려면 아동의 발달적, 환경적 및 심리사회적 요인과 아동의 강약점, 현재 받고 있는 지원 등 아동의 발달 전반에 걸친 어려움의 특징과 복잡성을 완전히 이해하는 것이 중요하다. 이 과정에서 아동이 겪는 동반 질환 및 사회적 문제뿐만 아니라 가족 내 문제도 염두에 두는 것이 필요하다.

측정 도구

일반적으로 사용하는 평가로는 강점 난점 질문지(SDQ; Goodman, 1997)가 있으며, 만 2세 이상 아동을 대상으로 행동 문제와 친사회적 행동을 평가한다. 이 척도는 부모/보호자와 교사가 아동에 대한 관찰과 지식을 바탕으로 점수를 매긴다. 이렇게 기록된 점수는 아동의 연령과 성별에 대한 규준과 비교된다. 이 척도는 기초선을 제공하며, 이후 개입 과정에서도 반복적으로 사용될 수 있다. ASEBA 시스템(Achenbach System of Empirically Based Assessment, ASEBA; Achenbach & Rescorla, 2001)의 아동 행동평가 척도(Child Behaviour Checklist, CBC)는 6세 이상을 대상으로 하며, 부모/

보호자와 교사의 평가를 통해 분노와 반항 행동 등 여러 영역을 측정한다. 코너스 척도 3판(Conners, 2008)도 6세 이상을 대상으로 하며, 부모/보호자와 교사의 반항 행동 평가 결과를 제공한다. 이러한 척도는 아동이 직접 보고하는 버전도 제공된다. 성인은 아동이 자기보고 설문지를 작성하는 것을 도와주어야 한다. ADHD 아동은 질문을 잘못 읽거나, 답을 놓치거나, 충동적으로 응답하거나, 척도점수를 잘못 표시할 수도 있다. 그러나 유도된 질문의 영향을 받지 않도록 응답을 작성하는 것이 중요하다. 읽기에 어려움을 겪는 아동에게는 항상 문항을 읽어주어야 한다. 대부분의 검사와 마찬가지로 검사 점수는 편견의 영향을 받을 수 있으므로 숙련된 전문가가 신중하게 해석해야 한다.

임상 면담

평가에는 현재 문제를 더 잘 이해하기 위해 아동과 부모/보호자 모두의 면담이 포함되어야 한다. 면담에서 다루어야 할 영역과 가능한 질문은 다음과 같다.

> "특정 시간이나 상황이 분노 폭발을 유발하는 것처럼 보이나요?", "어떤 상황이 아동이 좌절하거나 분노를 느끼게 하거나, 소리를 지르거나 때리게 만드나요?", "이러한 일이 특정 사람들과 함께할 때만 발생하나요?", "누구와 관련이 있나요?", "왜 그런 것 같다고 생각하나요?", "이 일이 아동과 주변 사람들에게 얼마나 스트레스를 주나요?"(0=전혀 스트레스를 주지 않음, 5=극도로 스트레스를 줌, 5점 척도로 평가), "아동은 좌절감과 분노를 관리하기 위해 무엇을 하나요?", "이러한 상황에서 아동은 보통 어떻게 행동하나요?", "다른 사람들은 어떻게 반응하나요?", "다른 사람들이 무엇을 하나요?"(여기에는 친구, 부모/보호자, 교사, 형제자매가

포함될 수 있음), "ADHD 아동이 차분하고 침착함을 유지하는 데 도움이 되는 것은 무엇인가요?", "아동이 좌절스러운 상황에 직면했을 때 그것을 극복한 적이 있나요?", "이런 상황에서 그들을 가장 잘 도와주는 사람은 누구인가요?"

어른들이 미리 상황이 발생할지 예측하는지 충돌을 피하기 위해 어떤 계획을 세우는지 파악하는 것이 중요하다. 또한 다른 사람의 반응이 상황을 악화시키는지 아니면 진정시키는지를 확인하는 것도 중요하다. 부모/보호자가 문제를 일관되게 관리하고 있는지, 아니면 아동이 '혼란스러운 메시지'를 받고 있는지를 확인해야 한다. 집, 학교, 외부에서 아동에게 미치는 영향은 무엇인지, 그리고 그들이 바라는 변화는 무엇인지 알아야 한다.

면담 중에 강한 감정을 유발할 가능성이 있는 구체적인 상황을 파악해야 한다. 예를 들어 자신의 뜻대로 되지 않을 때, 소외감을 느낄 때, 꾸중을 들을 때, 학교 과제에 압도되거나 혼란스러울 때, 지시를 이해하지 못했을 때, 자신이 멍청하다고 느낄 때 등이 이에 해당한다. 피곤하거나 압박감을 느낄 때와 같은 특정 시점에 문제가 유발될 수도 있다. 또한 자신을 좋아하지 않는다거나 자신이 받아들여지지 않는다고 느끼는 특정 사람과의 상호작용에서 발생할 수 있다. 이 행동이 어떤 면에서 기능적이어서 아동이 원하는 것을 얻게 만드는지 여부도 중요한 평가 항목이다. 원하는 결과가 있다면 이 행동은 강화되어 미래에 반복될 가능성이 높아진다. 면담이 끝날 때쯤 임상가는 아동이 언제 분노와 고통을 느낄 가능성이 높은지, 이러한 상황이 ADHD 증상의 심각성과 양상에 어떻게 연관되어 있는지, 가족과 학교에서 이를 어떻게 이해하고 있는지, 그리고 현재의 대처 전략이 문제를 개선하거나 유지하는 데 어떤 영향을 미치는지에 대한 '전체적인 그림'을 얻어야 한다.

사고

일반적으로 분노는 원하는 것을 얻지 못하거나 누군가가 자신에게 적대적인 태도를 보인다고 인식할 때 유발된다. 부정적인 생각이나 타인으로부터 부정적인 반응을 예상하는 것은 분노의 감정을 더욱 증폭시킨다. 예를 들어 "그건 불공평해!", "재네는 벌을 받아야 해", "사람들은 나를 좋아하지 않아", "나는 재네 전부 싫어"와 같은 생각은 좌절감과 분노를 증가시킨다. ADHD 아동은 학교와 가정에서 부정적인 피드백을 자주 받으며, 대인관계 문제와 낮은 자존감을 가진 경우가 많다. 이는 분노와 분개하는 감정이 빠르게 표면으로 드러나게 만들며, 부정적인 사고는 이들이 분노를 행동으로 표출할 가능성을 높인다.

감정과 생리학적 특성

아동(특히 어린 아동)은 자신의 감정을 표현하기 위한 언어를 아직 배우는 중이므로, 감정을 이름 붙이는 데 도움이 되는 목록을 준비해두는 것이 유용하다. 아동들이 자주 사용하는 표현으로는 화남, 좌절감, 짜증남, 성가심, 초조함, 분노 등이 있다. 또한 아동은 신체적 증상도 인지할 수 있는데, 예를 들어 긴장되거나 떨리는 느낌, 좁아진 터널 시야, 심장이 빠르게 뛰는 느낌, 빠른 호흡 또는 두통 등이 이에 해당한다. 아동이 은유나 그림과 같은 창의적이고 개별적인 방법을 사용해 감정을 표현하도록 격려해야 한다.

이러한 증상의 경험이 아동에게는 내부에서 일어나는 생각이나 겪고 있는 상황만큼 고통스러울 수 있다는 점을 기억해야 한다. 그러나 아동이 생각, 감정, 행동 간의 연관성을 이해하지 못할 가능성이 높으며, 성공적인 개입을 위해 반드시 이를 이해할 필요는 없다. 어린 아동의 경우 개입은 행동에 더 초점을 맞출 가능성이 크다. 반면 나이가 더 많은 아동은 인지적 개입을 적용할 수 있으며 생각, 감정, 행동이 분노와 연관되어 있다는 것을 배우는 데 도움을 받을 수 있다. 이러한 연관성이 분노의 감정을 증폭시키고, 결국 분노를 어떤 방식으로든 행동으로 표출할 가능성을 높인다는 사실을 이해하도록 도울 수 있다.

분노는 각성을 증가시키지만 사회적 불안과 같은 다른 감정도 각성을 증가시킬 수 있다. 따라서 다른 요인들이 행동 양상에 기여할 수 있음을 염두에 두는 것이 중요하다. 이러한 경우 치료사는 행동 양상에 따라 다른 장에서 제시된 개입 방식을 활용할 수 있다.

행동

가장 흔한 행동 문제는 아동이 어떤 방식으로든 분노를 표출하는 경우일 가능성이 높다. 이는 언어적으로 나타날 수 있는데, 예를 들어 아동이 큰 소리로 나쁜 말이나 상처 주는 말을 하는 것이다. 또는 신체적 공격으로 나타날 수 있으며 때리기, 발로 차기, 주먹질, 물건 던지기가 이에 해당한다. 또한 화가 나서 사진을 찢거나, 물건을 부수거나, 문에 구멍을 뚫는 등의 행동으로 재산을 손상시킬 수도 있다. 심각하거나 위험하고 무모한 행동을 보이는 아동의 경우 자신이나 타인에게 미칠 수 있는 잠재적 위험을 고려하는 것이 필수적이다. 또한 이러한 행동을 감당하지 못한 주변 사람들이 아동에게 해를 가할 가능성이 증가할 수 있는지도 평가해야 한다.

ADHD 아동의 문제는 그들의 분노가 너무 빨리 치솟아 스스로도 놀라서 '브레이크를 밟는' 데 실패하는 경우가 많다는 점이다. 이는 그들 스스로 자신의 행동 결과를 생각하지 못하게 만든다. 만약 생각할 수 있었다면 아마도 더 나은 방법으로 고통스러운 감정을 대처할 수 있었을 것이다. 진정된 후에는 대개 자신의 행동에 대해 후회, 죄책감, 반성을 느끼게 된다.

분노의 '붉은 안개'가 사라지고 나면 자신이 좋아하거나 사랑하는 사람에게 고통을 주었다는 것을 깨닫게 된다.

치료사는 분노를 유발하는 상황과 아동(및 주변 사람들)이 고통과 분노의 감정에 대처하기 위해 사용하는 방법을 탐색하는 것이 중요하다. 특히 과거에 사용된 긍정적이고 유익한 전략을 식별하는 것이 중요하다. 무엇이 아동이 차분하고 침착하게 유지하도록 돕는가? 아동이 분노를 유발하는 상황에 직면했을 때 잘 해결된 경험이 있는가? 걱정스러운 상황에 직면해야 할 때 아동을 가장 잘 도와주는 사람은 누구인가? 그 사람이 취하는 접근 방식은 무엇인가?

창의적 방법

아동이 감정적으로 동요할 때 자신의 감정을 말로 표현하는 데 어려움을 느낄 수 있다. 이런 경우 치료사는 종이에 큰 '분노 주머니'를 그려서 아동과 함께 분노에 대한 이해를 논의할 것을 제안한다. 아동은 어떤 단어들을 알고 있는가? '분노'라는 말을 들어본 적이 있는가? 분노는 아동에게 어떤 의미인가? 아동의 마음속에 분노를 느끼게 만드는 것은 무엇인가? 아동은 분노를 느끼는 다른 사람을 알고 있는가? 그 사람과 그들의 분노에 대해 아동은 어떤 이야기를 들려줄 수 있는가? 도움을 받아 아동이 '분노 주머니'를 채우게 한다. 이 과정에서 아동은 분노가 자신에게 어떤 의미를 갖는지 말이나 그림 또는 사진으로 표현할 수 있다. 여기에는 아동이 몸에서 느끼는 신체적 반응, 분노가 발생하는 상황, 그리고 그 순간 머릿속에 떠오르는 생각들이 포함될 수 있다. 이 대화가 균형을 유지하도록 아동이 분노에 어떻게 대처하는지, 누가 그들을 돕는지, 어떤 상황에서 편안하고 차분하며 행복하다고 느끼는지도 함께 논의하는 것이 중요하다.

행동 일지

행동 일지는 행동의 선행 요인(Antecedent), 행동(Behaviour), 행동의 결과(Consequence)를 평가하는 도구이다. 이는 'ABC 차트'라고도 불리는 표에 기록되며, 부모/보호자나 교사에게 제공되어 행동을 모니터링하도록 돕는다. 이 차트는 행동의 유형, 유발 요인, 그리고 행동이 가장 자주 나타나는 시점에 대한 통찰을 제공한다. 시간이 지나면서 이 차트는 행동의 원인을 설명할 수 있는 패턴이 어떻게 나타나는지를 보여줄 수 있다.

표 8.1은 조이라는 소년의 어머니가 작성한 행동 일지를 보여준다. 첫 번째 사례에서 조이는 필통을 찾을 수 없어서 좌절감을 느꼈을 가능성이 높다. 여기에 더해 학교에 제시간에 가기 위해 집을 나서야 하는 시간 압박이 상황을 더욱 악화시켰을 것이다. 시간이 지나면서 압박감은 더욱 커졌을 것이고, 조이는 점점 더 속상하고 불안해졌을 것이다. 조이는 방에서 제대로 찾지 않고 동생이 필통을 가져갔다고 가정하며 동생에게 소리를 질렀다. 그는 좌절감과 불안감을 해소하기 위해 소리를 질렀을 가능성이 높다. 이후 엄마가 필통을 찾았을 때 조이는 자신의 행동을 미안하게 느꼈지만 이미 그의 행동은 가정 내에서 큰 혼란을 초래했다. 이 다툼에는 여러 가지 결과가 뒤따랐다. 조이의 동생은 학교 가는 길에 그와 말을 하지 않았고, 두 사람 모두 학교에 늦었다. 동생은 자신의 잘못이 아니었음에도 불구하고 학교에 늦어서 혼이 났을 가능성도 있다. 또한 조이의 엄마도 가야 할 곳에 늦었을 가능성이 있다. 두 번째 에피소드에서 조이는 텔레비전을 보고 있었고, 엄마가 취침 10분 전 경고를 했다는 사실을 듣지 못했다고 주장한다. 그가 정말 경고를 듣지 못했을 수도 있지만, 반대로 경고를 들었지만 듣지 못한 척하면 잠자리를 늦출 수 있다는 것을 알고 있었을 가능성도 있다. 조이와 엄마는 말다툼을 하게 되었고, 그는 너무 화가 나서 방에 책을 던졌다. 결국 엄마는

표 8.1 〈좌절과 분노〉 행동 일지 작성 예시

요일/시간	선행 사건 (행동 직전에 어떤 일이 있었나요? 누가 거기 있었나요? 무슨 일이 있었나요?)	행동 (무엇을 관찰했나요? 기간과 심각도를 기록하세요.)	결과 (그다음에 무슨 일이 일어났나요? 결과는 어땠나요?)
월요일 오전 8시	조이는 학교 갈 준비를 하고 있었다. 그런데 필통을 찾을 수가 없었다.	방에서 찾아봤지만 필통을 발견하지 못하자 동생이 가져갔다고 비난했다. 조이는 동생의 방으로 가서 소리를 질렀다. 나는 조이의 행동 때문에 그에게 소리를 질렀다.	내가 필통을 찾으러 가보니 침대 옆 바닥에 떨어져 있었다. 조이가 그것을 놓쳤던 것이다. 조이는 사과했지만 동생은 매우 속상해했고 학교 가는 길에 조이와 말을 하지 않았다. 결국 우리 모두 학교에 늦게 도착했다.
일요일 오후 9시	나는 조이에게 TV 프로그램이 끝난 후(10분 후) 자러 가야 한다고 경고했다. 조이는 아무 대답도 하지 않고 계속 TV를 보고 있었다. 프로그램이 끝난 후 나는 조이에게 자러 가라고 말했다.	조이는 자기 싫다고 말하며, 자신이 경고를 듣지 못했기 때문에 불공평하다고 말했다. 우리는 이 문제로 말다툼을 했고, 조이는 화가 나서 방에 책 몇 권을 던졌다.	나는 조이가 내가 경고했을 때 듣고 있었는지 확신할 수 없었기 때문에 10분을 더 주었다.

그의 요구를 들어주어 잠자리를 더 늦출 수 있도록 허락하게 되었다.

행동 일지의 목적은 여러 에피소드를 기록하여 시간이 지남에 따라 드러나는 패턴을 발견하는 데 있다. 예를 들어 행동이 시간 압박과 관련이 있는 것으로 보인다면, 이를 피하기 위해 더 나은 준비를 통해 시간 압박을 줄이는 전략을 고안해야 한다. 두 번째 에피소드에서는 조이가 원하는 것을 얻으면서 행동이 강화되는 모습을 볼 수 있다. 이는 미래에 조이가 원하는 것이 있을 때 동일한 방식으로 행동할 가능성을 높인다. 이와 같은 강화 효과를 확인하고, 조이의 엄마가 이러한 상황을 방지할 수 있도록 전략을 설정하는 것이 중요하다. 예를 들어 엄마가 경고할 때 조이가 자신의 말에 집중하고 있는지 확인하거나, 도로 표지판처럼 보이는 '10분 전 경고' 표시를 종이에 만들어 경고를 줄 때 보여주는 방법 등이 있다. 이러한 전략은 조이가 처음부터 속상하거나 화를 낼 가능성을 줄이는 데 도움을 줄 수 있지만, 항상 이를 완전히 할 수는 없다. 따라서 조이는 자신의 분노를 조절하고, 부정적인 결과를 초래할 수 있는 분노 폭발을 예방하기 위한 전략도 배워야 한다.

좌절과 분노를 위한 인지행동치료

어린 아동을 대상으로 하거나 활동지를 치료의 기초로 사용하는 경우 첫 회기는 항상 활동지 1, 2, 3으로 시작한다. 아동에게 버즈와 그의 가족을 소개하고(활동지 1), 긍정적인 자기 대화를 소개하고(활동지 2), 보상 시스템을 확인해야 한다(활동지 3). 보상 및 자기 대화 전략은 가정 및 학교에서, 그리고 회기 내에서 적용할 수 있다. 도입 회기를 계획하고 진행하는 방법에 대한 개요는 3장을 참조한다.

좌절과 분노 회기에서의 개입 및 활동지의 첫 번째 목표는 아동에게 분노의 개념을 소개하고, 분노를 자신의 몸에서 인식하는 방법을 가르치며, 분노를 유발할 수 있는 상황과 분노를 행동으로 표출했을 때의 결과를 이해하도록 돕는 것이다. 또 다른 목표는 아동이 ADHD와 분노 간의 관계를 이해하고, 이를 관리하기 위한 인지적 및 행동적 기술을 습득하도록 돕는 것이다. 치료사는 회기 내 활동계획을 설정하고, 완료한 홈미션을 확인하고, 새로운 활동지(또는 나이가 많은 아동에게는 '전략들')를 통해 작업하고, 새로운 홈미션을 설정하여 이러한 목표를 달성할 수 있다. 필요한 경우 회기 중간에 휴식 시간을 가질 수 있으며, 이는 특히 어린 아동에게 중요할 수 있다. 회기의 구조와 내용에 대한 일반적인 정보는 2장에 제시되어 있으며, 이 장에는 좌절과 분노 회기의 진행과 관련된 추가적인 정보가 포함되어 있다.

회기 내 활동계획

회기가 시작될 때 아동에게 회기 전에 준비한 회기 내 활동계획서(그림 8.1 참조)를 보여주고, 이를 검토하면서 회기 중에 소개할 주제와 활동지를 연결하여 설명한다. 좌절과 분노 모듈에서는 활동지 13과 14를 소개하면서 다음과 같이 말한다.

> "오늘은 버즈가 집에서 읽기 숙제를 해야 했던 이야기를 배울 거예요. 그런 다음 잠깐 쉬는 시간을 가지면서 이 색연필로 활동지를 색칠할 수 있어요. 이후에는 버즈가 엄마 생일 선물을 만들 때 어떤 일이 있었는지 읽어 볼 거예요."

활동계획

파일 검토
책을 읽다 [활동지 13]
휴식 시간
생일 선물을 만들다 [활동지 14]
호흡 연습(선택 사항)
홈미션 안내

그림 8.1 좌절과 분노 회기 내 활동계획 예시

파일 검토

아동과 함께 파일을 검토하는 것은 홈미션이 완료되었는지 확인하는 것 외에도 중요한 정보 또는 개념을 수정할 기회를 가질 수 있으며, 이를 학습이나 새로 습득한 기술과 통합하는 데에도 도움이 될 수 있다. 아동이 파일에 추가한 그림이나 색칠, 그림, 오려 붙인 잡지 또는 사진을 살펴보는 시간을 갖는다. 그것들에 대해 토론하고 버즈와 그의 가족에 대한 이야기와 연결시키며, 이전에 다루었던 주제나 전략과도 연결시키도록 노력하는 것이 중요하다. 이는 행동 수정을 촉진할 뿐만 아니라 아동에게 보상 시스템으로 작용할 수도 있다. 칭찬은 구두로 해야 하지만 스티커, 손글씨 메모 또는 웃는 얼굴을 추가하여 보상할 수도 있다. 홈미션을 설정했다면 홈미션 기록지에서 부모/보호자의 의견과 피드백을 검토하고 이에 대해 아동과 논의해야 한다. 파일 검토 및 홈미션에 대한 자세한 내용은 2장을 참조하면 된다.

활동지 13. 책을 읽다

활동지 설명

학교에서 버즈는 또래들에 비해 읽기 과제에 뒤처져 있어요. 선생님은 버즈에게 엄마와 함께 할 추가 읽기 숙제를 내주었어요. 버즈는 반에서 유일하게 추가 숙제를 받았고 그것이 불공평하다고 느껴요. 집에서 버즈와 그의 엄마는 함께 책을 읽기 시작해요. 달팽이와 토끼의 경주에 대한 이야기예요. 버즈가 소리 내어 책을 읽는 동안 엄마는 자주 틀린 부분을 교정해줘요. 버즈는 점점 짜증이 나고 이야기 자체에 흥미를 잃어버려요. 더 이상 이야기에 신경 쓰지 않고 화가 나서

(계속)

활동지 13. 책을 읽다(계속)

방 한쪽으로 책을 던져버렸습니다.

활동지 프롬프트

- 버즈는 짜증이 나 있어요. 그 외에 어떤 감정을 느낄 수 있을까요?
- 버즈가 그런 감정을 느끼게 된 이유는 무엇인가요?
- 좌절하거나 화가 날 때 몸에서 어떤 반응이 일어나나요?
- 자신의 모습을 그림으로 그려보고, 화가 났을 때 몸에서 어떤 일이 일어나는지 표시해보세요.
- 버즈처럼 느낀 적이 있던 때에 대해 이야기해줄 수 있나요?
- 그럴 때 여러분은 어떻게 하면 침착함을 유지할 수 있나요?
- 여러분이 그런 감정을 느낄 때 다른 사람들이 도와줄 수 있는 일은 무엇인가요?
- 버즈가 책을 던지지 않도록 하기 위해 무엇을 할 수 있었을까요?
- 버즈가 스스로를 진정시키고 침착함을 유지하기 위해 할 수 있는 일은 무엇일까요?

이제 짜증이 날 때 스스로에게 말할 수 있는 차분하고 침착한 문구를 적어보세요.

활동지 13은 분노 관리에 관한 내용으로, 스트레스와 압박감을 느낄 때 좌절감과 분노를 견디는 한계가 낮아질 수 있다는 점을 아동이 인식하도록 돕는 것을 목표로 한다. 이 활동지는 아동이 자신이 어려운 과제에 직면했을 때 감정적으로 어떻게 반응하는지 이야기할 기회를 제공하여 자기 성찰과 자기 인식을 높이는 데 도움을 준다. 이 활동은 ADHD 아동이 겪을 수 있는 어려움, 예를 들어 학교에서 문제를 일으킨 경우, 과제에서 뒤처진 경우, 추가 숙제를 받은 것에 대한 불만, 감시받는 듯한 느낌이나 특별히 지목받는 느낌, 반복적인 부정적 피드백을 받는 상황 등을 반영한다. 아동이 자신의 분노를 행동으로 표출하지 않도록 돕는 효과적인 분노 관리 전략을 토론을 통해 생각해보도록 이끈다.

이 이야기에서 버즈는 처음에 선생님이 자신에게만 추가 숙제를 내주었을 때 속상하고 짜증이 나기 시작했다. 그는 자신이 반에서 유일하게 추가 숙제를 받았기 때문에 불공평하다고 느낀다. 또한 그는 자신이 읽기 과제에서 뒤처져 있다는 것에 이미 좌절감을 느꼈을 가능성이 있으며, 추가 숙제는 그의 감정을 더 악화시켰다. 집에서 추가 읽기를 하는 동안 버즈는 올바르게 읽으려고 애쓰지만, 엄마가 반복적으로 교정하면서 그의 감정은 더 고조되었다. 결국 그는 이야기를 더 이상 읽고 싶지 않아졌고, 속에서 분노가 끓어올라 책을 방 한쪽으로 던져버렸다. 과제 활동지를 아동에게 읽어주거나 아동이 원하면 함께 읽는다. 아동이 이야기를 이해했는지 확인하고, 궁금한 점이 있다면 답해준다. 아동에게 자신이 특별히 지목되거나 부당하게 대우받았다고 느낀 경험에 대해 이야기해보도록 격려한다.

이야기에서 버즈는 점점 더 속상하고 좌절감을 느끼게 된다. 먼저 아동에게 "버즈는 어떤 기분일까요?"라고 물으며 대화를 시작한다. 버즈가 좌절감을 느끼기 시작해 짜증으로 이어지고 결국 분노로 발전하는 과정을 함께 이야기한다. "좌절감과 분노는 어떻게 다를까요?"라고 질문하고, 답변을 요약해준다. "좌절감은 분노만큼 강하지 않아요. 무언가를 하려고 애쓸 때 조금 화가 나는 기분을 말해요." 버즈의 감정이 점점 강해지는 과정을 아동에게 생각해보도록 하고, 부정적인 피드백과 그것이 버즈의 내면에 어떤 영향을 미쳤는지와 같이 감정이 쌓이는 데 기여한 요소들을 고려해보도록 이끈다.

아동이 분노의 생리적 증상을 인식하도록 돕는 것이 중요하다. ADHD 아동은 갑작스럽게 분노 폭발로 이어졌다고 느낄 수 있지만, 자신의 몸에서 나타나는 초기 경고 신호를 배우면 분노 과정에 개입하여 다른 행동을 선택할 기회를 가질 수 있다. 아동에게 "좌절감을 느낄 때 몸에서 어떤 느낌이 드나요?", "화가 났을 때는 어떤 느낌이 들죠? 좌절감과 똑같나요?" 라고 물어본다. 분노에 대해 아동은 몸이 긴장되고, 심장이 뛰고, 땀이 나거나 얼굴이 뜨거워진다고 말할 수 있다. 그런 다음 "어떤 증상이 먼저 나타날까요?"라고 묻는다. 어린 아동에게는 사람 모양을 그려서 좌절감을 느낄 때 몸의 어떤 부위에 변화가 생기는지 표시하게 하면 도움이 될 수 있다. 이 연습을 분노를 느낄 때의 상황에 대해서도 반복한다. 아동이 이러한 변화를 돌아볼 수 있도록 힌트를 준다. 예를 들어 "어떤 사람들은 몸이 긴장되거나 숨이 빨라지는 것을 느낀다고 해요"라고 말하고 분노를 느낄 때 몸에서 어떤 일이 일어나는지 그림으로 표현해보도록 한다.

다음으로 아동이 자신도 버즈와 비슷한 기분을 느꼈던 경험에 대해 돌아보도록 돕는다. 이는 어떤 일에 좌절감을 느꼈고, 그것이 분노 폭발로 이어졌던 비슷한 경험일 수 있다. 아동의 이야기를 경청하고, 그 당시 무엇을 생각하고 느꼈는지 떠올릴 수 있도록 유도한다. 이후 스스로 침착함을 유지하고 화를 조절하기 위해 이미 사용하고 있는 방법에 대해 이야기한다. 이 영역에서 아동의 기술 수준은 다양할 수 있는데, 어떤 아동은 "모르겠어요"라고 대답할 수도 있고, 이미 전략을 가지고 있을 수도 있다. 아동에게 다음과 같은 질문으로 힌트를 줄 수 있다. "누군가에게 도움을 요청했나요?", "그 상황에서 벗어났나요?", "깊게 숨을 들이쉬었나요?", "스스로에게 '이 상황을 이겨낼 수 있다'고 말했나요?" 아동에게 다른 사람들이 도움이 되었던 행동에 대해 생각해보도록 요청하고, 당시에는 실행되지 않았더라도 도움이 되었을 법한 것들에 대해서도 물어본다. 예를 들어 "선생님이 ○○이와 따로 이야기를 했다면 도움이 되었을까요?", "5분 정도 교실 밖에서 시간을 가졌다면 어땠을까요?"와 같은 질문을 던질 수 있다.

다시 버즈의 이야기로 돌아와 아동과 함께 버즈가 이 상황에서 도움을 받을 수 있는 방법의 목록을 과제 활동지에 작성한다. 예를 들어 버즈는 스스로에게 "선생님이 나를 특별히 지적하려는 것이 아니라 나를 돕기 위해 그러시는 거야" 또는 "엄마도 나를 도와주려고 하시는 거야"라고 말할 수 있다. 또한 이야기를 다 읽은 후 받을 특별한 보상을 미리 정할 수도 있다. 휴식을 요청하거나 깊게 숨을 쉬어 긴장을 풀 수도 있다. 버즈는 긍정적 자기대화를 사용하여 "화낼 필요 없어. 그냥 이야기를 읽기만 하면 돼" 또는 "괜찮아, 나는 해낼 수 있어"라고 자신에게 말할 수 있다. 이후 버즈가 사용할 수 있는 가장 적합한 진정하기(COOL CALM) 자기 대화 문구를 정해 과제지에 적는다. 다음으로 버즈를 위해 작성한 전략 목록을 검토하고, 아동이 좌절감과 분노를 경험할 때 도움이 될 수 있는 아이디어를 동그라미로 표시한다. 또한 아동이 새롭게 떠올린 아이디어가 있다면 추가한다.

회기에서 아동의 노력에 대해 칭찬한다. 이 활동지를 기반으로 홈미션을 설정하는 경우 아동에게 다음 사항을 요청한다.

1. 그림과 말풍선을 색칠해서 활동지를 꾸미거나 이야기 주제와 관련된 사진, 잡지, 만화 등의 그림을 추가해보기
2. 답답하거나 화가 날 때 부모/보호자 또는 선생님과 이야기해보기. 부모/보호자 및/교사에게 내 몸에서 일어나는 일에 대해 이야기하고 과제지에 그린 그림을 보여줄 수 있다.
3. 사용해볼 진정하기(COOL CALM) 문구를 부모/보호자나 선생님에게 알려주기. 그들이 이 계획을 알고 있다면 그 문구를 사용할 때 이를 상기시켜 주거나, 사용하는 모습을 보면 칭찬해줄 수 있다.
4. 진정하기(COOL CALM) 문구 외에 버즈를 위해 생각해낸 다른 전략 중 하나를 사용해보고, 다음 시간에 어떻게 되었는지 이야기하기. 그

전략을 부모/보호자나 선생님과 공유해 그 아이디어를 실천하는 데 도움을 받을 수 있다.

홈미션을 설정했다면 부모/보호자에게 홈미션 기록지를 작성하도록 하고 다음 회기에서 검토할 수 있도록 파일에 넣을 것을 상기시킨다.

중간 휴식

휴식 시간은 2장에 설명한 대로 회기의 적절한 시점에 제공한다.

활동지 14. 생일 선물을 만들다

활동지 설명

버즈가 학교에서 가장 좋아하는 수업은 미술이에요. 선생님도 버즈가 미술을 잘한다고 말해요. 버즈는 그림 그리기를 좋아하고, 특히 점토로 무언가를 만드는 것을 좋아해요. 버즈는 엄마 생일 선물로 특별한 접시를 만들었어요. 그 접시를 완벽하게 만들기까지 오랜 시간이 걸렸어요. 그는 엄마가 좋아하는 색으로 꽃을 그렸어요. 버즈의 엄마는 이 선물을 정말 좋아했어요. 엄마는 모두가 볼 수 있도록 그 접시를 식탁 위에 올려놓았어요. 그런데 그만 버즈의 형이 실수로 그 접시를 떨어뜨려 산산조각이 나고 말았어요. 버즈는 형에게 너무 화가 났어요. 형이 일부러 그런 거라고 생각했거든요. 버즈와 형은 말다툼을 하다가, 버즈가 너무 화가 나서 싸움을 시작하고 말았어요.

활동지 프롬프트

- 버즈는 왜 형에게 그렇게 화가 났을까요?

(계속)

활동지 14. 생일 선물을 만들다(계속)

- 버즈가 그런 감정을 느끼게 된 이유는 무엇일까요?
- 버즈는 무슨 생각을 하고 있었을까요?
- 화가 나면 여러분의 몸에서 어떤 일이 일어나나요?
- 화가 났을 때 누군가를 때리거나 물건을 부순 적이 있나요?
- 그런 기분이 들 때 침착함을 유지하기 위해 무엇을 하나요?
- 여러분이 그런 기분일 때 다른 사람들이 도와줄 수 있는 방법은 무엇인가요?
- 버즈는 형과 싸우는 것을 멈추기 위해 무엇을 할 수 있었을까요?
- 버즈가 스스로 화가 나고 있다고 느낄 때 침착하고 차분함을 유지하기 위해 할 수 있는 모든 아이디어를 함께 적어봅시다.

이제 버즈에게 도움이 될 거라고 생각한 것들을 살펴보고 여러분에게도 도움이 될 만한 것들에 동그라미를 표시하세요.

활동지 14는 신체적 공격성으로 이어지는 과정을 다루며, 아동이 자신이 신체적 공격(예 : 다른 사람에게 소리 지르기, 발로 차기, 주먹질, 때리기 등)에 관여했던 순간이나 그런 충동을 느꼈던 때를 돌아보도록 한다. 이를 통해 아동이 통제력을 잃기 직전에 나타나는 초기 경고 신호를 알아차릴 수 있도록 돕는다. 이러한 신호는 보통 분노와 관련된 신체적 변화(예 : 얼굴이 뜨거워짐, 심장 박동수 증가, 배의 긴장감)를 논의하고, 이러한 느낌을 부정적인 생각 및 행동과 연결함으로써 파악한다. 이러한 경고 신호를 인식함으로써 아동은 분노 조절 전략을 적용하여 공격적인 행동을 예방할 기회를 얻는다.

이 이야기에서 버즈는 형이 엄마의 선물을 깨뜨린 것에 속상해한다. 그의 분노는 선물을 만드는 데 많은 시간과 정성을 쏟았기 때문에 더욱 커졌다. 버즈는 엄마를 위해 접시를 만드는 것에 매우 흥미를 느꼈고, 완성된 접시에 대해 자부심을 느꼈다(특히 엄마가 그 접시를 모두가 볼 수 있는 곳에

놓았을 때). 형은 실수로 접시를 떨어뜨렸지만, 버즈는 형이 일부러 그런 것이라고 의심한다. 버즈는 형이 엄마가 자신을 좋아하고 접시를 전시한 것에 질투를 느꼈다고 생각했을 수도 있다. 이러한 생각은 버즈를 더욱 화나게 만들었다. 이로 인해 버즈는 여러 가지 감정을 동시에 느꼈을 것이다. 흥분, 기대, 자부심, 사랑, 고통, 분노, 그리고 아마도 질투까지. 그는 이러한 감정을 점점 더 강하게 느꼈고, 그에 압도당해 결국 형을 때리고 싸우기 시작했다. 도입 활동지를 아동에게 읽어주거나 아동이 원할 경우 함께 읽는다. 아동이 이야기를 이해했는지 확인하고, 질문이 있으면 답변한다.

토론 활동지를 진행하면서 아동이 버즈가 왜 화가 났는지 더 깊이 생각해보도록 격려한다. "버즈는 왜 형이 일부러 접시를 깨뜨렸다고 생각했을까요?", "버즈는 또 어떤 감정을 느꼈을까요?", "버즈가 선물을 만드는 데 많은 시간과 정성을 들였다고 생각하나요?"와 같은 질문을 통해 단순히 '형이 접시를 깨뜨렸기 때문'이라는 답을 넘어서는 사고를 이끌어낸다. 버즈는 접시가 깨졌을 때 '갑자기' 화를 낸 것처럼 보였지만, 사실 분노는 점차 쌓였을 가능성이 크다. 아동에게 다툼 중에 무슨 일이 일어났는지, 각자가 어떤 말을 했을지, 어떤 생각을 했을지, 그리고 어떤 감정을 느꼈을지를 생각해보도록 한다. 예를 들어 버즈의 형은 접시를 깨뜨리고 버즈와 엄마를 속상하게 만든 것에 대해 당황했을 수 있다. 그는 죄책감을 느꼈을지도 모른다. 그러나 자신이 부당하게 비난받는다고 느꼈을 수도 있고, 이런 감정은 그 또한 화를 느끼게 만들었을 것이다. 두 형제 사이에 분노가 서로 주고받으며 점점 커졌다는 점을 생각해보도록 격려한다. 그리고 이러한 상황에서의 차이점은 버즈는 자신의 감정을 통제하지 못했지만, 형은 통제할 수 있었다는 점을 강조한다.

활동지 13에서 논의했던 좌절과 분노의 생리적 증상을 다시 검토하고,

이번에는 신체적 공격성으로 이어지는 더 극단적인 형태의 분노에 대해 추가할 수 있는 신체 증상이 있는지 생각해본다. 목표는 더 강렬하고 증폭된 생리적 반응이 있다는 점을 보여주는 것이다. 사람 모양 그림을 사용했다면 이를 수정하여 생각과 감정의 축적을 끓어오르는 화산에 비유한다. 각각의 생각이 용암을 점점 뜨겁게 하고 상승시키며 결국 큰 폭발로 이어져 모든 것이 쏟아져 나오는 모습을 떠올리게 한다. 이를 통해 에너지와 긴장감의 해소를 설명한다. 용암은 매우 뜨거워 주변에 손상을 입힌다. 아동에게 자신이 특별한 능력을 지닌 마법사라고 상상하게 한 후 용암과 대화하며 그를 식히고 끓어오르지 않게 만들 수 있다고 말한다. 아동은 무엇이라고 말할 것인가?

아동이 버즈처럼 분노를 느꼈던 경험에 대해 생각해보도록 돕는다. 이는 어떤 일에 대해 너무 화가 나서 누군가를 때리거나 물건을 부순 적이 있었던 경험과 유사한 상황일 수 있다. "화가 났을 때 누군가를 때리거나 물건을 부순 적이 있나요?"라고 묻는다. 그런 적이 있다고 말할 경우 처벌받을 것이라는 걱정을 덜어줄 필요가 있을 수 있다. "때로 사람들은 화가 났을 때 결과를 깊이 생각하지 않고 행동하기도 해요. 이후에 자신이 한 일에 대해 후회할 수도 있어요"라고 말한다. 만약 아동이 신체적 공격 행동을 한 적이 없다고 한다면 물리적으로 화를 표출하고 싶었던 순간에 대해 묻는다. 특히 그러한 행동을 하지 않도록 막아준 것이 무엇인지 물어본다. 아동의 이야기를 경청하며 활동지 13에서 논의했던 유용한 전략을 활용한다. 당시에 무슨 생각을 했고 어떤 감정을 느꼈는지 회상하도록 유도한다.

"모든 사람은 화가 날 때가 있지만 다른 사람에게 해를 끼치지 않고 이를 해결하는 방법을 배워야 해요"라고 상기시킨다. 아동에게 자신의 초기 경고 신호를 생각해보도록 한다. 활동지 13에서 아동은 생리적 증상의 순서를 생각하고 처음 나타나는 신호를 확인했었다. 여전히 같은 신호를 첫 번째로 생각하는지 확인하고, 아니라면 다른 것으로 변경한다. 아동에게 이러한 신호(예 : 얼굴이 뜨거워짐, 목소리가 높아지기 시작함)를 느꼈을 때 분노 과정에 개입해야 한다고 가르친다. 이것이 그들이 주의 깊게 살펴야 할 신호이다.

버즈의 이야기로 돌아가 아동과 함께 버즈가 자신의 상황에서 할 수 있는 일들을 생각해본다. 예를 들어 버즈는 상황에서 물러나거나, 셋을 세거나, 깊게 숨을 쉬거나, 긍정적 자기 대화를 하거나, 엄마에게 갈 수도 있다. 버즈가 상황에서 물러나면 혼자 진정할 시간을 가질 수 있다는 점을 알려준다. 또한 호흡과 이완 기술을 사용할 수도 있다(7장 참조). 초기 경고 신호로 돌아가 그 단계에서 가장 빠르고 효과적인 개입 방법이 무엇인지 결정한다. 치료사는 반드시 신호와 개입 간의 명확한 관계를 설정해야 한다. 예를 들어 '얼굴이 뜨거워짐=물러나기'(분노 유발 상황에서 벗어나는 행동적 개입) 또는 '몸이 긴장됨=멈추기'(스스로 '멈추자!'라고 말하는 인지적 개입)와 같은 방식이다. 다음으로 아동에게 버즈가 사용할 수 있는 진정하기(COOL CALM) 자기 대화 문구를 생각하도록 지시하고, 버즈가 긴장된 기분이 들 때 어떻게 침착하고 차분함을 유지할 수 있을지에 대한 아이디어를 작성한다. 마지막으로 버즈를 위해 생성된 전략 목록을 검토하고 아동이 시도해볼 수 있는 아이디어를 동그라미로 표시한다.

회기에서 아동의 노력에 대해 칭찬한다. 이 활동지를 기반으로 홈미션을 설정하는 경우 아동에게 다음 사항을 요청한다.

1. 그림과 말풍선을 색칠해서 활동지를 꾸미거나 이야기 주제와 관련된 사진, 잡지, 만화 등의 그림을 추가해보기

2. 매우 화가 났을 때 어떤 일이 일어나는지 부모/보호자나 교사와 이야기하기. 분노가 쌓이고 있다는 것을 알려주는 경고 신호를 하나 선택하기. 이 신호를 부모/보호자와 학교에 공유하기
3. 매우 화가 났던 경험에 대해 부모/보호자나 교사와 이야기하기. 화가 났을 때 몸에서 어떤 일이 일어나는지 설명하기(만약 몸의 반응 그림을 그리거나 수정했다면 보여주기). 초기 경고 신호와 이를 통해 개입을 시작할 수 있는 방법을 설명하기
4. 부모/보호자나 교사에게 신호–개입(Signal=Intervention) 계획에 대해 이야기하기. 선택한 개입 방법을 설명하기. 이는 시도해볼 진정하기(COOL CALM) 문구나 휴식을 취하는 방법일 수 있다. 부모/보호자와 교사가 이 계획을 알고 있으면, 이를 상기시키거나 사용 중인 것을 보았을 때 칭찬해줄 수 있다.
5. 추가적으로 버즈를 위해 생각한 다른 전략 중 하나를 사용해보고, 다음 시간에 어떻게 되었는지 보고하기. 이 전략을 부모/보호자와 교사와 공유하기

홈미션을 설정했다면 부모/보호자에게 홈미션 기록지를 작성하도록 하고 다음 회기에서 검토할 수 있도록 파일에 넣을 것을 상기시킨다.

피드백 및 보상

회기가 끝나면 활동지 3의 보상 과제에서 확인한 적절한 보상을 적용해야 한다(예 : 아동이 긍정적인 자기 대화에 참여해야 한다). 피드백 및 보상에 대한 자세한 내용은 2장을 참조한다.

부모/보호자와 협력하기

이 절에서는 아동이 좌절감과 분노를 줄이거나 대처할 수 있도록 부모/보호자가 적용할 수 있는 전략을 제시한다. 달성할 수 있는 목표에 대해 현실적으로 생각하는 것이 중요하다. 자녀의 행동에 잘 대처하기 위한 전략을 배우는 것이 아동의 행동 자체를 개선하기 위한 전략을 배우는 것만큼이나 도움이 될 수 있다.

부모/보호자는 자신의 좌절감과 분노를 인식하고, 이러한 감정이 아동에게 어떻게 전달되는지 깨달아야 할 수도 있다. 아동은 관찰을 통해 감정을 관리하는 방법을 배울 수 있기 때문에 부모/보호자가 자신의 감정을 효과적으로 관리하고, 성공적인 자기 통제 전략을 역할 모델로 보여주는 것이 중요하다. 아동은 비합리적인 요구를 받거나 비난받고, 책임을 떠맡거나 실패자처럼 느끼게 될 때, 반항적이고 도전적인 행동을 통해 원망, 좌절, 분노와 같은 부정적인 감정을 표출할 가능성이 높다. 이는 부모/보호자와 아동 사이에 상호적이고 부정적인 악순환을 초래할 수 있다. 이로 인해 부모/보호자는 스스로 좌절감, 스트레스, 분노를 느끼며 말이나 행동을 통제하기 어려워질 수 있다. 그림 8.2는 이러한 부정적 악순환을 나타내며, 아동이 도전적인 행동을 보일 때 부모/보호자가 자신의 생각, 감정, 행동을 되돌아볼 수 있도록 돕는 데 사용할 수 있다. 이러한 반복적인 악순환 속에서 감정이 점점 강해지고, 양쪽 모두 통제력을 잃게 된다는 사실을 부모/보호자가 인식할 수 있도록 도와야 한다. 이를 인식하고 이해할 수 있다면 부모/보호자는 새로운 접근 방식을 선택하여 이러한 악순환을 끊을 기회를 가질 수 있다.

이 절에서는 부모/보호자가 경계와 규칙을 합의하고, 분노 폭발을 관리

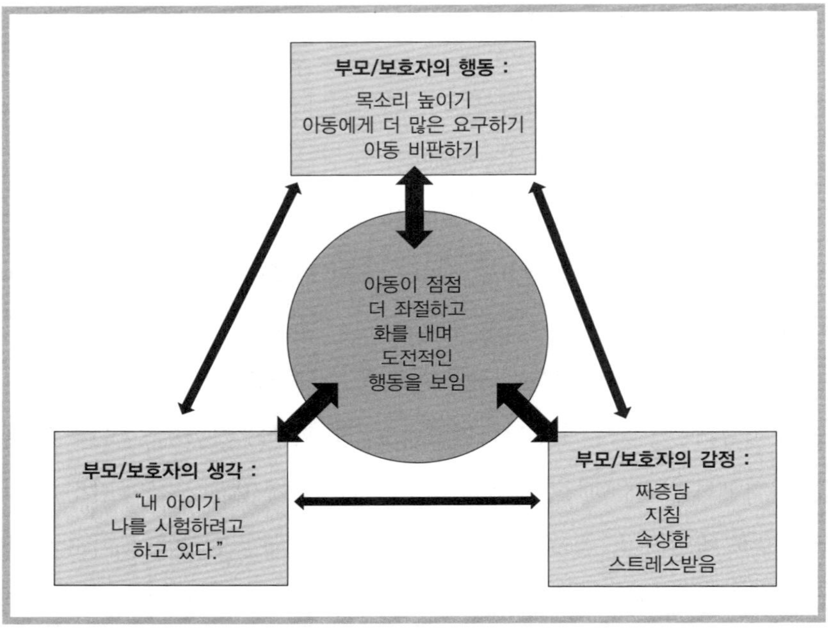

그림 8.2 부정적 상호작용의 악순환

하는 데 일관된 접근 방식을 정해야 하는 필요성에 대해 논의한다. 부모/보호자가 아동의 분노 유발 요인과 '레드존'에 가까워질 때의 경고 신호를 인식하도록 안내하며, 상황이 악화되는 것을 방지하기 위한 조언을 제공한다. 아동이 좌절감과 분노를 유발하는 상황에 대처하도록 돕고, 부모/보호자가 아동의 분노 폭발을 관리할 수 있도록 지원하는 행동적 전략이 제시된다. 여기에는 후퇴 및 이완 기술도 포함된다. 또한 부정적인 사고를 다루고, 자기 대화와 긍정적 자기 진술을 사용하는 것, 그리고 안정감과 차분함을 유도하기 위한 시각화 기술 등 인지적 기술도 논의된다. 부모/보호자와 작업할 때 치료사는 제안된 기술과 전략을 소개하고, 적절하다면 회기 중 역할극을 통해 (아동이 없는 상태에서) 이를 연습하고 시연하도록 한다. 이후 회기에서는 부모/보호자가 가정에서 이 기술들을 어떻게 활용했는지 치료사에게 보고해야 한다. 기술이나 전략을 적용하는 데 어려움이나 장애물이 발생할 경우 이를 극복하기 위한 방법을 생각하고 전략을 조정하여 아동에게 효과적으로 도움을 줄 수 있도록 하는 것이 중요하다.

행동을 변화시키고 인지적인 기술을 향상시키기 위한 핵심 전략은 성공을 촉진할 만한 동기를 찾는 것이다. ADHD 아동은 더 크고 좋은 보상일지라도 장기적인 보상에 대한 만족 지연이 어렵기 때문에 즉각적인 보상에 더 잘 반응하는 경향이 있다. 성공에 대한 동기 부여(스티커판 사용 포함) 및 부모/보호자와 협동하는 것과 관련된 일반적으로 적용할 수 있는 주제는 2장에서 설명되어 있다. 좌절과 분노 회기 진행과 관련된 보충 정보는 이 장에서 다룬다.

일관성, 단호함, 공정함

모든 아동은 경계를 시험하며, 이를 통해 자신의 한계를 발견한다. 아동에게 '말썽꾸러기'나 '시험하는 아이'라는 딱지를 붙이는 것은 도움이 되지 않으며, 이러한 딱지는 오히려 아동으로 하여금 그 부정적인 역할을 받아들이게 만들 수 있다. 부모/보호자는 일관된 접근 방식을 유지하는 것이 중요하며, 이를 위해 함께 논의해야 한다. 보통 한쪽 부모가 다른 쪽보다 더 관대한 경우가 매우 흔하며, 아동은 부모/보호자 각각의 규칙이 다르다는 것을 매우 잘 알아차린다. 예상대로 아동은 자신이 원하는 것을 얻을 가능성이 높은 부모/보호자에게 의지하게 된다. 이는 부모/보호자 간 접근 방식의 '분열'을 초래한다. 특히 어린 아동에게는 경계가 명확하지 않아 혼란을 야기할 수 있다. 따라서 부모/보호자는 경계와 규칙을 합의하고 이를 설정한 후 일관되게 적용해야 한다. 규칙은 공정하고 아동이 이해할 수 있는 것이어야 하며, 한 아동에게는 하나의 규칙이 적용되고 다른 아동에게는 다른 규칙이 적용되어서는 안 된다. 부모/보호자가 아동의 경계 시험에 직면했을 때 서로를 지지할 수 있도록 돕고, 규칙을 어기고 싶은 유혹이 들 때(이는 불가피하다) 서로 지원할 수 있는 방법을 찾아야 한다. 부모/보호자에게 규칙을 어기는 것은 단기적으로는 해결책이 될 수 있지만, 장기적으로는 아동이 규칙을 피하는 행동을 학습하게 만들어 더 큰 어려움을 초래한다는 점을 상기시킨다. 결과적으로 아동은 다음에 원하는 것이 있을 때 같은 행동을 반복하게 된다.

유발 요인 확인

아동과 부모/보호자 모두에게 '버튼을 누르는'(즉, 감정을 자극하는) 특정 시기와 상황이 있다. 이러한 상황을 미리 파악할 수 있다면 개입을 통해 사태가 통제 불능으로 커지는 것을 막을 수 있다. ADHD 아동은 감정 조절에 어려움을 겪는 경우가 많아 반응성이 낮은 임계치를 가지고 있으므로 작은 자극에도 반응하고 차분한 상태로 돌아가는 데 시간이 오래 걸릴 수 있다. 부모/보호자와 함께 아동이 자주 분노를 폭발시키는 시기와 상황을 논의한다. 부모/보호자는 이러한 상황에 대해 보통 명확히 알고 있지만, 이를 명시적으로 목록화하는 것이 도움이 된다. 부모/보호자는 아동이 스트레스를 받고, 압박감을 느끼거나, 부담을 느끼게 만드는 상황이 무엇인지 생각하도록 유도해야 한다. 좌절감을 유발하는 상황은 주로 아동이 자신의 기대나 기준을 충족하지 못하거나 따라가지 못한다고 느끼거나, 여러 가지 상충하는 요구를 처리해야 한다고 느낄 때 발생한다. 문제는 학교, 집에서의 집안일이나 숙제, 또는 대인관계 관리와 같은 다양한 영역에서 발생할 수 있다. 분노를 유발하는 상황은 보통 갈등을 포함한다. 예를 들어 형제자매 간의 다툼이나 아동이 하기 싫어하는 일을 하라는 지시(예 : 지루하거나 싫다고 느끼는 활동)가 이에 해당한다. 또한 아동의 신체적 · 정서적 상태와 관련이 있을 수도 있다. 예를 들어 피곤함, 배고픔, 걱정, 또는 불안감 등이 분노를 유발할 수 있다.

행동 일지

분노 폭발을 유발하는 특정 상황을 확인하기 위해 부모/보호자에게 행동 일지(이 장에서 앞부분 참조)를 작성하도록 요청하여 아동의 행동을 모니터링하도록 한다. 행동 일지에 기록된 정보를 부모/보호자와 함께 논의하며 행동 유형, 유발 요인, 그리고 이러한 행동이 가장 자주 발생하는 시기에 대한 더 깊은 통찰과 이해를 얻는다. 시간이 지나면서 특정한 패턴이 나타나며, 이는 일부 행동의 원인을 설명하는 데 도움이 될 수 있다. 이러한 분석을 통해 문제를 해결하기 위해 어떤 개입이 가장 적절할지 결정하는 데 유용하게 활용할 수 있다.

경고 신호 확인

부모/보호자가 아동의 각성 수준이 '레드존'에 가까워지고 있음을 경고하는 특정 지표를 알아차릴 수 있도록 돕는다. 이를 위해 상호작용을 세분화하여 다음과 같은 질문을 통해 분석한다.

1. 오렌지존 : 언제 아동이 짜증을 내거나 스트레스를 받기 시작했다고 느꼈는가? 어떻게 알았는가? (질문 예시 : 아동이 했던 말이나 행동, 아동의 표정이나 태도, 신체 증상)
2. 레드존 : 언제 아동이 정말 힘들어하고, 강한 분노를 느끼거나 감정적으로 압도되고 있다고 느꼈는가? 어떻게 알았는가? (질문 예시 : 아동

이 했던 말이나 행동, 아동의 표정이나 태도, 신체 증상)

또한 부모/보호자와 함께 어떤 개입이 상황을 완화하는 데 도움이 되었으며, 어떤 개입이 효과적이지 않았는지 논의하는 것도 중요하다. 무엇이 효과적인지 배우는 것만큼 효과적이지 않은 방법을 인식하는 것도 중요하다.

상황 악화 방지

대립적인 상황에서는 항상 어떤 형태로든 긴장이 고조된다. "손뼉도 마주쳐야 소리가 난다"는 말처럼 아동이 '레드존'에 가까워지고 있다는 내부 및 외부 신호에 주의를 기울일 기회는 양쪽 모두에게 있다. 하지만 부정적인 상호작용의 악순환을 끊기 위해서는 단 한 사람만 반응이나 행동을 바꾸면 된다. 내부 신호는 얼굴이 뜨거워지거나 달아오르는 느낌을 받거나 목소리가 높아졌거나 상대에게 불편할 정도로 가까이 다가갔다는 것을 스스로 깨닫는 것과 관련이 있다. 외부 신호는 상대방에게서 이러한 반응을 감지하는 것과 관련이 있다. 어떤 사람들은 갑자기 폭발하는 것처럼 보이지만, 이는 보통 분노를 억누르다가 결국 감정이 폭발하는 것이다. 하지만 이런 경우에도 내적으로는 점진적으로 긴장감이 높아졌기 때문에 자신의 내부 신호에 주의를 기울이는 것이 중요하다. 상대방이 '레드존'에 가까워지고 있다는 것을 인식하면 상황이 더 악화되는 것을 막기 위해 다음과 같은 방법을 활용할 수 있다.

- 침착하고 안정적인 목소리로 말하기
- 서로의 말을 잘 듣고 있는지 확인하기 : 아동이 주의를 기울이고 있는지, 부모/보호자가 아동의 말을 정말로 경청하고 있는지 확인하기

- 감정을 가라앉힐 시간을 가지고 다음 단계를 결정하기(단, 아동이 안전하게 보호받고 있는지 확인하기)
- 순간적인 감정으로 상처 주는 말을 하지 않기

신체 감각과 분노

분노를 느낄 때는 생리적인 반응이 나타나며, 특히 대립적인 상황에서는 더욱 두드러진다. 심장이 빠르게 뛰고 몸이 뜨거워지고 얼굴이 달아오르는 느낌이 들며 '터널 시야' 현상이 발생하여 상대방과 자신의 감정에만 집중하게 된다. 또한 누군가가 공격적이고 대립적인 태도를 보이면 본능적으로 같은 방식으로 반응하기 쉽다. 예를 들어 누군가가 소리를 지르면 나도 소리를 지르고, 누군가가 나를 때리면 나도 때리고 싶은 충동이 생긴다. 이 관계를 인식하는 것이 중요한데, 이 과정에 개입하고 진정할 수 있는 조치를 취하면 부정적인 상호작용의 악순환에 덜 휘말리게 된다. 많은 경우 아동이 좌절감과 분노를 느낄 때 안절부절못하거나 과잉행동을 하는 증상이 증가하는 것을 관찰할 수 있다. 이는 스트레스와 불안감을 줄이기 위한 기능적인 전략으로 작용하는데, 어른이 신체 활동을 통해 차분함을 얻고 통제력을 유지하며 합리적으로 사고하는 방식과 유사하다. 차이점은 어른은 도움이 된다고 생각할 경우 의도적으로 이 전략을 활용하지만, 아동은 무의식적으로 반응한다는 것이다. 그러나 아동의 안절부절못함을 적절한 방향으로 유도하고, 아동이 좌절하거나 스트레스를 받는 순간을 인지하며, 신체 활동으로 유도하는 것은 효과적인 대처 전략이 될 수 있다.

물러나기

때때로 상황이 통제하기 어렵거나 너무 부담스러워질 경우 아동을 그 상황에서 벗어나게 하는 것이 최선의 방법일 수 있다. 이는 부모/보호자와 아동 모두가 감정을 조절하고, 상황을 합리적으로 이해하며, 다른 대처 방법을 생각해볼 수 있는 시간을 제공한다. 그러나 상황을 감당하지 못해서 회피하는 것(역기능적 행동, 7장 참조)과 잠시 시간을 갖고 상황을 돌아보며 더 긍정적인 대처 방안을 모색하기 위해 물러나는 것은 차이가 있다는 점을 인식하는 것이 중요하다.

부정적 사고 다루기

부모/보호자가 자신의 부정적인 사고를 인식하고 다룰 수 있도록 돕는 것이 중요하다. 아동에 대한 부정적인 생각은 기대치(특히 비현실적인 기대), 행동에 대한 오해, 아동의 의도에 대한 믿음, 그리고 부모/보호자의 개인적인 경험과 연관될 수 있다. 또한 부정적인 사고는 부모/보호자의 정신적 상태와도 관련이 있으며, 우울감 및 불안감과 강한 연관이 있는 것으로 알려져 있다. 부모/보호자가 부정적인 사고를 인식할 수 있도록 돕기 위해 "아동과 있었던 그 상황에서 어떤 생각이 떠올랐나요?"라고 질문할 수 있다. 또한 부정적인 사고가 미치는 영향을 탐색하기 위해 "아동이 하지 않으려는 것이 아니라 할 수 없는 것이라고 생각한다면, 생각과 감정은 어떻게 달라질까요?" 또는 "만약 같은 상황이 다른 사람에게 일어났다면 어떻게 말했을까요?", "어떤 조언을 해주었을까요?"와 같은 질문을 던질 수 있다.

자기 대화

부모/보호자는 아동이 긍정적인 자기 대화를 개발하고 긍정적인 자기 진술을 사용할 수 있도록 도울 수 있다. 분노를 다스리는 데 도움이 되는 자기 대화(도움이 되는 생각)에는 "침착하자", "진정하자" 같은 문구가 포함될 수 있다. 또한 "이건 그럴 만한 가치가 없어. 그냥 자리를 떠나자"와 같은 긍정적인 자기 진술과 자기 지시를 하도록 아동을 격려해야 한다. 부모/보호자는 아동 앞에서 긍정적인 자기 대화와 자기 진술을 직접 모델링하며, 스스로도 긍정적인 자기 대화를 발전시킬 방법을 고려해야 한다. 아동이 '레드존'에 가까워지고 있다는 경고 신호를 보이면 이러한 기법을 사용하도록 상기시켜야 한다. 자기 대화는 주변 사람들의 격려와 긍정적인 말로 강화될 수 있다.

문제 해결

좌절감과 분노는 아동이 특정 상황을 효과적으로 대처하거나 문제를 해결하는 방법을 모르기 때문에 발생할 수 있다. 아동은 자신이 필요하거나 원하는 것을 다른 사람에게 적절하게 주장하는 데 어려움을 겪을 수도 있다. 자기 주장을 잘하지 못하면 또래의 요구를 감당하는 데 어려움을 겪을 가능성이 높다. 또한 아동은 자신이 어려움을 겪고 있다는 사실을 인정하지 않을 수도 있다. 이로 인해 아동의 감정이 분노로 표출될 수 있으며, 이는 결국 올바른 의사 결정을 방해한다. 특히 ADHD 아동은 문제 해결, 의사 결정, 해결책을 끝까지 실행하는 데 이미 어려움을 겪는 경우가 많기 때문에 이러한 문제가 더욱 두드러질 수 있다. 이러한 문제가 나타나는 경우 11장(문제 해결)에 설명된 적절한 전략을 포함하는 것이 도움이 될 수 있다.

시각화

부모/보호자와 함께 아동이 안정감, 안전함, 차분함을 느낄 수 있도록 돕는 시각적 이미지를 떠올리는 방법에 대해 논의한다. 이는 아동이 편안함을 느낄 수 있는 이미지를 만들어내고, 불안하거나 감정적으로 흔들릴 때 이 이미지를 떠올릴 수 있도록 유도하는 과정이다. 부모/보호자는 아동이 이러한 시각화를 연습할 수 있도록 격려하고, 아동이 스스로 안정적인 이미지를 떠올릴 수 있도록 돕는 것이 중요하다. 이러한 기법은 분노나 스트레스를 조절하는 데 도움이 될 수 있으며, 아동이 감정적으로 불안정한 순간에 활용할 수 있는 유용한 전략이 될 수 있다.

호흡과 이완

호흡 및 이완 기술은 아동이 감정을 조절하고 통제감을 유지하는 데 도움이 될 수 있다. 일반적인 호흡 및 이완 연습은 심리교육용 자료 'So I have ADHD'에 포함되어 있으며, 이는 심리 서비스 웹사이트(www.psychology-services.uk.com/service-users.htm)에서 다운로드할 수 있다. 부모/보호자는 아동과 함께 이러한 기술을 연습하여, 아동이 생리적 증상을 조절하는 능력을 키울 수 있도록 도와야 한다. 또한 이러한 기술은 연습할수록 자연스럽게 습득된다는 점을 부모/보호자에게 상기시켜야 한다. 이 기술을 연습하기에 좋은 시기는 잠자리에 들기 전, 이동 중, 학교에 가기 전이나 후와 같은 순간들이다. 부모/보호자는 아동이 좌절감이나 분노와 관련된 생리적 증상을 호소할 경우 이 기술을 적용하도록 상기시키는 것이 중요하다.

부모/보호자가 무엇을 할 수 있나요?

표 8.2에는 가정에서 실행할 수 있는 전략 목록을 포함한 접근 방식이 요약되어 있다. 전략의 효과를 극대화하기 위해 가능하다면 교사와 논의하여 가정과 학교에서 모두 실행하는 것이 도움이 된다. 많은 부모/보호자와 교사는 '알림장'을 사용하는 것이 정보를 공유하는 효율적인 방법이라고 생

표 8.2 좌절과 분노에 대한 가정 내 전략

일관적이고 단호하며 공정하게 행동하기 • 부모/보호자와 함께 경계와 규칙을 합의하기 • 도전적인 행동을 다루기 위한 일관된 접근 방식 개발하기
유발 요인 확인 • 아동이 과도하게 흥분할 수 있는 상황을 미리 예상하기 • 문제 발생을 예방하거나 효과적으로 관리할 수 있는 계획 세우기
경고 신호 확인 • 아동이 '레드존'에 가까워지고 있음을 알리는 특정 지표를 알아차리기
상황 악화 방지하기 • 침착하고 안정적인 목소리로 아동과 대화하기 • 서로의 말을 경청하고 있는지 확인하기 • 순간적인 감정으로 상처 주는 말을 멈추기 • 신체 활동으로 초점을 전환하기
물러나기 • 부모/보호자로서 감정을 가라앉힐 시간을 가지기 • 필요할 경우 아동을 조용한 공간으로 이동시키기
자기 대화 • 긍정적인 자기 대화(도움이 되는 생각)와 자기 지시 문장을 같이 생각해보기 • 아동이 좌절하거나 화가 날 때 사용할 수 있도록 상기시키기
시각화 • 차분한 이미지를 활용하는 시각화 기법을 연습하기 • 아동이 화가 나거나 흥분했을 때 이 기법을 적용하도록 유도하기
문제 해결 • 아동이 스트레스를 받거나 걱정하는 문제를 해결할 수 있도록 돕기(11장 참조)
호흡 및 이완 • 함께 호흡 및 이완 기법을 연습하기 • 아동이 흥분했을 때 이를 사용할 수 있도록 상기시키기
역할 모델 • 부모/보호자가 직접 전략을 실천하며 아동에게 모범을 보이기 • 이를 소리 내어 실행하여 아동이 관찰하고 배울 수 있도록 하기

각한다(2장 참조).

영-스미스 프로그램 진행에 대한 중요한 배경 정보에 대해서는 2장을 참고할 수 있다. 어린 자녀의 경우 부모/보호자가 아동과 각 주제에 권장되는 활동지를 함께 해보는 시간(약 45~60분)을 따로 마련하는 것이 좋다. 각 장의 '인지행동치료'에 지침이 기술되어 있다. 버즈와 그의 가족을 소개하는 활동지는 3장에 요약되어 있다. 나이가 많은 아동(예 : 12세 이상)의 경우 필요하다면 버즈 활동지를 생략하고 대신 아동에게 직접 주제를 소개하고 활동지의 토론 프롬프트를 사용하여 이를 아동의 경험에 적용하고 전략에 대해 토론할 수 있다. 홈미션을 설정하고 자녀가 이를 완수하도록 지원한다. 자주 피드백을 주고 칭찬하는 것을 잊지 말아야 한다. 스티커판(2장 참조)을 만들어 눈에 잘 띄는 곳에 붙여두고 매일 사용할 수 있도록 한다.

교사 및 학교와 협력하기

분노는 모든 사람이 경험하는 정상적인 감정 상태이다. 그러나 사소한 일에도 극도로 화를 내거나, 도발적이고 대립적인 방식으로 행동하게 되거나, 강렬한 감정을 조절할 적절한 방법이 부족할 때 분노는 기능적으로 부적절한 상태가 된다. 좌절감을 느낄 때 처음부터 포기하는 것은 도움이 되지 않는 대처 방식이며, 타인에게 언어적 또는 신체적으로 공격적으로 행동하거나 물건을 부수는 것은 분노를 처리하는 효과적인 방법이 아니다.

ADHD 아동은 감정 조절에 어려움을 겪는 경우가 많아 감정 상태를 조절하는 데 어려움을 보인다. 이들은 작은 자극에도 과도하게 반응하는 것처럼 보일 수 있으며, 차분한 상태로 돌아가는 데 시간이 더 걸릴 수 있다. ADHD 증상으로 인해 아동은 종종 학업에서 어려움을 겪으며, 이해하기 어렵거나 과도한 부담을 느낄 수 있다. 이는 문제 해결 능력을 저하시켜 교실에서 특히 좌절감을 유발할 수 있다. 또한 친구들이 자신보다 더 빠르게 학습 내용을 이해한다는 것을 알아차리고 자신이 '바보 같다'고 결론짓는 경우가 많다. 아동은 자신의 강점보다 이러한 부정적인 측면에 집중하는 경향이 있으며, 자신이 다르게 보이는 것을 부정적으로 인식하면 수치심을 느끼고 방어적인 태도를 취할 수 있다.

스트레스, 좌절감, 분노와 관련된 생리적 반응은 안절부절못하는 행동과 과잉행동 증상을 증가시킬 수 있으며, 이는 교실에서 ADHD 아동을 더욱 다루기 어렵게 만들 수 있다. 마찬가지로 아동이 또래나 교사에게 공격적이고 반항적인 태도를 보이면 교실 내 혼란을 초래하고 상대방에게 심리적 고통을 줄 수 있다. 많은 교사는 이러한 행동을 다루는 방법에 대해 자신감을 가지고 있지만 여전히 스트레스를 받을 수 있으며, 이 경우 동료와 대화를 나누며 지지받는 것이 중요하다.

상호적이고 부정적인 상호작용의 악순환은 교사-아동 관계에서도 적용될 수 있다. 이는 그림 8.2에서 개괄적으로 제시되었으며, 이 장의 '부모/보호자와 협력하기'에서 설명되었다. 이 관계는 매우 중요하다. 왜냐하면 아동은 자신이 좋아하는 교사와 함께할 때 더 좋은 성과를 내고 더 많은 것을 성취할 가능성이 크기 때문이다. 반면 교사와 관계가 원만하지 않다고 느낄 경우 학습 동기가 떨어질 수 있다. 교사는 전문가로서 개인적인 감정을 업무 수행에 개입시키지 않으려 하지만, 그렇다고 해서 전혀 영향을 받지 않는 것은 아니다. 교사 또한 사람이며 좋은 날과 나쁜 날이 있기 마련이다. 따라서 부정적인 상호작용의 악순환에 휘말리지 않는 것이 어려울 수 있다. 분노 폭발이 잦은 아동이 교실 환경에서 지속적으로 부적절한 행동을 보이면 교사가 감당하기 어려운 상황이 될 수 있다. 교사는 자신에게 대립적이고 도전적인 태도를 보이는 아동뿐만 아니라, 또래에게 공격적이고 적대적인 태도를 보이는 아동까지 관리해야 할 수도 있다. 중요한 것은 문제의 조짐을 미리 인식하고, 아동이 '레드존'에 도달하기 전에 개입하여 상황을 조정하는 것이다.

이 절에서는 교사가 아동이 좌절감과 분노를 조절하도록 지원할 수 있는 전략을 제시한다. 달성 가능한 것에 대해 현실적인 기대를 하는 것이 중요하다. 아동의 행동에 더 잘 대처하기 위한 전략을 배우는 것도 행동 자체를 개선하기 위한 전략을 배우는 것만큼이나 도움이 될 수 있다. 이 절에서는 아동이 '레드존'에 가까워지고 있다는 신호와 분노를 유발하는 요인을 식별하는 방법을 다룬다. 또한 상황 악화를 방지하는 방법에 대한 조언을 제공한다. 아동이 좌절감과 분노를 유발하는 상황을 마주할 수 있도록 돕는 행동 전략으로 또래 멘토링, 물러나기 및 이완 기법(relaxation technique) 등을 포함하여 설명한다. 또한 인지적 기법을 활용하여 부정적인 사고를 다루고, 해결 중심의 문제 해결 접근법을 적용하며, 자기 대화와 긍정적인 자기 진술을 사용하여 스트레스 상황에서 차분함과 통제감을 유지하도록 돕는 방법을 다룬다.

대부분의 교사와 학교는 영-스미스 프로그램에서 소개된 여러 개입 방안을 지원할 수 있는 체계를 이미 갖추고 있을 것이다. 이를 더욱 효과적으로 활용하려면 부모/보호자와 교사가 협력하여 통합된 전략을 마련하고 성공 사례를 공유하는 것이 유용하다. 아동을 돕는 과정에서 발생할 수 있는 장애물이나 어려움을 해결하는 것도 중요하다. 따라서 특정 기술이나 전략을 아동에게 효과적으로 적용할 수 있도록 조정하는 방법을 고민해야 한다. 아동의 성공을 동기부여하는 방법과 교사 및 학교와 협력할 때 적용할 수 있는 일반적인 주제들은 2장에서 다루고 있다. 또한 좌절감 및 분노 조절 회기를 효과적으로 운영하기 위한 추가적인 정보는 이 장에서 구체적으로 설명한다.

유발 요인 확인

교사가 특정 과제나 상황에서 아동이 특히 어려움을 느끼고 (따라서 좌절감을 경험하고) 있다는 점을 인식할 수 있다면 문제 발생을 예측하고 이에 대한 대처 방안을 미리 계획할 수 있는 기회가 생긴다. 교사와 함께 아동이 좌절감이나 과민한 반응을 보이며 행동이 격해졌던 시간과 상황을 논의해야 한다. 또한 이러한 감정이 점차 누적되어 분노 폭발로 이어지는지, 아니면 특정 시점이나 다른 상황에 의해 촉발되는지를 고려해야 한다. 아동이 스스로 적용하는 전략이 있는지 확인하고 그것이 효과적인지, 비효과적인지, 혹은 오히려 상황을 악화시키는지 평가해야 한다.

좌절감과 과민한 반응을 유발하는 상황은 보통 학습 내용을 이해하는 데 어려움을 겪거나 외부의 방해 요소를 인식하는 경우와 관련된 반면, 분노 폭발을 유발하는 상황은 대개 대인관계와 관련이 있다. 이는 단순히 또래와의 갈등뿐만 아니라, 수치심 또는 당혹감을 느끼는 경험과도 연관될 수 있다. 따라서 단순히 외적으로 드러나는 행동에만 초점을 맞추기보다는 아동의 내면에서 어떤 일이 일어나고 있는지를 고려하는 것이 중요하다. 만약 유발 요인이 대인관계 문제나 학교 내 사회적 상황과 관련이 있다면, 9장에서 다루는 사회 기술 및 관계 전략을 포함하는 것이 도움이 될 수 있다. 유발 요인 목록이 생성된 후에는 교사와 함께 문제 발생을 방지할 수 있는 개입 전략을 논의해야 한다. 교사들이 이를 위해 행동 기록지를 활용하고 분석하는 것을 권장한다. 그러나 아동이 충분히 이야기할 준비가 되어 있고 교사 역시 성급히 판단하기보다 주의 깊게 들을 수 있는 시간 여유가 있을 때 그 행동을 함께 되짚어보는 것이 매우 중요하다.

경고 신호 확인

이 장의 앞부분에서 부모/보호자를 대상으로 설명한 기법과 동일한 방법을 활용하여, 교사가 아동의 각성 수준이 '레드존'에 가까워지고 있음을 알리는 특정 지표를 식별할 수 있도록 지원해야 한다.

상황 악화 방지

학교 환경에서 교사는 또래 간의 격한 언쟁이 발생할 때 상황이 통제 불가능해지는 것을 방지하기 위한 기법을 가장 자주 적용하게 된다. 교사가 아동이 '레드존'에 가까워지고 있음을 인식하거나, 아동이 도발적인 행동(예 : 놀림, 위협적인 말)을 하고 있음을 발견하면, 다음과 같은 방법을 활용하여 상황이 더 악화되는 것을 막을 수 있다.

- 단호하지만 차분하고 안정된 목소리로 아동들에게 말하여 논쟁의 초점을 다른 방향으로 돌리기
- 한 명 또는 두 명의 아동을 일정 시간 동안 '타임아웃' 공간으로 보내 진정할 시간을 주기
- 아동들을 따로 불러 어떤 점이 불편했는지 이야기하게 하고, 문제를 해결할 방법을 찾도록 돕기

교사가 점점 격화되고 통제하기 어려운 상황에서 아동을 분리하는 것은 흔히 사용되는 방법이다. 이를 통해 아동이 진정할 수 있는 공간을 제공하고, 상황을 재구성하여 해결 방안을 모색할 기회를 줄 수 있다.

부정적 사고 다루기

일부 경우에는 상호적이고 부정적인 상호작용의 악순환이 발생했는지 고려해보고('부모/보호자와 협력하기'의 그림 8.2 참조), 부정적인 사고가 교사-아동 관계에 어떤 영향을 미치는지 논의하는 것이 도움이 될 수 있다. 이 과정에서 교사가 어떤 방식으로든 비난받거나 비판받는다고 느끼지 않도록 하는 것이 중요하다. 이 논의는 교육이 도전적인 일이라는 점과 때로는 갈등 상황으로 인해 도움이 되지 않는 부정적 신념이 형성될 수 있다는 점을 인정하는 것이다. ADHD 아동에 대한 부정적인 사고는 비현실적인 기대, 낮은 자기 효능감, 아동의 의도에 대한 오해나 믿음, 혹은 ADHD에 대한 잘못된 통념과 관련될 수 있다. 교사가 부정적인 사고를 탐색할 수 있도록 다음과 같은 질문을 던질 수 있다. "그 상황에서 아동과의 관계에 대해 어떤 생각이 들었나요?" 또한 부정적인 사고가 미치는 영향을 탐색하기 위해 다음과 같은 질문을 할 수도 있다. "아동의 행동을 고의적인 반항이 아니라 압도감을 느끼고 있다는 신호로 본다면, 교사의 인식이 어떻게 달라질까요?", "이러한 시각 변화가 문제를 해결하는 방식에 어떤 영향을 미칠까요?" 또한 다음과 같은 질문을 던져 교사가 다른 시각에서 접근할 수 있도록 유도할 수도 있다. "이 상황에서 동료 교사에게 조언을 해준다면 어떤 말을 해줄 것 같나요?", "어떤 조언을 할 수 있을까요?"

자기 대화

교사는 아동이 긍정적인 자기 대화(도움이 되는 생각)와 긍정적인 자기 진술을 사용하도록 지원할 수 있다. 학교 환경에서 좌절과 분노를 다루는 데 도움이 되는 자기 대화는 가정에서 사용할 것을 제안한 것과 비슷하다(해당 예시는 이 장의 '부모/보호자와 협력하기' 참조). 가정과 학교에서 동일한 자기 대화 레퍼토리를 개발하여 일관되게 사용할 수 있도록 하는 것이 유리하다. 또한 교사는 아동이 '레드존'에 가까워지고 있음을 나타내는 경고 신호를 보일 때 이러한 기법을 활용하도록 아동에게 상기시켜야 한다. 자기 대화는 타인의 격려와 긍정적인 말을 통해 더욱 강화될 수 있다.

또래 역할 모델

ADHD 아동은 지시를 완전히 이해하지 못하거나, 과제를 조직하는 데 어려움을 겪거나, 특정 학습 개념을 이해하는 데 어려움을 느낄 수 있다. 이들은 무엇을 해야 할지 모르거나 제대로 해내지 못할 때 짜증이 나고 좌절감을 느낀다. 일부 경우에는 아동을 적절한 또래 역할 모델과 짝을 지어주어 (또는 집단 활동에서 유사한 방식을 적용하여) 이러한 문제를 해결할 수 있다. 중요한 것은 한 사람이 모든 작업을 수행하고 다른 사람이 단순히 지켜보는 방식이 아니라, 서로 협력하여 과제를 완수하도록 지도하는 것이다.

문제 해결

좌절감과 분노는 미흡한 문제 해결 능력과 의사 결정 능력에서 비롯될 수 있다. 이러한 문제가 나타나는 경우 11장(문제 해결)에서 설명된 적절한 전략을 포함하는 것이 도움이 될 수 있다.

호흡과 이완

이 장의 '부모/보호자와 협력하기'에서 소개된 호흡 및 이완 기법은 교사도 적용할 수 있다. 그러나 이러한 기법은 가정과 학교에서 모두 활용되는 것이 바람직하며, 아동이 과도하게 흥분한 상태가 되면 부모/보호자 또는 교사가 이를 적용하도록 아동에게 상기시켜 줄 수 있어야 한다.

교사의 통제

위기 상황을 관리할 때 교사는 자신의 감정과 행동이 아동에게 어떻게 전달되고 있는지에 대한 자기 인식을 갖는 것이 중요하다. 교사는 분노나 불안을 전달하는 것이 아니라 차분하고 통제된 태도를 보여야 한다.

교사가 무엇을 할 수 있나요?

표 8.3은 학교에서 시행할 수 있는 전략 목록을 포함하여 교사를 위해 제안된 접근 방법들이 요약되어 있다. 전략의 효과를 극대화하기 위해 가능하다면 부모/보호자와 논의하여 가정과 학교에서 유사하거나 보완적인 전략을 실행하는 것이 도움이 된다. 대부분의 교사와 부모/보호자는 '알림장'을 사용하는 것이 정보를 공유하는 효율적인 방법이라고 생각한다(2장 참조).

영-스미스 프로그램 진행에 대한 중요한 배경 정보를 제공하는 2장을 읽어볼 것을 권유한다. 교사에게 아동과 함께 구체적인 활동지를 검토할 시간이 없을 가능성이 높지만, 부모/보호자가 이를 수행할 수 없는 경우 특수교사와 이를 논의하는 것이 도움이 될 수 있을 것이다. 이를 실행하는 방법에 대한 지침은 각 장의 '인지행동치료'에서 확인할 수 있다. 버즈와 그의 가족을 소개하는 활동지는 3장에 요약되어 있다. 나이가 많은 아동(예 : 12세 이상)의 경우 필요하다면 버즈 활동지를 생략하는 대신 아동에게 직접 주제를 소개하고 활동지의 토론 프롬프트를 사용하여 이를 아동의 경험에 적용하고 전략에 대해 토론할 수 있다. 홈미션을 설정하고 아동이 이를 완수하도록 지원해주는 것이 좋으며, 자주 피드백을 주고 칭찬하는 것을 잊지 말아야 한다. 스티커판을 사용하는 경우(2장 참조), 부모/보호자가 정기적으로 검토할 수 있도록 '알림장'에 기재할 수 있다.

표 8.3 좌절과 분노에 대한 학교 내 전략

유발 요인 확인
- 아동이 과도하게 흥분할 수 있는 상황을 미리 예상하기
- 문제 발생을 예방하거나 효과적으로 관리할 수 있는 계획 세우기

경고 신호 확인
- 아동이 '레드존'에 가까워지고 있음을 알리는 특정 지표를 알아차리기

상황 악화 방지하기
- 아동을 편견 없이 지원할 수 있는 교사/보조 교사를 지정하고, 모든 교직원이 어떤 전략이 사용되는지와 그 이유를 이해하도록 하기
- 아동이 자신의 감정과 점점 높아지는 각성 수준을 인식할 수 있도록 돕기
- 아동이 자기 통제력을 잃고 있다는 것을 전달할 수 있는 '비밀 신호'(주로 비언어적)를 마련하기
- 모든 전략이 아동을 통제하기 위한 것이 아니라 아동을 지원하기 위한 것임을 명확히 전달하기
- 단호하지만 차분하고 안정된 목소리로 아동에게 이야기하여 논쟁의 초점을 다른 방향으로 돌리기
- 아동을 일정 시간 동안 '타임아웃' 공간으로 보내 진정할 시간을 주기
- 아동과 따로 대화하여 무엇이 그들을 화나게 했는지 이야기하게 하고, 문제 해결 방법을 찾도록 돕기

자기 대화
- 함께 좌절감과 분노를 관리하는 데 도움이 되는 긍정적인 자기 대화(도움이 되는 생각)와 자기 지시 문장을 생각해보고, 이를 부모/보호자와 공유하기
- 아동이 좌절하거나 화가 날 때 사용할 수 있도록 상기시키기

또래 역할 모델
- 특정 과제 수행 시 아동을 적절한 또래 역할 모델과 짝지어 주기
- 협력하여 과제를 완수하는 것이 중요함을 강조하기

문제 해결
- 아동이 스트레스를 받거나 걱정하는 문제를 해결할 수 있도록 돕기(11장 참조)

호흡 및 이완
- 함께 호흡 및 이완 기법을 연습하기
- 아동이 흥분했을 때 이를 사용할 수 있도록 상기시키기
- 아동이 좌절하거나 화가 났을 때 쉴 수 있는 '안전한 공간'을 학교 내에 지정하기

연습하기
- 아동이 실제로 필요할 때를 대비하여 평소 차분한 상태에서 이러한 전략을 연습하기

참고문헌

Achenbach, T. M., & Rescorla, L. A. (2001). *Manual for the ASEBA school-age forms & profiles*. Burlington, VT: University of Vermont, Research Center for Children, Youth and Families.

Barkley, R. A., & Fischer, M. (2010). The unique contribution of emotional impulsiveness to impairment in major life activities in hyperactive children as adults. *Journal of the American Academy of Child & Adolescent Psychiatry*, *49*(5), 503–513.

Conners, C. K. (2008). *Conners 3rd edition*. Toronto: Multi-Health Systems.

Goodman, R. (1997). The strengths and difficulties questionnaire: A research note. *Journal of Child Psychology and Psychiatry and Allied Disciplines*, *38*(5), 581–586.

Jensen, P. S., Hinshaw, S. P., Kraemer, H. C., Lenora, N., Newcorn, J. H., Abikoff, H. B., et al. (2001). ADHD comorbidity findings from the MTA study: Comparing comorbid subgroups. *Journal of the American Academy of Child and Adolescent Psychiatry*, *40*(2), 147–158.

Sexias, M., Weiss, M., & Müller, U. (2012). Systematic review of national and international guidelines on attention deficit hyperactivity disorder. *Journal of Psychopharmacology*, *26*(6), 753–765.

9

사회적 기술과 관계

우리는 사회에서 인정받고 받아들여지기 위해 노력한다. 아동기는 사회적 발달이 형성되는 중요한 시기이며, 이 시기에 아동은 경계를 시험하고 사회적 규칙과 가치를 배운다. 모든 아이들은 사회적 상호작용을 하는 방식, 친구의 수에 대한 선호, 우정과 관계를 소중히 여기는 방법, 그리고 다른 사람들과 관계를 맺을 때의 시각이 저마다 다를 것이다. ADHD 아동의 주요 차이점은 친구를 사귀고 유지하는 데 어려움을 겪는다는 점이며, ADHD는 사회적 규칙을 준수하는 방식에도 영향을 미칠 수 있다. 아동은 많은 친구가 있다고 주장함으로써 스스로 괜찮다고 생각하지만, 자세히 살펴보면 표면적인 관계가 많음을 알 수 있다. 예를 들어 아동은 자신이 반 전체를 친구로 생각한다고 말할 수 있다. 우정은 또한 이웃과의 근접성이나 가족 관계를 기반으로 생길 수 있다. 예를 들어 그들의 친구는 옆집 이웃이거나 엄마 친구의 자녀일 수 있다. 종종 아동은 스스로 또래 집단을 선택하기 시작하는 청소년기에 이르러서야 대인관계 문제가 본격적으로 드러난다. 아동이 스스로 평가한 인기와 사회적 성과는 타인의 반응에 대한 인식과 함께 그들의 자존감에 영향을 미칠 수 있다.

사회적 문제는 가족 관계에도 영향을 미친다. 형제 관계는 대립적이고 경쟁적으로 변할 수 있다. 형제들은 ADHD 아동이 주목을 받기 위해 행동할 때 불쾌하게 여길 수도 있고, 자신들이 받는 관심이 상대적으로 적다고 느낄 수도 있다. 특히 지속적으로 과잉행동을 하거나, 충동적이거나, 감정적으로 불안정한 아동의 경우 이러한 행동이 가족, 형제자매, 교사와의 관계에서 큰 부담이 될 수 있다. 아동의 행동이 다루기 어렵거나 통제하기 힘들다고 인식되면, 비협조적이거나 대립적인 태도로 보일 수 있으며, 이는 건강하고 적응적인 관계를 유지하는 데 장애가 될 수 있다.

이 장에서는 ADHD 아동의 사회적 기술과 관계에 대해 다루며, 이것이 그들의 삶의 여러 영역에서 사회적 기능에 미치는 영향을 살펴볼 것이다. 사회적 기술의 평가 방법을 논의하고, 인지행동 모델을 사용하여 아동과 그들을 둘러싼 성인을 위한 개입과 전략을 제시하고자 한다.

소개

시간이 지남에 따라 ADHD 아동은 잘못된 결과를 초래한 사회적 및 대인관계 상황을 반복적으로 경험할 가능성이 크다. 특히 어린 아동은 종종 자신을 인식하는 능력이 부족하고, 자신의 행동이 상호작용에 어떻게 영향을 미쳤는지 이해하지 못한다. 나이가 든 아동은 자신이 잘못하고 있다는 점을 어느 정도 인식할 수 있지만, 어떻게 대처해야 할지 몰라 당황할 수 있다. 자기 인식 여부와 상관없이 아동은 사회적으로 고립되고 불행하다고 느낄 수 있다. 이는 부정적인 순환과 자기 충족적 예언으로 이어질 수 있으며, 그 결과로 사회적 불안이 발생한다. 사회적 불안에 대처하기 위해 아동은 사회적 상황을 피할 수 있으며, 이는 장기적으로 불안을 지속시키는 결

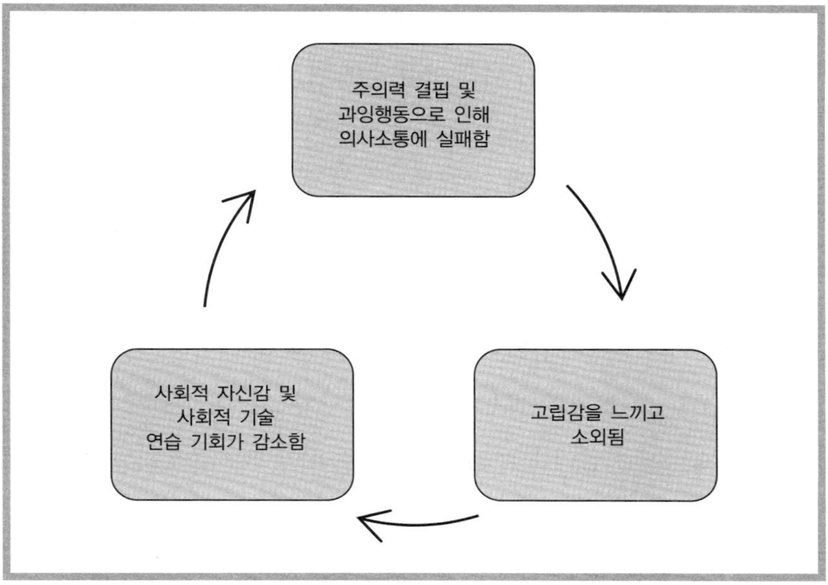

그림 9.1 부정적인 사회적 상호작용의 순환

과를 낳는다(불안에 대한 정보와 개입은 7장 참조).

여러 특성이 사회적 교류의 결과에 영향을 미칠 수 있으며, 이는 아동의 행동, 사회적 기술, 의사소통 방식과 관련이 있다. 종종 아동은 사회적 기술에 대한 도움을 명확히 요청하지는 않지만, 실질적으로는 괴롭힘, 괴롭힘을 당함, 갈등 관리, 사회적 철수, 또는 고립과 관련된 문제가 드러난다.

행동 기능

보고에 따르면 ADHD 아동 중 최대 15%가 괴롭힘을 당한 경험이 있는 것으로 나타났으며, 이는 문화에 따라 다를 수 있다(Chou, Liu, Yang, Yen & Hu, 2014). 보통 아동이 또래와 다르거나, 취약하고 고립되었거나, 스스로를 보호할 수 없는 상태로 인식될 때 괴롭힘이 발생한다. 물론 이러한 경험에 대해 말하지 않은 아동은 이 수치에 포함되지 않았다. 자폐스펙트럼장애가 함께 있는 경우 수치는 더 높아질 수 있다. ADHD 아동은 느리거나, 예측 불가능하고, 주의를 끌려 하거나, 공격적이거나 악의적이라고 인식될 때 괴롭힘을 당할 수 있다. 또래들은 누구를 가장 쉽게 괴롭힐 수 있는지 알아차리고, 과잉 반응을 유도하거나 문제를 일으킨다. 심지어 별거 아닌 괴롭힘, 예를 들어 별명 부르기와 같은 경우에도 ADHD 아동은 충동적으로 반응하기에 또래의 농담이나 조롱의 대상이 될 수 있다.

한편 ADHD 아동은 우정을 유지하거나 인기 또는 소속감을 느끼기 위해 과도하게 다른 사람에게 잘 보이려는 전략을 개발할 수 있다. 이는 '속하고 싶은 집단'에 맞추기 위해 상대방의 비위를 맞추거나, 그들이 요구하는 것을 깊이 고민하지 않고 따르는 행동을 포함할 수 있다. 나이가 많은 아동은 성적 매력을 통해 우정을 얻으려고 할 수 있다. 이러한 행동은 다른 사람들이 아동을 이용하게 만들 수 있다. 반대로 ADHD 아동은 다른 사람들에 의해 괴롭힘을 당하는 사람이 아니라, 오히려 괴롭히는 사람으로 인식될 수도 있다. 특히 아동이 다양한 상황에서 부정적이거나 상처를 주는 방식으로 반응했을 경우 그렇다.

충동 조절의 어려움은 ADHD 아동이 사회적 상황에서 잘못된 반응을 보일 가능성을 높인다. ADHD 아동이 사회적 상호작용 중에 부정적인 감정(예 : 비난, 혼란 또는 상처)을 느낄 경우 그들은 다른 사람의 의미나 의도를 쉽게 오해하고 충동적인 행동을 나타낼 가능성이 더 크다. 이러한 충동적인 반응은 상황을 명확히 하거나 대안을 고려할 시간을 갖지 못하게 하며, 상황을 해결하거나 이해하는 데 필요한 다양한 선택지를 신중하게 검토하는 것을 방해한다. 부적응적 반응은 갈등을 유발하고 사회적 어려움을 더욱 심화시킬 수 있으며 협상하는 능력, 질문하는 기술, 내적 논의를 하는 능력을 저하시킬 수 있다.

학업 기능

ADHD 아동이 교실 수업을 따라가는 것은 어려울 수 있으며, 이는 교사에게도 문제가 될 수 있다. 학습을 돕고 안전한 환경을 제공하기 위해서는 학생과 교사 간의 긍정적인 관계가 필수적이다. ADHD 아동이 타인에게 호감을 받지 못할까 봐 걱정할 경우 인지적, 행동적 문제들이 더욱 두드러질 수 있다.

사회적 기술의 증진은 학교 교육 과정의 본질적인 부분이다. 교사는 또래 간 상호작용에서 발생할 수 있는 어려움과 문제점을 주의 깊게 살펴보고, 필요할 때 적절히 개입해야 한다. 또한 아이들은 서로의 차이를 금방 알아차릴 수 있으며, 경우에 따라 이러한 차이로 인해 괴롭힘이 발생할 수도 있다. 이러한 괴롭힘은 노골적으로 드러날 수도 있지만, ADHD 아동이 활동에서 배제되는 등 더 미묘한 형태로 나타날 수도 있다. 예를 들어 팀을 구성할 때 마지막으로 선택되거나, 점심 시간에 친구들 집단에서 제외되거나, 학교 버스에서 옆에 앉을 사람이 없는 등의 상황이 발생할 수 있다. 사회적 요인도 ADHD 아동이 학습 환경에서 효과적으로 학습하는 데 방해가 될 수 있다. 친구와 수다를 떨거나, 다른 친구들의 집중을 흐트러뜨리거나, 과제보다 또래 관계에 지나치게 신경 쓰는 행동은 학습에 부정적인 영향을 미칠 수 있다. 교사는 ADHD가 의사소통에 미치는 영향을 인지하고, 필요한 경우 반복 학습, 시각적 보조 자료 활용, 개념 명확화를 통해 수업 내용을 조정하는 것이 중요하다.

대인관계 기능

주의력은 정보를 기억하고, 듣고, 따르는 기술을 발달시키는 데 중요한 요소이다. 따라서 ADHD 아동이 사용하는 의사소통 방식은 종종 일방적인 것처럼 보일 수 있다. ADHD 아동은 종종 다음과 같은 의사소통 방식의 어려움을 보인다.

- 빠른 말 속도와 빈번한 주제 전환으로 인해 따라가기 어려움
- 너무 큰소리로 말하거나 환경에 맞게 음량을 조절하지 못해 거칠거나 공격적으로 보임
- 말을 너무 많이 해서 다른 사람들이 말할 기회를 주지 않음
- 순서를 지키지 않아 대화의 흐름을 제한함
- 다른 사람이 말할 때 끼어듦
- 관련 없는 주제나 '연결이 느슨한' 주제를 언급하여 이해하기 어려움
- 다른 사람이 말한 것을 인정하지 않거나 질문을 알아차리지 못함

ADHD 아동은 주의력 문제로 인해 언어로 전달된 정보를 놓치는 순간이 자주 발생한다. 이들은 자신의 생각이나 외부 자극에 쉽게 산만해지며, 사회적 상황에서는 상대방의 말을 전혀 듣지 못하거나, 일부만 듣고 그마저도 금방 잊어버리는 경우가 많다. 특히 지시 사항을 따라야 하는 상황에서 이러한 문제가 두드러지는데, 핵심 정보를 놓쳐 무엇을 해야 하는지, 어떻게 진행해야 할지 알지 못하는 경우가 많다. 또한 ADHD 아동은 대화를 따라가고, 자신의 생각을 고려하며 내용을 기억하는 데 어려움을 겪는다. 이로 인해 대화의 흐름이 이상하게 느껴지거나, 연결이 느슨하거나, 주제가 빠르게 바뀌는 등 혼란스러운 모습이 나타날 수 있다. 그들의 의사소통은

때로는 성의 없어 보이거나, 배려가 부족해 보이거나, 일부 상황에서는 반항적으로 여겨질 수 있다.

ADHD는 또한 사회적 상황에서 비언어적 행동을 효율적으로 처리하는 데 장애물이 된다. 비언어적 행동에는 손짓, 표정, 눈 맞춤, 개인 공간 유지, 목소리의 크기, 높낮이와 톤, 몸의 자세와 같은 말로 표현되지 않는 모든 의사소통 요소가 포함된다.

대화에 참여할 때는 두 가지의 측면이 고려되어야 한다. 하나는 말로 전달되는 내용을 파악하는 것이고, 다른 하나는 그것이 어떤 방식으로 전달되고 있는지를 인식하는 것이다. 이를 위해서는 언어적 신호와 비언어적 신호 사이에서 주의를 전환해야 하는데, ADHD 아동은 이러한 여러 가지 과제를 동시에 수행하는 데 어려움을 겪을 수 있으며, 특히 비언어적 의사소통 신호가 미묘할 때 더욱 그렇다. 비언어적 행동은 종종 의도와 의미를 명확하게 해주며, 이러한 비언어적 신호를 놓치게 되면 오해와 잘못된 해석으로 이어질 수 있다. 또한 충동적인 반응은 사회적 의사소통을 잘못 해석하는 데 더욱 영향을 미칠 수 있다.

대처

ADHD 아동은 사회적 문제에 대처하기 위해 여러 가지 방법을 사용할 수 있다. 그들은 의사소통 방식의 차이를 더 잘 받아들일 수 있는 훨씬 어린 아동들과 어울리거나, 혹은 더 관대할 가능성이 있는 나이가 훨씬 더 많은 아동(또는 성인)과 어울림으로써 대처할 수 있다. 그들은 사회적 열등감을 보상하기 위해 '모임의 중심'이 되려고 하며, 다른 사람들을 즐겁게 해주기 위해 과도한 노력을 기울일 수 있다(예 : 익살스러운 행동을 하거나 바보 같은 역할을 하는 등). 더 큰 문제는, 사회적 수용을 얻기 위해 다른 사람들이 요청한 반사회적 행동(예 : 절도, 차량 절도, 방화 등)에 순응하려 할 때이다. 사회적 신호를 더 잘 분별하는 또래 친구들은 다른 사람들의 눈을 피하는 데 능숙하지만, ADHD 아동은 더 쉽게 발각될 가능성이 크다. 나이가 들면서 특히 여아는 친구를 사귀려는 시도로 성적으로 문란해질 위험, 즉 성병에 걸리거나 10대 임신의 위험이 있다.

평가

ADHD의 평가 및 치료에 관한 국제 지침에서는 ADHD를 평가하기 위해 훈련받고 자격을 갖춘 정신건강 전문가가 종합적인 평가 절차를 수행할 것을 권장한다(Sexias, Weiss & Müller, 2012). 평가는 다양한 상황 및 환경에서의 어려움과 행동을 평가하기 위한 심리 측정 설문지, 임상 면담 및 아동 관찰을 포함한 다면적 평가가 이루어진다. 아동 양육에 관련된 여러 사람(가능하면 아동 본인도 포함)으로부터 다양한 관점을 얻는 것이 바람직하며, 다양한 기관으로부터의 자료가 요구된다. 성공 가능성이 높은 적절한 개입을 위한 치료 계획을 개발하려면 아동의 발달적, 환경적 및 심리사회적 요인과 아동의 강약점, 현재 받고 있는 지원 등 아동의 발달 전반에 걸친 어려움의 특징과 복잡성을 완전히 이해하는 것이 중요하다. 이 과정에서 아동이 겪는 동반 질환 및 사회적 문제뿐만 아니라 가족 내 문제도 염두에 두는 것이 필요하다.

측정 도구

아동의 사회적 기술 평가에 가장 흔히 사용되는 평가 도구는 부모/보호자 및 교사가 2세 이상의 아동에게 사용하는 강점 난점 질문지(SDQ; Goodman,

1997)이다. 또한 6세 이상의 아동에게는 수정된 아동 불안 및 우울 척도(RCADS; Chorpita, Yim, Moffitt, Umemoto & Francis, 2000)가 유용했다. 이 평가 도구는 사회적 불안도를 측정하며 부모/보호자와 아동용 버전이 있어 나이와 성별에 맞는 규범과 비교할 수 있다. 이 평가는 아동의 기능 수준을 파악하고, 진척도를 평가하기 위해 반복할 수 있는 기준선을 제공한다. 성인은 아동이 자기 보고 설문지를 작성하는 것을 도와주어야 한다. ADHD 아동은 질문을 잘못 읽거나, 답을 놓치거나, 충동적으로 응답하거나, 척도 점수를 잘못 표시할 수도 있다. 그러나 유도된 질문의 영향을 받지 않도록 응답을 작성하는 것이 중요하다. 읽기에 어려움을 겪는 아동은 항상 문항을 읽어주어야 한다. 대부분의 검사와 마찬가지로 검사 점수는 편견의 영향을 받을 수 있으므로 숙련된 전문가가 신중하게 해석해야 한다.

또한 표 9.1의 사회적 기술 질문지는 치료 목표를 명확히 하는 데 도움이 될 수 있다. 질문지를 작성할 때 아동의 기능에 영향을 미치거나 매개할 수 있는 요인에 대해 질문하는 것이 중요하다. 이를 위해 "무엇이 아동이 그 행동을 하는 데 도움이 될까요?" 혹은 "무엇이 아동이 그 행동을 하는 것을 더 어렵게 만들까요?"와 같은 질문을 통해 응답자가 상황의 영향뿐만 아니라 다른 사람들의 영향에 대해서도 생각해보도록 유도할 수 있다. 부모/보호자가 행동 일지를 사용하여 아동의 수행을 모니터링하도록 요청하여 이러한 정보를 얻을 수도 있다(자세한 설명은 이후 내용 참조).

임상 면담

평가에는 아동과 부모/보호자 모두의 면담이 포함되어야 하며, 이를 통해 문제를 더 잘 이해할 수 있다. 면담이 끝나면 임상의는 아동의 강점과 필요사항에 대한 '그림'을 얻어 현재 어떤 것이 도움이 되고 어떤 것이 도움이

표 9.1 사회적 기술 질문지

	전혀 아니다	다소 그렇다	매우 그렇다
아동은 대화에서 차례를 지키는 것이 중요하다는 것을 이해하며 이를 실천할 수 있다.			
아동은 학교에서 매주 갈등을 겪는다.			
아동은 다른 사람들과 잘 나눈다.			
아동은 대화 중 다른 사람의 말을 자주 끊는다.			
아동은 또래들 사이에서 인기가 있다.			
아동은 다른 사람들이 하는 말을 경청한다.			
아동은 대화에서 차례를 지키는 데 어려움을 겪는다.			
아동은 다른 사람들의 관심사와 활동에 대해 질문한다.			
아동은 말을 너무 빠르게 하거나 너무 크게 한다.			
아동은 대화 중 주제에서 벗어난다.			

되지 않는지 파악할 수 있다.

부모/보호자와 함께 다루어야 할 다양한 분야와 가능한 질문은 다음과 같다.

> "아동이 사회적 관계에서 어려움을 겪는다는 것을 처음 인지한 때는 언제였나요?", "무슨 일이 있었나요?", "무엇이 원인이었나요?", "그 문제는 어떻게 해결되었나요?", "아동의 사회적 상호작용이 학교, 가정, 혹은 다른 장소에서 어떻게 다른가요?", "다른 사람들과 의견 충돌이 있을 때 아동은 어떻게 반응하나요?", "아동이 일대일 상황에서는 더 나아지나요?", "이런 일이 모든 사람(학교 친구, 가족 구성원, 성인)에게 나타나나요?", "무엇을 기대하시나요?", "이 문제가 가정, 학교 또는 다른 환경에서 아동

에게 어떤 영향을 미치나요?", "어떤 결과를 바라시나요?"

주변 어른들이 상황을 예측하고 이를 대비하기 위해 어떤 계획을 세우는지 파악하는 것이 중요하다. 특히 계획 수립이나 목표 설정을 통해 개선될 수 있는 구체적인 상황을 확인하는 것이 도움이 된다. 예를 들어 지시를 듣는 상황, 지시를 따르는 상황, 좋은 인상을 남겨야 하거나 규칙을 준수해야 하는 상황 등이 이에 해당할 수 있다. 만약 문제가 발생할 가능성이 높은 상황을 예측할 수 있다면, 적절한 대응을 연습하고 실습함으로써 이에 대비할 수 있다.

사고

아동의 나이와 성숙도 수준에 따라 그들의 사회적 기술과 상호작용에 대한 생각과 믿음에 대해 면담하는 것이 어려울 수 있다. 사회적 기술은 자신을 타인과의 관계 속에서 이해하고, 사회적 상황에서 자신의 행동을 평가하는 능력을 포함하며, 이를 변화시키기 위해서는 반성적 사고와 자기 인식이 필요하다. 그러나 아동은 사회적 상황을 순간적으로 경험하고 금방 잊어버리는 경우가 많으며, 상호작용과 사건을 기억하고 순서대로 유지하며 대안을 고려하는 데 어려움을 겪을 수 있다. 그 결과 아동은 사회적 상황에 대해 성급한 결론을 내리거나 떠오르는 첫 번째 생각에 의존하는 경향이 있으며, 때로는 타인의 의도를 오해하게 된다.

사회적 불안이 높은 아동은 상황을 마주하기 전에 미리 창피를 당하거나 눈에 띄거나 따돌림을 당할 것이라는 생각을 할 수 있다. 이러한 생각은 "모두가 나를 비웃을 거야"와 같은 형태로 나타날 수 있다. 또한 아동은 특정 상황에서 무엇을 해야 할지 잊어버리는 모습을 상상하며, 그로 인해 어떤 일이 일어날지, 다른 사람들이 어떻게 반응할지 상상할 수도 있다. 아동이 이러한 부정적인 생각을 언어로 표현하기 어렵다면, 그림을 통해 자신의 생각에 접근하도록 격려하는 것이 중요하다. 아동은 그림을 통해 자신이 느끼는 감정과 상황에 대한 인식을 더 잘 표현할 수 있으며, 이를 통해 치료사가 아동의 내면을 이해하고 개입할 수 있는 기회를 제공한다.

감정과 생리학적 특성

아동은 어려운 감정을 방어하거나, 친구가 필요 없다고 부인하거나, 그 상황이 다른 사람의 잘못이라고 주장하면서 대처할 수 있다. 하지만 마음속 깊이 슬프거나 외롭고 실망하거나 버림받았다고 느낄 수 있다. 이러한 감정을 명확히 표현하는 것이 어려울 수 있기 때문에, 아동에게 표현할 수 있는 방법을 제공하는 것이 도움이 된다. 예를 들어 아동에게 적절한 단어를 제시하거나 그림을 사용하는 방법을 제안할 수 있다. 때때로 아동은 TV나 책에서 자신과 비슷한 경험을 한 캐릭터를 더 잘 인식하고, 이를 자신에게 연결할 수 있다. 버즈의 활동지가 이에 도움이 될 수 있다. 생리적 반응은 사회적 불안과 흔히 관련되며(7장 참조), 얼굴이 붉어지거나, 복부에 긴장이 느껴지거나, 메스꺼움 또는 두통을 포함한다.

행동

사회적 기술을 평가할 때 아동이 빈번하게 갈등에 휘말리는지 또는 또래로부터 거부당할 위험이 있는지와 같은 중요한 행동적 요인을 관찰하는 것이 중요하다. 대립적이거나 공격적인 행동이 나타날 경우 치료사는 이러한 행동이 언제, 어디서 가장 자주 발생하는지, 누가 그 상황에 함께 있는지, 그리고 결과가 어떻게 끝나는지(예 : 행동의 결과) 평가해야 한다. 행동을 유발하는 요인(예 : 새로운 친구를 사귀어야 하는 상황, 대규모 집단이나 사회적 모임에 참여해야 하는 상황)을 확인하고, 아동이 자신의 감정을 관리하고, 갈등을 해결하며, 대인 간 충돌을 피하기 위해 가지고 있는 기술을 파악하는 것이 중요하다(8장 참조). 또한 아동의 사회적 기술과 행동에 대해 객관적인 정보를 얻는 것이 유용할 수 있다. 예를 들어 "최근에 갔던 생일 파티나 친구 집에서의 파자마 파티가 언제였나요?"와 같은 구체적인 질문을 통해 정보를 얻는 것이, 아동이 스스로 보고한 사회적 기술에만 의존하는 것보다 더 효과적일 수 있다.

창의적 방법

자신의 생각과 감정을 말로 표현하는 데 어려움을 겪는 아동은 그림을 통해 이를 탐색하도록 격려할 수 있다. 사회적 관계를 평가하는 데 유용한 기법 중 하나는 '나만의 세상 그리기(Draw a World)' 과제이다. 이 활동에서 치료사는 아동에게 자신만의 세상을 그리도록 요청한다(예 : 도시, 섬, 행성 등). 여기에서의 '세상'은 아동이 알고 있는 모든 사람이 포함되며, 자신에게 중요한 사람과 잘 어울리는 사람을 그려보도록 요청한다. 그런 다음 사람들을 나만의 세상으로 데려오거나 내보낼 수 있는 탈 것(예 : 우주선, 배, 자동차 등)을 그려보도록 한다. 아동과 잘 지내지 못하는 사람들을 그림으로 표현하게 하고, 만약 그들이 자신의 세상에서 사라졌으면 하는 마음이 있다면 이를 그림으로 나타내도록 한다. 반대로 더 많은 사람들이 자신의 세상에 함께하길 바란다면 그들이 세상으로 들어오는 모습을 그려볼 수 있다. 이때 아동에게 왜 그들을 포함하고 싶은지, 그리고 새로운 사람들의 어떤 점을 좋아하는지 설명하게 한다. 초대하는 인물은 반드시 아동이 실제로 아는 사람이 아니어도 되며, 아동이 중요하게 여기는 성격이나 특성을 상징할 수도 있다. 치료사는 이 그림을 바탕으로 아동과 대화를 나누며, 좋은 친구와 나쁜 친구의 특징이 무엇인지, 그리고 친구 관계를 유지하는 것이 왜 어려운지에 대해 이야기하도록 유도한다.

행동 일지

행동 일지는 아동의 사회적 행동 패턴을 평가하고, 치료 목표를 설정하는 데 유용하다. 여기에는 부모/보호자 또는 교사가 아동이 사회적으로 부적절한 행동을 보인 상황 및 그 행동의 이전 상황과 결과를 기록하는 것이 포함된다. 행동 일지는 'ABC 차트'라고도 불리며, 부모/보호자 및 교사가 그 행동에 어떻게 반응하는지 고려하는 것도 중요하다.

표 9.2는 조이의 어머니가 완성한 행동 일지를 보여준다. 이 예시는 단일 에피소드를 보여주지만, 행동 일지의 목적은 여러 에피소드를 기록하여 패턴을 파악하는 데 있다. 예를 들어 더 많은 기록을 통해 조이가 사회적 상황에서 논쟁을 피하기 위해 필요한 토론 및 타협 기술이 부족하다는 점을 파악할 수 있다.

표 9.2 〈사회적 기술〉 행동 일지 작성 예시

요일/시간	선행 사건 (행동 직전에 어떤 일이 있었나요? 누가 거기 있었나요? 무슨 일이 있었나요?)	행동 (무엇을 관찰했나요? 기간과 심각도를 기록하세요.)	결과 (그다음에 무슨 일이 일어났나요? 결과는 어떘나요?)
일요일 오후	조이가 학교 친구와 함께 집에서 놀고 있었다.	조이와 친구는 서로 다른 것을 하고 싶었다. 친구는 조이의 아이디어가 지루하다고 말했고, 다툼이 일어났다.	조이는 소리를 지르기 시작했고 친구를 소파에서 밀쳤다. 조이의 친구는 화가 나서 집에 가기로 결정했다.

사회적 기술을 위한 인지행동치료

어린 아동을 대상으로 하거나 활동지를 치료의 기초로 사용하는 경우 첫 회기는 항상 활동지 1, 2, 3으로 시작한다. 아동에게 버즈와 그의 가족을 소개하고(활동지 1), 긍정적인 자기 대화를 소개하고(활동지 2), 보상 시스템을 확인해야 한다(활동지 3). 보상 및 자기 대화 전략은 가정 및 학교에서, 그리고 회기 내에서 적용할 수 있다. 도입 회기를 계획하고 진행하는 방법에 대한 개요는 3장을 참조하라.

사회적 기술 회기의 개입 및 활동지 목표는 아동에게 대화 및 갈등 해결 전략을 포함한 사회적 기술의 개념을 소개하고, 자신들의 경험을 반영하고 이해할 수 있는 능력을 발전시키는 데 있다. 치료사는 회기 내 활동계획을 설정하고, 완료한 홈미션을 확인하고, 새로운 활동지(또는 나이가 많은 아동에게는 '전략들')를 통해 작업하고, 새로운 홈미션을 설정하여 이러한 목표를 달성할 수 있다. 필요한 경우 회기 중간에 휴식 시간을 가질 수 있으며, 이는 특히 어린 아동에게 중요할 수 있다. 회기의 구조와 내용에 대한 일반적인 정보는 2장에 제시되어 있으며, 사회적 기술 회기의 진행과 관련된 추가적인 정보는 이 장에 기술되어 있다.

회기 내 활동계획

회기가 시작될 때 아동에게 회기 전에 준비한 회기 내 활동계획서(그림 9.2 참조)를 보여주고, 이를 검토하면서 회기 중에 소개할 주제와 활동지를 연결하여 설명한다. 사회적 기술 모듈에서는 활동지 15와 16을 소개하면서 다음과 같이 말한다.

활동계획

파일 검토
영화를 보러 가다 [활동지 15]
휴식 시간
공원에 가다 [활동지 16]
홈미션 안내

그림 9.2 사회적 기술 회기 내 활동계획 예시

"오늘 우리는 버즈에 대한 이야기를 읽어볼 거예요. 버즈는 친구들과 함께 본 멋진 영화에 대해 이야기하고 있어요. 그 후에 짧은 휴식 시간을 가지고, 색연필을 사용하여 활동지를 색칠할 수 있어요. 휴식 후에는 다른 활동지를 살펴보고 버즈가 공원에 갔을 때 일어나는 일에 대해 읽어볼 거예요."

파일 검토

아동과 함께 파일을 검토하는 것은 홈미션이 완료되었는지 확인하는 것 외에도 중요한 정보 또는 개념을 수정할 기회를 가질 수 있으며, 이를 학습이나 새로 습득한 기술과 통합하는 데에도 도움이 될 수 있다. 아동이 파일에 추가한 그림이나 색칠, 그림, 오려 붙인 잡지 또는 사진을 살펴보는 시간을 갖는다. 그것들에 대해 토론하고 버즈와 그의 가족에 대한 이야기와 연결시키며, 이전에 다루었던 주제나 전략과도 연결시키도록 노력하는 것이 중요하다. 이는 행동 수정을 촉진할 뿐만 아니라 아동에게 보상 시스템으로 작용할 수도 있다. 칭찬은 구두로 해야 하지만 스티커, 손글씨 메모 또는 웃는 얼굴을 추가하여 보상할 수도 있다. 홈미션을 설정했다면 홈미션 기록지에서 부모/보호자의 의견과 피드백을 검토하고 이에 대해 아동과 논의해야 한다. 파일 검토 및 홈미션에 대한 자세한 내용은 2장을 참조하면 된다.

활동지 15. 영화를 보러 가다

활동지 설명

쉬는 시간에 버즈는 친구들과 함께 학교 운동장에 있어요. 모두가 지난 주말에 영화관에서 본 인기 영화를 이야기하고 있어요. 영화는 멋졌어요. 공룡, 바다 괴물, 우주에서 온 외계인이 나왔어요! 버즈는 영화를 보다가 너무 신이 나서 팝콘을 바닥에 떨어뜨렸지 뭐예요! 모두가 영화의 좋아하는 부분을 이야기하고 있는데, 버즈는 자신의 팝콘 이야기를 빨리 하고 싶어서 친구들의 이야기를 끊고 소리를 질렀어요. 그러자 한 여자아이가 울기 시작했어요. 버즈도 너무 속상했어요. 단지 자신의 이야기를 빨리 하고 싶었을 뿐이었는데 말이에요.

활동지 프롬프트

- 무슨 일이 일어났나요? 문제가 발생한 원인은 무엇인가요?
- 그 친구는 왜 울었을까요?
- 버즈가 잘못한 것이 있다고 생각하나요?
- 버즈의 친구들은 버즈의 행동에 대해 어떻게 생각했나요?
- 여러분이 그 자리에 있었다면 어떤 기분이었을지 이야기해보세요.
- 듣고 기억하고 차례를 지키는 것이 어려울 때가 있나요?
- 버즈가 듣고 차례를 지킬 수 있도록 도와줄 아이디어를 함께 적어봅시다.

이제 버즈에게 도움이 될 거라고 생각한 것들을 살펴보고 여러분에게도 도움이 될 만한 것들에 동그라미를 표시하세요.

활동지 15의 목적은 대화 기술 연습으로, 대화의 규칙을 지키는 것(예 : 듣기, 차례대로 말하기)의 필요성에 초점을 맞춘다. 또한 아동이 자신의 행동이 다른 사람에게 미치는 영향을 고려하도록 하고, 이러한 행동이 공격적으로 보이거나 상대에게 불편감을 줄 수 있음을 인식한다. 이 연습은 더 나은 듣기 및 차례대로 말하기 기술을 개발하는 방법을 찾는 단계로 이어진다.

아동에게 과제 활동지를 소리 내어 읽어주거나, 아동이 원한다면 함께 읽는다. 아동이 이야기를 이해했는지 확인한다. 아동에게 본인에게 일어났던 비슷한 이야기가 있다면, 다음에 그 이야기를 할 수 있는 기회를 주겠다고 말한다(그리고 기다려준 것에 대해 칭찬해준다). 아동은 최근에 본 영화에 대해 이야기하고 싶을 수도 있다. 아동의 이야기를 들은 후 다시 작업으로 돌아오도록 유도한다. 이는 차례를 지키며 듣는 것을 모델링할 기회가 될 수 있다(이후에 이를 활용할 수 있다). 이야기를 시작할 때 아동에게 무슨 일이 일어났는지, 문제의 원인이 무엇이라고 생각하는지 물어본다. 필요하다면 버즈가 참을성이 없었는지, 듣는 기술이 부족했는지, 대화 중 차례를 지키지 않았는지 생각하도록 아동에게 유도할 수 있다. 더 구체적으로 이야기 속 여자아이가 왜 울기 시작했는지 아동에게 물어보고 그들의 생각을 나눌 수 있다. 아이디어를 요약할 필요가 있을 수 있다. 예를 들어 "여러 가지 이유가 있지만 버즈가 친구의 차례를 방해했기 때문에 화가 났을 가능성이 있어요"라고 말해줄 수 있다. 버즈가 '잘못된 행동'을 했다고 생각하는지 아동이 이해한 부분에 대해 이야기를 나눌 수 있다. 이는 애매한 부분일 수 있는데, 버즈가 고의로 기분을 상하게 하려던 것은 아니지만 충동성과 말하려는 욕구가 자신과 친구 모두를 화나게 한 이유가 되었을 수도 있다. 이야기 속 다른 아동이 버즈의 행동을 어떻게 생각할지 아동이 어느 정도 감을 가지고 있는지 파악하도록 한다.

다음으로 아동이 집단에서 경험한 일을 물어본다. 여기에는 친구, 가족, 학교 등이 포함될 수 있다. 아동의 이야기를 주의 깊게 듣고 질문한다. 또한 아동이 다른 사람의 말을 듣거나 차례를 지키는 것을 어려워하는지 스스로 돌아볼 수 있도록 돕는다. 아동이 듣는 것과 차례를 지키는 것을 어렵다고 말하더라도 혼나지 않을 것임을 안심시켜 줄 필요가 있을 수 있다. 예를 들어 "다른 사람 이야기를 주의 깊게 듣고, 궁금한 것도 물어보며 차례를 지켜야 한다는 걸 알지만, 가끔은 깜빡할 수 있어요. 우리 모두 그럴 때가 있잖아요"라고 말할 수 있다. 이러한 문제들은 단순히 집단 활동에서만 나타나는 것이 아닐 수도 있다. 회기 중 아동이 이러한 행동을 보였던 순간이 있었다면, 이를 아동과 함께 돌아보며 이야기할 수 있다. 관찰한 내용을 요약하여 전달하는 것이 중요하다. 예를 들어 "때때로 다른 사람이 하는 말에 관심이 없을 때 잘 듣기 어려워하고, 하고 싶은 말이 있을 때 중간에 끼어들기도 해요"라고 말할 수 있다.

비언어적 의사소통 측면도 고려해야 한다. 아동에게 "다른 사람들이 무슨 생각을 하거나 어떤 감정을 느끼는지 얼마나 자주 알 수 있나요?"라고 질문한다. 아동이 자신의 경험과 연결할 수 있도록 돕기 위해 가족이나 친구가 특정 상황에서 어떻게 반응하는지 떠올려보도록 유도한다. 예를 들어 아빠가 기쁘거나 화났을 때 아동이 그것을 어떻게 알 수 있는지에 대해 생각해보도록 할 수 있다. 아동이 목소리 톤과 몸짓 언어(보디랭귀지)에 대해 생각해보도록 유도하고, 이를 버즈의 행동과 연결해본다. 버즈의 행동을 사람들이 어떻게 해석할지 생각해보게 하면서 버즈가 원하지 않았던 감정을 전달했을 수 있다는 점을 알려준다.

활동지를 사용하여 버즈가 아동에게 듣고 차례를 지키는 데 도움을 줄 전략에 대해 생각해보도록 한다. 아동이 도움이 될 아이디어를 동그라미로 표시하도록 격려한다. 차례 지키기를 연습하는 한 가지 방법은 공을 서로 번갈아 굴리는 것이다. 공을 가지고 있을 때만 말할 수 있다는 규칙을 제시한다. 아동이 공 없이도 잘할 수 있을 때까지 연습한다.

회기에서 아동의 노력에 대해 칭찬한다. 이 활동지를 기반으로 홈미션을 설정하는 경우 아동에게 다음 사항을 요청한다.

1. 그림과 말풍선을 색칠해서 활동지를 꾸미거나 이야기 주제와 관련된 사진, 잡지, 만화 등의 그림을 추가해보기
2. 사람들과 대화할 때 차례를 지키는 연습을 하기. 공을 서로 번갈아 굴렸던 것을 기억하기
3. 부모/보호자와 함께 인물이 나오는 TV 프로그램을 시청할 시간 선택하기. 목소리 톤이나 몸짓에 주목하기. 사람들이 무엇을 생각하고 느끼는지 이해하는 데 도움이 되는 것들을 함께 목록으로 작성해보기. 소리를 끄고 시도해보기

홈미션을 설정했다면 부모/보호자에게 홈미션 기록지를 작성하도록 하고 다음 회기에서 검토할 수 있도록 파일에 넣을 것을 상기시킨다.

중간 휴식

휴식 시간은 2장에 설명한 대로 회기 내 적절한 시점에 제공해야 한다.

활동지 16. 공원에 가다
활동지 설명 버즈는 공원에 있어요. 버즈는 함께 놀 친구가 없어 슬퍼하고 있어요. 어제 공원에서 버즈가 친구들의 공을 다른 사람의 집 정원으로 차버렸고, 친구들은 그 때문에 화가 났어요. 버즈는 친구들에게 자신의 잘못이 아니었다고 말했지만, 그 집에 아무도 없어서 공을 되찾을 수 없

(계속)

활동지 16. 공원에 가다(계속)

었기 때문에 축구를 더 이상 할 수 없어 친구들은 화가 났어요. 버즈는 벤치에 혼자 앉아 다른 아이들이 그네를 타는 모습을 지켜보고 있어요. 버즈는 외로움을 느끼며 친구를 다시 사귀고 싶어 해요.

활동지 프롬프트

- 버즈는 오늘 공원에서 외로움을 느끼고 있어요. 친구들은 왜 버즈와 싸웠나요?
- 여러분이 좋아하는 사람들의 그림을 그려보세요.
- 왜 그들이 좋나요?
- 좋은 친구란 어떤 친구인가요?
- 좋은 친구가 되기 위해 어떤 노력을 하고 있나요?
- 친구와 다퉜던 경험이 있나요? 화해하기 위해 무엇을 했나요? 효과가 있었나요?
- 여러분이 버즈라면 어떻게 친구를 다시 사귀려고 했을까요?
- 버즈가 친구들과 화해할 수 있도록 도와줄 아이디어를 함께 적어봅시다.

이제 버즈에게 도움이 될 거라고 생각한 것들을 살펴보고 여러분에게도 도움이 될 만한 것들에 동그라미를 표시하세요.

활동지 16은 우정과 친구 관계 유지의 가치를 중심으로 한 사회적 기술 연습이다. 이 활동지는 아동이 자신의 사회적 기술과 친구 관계를 되돌아보게 하는 것을 목표로 하며, 특히 친구 관계에 어려움이 생겼을 때 이를 어떻게 관리하는지에 중점을 두고 있다. 이 연습을 통해 아동은 대인관계 기술을 개발하고, 갈등을 해결하는 기능적 방법을 배울 수 있다.

과제 활동지를 아동에게 읽어주는 것으로 시작한다. 아동이 원한다면 함께 읽는다. 아동이 이야기를 듣고 집중하고 있는지 확인한다. 사건이 어제 발생했고, 그 일이 오늘 공원에서 버즈의 기분에 영향을 미쳤다는 것을 이해했는지 확인하고, 아동의 이해를 요약한다. 이후 토론 활동지를 진행한다.

먼저 왜 버즈와 버즈의 친구들이 사이가 나빠졌는지 아동에게 물어보도록 한다. 무슨 일이 있었고 버즈의 친구들이 어떤 기분이었는지 생각해보도록 유도해야 한다. 아동은 친구들의 행동이 공정했는지에 대해 생각할 수 있으며, 이를 더 깊이 탐색할 수도 있다. 아동이 자신의 대인관계에 집중할 수 있도록 유도하며, 활동지에 좋아하는 사람들의 그림을 그리도록 한다. 아동에게 반드시 잘 그릴 필요는 없으며, 집에서 마무리할 수도 있다고 알려준다. 나이가 많은 아동의 경우 그림 대신 이름을 적는 방식을 선호할 수도 있다. 좋은 친구와 나쁜 친구의 특성에 대해 이야기해본다. “함께 무엇을 하나요?”, “어떻게 재미있게 놀 수 있나요?”, “서로를 어떻게 돌봐주나요?”, “친구들은 어떤 사람일까요?” 등과 같은 질문을 할 수 있다. 아동이 좋은 친구에 대해 어떻게 이해하는지는 연령, 능력, 그리고 대인관계 경험에 따라 달라진다. 긍정적인 면에 집중하면서도 부정적인 면을 함께 인정하면 균형 잡힌 과정을 유지하는 데 도움이 된다. 아동이 친구에 대해 가진 개념은 단순히 공통 관심사나 함께 시간을 보내는 것에서부터, 신뢰할 수 있고 믿음직한 사람이라는 보다 개인적인 가치까지 다양하게 발전할 수 있다. 필요한 경우 아동이 이와 관련된 새로운 어휘를 배울 수 있도록 도와줄 수 있다. 예를 들어 아동의 말을 반영하여 “○○이는 컴퓨터 게임을 친구에게 이야기하는 것을 좋아하는군요. ○○이는 ○○이의 말을 들어주는 친구가 좋은 친구라고 생각하나봐요”라고 말해줄 수 있다. 아동의 생각을 균형 잡힌 방식으로 요약해야 한다. 예를 들면 다음과 같다. "그러니까 ○○이에게 좋은 친구란, 대화를 나눌 수 있고, 함께 시간을 보내며, 다른 사람들에게 ○○에 대해 나쁜 말을 하지 않는 사람이군요. 그런 친구는 정말 좋은 친구예요. 하지만 친구가 ○○이의 물건을 마음대로 가져간다면, ○○이는 속상하겠지요." 아동에게 자신이 좋은 친구가 되기 위해 어떤 노력을 하는지 생각해보도록 질문한다. 아동이 친구들과 잘 어울렸던 상황을 떠올릴 수 있도록 돕는다(예 : 밖에서 함께 놀기, 누군가를 돕기, 교실에서 함께 시간 보내기, 친구들이 하고 있는 것에 관심을 보이기 등).

다음으로 친구 관계를 회복하는 방법에 대해 이야기한다. 버즈의 경험을 아동의 실제 경험과 연결하여 생각해보도록 돕는다. 먼저 아동에게 친구와 다툰 적이 있는지 물어본다. 아동에게 자신의 경험을 공유하도록 요청한다. 친구와 다툰 후 관계를 회복하기 위해 어떤 행동을 했는지에 초점을 맞출 수 있도록, "무슨 일이 있었나요? 어떻게 되었나요?" 등의 질문을 한다. 만약 친구 관계를 회복하지 못한 경우라면, "지금 돌아보면 그때 좀 다르게 행동했으면 더 좋았을 것 같나요?"라고 물으며 친구 관계를 되돌릴 기회가 있었다면 어떤 행동을 했을지 생각해보도록 돕는다. 마지막으로 버즈의 상황으로 다시 돌아가 버즈가 친구들과 다시 친해지기 위해 무엇을 할 수 있을지 아동에게 생각해보도록 한다. 아동이 제시한 아이디어를 활동지에 기록하고, 스스로도 적용할 수 있는 방법을 동그라미로 표시하도록 한다.

회기에서 아동의 노력에 대해 칭찬한다. 이 활동지를 기반으로 홈미션을 설정하는 경우 아동에게 다음 사항을 요청한다.

1. 그림과 말풍선을 색칠해서 활동지를 꾸미거나 이야기 주제와 관련된 사진, 잡지, 만화 등의 그림을 추가해보기

2. 논의한 방법 중 하나를 선택하여 누군가와 다툰 후 화해하는 방법을 시도해보기
3. 좋은 친구란 무엇일까? 새로운 친구에게서 기대하는 특성을 생각해보기. 학교나 다른 곳에서 새로운 친구를 찾을 때 이 특성을 주의 깊게 관찰하기

홈미션을 설정했다면 부모/보호자에게 홈미션 기록지를 작성하도록 하고 다음 회기에서 검토할 수 있도록 파일에 넣을 것을 상기시킨다.

피드백 및 보상

회기가 끝나면 활동지 3의 보상 과제에서 확인한 적절한 보상을 적용해야 한다(예 : 아동이 긍정적인 자기 대화에 참여해야 한다). 피드백 및 보상에 대한 자세한 내용은 2장을 참조한다.

부모/보호자와 협력하기

이 절에서는 부모/보호자가 자녀의 사회적 기술 개발을 지원하기 위해 적용할 수 있는 전략을 소개한다. 부모/보호자가 긍정적이고 숙련된 행동을 모범적으로 보여줄 필요성과 아동이 새롭게 습득한 사회적 기술을 실제로 연습할 기회를 가지는 것의 중요성에 대해 논의한다. 또한 달성할 수 있는 목표에 대해 현실적으로 생각하는 것이 중요하다. 자녀의 행동에 잘 대처하기 위한 전략을 배우는 것이 아동의 행동 자체를 개선하기 위한 전략을 배우는 것만큼이나 도움이 될 수 있다. 우리는 부모/보호자가 역할극과 리허설을 포함하여 아동이 긍정적인 사회적 기술을 습득할 수 있게 특정 기

법을 사용하도록 권장한다. 또한 부모/보호자가 아동과 다른 사람들이 보여주는 긍정적인 사회적 기술을 관찰하고 그에 대해 언급하도록 권장한다. 아동은 종종 부정적인 상호작용에 대해서만 피드백을 받기 때문에 아동의 긍정적인 사회적 기술을 알아차리고 칭찬하는 것이 중요하다. 스트레스와 대인 갈등을 관리하는 방법과 부모/보호자가 아동이 자신이 원하는 것과 필요한 것을 적절하게 표현할 수 있도록 가르치는 방법에 대해 논의한다. 인지적 기법은 계획을 세우고 문제 해결에 집중하는 접근 방식으로 다룬다.

부모/보호자와 함께 작업할 때 치료사는 제안된 기술과 전략을 소개해야 한다. 가능하다면 회기 중에 아동이 없는 상태에서 역할극을 통해 연습하고 시뮬레이션할 수 있다. 이후 회기에서 부모/보호자는 가정에서 이러한 기법을 어떻게 적용했는지 치료사에게 알려주어야 한다. 또한 기술이나 전략을 실행하는 과정에서 발생한 어려움이나 장애물을 논의하고 해결하는 것이 중요하다. 이를 위해 해당 기술을 아동에게 보다 효과적으로 적용할 수 있도록 방법을 조정하거나 적응시키는 방안을 함께 모색해야 한다.

행동을 변화시키고 인지적인 기술을 향상시키기 위한 핵심 전략은 성공을 촉진할 만한 동기를 찾는 것이다. ADHD 아동은 더 크고 좋은 보상일지라도 장기적인 보상에 대한 만족 지연이 어렵기 때문에 즉각적인 보상에 더 잘 반응하는 경향이 있다. 성공에 대한 동기 부여(스티커판 사용 포함) 및 부모/보호자와 협력하는 것과 관련된 일반적으로 적용할 수 있는 주제들은 2장에 설명되어 있다. 사회적 기술 회기 진행과 관련된 보충 정보는 이 장에서 다룬다.

행동 일지

아동이 사회적 기술 부족으로 어려움을 겪는 구체적인 상황을 파악하기 위해 부모/보호자에게 행동 일지(이 장의 앞부분 내용 참조)를 작성하여 행동을 모니터링하도록 요청한다. 이를 통해 아동의 행동을 지속적으로 관찰하고 기록할 수 있다. 회기에서 부모/보호자와 함께 일지에 기록된 정보를 논의하면서 특정 행동의 유형, 유발 요인 그리고 해당 행동이 발생할 가능성이 높은 시점에 대한 통찰력을 얻을 수 있다. 시간이 지남에 따라 일부 행동의 원인을 설명할 수 있는 패턴이 나타날 것이다. 이를 통해 일부 행동의 원인을 설명할 수 있는 단서가 발견될 수도 있다. 이러한 과정은 어떤 개입 방법이 문제 해결에 가장 효과적인지 결정하는 데 도움이 될 수 있다.

역할 모델

아이들은 부모/보호자로부터 배우며, 종종 그들의 행동을 따라 하게 된다. 따라서 부모나 보호자가 아동에게 중요한 역할 모델이라는 점을 상기시키고, 긍정적인 사회적 기술을 보여주도록 하는 것이 중요하다. 사회적 행사 후에 아동과 대화를 나누며 그 행사에서의 상호작용을 어떻게 관리했는지(긍정적인 부분과 부정적인 부분 모두) 되돌아보는 것이 이러한 행동을 강화하는 데 도움이 될 수 있다. 예를 들어 부모/보호자는 아동이 대화 중에 했던 행동에 주목하도록 도울 수 있다. 예를 들면 정보를 요약하는 것, 상대방의 생각과 아이디어를 반영하여 표현하는 것, 질문을 던지며 관심을 보이는 것 등이 있다. 또한 그들이 하지 않은 행동(비록 그렇게 하고 싶었을지라도)에도 주목하도록 해야 한다. 예를 들어 소리를 지르지 않았거나, 짜증을 내지 않았거나, 다른 사람의 말을 끊지 않은 점을 강조하여 알려줄 수 있다.

기회 제공

부모/보호자에게 아동이 사회적 기술을 연습할 기회를 제공할 수 있는 방법에 대해 이야기하도록 한다. 이는 다른 사람과의 상호작용을 필요로 한다. 일부 가정은 다른 사람들과 많은 시간을 보내는 반면, 일부는 그렇지 않다. 아동이 학교나 가족 외의 사람들과 상호작용하는 방법을 배우는 것이 중요하다(예 : 청소년 클럽, 교회 활동, 스포츠 클럽, 이웃 친구, 가족 친구 등). 부모/보호자가 자녀의 사회적 상호작용에 대해 근본적인 불안을 가지고 있는지 확인하고, 특히 부정적인 경험으로부터 자녀를 보호해야 한다고 느끼는지 파악해야 한다. 이러한 불안은 종종 과거의 부정적인 경험에서 비롯될 수 있다. 예를 들어 ADHD 아동이 새로운 상황이나 새로운 자극에 노출되었을 때 과도하게 흥분하거나, 산만해지거나, 통제하기 어려운 행동을 보였던 경우가 이에 해당할 수 있다. 이러한 경험은 결국 아동이 꾸중을 듣거나, 다른 아이들에게 배척당하거나, 심지어 울음을 터뜨리는 상황으로 이어질 수 있다. 이로 인해 모두가 스트레스를 받고, 이러한 상황 자체를 피하는 것이 더 쉽다는 믿음을 갖게 될 수 있다. 그러나 회피는 아동이 적절한 행동을 배우고 새롭게 익힌 사회적 기술을 연습할 기회를 제한하는 비적응적인 전략이다. 부모/보호자가 어려운 상황을 피하기보다 적극적으로 대응하도록 격려해야 한다(자세한 내용과 안내는 7장 참조).

역할극과 리허설

부모/보호자는 역할극과 리허설을 통해 예상되는 상황에 대비하여 아동을 도와줄 수 있다. 예를 들어 아동이 어떤 사람과의 걱정되는 주제에 대해 이야기하는 것에 불안함을 느낀다면, 부모/보호자와 함께 장면을 리허설할 수 있다. 상호작용의 양쪽 관점을 이해하기 위해 역할극에서 맡은 역할을 바꾸는 것이 도움이 될 수 있다. 기술을 익히고 자신감을 쌓기 위해 역할극을 여러 번 반복해야 한다. 부모/보호자는 아동과 함께 공을 굴리는 방식으로 차례 지키기를 리허설할 수 있다(활동지 15 참조). 이 기술은 또한 아동이 질문을 통해 대화를 지속하는 기술을 배우는 데 도움을 줄 수 있다. 추가적으로 카드 게임은 차례 지키기 규칙을 연습하는 데 유용할 수 있다. 난이도가 높아지는 카드 게임은 특히 유용하며, 아동이 지는 상황에 대처하는 능력을 기르고 다른 참가자를 돕기 위해 일부러 지는 개념을 소개할 수 있다.

긍정적인 사회적 기술을 알아차리고 칭찬하기

부모/보호자가 아동의 사회적 기술을 주의 깊게 관찰하고, 좋은 사회적 기술을 보일 때(예 : 경청, 차례 지키기, 배려 있는 행동) 칭찬하도록 격려하라. 이는 행동을 긍정적으로 강화하고 아동의 자신감을 높이는 데 도움이 된다.

다른 사람의 행동에 주목하기

부모/보호자는 다른 사람에게서 관찰한 좋은 사회적 기술을 아동에게 알려 줄 수 있다. 그러나 아동이 실제로 아는 사람보다는 TV 캐릭터를 활용하는 것이 더 바람직하다. 이렇게 하면 아동이 자신보다 '더 나은' 또는 '더 능숙한' 사람에게 칭찬이 집중된다고 느껴 서운함이나 질투심을 갖는 부정적인 감정이 생기는 것을 피할 수 있다.

스트레스와 대인관계 갈등 관리하기

때로는 ADHD 아동과 함께하는 것이 좌절스럽고 스트레스를 유발할 수 있다(좌절감과 분노에 대처하는 기술은 8장 참조). 치료사는 부모/보호자가 스트레스 징후를 보이는지 주의 깊게 살피고 스스로를 돌보며 상황에 압도되지 않도록 조언해야 한다. 부모/보호자는 자녀도 이와 마찬가지로 자신을 돌볼 수 있도록 도와줄 수 있다. 부모/보호자와 자녀가 서로 대립하는 것이 아니라 협력하는 감각을 키우는 것이 중요하다. 부정적인 상호작용을 피하기 위해 부모/보호자에게 일관되면서도 차분하지만 단호한 태도로 자녀와 소통하도록 권장한다. 만약 상황이 격해지거나 부모/보호자가 스트레스를 받거나 감정적으로 반응하기 시작하면 상황에서 잠시 벗어나 '타임아웃'을 가지고, 자리를 피하며, 진정할 수 있는 기술을 사용하고, 다음에 무엇을 말하거나 할지 이성적으로 생각해보도록 한다. 만약 부모/보호자가 자신의 행동으로 인해 상황이 악화되었다고 판단되면 아동에게 사과하고 그 이유를 설명해야 한다. 이러한 행동은 아동에게 올바른 대처 방법을 모델링해주며, 멈춰서 생각하고, 진정하며, 문제를 이성적으로 판단하고, 상호작용의 결과를 고려하여 적절하게 대처하는 법을 가르친다. 부모/보호자가 이러한 기술을 직접 습득하고 연습하면 자녀도 이를 유사한 방식으로 적용할 수 있도록 도울 수 있다.

자기 주장

자기 주장은 소극적인 태도(자신의 요구를 효과적으로 전달하지 않는 것)와 공격적인 태도(자신의 주장을 너무 강하게 또는 부정적으로 표현하는 것) 사이의 균형을 유지하는 것이다. ADHD 아동은 자신이 원하는 것과 필요를 주장할 수 없다고 느낄 때 속상함과 좌절감을 경험할 수 있다. 부모/보호자는 아동이 자기 주장 기술을 개발할 수 있도록 지원할 수 있다. 이를 위해 아동에게 명확하고 차분한 목소리로 말하도록 지도하고, 자신이 원하는 것과 그 이유를 설명하도록 한다. 이후 상대방이 말할 기회를 갖도록 기다리고 경청하게 한다. 아동이 여전히 같은 입장이라면 차분한 목소리로 다시 한번 자신의 의견을 전달하고, 원하는 이유를 더 구체적으로 설명하도록 독려한다. 아동은 타협할 준비가 되어 있어야 하며, 각자의 절충점을 찾아 서로의 의견을 조율하는 것이 필요하다. 또한 원하는 것을 얻지 못할 수도 있으며, 때로는 의견이 다름을 인정해야 한다는 점('동의하지 않음에 동의하는 것')을 상기시킬 필요가 있다. 이러한 논의 방식에 익숙해지면, 비록 원하는 결과를 얻지 못하더라도 아동은 자신의 의견이 존중받고 경청되었고 감정이 고려되었다고 느끼며, 결정이 내려진 이유를 이해할 수 있게 된다.

부모/보호자가 무엇을 할 수 있나요?

표 9.3에는 가정에서 실행할 수 있는 전략 목록을 포함한 접근 방식이 요약되어 있다. 전략의 효과를 극대화하기 위해 가능하다면 교사와 논의하여 가정과 학교에서 모두 실행하는 것이 도움이 된다. 많은 부모/보호자와 교사들은 '알림장'을 사용하는 것이 정보를 공유하는 효율적인 방법이라고 생각한다(2장 참조).

영-스미스 프로그램 진행에 대한 중요한 배경 정보에 대해서는 2장을 참고할 수 있다. 어린 자녀의 경우 부모/보호자가 아이와 각 주제에 권장되는 활동지를 함께 해보는 시간(약 45~60분)을 따로 마련하는 것이 좋다. 각 장의 '인지행동치료'에 지침이 기술되어 있다. 버즈와 그의 가족을 소개하는 활동지는 3장에 요약되어 있다. 나이가 많은 아동(예 : 12세 이상)의 경우 필요하다면 버즈 활동지를 생략하고 대신 아동에게 직접 주제를 소개

표 9.3 사회적 기술에 대한 가정 내 전략

역할 모델
- 부모/보호자가 직접 전략을 실천하며 아동에게 모범을 보이기
- 행동을 되돌아보고 이를 아동과 명확하게 이야기하기

기회 제공
- 아동이 사회적 기술을 연습할 기회를 만들기

역할극과 리허설
- 함께 논의하고 예상되는 어려운 상황에 대비하기
- 역할극을 통해 의사소통 기술 연습하기. 아동과 역할을 바꾸어보기
- 테이블 위로 공을 굴려서 차례 지키기 기술과 대화의 흐름을 유지하는 기술 가르치기
- 카드 게임을 통해 차례 지키기를 연습하고, 지는 상황에 대처하는 능력 기르기

긍정적인 사회적 기술을 알아차리고 칭찬하기
- 아동이 긍정적인 기술을 보일 때 알아차리고 칭찬하기
- 함께 TV를 보며 TV 캐릭터가 보여주는 긍정적인 사회적 기술에 대해 이야기하기

스트레스와 대인관계 갈등 관리하기
- 필요할 때 '타임아웃'을 가지고 상황에서 벗어나기
- 진정 기술(예 : 호흡 운동, 자기 대화 등)을 사용하고 상황을 이성적으로 판단하기(7장과 8장의 전략 참조)
- 자신의 반응이 문제를 악화시키는 데 기여했다면 사과하기
- 아동에게 이러한 기술을 적용하도록 격려하기

자기 주장
- 명확하고 차분하게 원하는 것과 그 이유를 말하기
- 상대방이 말하는 것을 기다리고 경청하기
- 토론에서 차례 지키기
- 타협할 준비하기
- 원하는 것을 얻지 못할 가능성에 대비하고, '동의하지 않음에 동의하기'를 준비하기

하고 활동지의 토론 프롬프트를 사용하여 이를 아동의 경험에 적용하고 전략에 대해 토론할 수 있다. 홈미션을 설정하고 자녀가 이를 완수하도록 지원해주는 것이 좋으며, 자주 피드백을 주고 칭찬하는 것을 잊지 말아야 한다. 스티커판(2장 참조)을 만들어 눈에 잘 띄는 곳에 붙여두고 매일 사용할 수 있도록 한다.

교사 및 학교와 협력하기

학교 환경은 아동이 성인, 또래, 그리고 다양한 연령대의 아이들과 상호작용할 기회를 제공한다. 아동은 학교에서 다양한 주제와 사회적 상황을 경험하며 일하고 놀게 되는데, 이는 학교 밖에서는 경험할 수 없는 것들이다. 교사는 이미 아이들이 듣기, 차례 지키기, 타인을 이해하기, 의견 차이를 해결하는 등의 기술을 발달시키도록 돕고 있을 가능성이 크다. 때때로 특수교사가 사회적 기술 집단을 운영하기도 하며, 이러한 집단은 일반적인 접근 방식을 취하거나 특정 사회적 기술을 강조하는 회기를 포함하기도 한다.

이 절은 아동이 사회적 기술을 더 잘 발달시키도록 교사가 적용할 수 있는 전략을 제시한다. 성취할 수 있는 목표에 대해 현실적이어야 하며, 아동의 행동을 개선하는 전략을 배우는 것만큼이나 행동에 잘 대처하는 방법을 배우는 것도 도움이 될 수 있다. 이 절에서는 친사회적 행동을 유도하기 위한 신호 설정, 역할극 및 리허설 등의 행동 전략을 다룬다. 많은 경우 아동은 부정적인 상호작용에 대해서만 피드백을 받기 때문에 긍정적인 사회적 기술을 발견하고 칭찬하는 것이 중요하다. 또한 교사가 효과적으로 의사소통하는 데 사용하는 세부적인 기법에 명확히 주의를 기울이도록 하는 인지적 기법도 논의한다. 스트레스 관리 및 대인 간 갈등 해결 방법에 대해서도 설명하며, 교사가 아동이 자신의 욕구와 필요를 적절하게 표현할 수 있도록 돕는 자기 주장 기술을 지원하는 방법을 구체적으로 제시한다. 마지막으로 아동이 학교생활 중에 새로운 사회적 상황과 주요 전환 시기에 대비할 수 있도록 교사가 어떻게 지원할 수 있는지에 대한 조언을 제공한다.

교사와 학교는 이미 영-스미스 프로그램에 소개된 여러 개입을 지원하는 구조를 갖추고 있을 가능성이 높다. 따라서 부모/보호자와 교사가 성공 사례와 전략을 공유하며 통합된 전략을 장려할 수 있도록 하는 것이 유용하다. 개입 과정에서 발생할 수 있는 장애물이나 어려움을 해결하기 위해 기술이나 전략을 아동에게 보다 효과적으로 적용할 수 있도록 조정하는 방법을 고민하는 것이 중요하다. 아동의 성공을 촉진하는 동기 부여 방법과 교사 및 학교와 협력하는 데 필요한 일반적인 내용은 2장에서 다루며, 사회적 기술 회기를 제공하는 것과 관련된 보충 정보는 이 장에서 구체적으로 설명한다.

역할 모델

교사들이 이미 친사회적 행동을 모델링하고 있을 것이라고 믿는다. 그러나 ADHD 아동에게는 행동과 상호작용 사이의 명확한 연결 고리를 제공하는 것이 필요하다. 교사는 피드백을 줄 때 자신이 사용하는 기술을 명시적으로 설명함으로써 그 연결 고리를 제공할 수 있다. 예를 들어 "네가 이야기할 때 나는 너의 말을 듣고 있다는 것을 보여주기 위해 너와 눈을 맞추고 고개를 끄덕였단다" 또는 "나는 네가 하고 싶은 말을 다 할 때까지 참을성을 가지고 기다리고 있었어"라고 말한다.

신호

교사는 아동이 특정 행동을 하도록 유도하는 신호를 설정할 수 있다. 예를 들어 아동이 듣고 있지 않으면 귀를 만지거나, 아동이 말을 너무 많이 하면 입술을 만지거나, 아동이 진정이 필요할 때 손을 아래로 움직이는 신호를 사용한다. 아동이 이러한 신호에 반응하는 법을 배우면 또래 앞에서 과도하게 비판받는 느낌을 줄이고, 교사와 협력적인 관계를 형성하는 데 도움이 된다(아동에게 교사가 비판보다는 돕고 있다는 느낌을 줄 수 있다).

역할극과 리허설

교사는 역할극과 리허설 활동을 통해 예상되는 상황에 대비하도록 아동을 지원할 수 있다. 이러한 활동은 '부모/보호자와 협력하기'에서 설명한 바와 같다.

긍정적인 사회적 기술을 알아차리고 칭찬하기

교사가 아동의 긍정적인 사회적 기술(예 : 경청, 차례 지키기, 배려 있는 행동)을 주의 깊게 관찰하고 칭찬하도록 격려한다. 이는 행동을 긍정적으로 강화하는 동시에 아동의 자신감을 높이는 데 도움이 된다.

스트레스와 대인관계 갈등 관리하기

치료사는 교사가 ADHD 아동에게 스트레스를 느끼고 좌절하고 있는지 주의 깊게 살펴본다. 이는 교사와 아동 간의 관계에 도움이 되지 않기 때문이다. 이러한 상황은 쉽게 발생할 수 있는데, ADHD 아동이 특히 교실에서 방해 행동을 보일 때 교사의 시간과 인내심을 많이 요구하기 때문이다. 교사도 모든 사람과 마찬가지로 좋은 날과 나쁜 날이 있으며, 때로는 더 잘 대처할 수 있는 날이 있는 반면, 그렇지 않은 날도 있다. 만약 교사가 스트레스를 받고 있는 것 같다면 '부모/보호자와 협력하기'에서 설명한 스트레스 관리 및 대인관계 갈등 해결 전략을 검토하도록 한다.

아동이 대인관계 갈등을 관리할 수 있도록 돕는 측면에서 교사는 부모/보호자보다 이러한 갈등을 관찰할 수 있는 더 좋은 위치에 있다. 학교 환경에서는 아동이 다양한 또래들과 어울려야 하며, 그중에는 매우 좋아하는 친구도 있지만 그렇지 않은 친구도 있기 때문이다. 상황을 진정시키는 방법으로는 그 자리를 벗어나기, 멈추고 생각하기, 진정하기(예 : 자기 대화 활용 또는 호흡법 사용), 문제를 합리적으로 바라보기, 교사에게 도움 요청하기 등이 있으며, 이러한 전략을 강화하는 것이 중요하다. 분노가 쌓이는 것을 방지하기 위해 아동이 사과를 주고받는 법을 배우는 것이 중요하다. 그러나 고집이 세고 자신의 잘못을 인정하는 것에 강한 저항감을 보이는 아동에게는 사과가 어려울 수 있다. 교사는 아동에게 사과를 하는 것이 모두의 기분을 좋게 만들고 문제를 해결하는 데 도움이 된다는 점을 설명함으로써 이 과정을 돕는다. 또한 사과를 제대로 인식하고 상대방의 사과를 받아들였다는 느낌을 주는 것도 중요하다. ADHD 아동이 사과를 '듣지' 않는 것처럼 보일 경우 이는 성의 없거나 무심한 태도로 비칠 수 있다.

괴롭힘

아동이 괴롭힘을 당하거나 다른 사람을 괴롭히는 것은 어떤 상황에서도 용납되지 않는다. 학교 정책에 따라 교사는 괴롭힘 행동에 즉각적으로 대응해야 한다.

자기 주장

아동이 자신의 요구와 욕구를 적절하게 주장하지 못해 문제가 발생할 때가 있다. 아동은 엉뚱한 방향으로 주제에서 벗어나거나 소리치거나 중얼거릴 수 있다. 교사는 '부모/보호자와 협력하기'에 설명한 기법을 강화함으로써 아동이 더 자신 있게 주장할 수 있도록 돕는다.

새로운 사회적 상황

학교 환경은 시간이 지나면서 변화한다. 초등학교에서 중학교, 고등학교로 넘어가면서 수업과 학교 내에서 구조적, 질적인 변화가 발생한다. 아동이 이러한 단계를 거치며 교사의 기대가 변화하고 아동은 점차 더 많은 책임을 져야 한다. 학교에서의 행동과 과제는 물론, 학교 활동과 과목도 바뀌고 교사 수가 늘어나며, 친구들이 학교를 떠나고 새로운 친구가 들어오면서 또래 관계도 변화한다.

ADHD 아동은 그렇지 않은 아동보다 구조적 변화와 또래 관계의 단절에 더 어려움을 겪을 수 있으므로, 주요 전환 시기에 적절한 지원을 제공하는 것이 중요하다. 불확실성과 불안감이 커지면 행동 문제를 일으킬 가능성이 높아질 수 있으며(7장 참조), 이를 예방하기 위해 교사나 특수교사가 아동과 대화를 나누며 다음 학습 단계와 그에 따른 기대 사항에 미리 준비할 수 있도록 돕는 것이 유용하다. 비슷하게 학교 외부로 나가는 경우(예 : 현장학습 등) 아동은 다양한 감정을 느끼고 감정적으로 불안정해져 예측할 수 없는 방식으로 행동할 가능성이 높아질 수 있다. 이를 대비하기 위해 새로운 환경에서 기대되는 행동 규범을 명확히 전달하고, 필요하다면 서면으로 지침을 제공하여 아동이 이를 숙지할 수 있도록 해야 한다.

교사가 무엇을 할 수 있나요?

표 9.4에는 학교에서 시행할 수 있는 전략 목록을 포함하여 교사를 위해 제안된 접근 방법들이 요약되어 있다. 전략의 효과를 극대화하기 위해 가능하다면 부모/보호자와 논의하여 가정과 학교에서 유사하거나 보완적인 전략을 실행하는 것이 도움이 된다. 대부분의 교사와 부모/보호자는 '알림장'을 사용하는 것이 정보를 공유하는 효율적인 방법이라고 생각한다(2장 참조).

영-스미스 프로그램 진행에 대한 중요한 배경 정보를 제공하는 2장을 읽어볼 것을 권유한다. 교사에게 아동과 함께 구체적인 활동지를 검토할

표 9.4 사회적 기술에 대한 학교 내 전략

역할 모델
- 아동에게 피드백을 줄 때 효과적인 의사소통에 사용한 전략을 명시적으로 설명하기 (예 : 눈 맞춤, 천천히 말하기, 차례 지키기)

신호
- 적절한 반응이나 행동을 유도하기 위한 신호 설정하기

역할극과 리허설
- 함께 논의하고 예상되는 어려운 상황에 대비하기
- 역할극을 통해 의사소통 기술을 연습하기. 아동과 역할을 바꾸어보기
- 테이블 위로 공을 굴려서 차례 지키기 기술과 대화의 흐름을 유지하는 기술 가르치기
- 카드 게임을 통해 차례 지키기를 연습하고, 패배를 받아들이는 능력을 기르기

긍정적인 사회적 기술을 알아차리고 칭찬하기
- 아동이 긍정적인 사회적 기술을 보일 때 알아차리고 칭찬하기

스트레스와 대인관계 갈등 관리하기
- 필요할 때 '타임아웃'을 가지고 상황에서 벗어나기
- 진정 기술(예 : 호흡 운동, 자기 대화 등)을 사용하고 상황을 이성적으로 판단하기(7장과 8장의 전략 참조)
- 탈출 전략(예 : 자리 피하기, 멈추고 생각하기, 진정하기, 문제를 이성적으로 판단하기, 도움과 조언 구하기)을 아동이 적용할 수 있도록 가르치기
- 사과 주고받기에 대해 논의하고 필요시 역할극하기
- 괴롭힘 문제를 인식하는 즉시 다루기

자기 주장
- 명확하고 차분하게 원하는 것과 그 이유를 말하기
- 상대방이 말하는 것을 기다리고 경청하기
- 토론에서 차례 지키기
- 타협할 준비하기
- 원하는 것을 얻지 못할 가능성에 대비하고, '동의하지 않음에 동의하기'를 준비하기

새로운 사회적 상황
- 학교 구조의 주요 변화에 대비할 수 있도록 아동과 대화하고 준비시키기(예 : 중학교로의 진학)
- 기대되는 행동을 명시하고, 필요시 서면으로 행동 규범과 지침을 제공하기

교직원 협력
- 모든 교직원이 아동에게 어떤 전략이 사용되고 있고 그 이유가 무엇인지 이해하기

시간이 없을 가능성 높지만, 부모/보호자가 이를 수행할 수 없는 경우 특수

교사와 이를 논의하는 것이 도움이 될 수 있을 것이다. 이를 실행하는 방법에 대한 지침은 각 장의 '인지행동치료'에서 확인할 수 있다. 버즈와 그의 가족을 소개하는 활동지는 3장에 요약되어 있다. 나이가 많은 아동(예 : 12세 이상)의 경우 필요하다면 버즈 활동지를 생략하고 대신 아동에게 직접 주제를 소개하고 활동지의 토론 프롬프트를 사용하여 이를 아동의 경험에 적용하고 전략에 대해 토론할 수 있다. 홈미션을 설정하고 아동이 이를 완수하도록 지원해주는 것이 좋으며, 자주 피드백을 주고 칭찬하는 것을 잊지 말아야 한다. 스티커판을 사용하는 경우(2장 참조), 부모/보호자가 정기적으로 검토할 수 있도록 '알림장'에 기재할 수 있다.

참고문헌

Chorpita, B. F., Yim, L., Moffitt, C., Umemoto L. A., & Francis, S. E. (2000). Assessment of symptoms of DSM-IV anxiety and depression in children: A Revised Child Anxiety and Depression Scale. *Behaviour Research and Therapy, 38*(8), 835–855.

Chou, W. J., Liu, T. L., Yang, P., Yen, C. F., & Hu, H. F. (2014). Bullying victimization and perpetration and their correlates in adolescents clinically diagnosed with ADHD. *Journal of Attention Disorders, Nov 2014,* doi: 10.1177/1087054714558874.

Goodman, R. (1997). The strengths and difficulties questionnaire: A research note. *Journal of Child Psychology and Psychiatry and Allied Disciplines, 38*(5), 581–586.

Sexias, M., Weiss, M., & Müller, U. (2012). Systematic review of national and international guidelines on attention deficit hyperactivity disorder. *Journal of Psychopharmacology, 26*(6), 753–765.

10

목표 설정과 계획 세우기

계획을 세우고 정보를 순차적으로 정리하는 능력이 없다면, 우리는 통제력을 잃은 채 바람에 흩날리는 나뭇잎과 같으며, 우연이나 행운에 좌우될 수밖에 없다. ADHD를 가진 사람들은 인지 및 실행 기능의 결핍으로 인해 목표를 설정하고 이를 달성하기 위한 계획을 세우는 기술을 발달시키는 데 도움을 필요로 한다. 일상생활에서 아동은 학교 갈 준비를 하거나 집에서 제시간에 나서는 것, 또는 학교 퀴즈 준비와 같은 단기 목표를 위해 노력해야 한다. 이는 시험에서 좋은 성적을 받거나 학교 축구 팀에 선발되는 것과 같은 장기적인 목표 달성과는 다르다. ADHD 아동은 계획을 세우고 기다리는 것을 어려워하기 때문에 즉각적인 보상을 더 선호하며, 이에 따라 보상이 지연되는 경우가 많은 장기 목표 설정을 회피하는 경향이 있다. 또한 사전에 계획을 세우는 것은 조직화 능력에 크게 의존하는데, 이는 ADHD를 가진 사람들이 어려움을 겪는 부분이기도 하다. 이러한 기술과 능력은 '실행 기능'이라고 하며 기억력, 유연한 사고, 계획 수립, 행동 조절, 조직화, 추론 능력 등을 포함한다. 아동이 성장하고 발달함에 따라 점점 더 복잡한 활동을 수행하는 과정에서 이러한 실행 기능을 적용한 경험이 축적되며, 그로 인해 실행 기술이 향상

된다.

따라서 이 장에서는 이러한 기술들의 발달에 초점을 맞춘다. ADHD 아동이 이 영역에서 겪는 어려움을 살펴보고, 이러한 어려움이 아동의 삶의 다양한 영역에서 어떤 영향을 미치는지에 대해 논의한다. 또한 계획 수립 능력에 대한 평가 방법을 논의한 후, 인지행동 모델을 활용하여 아동과 주변 성인을 위한 개입 방법과 전략을 다룰 것이다.

소개

목표를 설정하고 이를 달성하기 위한 계획을 세우는 기술은 어린 시절에 배우고 연습해야 한다. 이는 청소년기와 성인기로 성장하면서 학업과 직업적 성공, 재정적 안정, 독립, 사회적 수용과 같은 중요한 목표를 점점 더 많이 설정하고 계획해야 하기 때문이다. 즉, 구체적이고 현실적인 목표를 설정하는 법을 익혀야 한다. 이는 단계별로 나누며, 목표 지향적인 행동을 실천하고, 활동을 조직화하고, 순서를 정하며, 우선순위를 매기는 능력을 익혀야 함을 의미한다.

행동 기능

목표를 향해 나아가기 위해서는 동기 부여, 지속적인 주의력, 보상을 지연할 수 있는 능력이 필요하다. 그러나 ADHD 아동은 여러 이유로 인해 이러한 기능적 과정을 실행하는 데 어려움을 겪는다. 목표를 달성하기 위한 계획을 세우는 것은 충동적인 아동에게 어려운 출발점이 될 수 있으며, 이들은 사전에 충분히 생각해보지 않고 곧바로 활동이나 상황에 뛰어드는 경향이 있다. 이러한 사실을 과제 수행 도중 깨닫게 되면, ADHD 아동은 실수를 수정하기보다 과제를 중단하는 경향이 더 높다. 예를 들어 서둘러 이야기를 쓰기 시작한 후 몇 문장만 쓰고 자신이 내용을 제대로 구상하지 않았다는 것을 깨닫고 포기하는 아동, 혹은 장난감을 조립하다가 어떤 순서로 해야 할지 미리 고려하지 않아 좌절하고 완성하지 못한 채 그만두는 아동을 본 적이 있을 것이다. 모든 아동에게 과제에 집중하고, 정신적 노력을 기울이며, 어려운 순간을 극복하는 과정이 도전이 될 수 있지만, ADHD 아동은 특히 더 많은 외부 강화가 필요한 경향이 있다. 이러한 강화에는 보상이나 성인으로부터의 동기 부여가 포함될 수 있다.

또 다른 문제는 ADHD 아동이 시간 인식에 어려움을 겪는다는 것이다. 이는 시간을 읽지 못하거나 시간 제한을 무시하는 것으로 오해해서는 안 된다. ADHD 아동은 시간을 혼란스럽고 추상적인 개념으로 인식하며, 시간을 추적하거나 예상하는 데 어려움을 겪는다. 그러나 목표를 달성하는 데 걸리는 시간을 예측하고, 이를 위해 어떤 단계를 거쳐야 하는지 계획하는 과정은 필수적인 계획 수립의 일부이다. 효과적인 계획 수립 능력을 갖추기 위해서는 조직화와 우선순위 결정 능력의 발달 또한 필요하다. ADHD 아동은 미리 계획을 세우려는 의도는 가지고 있지만, 즉각적인 즐거움을 주는 요소들에 쉽게 주의가 분산되어 계획을 끝까지 실천하지 못하는 경우가 많다. 그 결과 숙제를 미루다가 마감 직전에 하거나 아예 하지 않는 경우가 생기며, 필요한 도구나 학습 자료를 자주 잃어버리거나 깜빡하는 문제가 발생한다. 조직화 능력이 부족하면 아동은 마치 시간을 지키지 않는 것처럼 보이거나 지시를 따르지 않는 것처럼 보이며, 학교에서 필요한 물건을 준비하지 않는 것처럼 보일 수 있다. 이러한 모습 때문에 (다른 사람은 인식하기 어려운) 진짜 문제에 대한 도움을 받지 못한 채 반항적인 행동으로 인식되어 부당하게 꾸중을 듣거나 처벌을 받을 수 있다. 그러나 이러한 행동의 근본적인 원인은 조직화 능력 부족이며, 이에 대한 적절한 지원이 필요하다.

학업 기능

학교에서 아동은 점점 더 자신의 학습을 계획하고 조직하는 책임을 맡아야 한다. 어린 시절에는 부모/보호자, 교사들이 많은 부분을 도와주지만, 나이가 들면서 이러한 지원은 자연스럽게 줄어들어야 한다. 이와 동시에 학교생활의 구조 또한 더 유연해져 아동이 계획하고 조직화하는 기술을 연습할 기회가 늘어난다. 하지만 ADHD 아동은 인지 능력이 높더라도 또래에 비해 성숙도가 낮을 수 있어 기대치를 조정해야 한다. ADHD 아동은 종종 학습 도구나 준비물을 제대로 챙기지 못해 불이익을 겪으며, 서둘러 마무리하거나 불완전한 상태로 숙제를 제출하여 눈에 띈다. 또한 어디에서 무엇을 해야 하는지 혼란스러워하는 모습도 보인다. 학업에서 뒤처지면 압도되고 스트레스를 받으며, 이를 부적절한 방식(예 : 좌절감, 분노)으로 표현할 수 있다. 심지어 인지 능력이 높은 ADHD 아동조차 장기 과제를 수행하는데 어려움을 겪으며, 계획하지 않고 미루는 경향이 있다. 이들은 자신의 잠재력을 발휘하기 위해 구조화된 환경과 더 많은 지원이 필요하다.

대인관계 기능

ADHD 아동은 계획을 잊거나 약속 장소에 늦게 도착하거나 혹은 아예 오지 않거나 준비가 되지 않은 상태로 오는 경우가 많아 신뢰할 수 없는 사람으로 인식되는 경우가 많다. 이는 또래 및 성인들과의 관계에서 긴장을 일으키고 사람들을 혼란스럽게 만들며 적대적인 감정을 갖게 할 수 있다. 특히 이러한 행동이 아동이 '노력하지 않는다'거나 '관심이 없다'는 오해를 불러일으킬 때 갈등이 더 심화될 수 있다. 하지만 이러한 가정은 사실과 다를 가능성이 크다.

대처

ADHD 아동은 위와 같은 상황을 회피하거나 과도하게 타인에게 의존하여 계획을 세우거나 일을 대신 처리해달라고 할 가능성이 있다. 따라서 아동이 계획 및 조직화 능력을 개발해나감에 따라 그에 맞춰 제공되는 지원의 양도 조정될 필요가 있다. 독립성을 향해 나아가는 과정에서 아동의 기술은 점진적으로 쌓아 올려져야 한다.

평가

ADHD의 평가 및 치료에 관한 국제 지침에서는 ADHD를 평가하기 위해 훈련받고 자격을 갖춘 정신건강 전문가가 종합적인 평가 절차를 수행할 것을 권장한다(Sexias, Weiss & Müller, 2012). 평가는 다양한 상황 및 환경에서의 어려움과 행동을 평가하기 위한 심리 측정 설문지, 임상 면담 및 아동 관찰을 포함한 다면적 평가가 이루어진다. 아동 양육에 관련된 여러 사람(가능하면 아동 본인도 포함)으로부터 다양한 관점을 얻는 것이 바람직하며, 여러 다양한 기관으로부터의 자료가 요구된다. 성공 가능성이 높은 적절한 개입을 위한 치료 계획을 개발하려면 아동의 발달적, 환경적 및 심리사회적 요인과 아동의 강약점, 현재 받고 있는 지원 등 아동의 발달 전반에 걸친 어려움의 특징과 복잡성을 완전히 이해하는 것이 중요하다. 이 과정에서 아동이 겪는 동반 질환 및 사회적 문제뿐만 아니라 가족 내 문제도 염두에 두는 것이 필요하다.

측정 도구

6~18세 아동을 대상으로 한 코너스 척도 3판(Conners, 2008)과 5~18세 아동을 대상으로 하는 실행기능 행동 평가 척도(BRIEF; Gioia, Isquith, Guy, Kenworthy & Baron, 2001)는 계획 및 조직화와 같은 실행 기능 항목을 포함하는 평정 척도이다. 이 척도는 아동의 행동 빈도를 해당 연령과 성별의 일반 인구 규준과 비교한다. 아동의 행동을 다양한 환경에서 포괄적으로 이해하기 위해 부모/양육자와 교사가 각 가정 및 학교 환경에서의 행동에 대해 설문을 작성하는 것이 추천된다. 두 척도는 아동이 직접 작성할 수도 있다(코너스 척도는 8세 이상, BRIEF는 11세 이상). 그러나 이는 아동의 읽기 능력과 통찰력 수준에 따라 달라진다. 평정 척도는 아동의 기능을 기초적으로 평가하는 데 유용하며, 중재 후 평가를 반복해 중재의 효과를 확인할 수 있다. ADHD 아동은 질문을 잘못 읽거나 응답을 빠뜨리거나 충동적으로 답변하거나 평가를 잘못 이해할 가능성이 있기 때문에 성인은 아동이 자기 보고형 설문지를 작성하도록 지원할 필요가 있다. 그러나 답변은 유도 질문 없이 독립적으로 작성해야 한다. 읽기 능력이 부족한 아동은 항목을 읽어줘야 한다. 많은 척도가 그렇듯 평정 척도는 편향 가능성이 있으므로 훈련된 전문가가 신중히 해석해야 한다.

질문지 기반의 평가 외에도 아동의 계획 및 조직화와 관련된 기술을 측정하는 여러 객관적 심리검사가 있다. 아동용 부주의 증상 평가(BADS-C; Emslie, Wilson, Burden, Nimmo-Smith & Wilson, 2003)는 7~16세를 대상으로 하며, 델리스-카플란 실행기능 시스템(DKEFS; Delis, Kaplan & Kramer, 2001)은 8세부터 성인까지 사용할 수 있다. 두 평가 도구 모두 계획 수립 능력을 측정하는 하위 검사를 포함하고 있다. 객관적 검사를 시행할 때는 아동이 이러한 과제를 어떻게 접근하고 수행하는지 관찰하고 기록하는 것이 중요하다.

임상 면담

아동에 대해 더 풍부하고 구체적인 정보를 얻기 위해서는 아동을 잘 아는 성인과 반구조화된 면담을 실시하는 것과 함께 평가 척도, 객관적 검사를 함께 실시하는 것이 필수적이다. 이는 아동의 삶에 관여하는 여러 사람들과 함께 이루어지는 것이 바람직하며, 아동이 상호작용하는 다양한 환경과 상황을 고려하는 것이 좋다. 부모/보호자와 교사는 아동이 다양한 환경에서 겪는 어려움과 이러한 어려움이 아동의 기능과 발달에 어떤 영향을 미치는지 설명하는 것이 필요하다. 아동이 자신의 사회적 역량을 과대평가할 수 있으므로 치료사는 객관적인 질문을 포함해야 한다. 예를 들어 "최근 생일 파티나 파자마 파티에 초대된 적이 언제인가요?"와 같은 질문이 포함될 수 있다.

임상 면담에서는 아동에 대한 기대치가 아동의 발달 수준과 전반적 인지 능력에 적절한지도 탐색해야 한다. 예를 들어 6세 아동은 보통 학교에 필요한 모든 것을 스스로 기억하지 못하며, 학교생활을 위한 복잡한 계획을 세우는 것도 어렵다. 그러나 11세 아동은 이러한 기술을 습득해나가는 과정에 있다. 기대가 비현실적이라면 부모/보호자가 보다 적절한 수준으로 기대를 조정하도록 격려해야 한다. 아동은 어른과 동일한 우선순위나 상황에 대한 인식을 갖지 않으며, 목표 또한 다를 수 있다는 점을 염두에 두어야 한다. 특히 ADHD 아동은 순간적인 반응에 집중하는 경향이 강하며, 계획을 세울 필요성을 인식하지 못할 가능성이 높다. 실제로 가장 중요한 문제는 아동이 목표를 설정하거나 구체화하지 않는다는 점일 수 있다. 평가의 목적은 모든 수업에 필통을 챙기는 것을 기억하거나 수업이 끝날 때 숙제를 메모하고 집에 돌아오면 부모/보호자에게 알리는 것 등 우선순위를 정해야 할 핵심 영역을 파악하는 것이다. 이를 통해 개입의 목표를 보다 명확하게 설정할 수 있으며, 단순히 '학교에 갈 준비를 잘하기'와 같은 포괄적인 개념을 향상시키는 것이 아니라 실제로 달성할 수 있는 현실적이고 구체적인 목표를 만드는 것에 초점을 맞출 수 있다.

ADHD 아동은 보상이 지연되는 것을 어려워하며, 이로 인해 장기 목표를 설정하는 것을 꺼리는 경향이 있다. 따라서 부모/보호자 및 교사와 함께 아동이 장기 목표에 어떻게 반응하는지 논의하는 것이 중요하다. 아동에게 '장기 목표'란 한 주의 끝을 의미할 수도 있으며, 이는 부모/보호자 및 교사가 생각하는 장기 목표의 개념과 크게 다를 수 있다. 아동이 1년이라는 시간을 이해할 수 있도록 생일, 크리스마스, 휴일과 같은 연례 행사와 연관짓는 방법을 활용할 수 있다. 또한 장기간에 걸쳐 기술을 습득하고 더 큰 목표를 달성하는 과정에서 아동이 목표를 더 작고 즉각적으로 달성 가능한 단계로 나눌 수 있도록 지원하는 것이 필수적이다.

사고

부정적인 사고는 계획 수립 과정에 방해가 될 수 있으며, 따라서 이러한 사고를 평가 과정에서 확인하는 것이 필요하다. 어린 아동은 인지적 수준에서 작업하는 것이 어렵지만, 나이가 많은 아동은 자신이 하는 생각을 인식할 수 있다. 예를 들어 "나중에 할 거야", "X를 하고 나서 할래", "이건 지루해. 하고 싶지 않아"와 같은 생각을 할 수 있다. 만약 과제가 어렵게 느껴진다면 "귀찮아, 안 할래" 또는 "어차피 원하지도 않아"와 같은 부정적인 사고를 할 가능성이 있다. 이러한 생각들은 미루는 행동(지연)으로 이어지며, 아동이 주어진 과제를 수행하고 목표를 달성하는 것을 방해한다. 이러한 생각은 누구나 경험할 수 있으며, 과제의 종류, 소요 시간, 새로움 여부 등에 따라 특정 과제에서 더 자주 나타날 수 있다. 따라서 아동이 가장 자주 어려움을 겪는 과제를 확인하는 것이 중요하며, 이러한 과제들이 개입 및 치료의 주요 목표가 될 것이다. 특히 동기를 감소시키는 생각(또는 이미지)을 주의 깊게 관찰하는 것이 중요하다. 이는 성취하기에 너무 멀리 있다고 느껴지는 장기 과제에서 특히 명확히 나타날 수 있다. 부정적인 생각을 확인할 수 있는 경우 개입 과정에서 아동이 목표를 설정하고 이를 달성하기 위한 단계를 계획하는 동안 이러한 부정적인 생각을 차단하는 전략을 제공하는 것에 초점을 맞춰야 한다. 목표를 작은 단계로 나누는 과정을 통해 아동은 계획을 세우는 방법을 배우게 된다.

감정과 생리학적 특성

아동의 계획 및 조직화 기술을 돕거나 방해하는 요소를 이해하기 위해 치료사는 행동에 영향을 미칠 수 있는 관련된 감정이나 정서 상태를 고려해야 한다. 동기 부족, 좌절감, 무관심, 지루함, 영감 부족 또는 과도하게 통제된 상태는 아동이 포기하거나 반항하며 물러나게 만들 수 있다. 반면 기쁨, 동기 부여, 기대감과 같은 긍정적인 감정은 특히 적절한 피드백을 통해 유도될 경우 아동의 행동에 긍정적인 영향을 미칠 수 있다.

행동

면담을 진행하면서 주변 사람들의 반응이 아동의 '노력 부족'을 강화하는지 여부를 파악하는 것이 중요하다. 예를 들어 "시간에 맞춰 준비하지 않았을 때 엄마는 어떻게 하나요?" 또는 "학교 수업이나 스포츠 활동에 필요한 것을 챙기지 못했을 때 무슨 일이 벌어지나요?"와 같은 질문을 통해 이를 확인할 수 있다. 면담의 목표는 성인이 아동 대신 일을 처리하는 패턴이 있는지 확인하는 것이다. 만약 이러한 보상이 반복된다면 아동이 스스로 기술을 발달시킬 기회가 줄어들게 되므로, 이는 개입이 필요한 주요 목표가 된다. 동시에 아동이 스스로 할 수 있거나 해야 하는 일에 대한 기대가 현실적이고 달성 가능한지 확인하는 것도 중요하다.

목표 설정과 계획 수립을 위한 인지행동치료

어린 아동을 대상으로 하거나 활동지를 치료의 기초로 사용하는 경우 첫 회기는 항상 활동지 1, 2, 3으로 시작한다. 아동에게 버즈와 그의 가족을 소개하고(활동지 1), 긍정적인 자기 대화를 소개하고(활동지 2), 보상 시스템을 확인해야 한다(활동지 3). 보상 및 자기 대화 전략은 가정 및 학교에서, 그리고 회기 내에서 적용할 수 있다. 도입 회기를 계획하고 진행하는 방법에 대한 개요는 3장을 참조할 것을 권유한다.

목표 설정과 계획 수립 회기에서의 개입 목표는 아동에게 미래를 위한 목표 설정과 이를 달성하기 위한 계획 개념을 소개하는 것이다. 치료사는 회기 내 활동계획을 설정하고, 완료한 홈미션을 확인하고, 새로운 활동지(또는 나이가 많은 아동에게는 '전략들')를 통해 작업하고, 새로운 홈미션을 설정하여 이러한 목표를 달성할 수 있다. 필요한 경우 회기 중간에 휴식시간을 가질 수 있으며, 이는 특히 어린 아동에게 중요할 수 있다. 회기의 구조와 내용에 대한 일반적인 정보는 2장에 제시되어 있으며, 목표와 계획 회기의 진행과 관련된 추가적인 정보는 이 장에 기술되어 있다.

회기 내 활동계획

회기가 시작될 때 아동에게 회기 전에 준비한 회기 내 활동계획서(그림 10.1 참조)를 보여주고, 이를 검토하면서 회기 중에 소개할 주제와 활동지를 연결하여 설명한다. 목표 설정과 계획 수립 모듈에서는 활동지 17과 18을 소개하면서 다음과 같이 말한다.

> "버즈의 마을에 서커스 극단이 와서 공연을 보러 가게 되었어요. 우리는 이야기를 읽으며 버즈가 본 놀라운 것들에 대해 들어볼 거예요. 버즈는 저글링을 배우고 싶어 해요. 버즈는 이 기술을 배우기 위해 계획을 세워야 해요. 그 후 잠시 휴식을 취하고 이 색연필을 사용하여 활동지를 색칠할 수 있어요. 휴식 후에는 버즈가 생일 파티를 준비하기 위해 무엇을 할 수 있는지 알아볼 거예요."

활동계획

파일 검토
서커스를 보러 가다 [활동지 17]
휴식 시간
버즈의 생일파티 [활동지 18]
홈미션 안내

그림 10.1 목표와 계획 회기 내 활동계획 예시

파일 검토

아동과 함께 파일을 검토하는 것은 홈미션이 완료되었는지 확인하는 것 외에도 중요한 정보 또는 개념을 수정할 기회를 가질 수 있으며 이를 학습이나 새로 습득한 기술과 통합하는 데에도 도움이 될 수 있다. 아동이 파일에 추가한 그림이나, 색칠, 그림, 오려 붙인 잡지 또는 사진을 살펴보는 시간을 갖는다. 그것들에 대해 토론하고 버즈와 그의 가족에 대한 이야기와 연결시키며, 이전에 다루었던 주제나 전략과도 연결시키도록 노력하는 것이 중요하다. 이것은 행동 수정을 촉진할 뿐만 아니라 아동에게 보상 시스템으로 작용할 수도 있다. 칭찬은 구두로 해야 하지만 스티커, 손글씨 메모 또는 웃는 얼굴을 추가하여 보상할 수도 있다. 홈미션을 설정했다면 홈미션 기록지에서 부모/보호자의 의견과 피드백을 검토하고 이에 대해 아동과 논의해야 한다. 파일 검토 및 홈미션에 대한 자세한 내용은 2장을 참조하면 된다.

활동지 17. 서커스를 보러 가다

활동지 설명

버즈의 마을에 서커스 극단이 왔어요. 엄마는 버즈를 서커스 쇼에 데려갔고, 버즈는 다섯 개의 공을 저글링하는 서커스 곡예사들을 보았어요. 어떤 곡예사들은 심지어 줄타기를 하면서 저글링을 했어요! 그것은 정말 멋졌고, 버즈는 그것이 매우 대단하다고 생각했어요. 그래서 버즈는 서커스 곡예사들처럼 저글링을 배우기로 결심했어요. 버즈는 학교 체육관에서 다섯 개의 공을 가져와서 연습해봤지만, 방법을 익히지 못했어요. 공이 계속 바닥에 떨어지고, 버즈는 지치기 시작했어요. 결국 버즈는 포기하기로 결심했어요.

활동지 프롬프트

- 버즈가 왜 이 과제를 수행하지 못한다고 생각하나요?
- 버즈가 이 과제를 더 쉽게 만들기 위해 무엇을 할 수 있을까요?
- 버즈가 계속 시도하고 포기하지 않기 위해 자신에게 어떤 말을 할 수 있을까요?
- 버즈가 계속 노력할 수 있도록 긍정적이고 동기부여가 되는 문장들을 함께 적어봅시다.

(계속)

활동지 17. 서커스를 보러 가다(계속)

- 어려운 일을 포기하지 않았던 경험에 대해 이야기해주세요. 그때 무엇을 했나요?
- 만약 과제가 너무 복잡하다면 어떻게 해야 할까요?
- 버즈가 새로운 기술을 배우는 데 도움이 되는 일을 목록으로 함께 작성해봅시다.

이제 버즈에게 도움이 될 거라고 생각한 것들을 살펴보고 여러분에게도 도움이 될 만한 것들에 동그라미를 표시하세요.

활동지 17은 아동이 현실적인 목표를 설정하고, 목표를 달성하기 위한 계획을 세우며, 인내심을 가지고 목표를 이루는 능력을 기르는 것을 목표로 한다. 이 활동은 기술 습득의 기본 개념, 즉 연습과 인내가 필요하다는 점을 소개한다. 이 이야기는 아동이 이미 알고 있는 내용을 되돌아보고, 이를 보다 체계적인 방식으로 적용하여 새로운 기술을 습득할 수 있도록 돕는다. 활동의 마지막 단계에서는 아동이 과거에 포기하지 않고 어려운 과제를 성공적으로 완수했던 경험을 떠올리고, 이를 통해 큰 과제를 관리하는 방법에 대해 성찰할 수 있도록 유도한다.

아동에게 과제 활동지를 소리 내어 읽어주거나 아동이 원한다면 직접 읽게 하고 이야기를 이해했는지 확인한다. 이야기의 요점을 요약하며 "버즈는 서커스에 가서 멋진 것들을 많이 봤어요. 이제 버즈는 저글링을 배우고 싶어 하고, 다섯 개의 공으로 시작했어요"라고 말한다. 아동이 저글링의 개념을 알고 이해했는지 확인한다. 다음으로 아동에게 버즈가 왜 과제를 수행하지 못했는지, 그리고 이를 더 쉽게 할 수 있는 방법이 무엇인지 생각해보도록 한다. 아동이 새로운 과제나 기술을 습득할 때는 쉬운 것부터 시작하고, 많은 연습을 통해 점진적으로 더 복잡한 단계로 나아가는 과정이 필요하다는 점을 생각해보도록 유도한다. 버즈가 어디에서 실수를 했는지 논의하고 요약하면서, 예를 들어 "버즈는 연습을 하기 전에 모든 공을 한꺼번에 사용하려고 했어요. 다섯 개의 공을 저글링하는 건 매우 어려운 일이기 때문에 아마도 포기한 것 같아요. 공이 계속 바닥에 떨어지니까 지쳐버린 거죠. 처음에는 한두 개의 공으로 시작하는 것이 더 쉬울 거예요"라고 설명할 수 있다. 그다음으로 버즈가 스스로 계속 노력하고 포기하지 않기 위해 어떤 말을 할 수 있을지 이야기해본다. 예를 들어 "계속 연습하면 해낼 수 있어" 또는 "자, 다시 해보자, 버즈!"와 같은 격려의 말을 떠올릴 수 있다. 이러한 동기 부여 문장들을 과제 활동지에 기록하고, 아동이 직접 떠올린 문장들을 아동의 표현 그대로 적는 것이 중요하다. 또한 버즈가 스스로를 지지하고 동기 부여하기 위해 할 수 있는 행동들에 대해서도 생각해볼 수 있다. 예를 들어 친구와 함께 저글링을 배우거나, 가족 앞에서 세 개, 네 개, 다섯 개의 공을 사용하는 기술을 보여줄 날짜와 시간을 정하는 등의 방법이 있을 수 있다.

다음으로 아동이 새로운 어려운 기술을 배우기 위해 인내심을 발휘했던 경험에 대해 생각해보도록 한다. 예를 들어 자전거 타기를 배웠던 경험이 있을 수 있다. 아동이 기술을 습득하는 과정을 단계별로 생각해볼 수 있도록 격려한다. 예를 들어 자전거 타는 법을 배울 때 처음에는 보조 바퀴를 부착한 상태로 시작하고, 이후 보조 바퀴를 제거한 뒤 부모나 보호자의 도움을 받으며 연습했을 것이다. 또한 뒷마당에서 연습하거나 공원에서 자전거를 타며 점진적으로 기술을 익혀나가는 과정을 떠올릴 수 있도록 돕는다. 또한 아동이 기술을 습득하는 데 어떤 요인들이 동기가 되었는지 고려한다. 여기에는 아동이 했던 행동뿐만 아니라 스스로에게 했던 말도 포함된다. 과제가 너무 크거나 어렵게 느껴질 경우 어떻게 해야 하는지에 대해 이야기한다. 아이디어로는 과제를 더 작은 단계로 나누기, 잠시 휴식 취하기, 다른 사람에게 도움 요청하기, 또는 다른 사람이 하는 것을 먼저 관찰하기가 포함될 수 있다. 이러한 아이디어를 요약하여 아동이 다시 한번 정리할 수 있도록 돕고, 이를 버즈의 목표(다섯 개의 공으로 저글링 배우기)와 연결시킨다. 그런 다음 버즈가 이 기술을 배우는 데 도움이 될 수 있는 아동의 모든 아이디어를 활동지에 기록한다. 이 과정에서 몇 가지 일반적인 단계가 포함되도록 한다. 예를 들어 친구와 함께 배우기, 부모나 보호자의 도움받기, 인터넷 검색을 통해 정보 찾기, 연습 일정 계획 세우기, 마감일 설정하기 등이 있을 수 있다. 마지막으로 아동에게 자신의 목표를 설정하고 계획을 세울 때 실제로 적용할 수 있을 것 같은 아이디어를 고르게 한다.

회기에서 아동의 노력에 대해 칭찬한다. 이 활동지를 기반으로 홈미션을 설정하는 경우 아동에게 다음 사항을 요청한다.

1. 그림과 말풍선을 색칠해서 활동지를 꾸미거나 이야기 주제와 관련된 사진, 잡지, 만화 등의 그림을 추가해보기
2. 이번 주를 위한 목표 설정하기. 배우고 싶은 기술을 선택하고, 이를 성취하기 위해 무엇을 할 것인지에 대한 계획 세우기. 부모/보호자나 교사에게 이 계획에 대해 이야기하기. 기술은 예를 들어 농구 골대에 공 10개 넣기, 저글링 배우기, 또는 받아쓰기에서 모든 단어를 맞히기 등이 있다.
3. 목표를 이루기 위해 인내하고 노력하도록 도와줄 수 있는 말이나 행동을 작성하기. 부모/보호자나 교사에게 이를 알려 필요할 때 이를 상기시킬 수 있도록 하기
4. 다음 회기에서 목표를 성취한 사진을 가져오기. 예를 들어 농구 골대

옆에서 골을 넣은 숫자만큼 손가락을 들어 올리고 있는 사진, 공을 저글링하는 사진, 또는 채점된 받아쓰기 사진 등이 될 수 있다. 이 사진을 자신의 파일에 넣는다.

홈미션을 설정했다면 부모/보호자에게 홈미션 기록지를 작성하도록 하고 다음 회기에서 검토할 수 있도록 파일에 넣을 것을 상기시킨다.

중간 휴식

휴식 시간은 2장에 설명한 대로 회기 내 적절한 시점에 제공해야 한다.

활동지 18. 버즈의 생일파티

활동지 설명

다음 주는 버즈의 생일이에요! 엄마가 파티를 열어도 좋다고 했지요. 정말 신나는 일이에요! 그런데 무슨 일이 생겼을까요? 버즈의 남동생이 수두에 걸려서 엄마는 동생을 돌보느라 바빠 파티를 계획할 시간이 없게 되었어요. 엄마는 버즈에게 엄마를 도와야 한다고 말했어요. 아휴, 할 일이 정말 많군요! 버즈는 친구들을 초대하고, 친구들이 할 게임을 계획하며, 어떤 음식과 파티 장식을 준비할지 결정해야 해요. 엄마는 버즈에게 해야 할 일들의 목록을 작성하라고 했어요.

활동지 프롬프트

- 버즈가 파티에서 무엇이 필요한지 계획하는 것을 도와줄 수 있나요? 무엇이 준비되어야 하나요?

(계속)

활동지 18. 버즈의 생일파티(계속)

- 어떤 일이 필요한지 생각해보고, 각 목표를 달성하기 위해 해야 할 일들을 그림으로 그리거나 말풍선 안에 적어봅시다.
- 무엇을 가장 먼저 해야 한다고 생각하나요? 생일 파티가 시작되기 전까지 기다릴 수 있는 건 무엇이 있을까요?
- 매일 해야 할 일은 무엇일까요? 계획을 세우고 정리하며 해야 할 일을 기억하는 데 도움이 될 만한 방법은 무엇이 있을까요?
- 버즈가 파티를 계획하고 정리하는 데 필요한 일의 목록을 함께 작성해봅시다.

이제 버즈에게 도움이 될 거라고 생각한 것들을 살펴보고 여러분에게도 도움이 될 만한 것에 동그라미를 표시하세요.

활동지 18은 아동이 이벤트를 계획하고 조직하는 연습을 하는 활동이다. 이 활동에서 아동은 목표를 명확히 설정하고, 이를 더 작은 단계로 나누며, 우선순위를 정하는 것을 연습한다. 또한 아동은 이러한 과정을 글로 작성하게 되는데, 이를 통해 계획을 세우는 과정을 배우게 된다. 앞으로 아동이 목표를 설정하고 달성해나갈 때에도 같은 방식으로 이 기술을 적용하도록 독려해야 하며, 이를 통해 목표를 달성하는 데 필요한 체계적인 틀을 마련할 수 있도록 돕는다.

아동에게 과제 활동지를 소리 내어 읽어주거나, 아동이 원한다면 함께 읽는다. 아동이 이야기를 이해했는지 확인한다. 과제 활동지를 사용하여 버즈가 파티를 계획하기 위해 해야 할 일들을 생각하도록 돕는다. 가장 먼저 친구 초대하기, 게임 계획하기, 음식과 장식 선택하기와 같이 목표를 확인하는 것에서부터 시작한다. 다음으로 아동에게 각 말풍선 안에 파티 목표를 달성하기 위해 해야 할 일들을 그림으로 그리거나 글로 쓰도록 한다. 예를 들어 '친구 초대하기' 목표를 위해서는 초대장을 만들거나 구매하기,

초대장 작성하기, 초대장 나눠주기 등의 작업이 포함될 수 있다. 아동에게 “무엇을 먼저 해야 할까요?” 또는 “생일 파티 당일까지 기다릴 수 있는 일은 무엇일까요?”와 같은 질문을 던지고, 어떤 순서로 일이 진행되어야 하는지 논의하며 각 말풍선에 번호로 순서를 표시하도록 한다. 친구들을 초대하는 일을 가장 먼저 해야 하는데, 만약 너무 늦게 초대하면 일부 친구들이 오지 못할 수도 있기 때문이다.

다음 단계는 매우 중요한데, 치료사는 아동이 다음과 같은 계획 과정을 적용했다는 것을 이야기해주어야 한다. 즉, (1) 목표를 설정하고, (2) 이를 더 작은 단계로 나누며, (3) 그 단계를 순서대로 정리하는 과정을 거쳤음을 강조해야 한다. 이를 설명할 때 ‘계단’에 비유할 수 있다. 목표는 계단의 맨 꼭대기에 있고, 아동은 계단의 맨 아래에 서 있으며, 한 걸음씩 나아가면서 목표에 가까워지는 것이라고 설명한다. 아동에게 매일 해야 할 일이 무엇인지 생각해보고, 이를 어떻게 기억하는지 물어본다. “목록이나 마인드맵을 작성하나요?”, “그것을 어디에 두나요?”와 같은 질문을 던진다. 어린 아동에게는 이 과정이 너무 복잡할 수 있으므로, “집이나 학교에서 해야 할 일 목록을 가지고 있나요?”, “누군가 여러분에게 무엇을 먼저 해야 하는지 알려주나요?”, “부모님이나 선생님은 여러분을 돕기 위해 어떤 것을 하시나요?”, “아마 노트를 작성하고 다이어리를 사용하시겠죠?”와 같은 질문을 통해 구체적으로 접근한다. 아동에게 부모/보호자나 교사가 다이어리를 어떻게 활용하여 목표를 설정하고 계획하는지 이야기한다. 예를 들어 일주일 동안 해야 할 일을 미리 계획하는 방법을 설명할 수 있다. 그런 다음 다시 버즈의 이야기로 돌아가 활동지에 그가 파티를 계획하기 위해 할 수 있는 일들의 목록을 작성한다. 이 목록에는 일반적인 단계들이 포함되어야 한다. 예를 들어 목표와 할 일 설정하기, 목록 작성하기, 작업의 순서를 정하기, 해야 할 일을 주간 계획표나 다이어리에 기록하기 등이 있다. 마지막으로 아동이 자신의 계획 및 조직화 능력을 키우기 위해 시도해볼 수 있는 방법을 고르게 한 뒤 해당 항목에 동그라미를 표시하도록 한다.

회기에서 아동의 노력에 대해 칭찬한다. 이 활동지를 기반으로 홈미션을 설정하는 경우 아동에게 다음 사항을 요청한다.

1. 그림과 말풍선을 색칠해서 활동지를 꾸미거나 이야기 주제와 관련된 사진, 잡지, 만화 등의 그림을 추가해보기
2. 부모나 보호자와 함께 집에서 이벤트를 계획하고 조직하는 것에 대해 이야기해보기. 이는 학교에서의 행사 준비나 주말 활동처럼 간단한 것일 수도 있다. 반드시 복잡할 필요는 없으며, 좋아하는 초콜릿 브라우니를 만드는 것처럼 간단한 활동도 가능하다. 목표를 적고, 단계별 순서를 작성한 다음, 이를 하루 또는 주간 계획표나 다이어리에 기록한다.
3. 실행했던 계획을 다음 회기에 가져와서 파일에 넣기. 또한 목표를 달성한 모습을 담은 사진도 가져오기. 예를 들어 가족이 초콜릿 브라우니를 먹고 있는 사진이 될 수 있다. 이 사진도 파일에 넣는다.

홈미션을 설정했다면 부모/보호자에게 홈미션 기록지를 작성하도록 하고 다음 회기에서 검토할 수 있도록 파일에 넣을 것을 상기시킨다.

피드백 및 보상

회기가 끝나면 활동지 3의 보상 과제에서 확인한 적절한 보상을 적용해야 한다(예 : 아동이 긍정적인 자기 대화에 참여해야 한다). 피드백 및 보상에

대한 자세한 내용은 2장을 참조한다.

부모/보호자와 협력하기

이 회기에서는 부모/보호자가 아동이 목표를 설정하고 계획을 세우는 기술을 발전시키도록 돕기 위해 적용할 수 있는 전략들을 제시한다. 이 과정에서 달성할 수 있는 목표를 현실적으로 설정하는 것이 중요하다. 아동의 행동을 개선하는 전략을 배우는 것만큼이나 아동의 행동에 더 효과적으로 대처하는 전략을 배우는 것도 도움이 될 수 있다. 이 회기에서는 부모/보호자가 스스로 계획을 세우는 과정을 배우고 적용할 필요성에 대해 논의한다. 일반적으로 성인은 이미 이러한 기술을 갖추고 있으며 자동적으로 계획 과정을 적용하지만, 아동에게는 실제 단계별 과정을 명확히 설명하는 것이 중요하다. 부모/보호자는 이를 인식하고 있어야 아동에게 효과적으로 전달할 수 있다. 또한 부모/보호자가 언어적 및 시각적 단서를 활용하여 아동을 지원하는 방법과 알람, 다이어리, 달력, 목록, 루틴과 같은 외부 도구를 도입하는 방법에 대해 논의한다. 부모/보호자와 함께 작업할 때 치료사는 제안된 기술과 전략을 소개하고, 필요할 경우 아동이 없는 상태에서 회기 중 역할극을 통해 연습하고 리허설을 진행해야 한다. 이후 회기에서는 부모/보호자가 집에서 해당 기술을 어떻게 활용했는지 치료사에게 보고하도록 한다. 발생하는 장애물이나 어려움을 해결하기 위해 기술이나 전략을 조정하는 방법을 고민하여 아동에게 효과적으로 도움을 줄 수 있도록 하는 것이 중요하다.

행동을 변화시키고 인지적인 기술을 향상시키기 위한 핵심 전략은 성공을 촉진할 만한 동기를 찾는 것이다. ADHD 아동은 더 크고 좋은 보상일지라도 장기적인 보상에 대한 만족 지연이 어렵기 때문에 즉각적인 보상에 더 잘 반응하는 경향이 있다. 성공에 대한 동기 부여(스티커판 사용 포함)와 부모/보호자와 협력하는 것과 관련된 일반적으로 적용할 수 있는 주제들은 2장에서 설명되어 있다. 목표와 계획 회기 진행과 관련된 보충 정보는 이 장에서 다룬다.

계획 과정 가르치기

부모/보호자에게 기본적인 계획 수립 과정을 설명하고, 이를 통해 자녀가 회기에서 배운 기술을 가정에서도 실천할 수 있도록 지원해야 한다. 이 과정은 네 가지 핵심 단계로 구성된다. (1) 자녀와 함께 해야 할 일에 대해 논의하고 목표를 설정하도록 돕는다. (2) 목표를 달성하기 위해 필요한 단계를 세분화하여 목록으로 정리한다. (3) 단계를 순서대로 정리하여 활동지 18에서 설명한 계단 비유처럼 단계별로 재작성한다. (4) 할 일과 그 시기를 플래너, 달력 또는 다이어리에 기록하여 구체적인 실행 계획을 세운다.

언어적 프롬프트

부모/보호자는 자녀가 해야 할 일을 잊었거나 주의가 산만해진 경우, "다음에는 무엇을 해야 할까?" 또는 "지금 무엇을 해야 하지?"라고 질문하며 상기시켜 줄 수 있다. 부모/보호자가 이를 기억하고 실천하면 자녀가 해야 할 일을 놓쳤거나 하지 않은 것에 대해 대립적인 상황이 발생하는 것을 방지할 수 있다. 자녀가 계획을 잊어버린 경우 부모/보호자는 작성된 계획을 참고하도록 유도하고 순서를 알려주어야 한다. 예를 들어 "그래서 A, B, C를 했구나. 다음에는 D를 해야 해"라고 말해줄 수 있다.

알람 프롬프트

아동은 시간이 어떻게 흘러가는지 놓치거나 각 단계를 완료하는 데 걸리는 시간을 잘못 예상하여 목표 달성에서 벗어날 수 있다. 부모/보호자는 이러한 문제를 주의 깊게 살펴보고, 자녀가 시간을 보다 정확하게 예측하고 활동의 구조를 잡을 수 있도록 도와야 한다. 또한 부모/보호자는 자녀가 휴대전화, 태블릿, 컴퓨터(또는 요리용 알람, 계란 타이머 등)의 알람 기능을 활용하여 해야 할 일을 기억하고, 시간 관리를 돕도록 권장해야 한다. 사용하는 기기에 따라 구체적으로 어떤 일을 해야 하는지 알려주지는 않더라도, 적어도 해야 할 일이 있다는 것을 상기시키는 역할을 할 수 있다.

달력/다이어리

아동의 눈에 잘 띄는 장소(예 : 침실 벽, 책상 근처, 화장실, 냉장고 문 등)에 달력을 붙이고, 아동이 해야 할 일(목표 달성을 위한 단계 포함)을 직접 적을 수 있도록 도와준다. 이미 사용 중인 다이어리(예 : 알림장)가 있다면 이를 적극적으로 활용한다. 부모/보호자는 아동이 자신의 메모나 의견을 추가하도록 격려하고, 아동과 함께 정기적으로 다이어리를 확인하고 활용하는 습관을 들이도록 해야 한다.

시각적 상징

단어나 글 대신 그림과 기호를 사용하여 다이어리나 달력에 루틴과 할 일을 표시한다. 이는 계획된 작업의 단계나 순서를 나타낼 때 아동이 과정을 쉽게 이해하고 현재 진행 상황과 남은 할 일을 기억하는 데 도움을 준다. 최종 목표의 그림을 포함하는 것도 동기 부여에 효과적이다. 예를 들어 요리책에서는 요리 과정을 설명하면서 완성된 요리의 사진을 함께 제공하는 데, 어떤 책들은 조리 과정의 여러 단계를 사진으로 보여주기도 한다. 부모/보호자는 인터넷에서 기호나 그림을 찾아 활용하거나 직접 사진을 찍어 사용할 수도 있다. 또한 각 그림이 루틴의 특정 단계를 나타내며 앞으로의 계획을 세우는 데 도움이 된다는 점을 아동에게 설명해주어야 한다.

목록

많은 사람이 해야 할 일을 기억하기 위해 '할 일 목록'을 사용한다. 목록은 쉽게 볼 수 있는 곳에 두어야 하며, 해야 할 일이 너무 많아 부담스럽지 않도록 조정해야 한다. 예를 들어 부모/보호자는 아동이 학교 가방에 챙겨야 할 물건을 목록에 적고, 준비가 완료되면 체크하도록 도울 수 있다. 숙제 목록을 만드는 것도 유용한 방법이다. 또한 부모/보호자가 자신의 일상에서 직접 이러한 기법을 활용하며 아이에게 본보기를 보여주는 것이 중요하다. 부모/보호자는 아동이 이러한 기법을 활용할 때 칭찬해주어야 한다.

루틴

부모/보호자와 함께 루틴이 아동에게 어떻게 계획하는 능력을 길러주는지에 대해 논의한다. 아동은 루틴을 통해 다음에 무엇을 해야 하는지 예측할 수 있게 된다. 집에서 이미 실천하고 있는 다양한 루틴, 예를 들어 아침 루틴, 취침 루틴, 숙제 루틴, 집안일 루틴 등에 대해 이야기한다. 또한 루틴을 효과적으로 실행하는 방법에 대해 논의한다. 모든 가족 구성원이 각자의 역할을 수행하고 동일한 루틴에 동의하며 이를 지속적으로 실천하는 것이 필수적이다.

보상과 자기 칭찬

부모나 보호자는 자녀가 목표를 달성했을 때 스스로를 칭찬하거나 보상을 통해 성취를 강화할 수 있도록 격려한다. 이는 특히 아동이 즉각적인 만족을 미루고 장기적인 목표를 달성하기 위해 노력한 경우 더욱 중요하다.

부모/보호자가 무엇을 할 수 있나요?

표 10.1에는 가정에서 실행할 수 있는 전략 목록을 포함한 접근 방식이 요약되어 있다. 전략의 효과를 극대화하기 위해 가능하다면 교사와 논의하여 가정과 학교에서 모두 실행하는 것이 도움이 된다. 많은 부모/보호자와 교사는 '알림장'을 사용하는 것이 정보를 공유하는 효율적인 방법이라고 생각한다(2장 참조).

영-스미스 프로그램 진행에 대한 중요한 배경 정보에 대해서는 2장을 참고할 수 있다. 어린 자녀의 경우 부모/보호자가 아이와 각 주제에 권장되는 활동지를 함께 해보는 시간(약 45~60분)을 따로 마련하는 것이 좋다. 각 장의 '인지행동치료'에 지침이 기술되어 있다. 버즈와 그의 가족을 소개하는 활동지는 3장에 요약되어 있다. 나이가 많은 아동(예 : 12세 이상)의 경우 필요하다면 버즈 활동지를 생략하고 대신 아동에게 직접 주제를 소개하고 활동지의 토론 프롬프트를 사용하여 이를 아동의 경험에 적용하고 전략에 대해 토론할 수 있다. 홈미션을 설정하고 자녀가 이를 완수하도록 지원한다. 자주 피드백을 주고 칭찬하는 것을 잊지 말아야 한다. 스티커판(2장 참조)을 만들어 눈에 잘 띄는 곳에 붙여두고 매일 사용할 수 있도록 한다.

표 10.1 목표 설정 및 계획 수립을 위한 가정 내 전략

계획 과정 가르치기
- 목표 설정하기
- 목표를 더 작은 단계로 나누기
- 단계를 순서대로 배열하고 목록으로 정리하기
- 할 일을 플래너, 다이어리, 달력에 작성하기
- 과정을 기록하여 자녀가 나중에 이를 참고할 수 있도록 하기

언어적 프롬프트
- 자녀가 계획을 잊은 경우 "다음은 무엇을 해야 할까?"라고 물어 방향을 잡아주기
- 과정을 반복적으로 설명하며 자녀가 현재까지 어디에 도달했는지 명확히 하기

알람 프롬프트
- 자녀가 휴대전화, 태블릿, 컴퓨터에 알람과 알림을 설정하도록 격려하기

달력/다이어리
- 자녀가 쉽게 볼 수 있는 위치에 달력을 붙이기. 이를 목표와 단계를 기록하는 데 활용하기
- 알림장 또는 다른 다이어리를 사용하여 목표, 단계, 목록을 기록하기. 이를 타임라인 형식으로 정리하기

시각적 상징
- 달력이나 다이어리에 그림이나 상징을 사용해 과제, 단계, 루틴을 나타내기
- 자녀가 이루고자 하는 최종 목표의 그림을 추가하기

루틴
- 가족 모두가 함께 따를 수 있는 루틴을 합의하여 정하고, 각자 역할을 명확히 하기

보상과 자기 칭찬
- 자녀가 장기적인 목표를 달성했을 때 추가적인 보상이나 칭찬을 제공하여 이를 인정하기
- 자녀가 스스로를 칭찬하고 자신의 성취를 다른 사람들과 나눌 수 있도록 격려하기

교사 및 학교와 협력하기

학교 환경은 아동이 가장 일반적으로 단기 및 장기 목표를 설정하고 이를 달성하기 위해 노력해야 하는 장소이다. 사실 이것은 학교 교육과정에서 명확하게 요구되는 사항이며, 어린 아동이 학교 시스템을 거쳐가면서 점차적으로 계획을 세우고, 조직하며, 자신의 과업을 모니터링할 것이라고 기

대된다. ADHD 아동이 이를 성공적으로 수행하기 위해서는 장기 목표를 구체적인 작은 목표들로 나누고, 동기 부여를 유지하기 위해 하루 단위로 목표를 설정하는 것이 필요할 수 있다. 이 절에서는 교사들이 이러한 기술을 개발하도록 아동을 지원하기 위해 적용할 수 있는 전략을 제시한다. 무엇이 성취될 수 있는지에 대해 현실적으로 접근하는 것이 중요하다. 아동의 행동을 개선하는 전략을 배우는 것만큼이나, 그들을 효과적으로 지원하는 전략을 배우는 것도 유익할 수 있다. 이 회기에서는 교사가 계획 수립 과정을 명확히 설정하고 이를 강화해야 하는 이유를 설명하며, 아이들에게 실제 계획 수립 과정을 전달하는 방법을 다룬다. 또한 교사가 언어적 및 시각적 단서를 제공하는 방법과 알람, 다이어리, 달력, 목록과 같은 외부적인 기법을 적용하는 방법도 논의된다. 교사는 이러한 기법을 이미 사용하고 있을 가능성이 높으며, 목표는 아동이 이러한 기법을 스스로 활용할 수 있도록 교사가 지원하는 것이다.

교사와 학교는 이미 영-스미스 프로그램에서 소개된 여러 개입 방법을 지원할 구조를 마련해놓았을 것이다. 부모/보호자와 교사 간의 연결을 강화하여 통합된 전략과 성공 공유를 장려하는 것이 유용할 것이다. 어떤 장애물이나 어려움이 발생했는지 탐색하고, 이를 해결하기 위해 기술이나 전략을 조정하는 방법을 고민하는 것이 중요하다. 아동의 성공을 촉진하는 동기 부여 방법과 교사 및 학교와 협력하는 데 필요한 일반적인 내용은 2장에서 다루며, 목표 설정과 계획 수립 회기를 제공하는 것과 관련된 보충 정보는 이 장에서 구체적으로 설명한다.

계획 과정 가르치기

교사에게 기본적인 계획 수립 과정에 대해 설명하는 것이 필요하다. 교사들은 아동이 이 과정을 적용할 수 있도록 돕고, 학교에서 이러한 기술을 지속적으로 강화해야 한다. 이 과정은 네 가지 핵심 단계로 구성된다. (1) 아동과 함께 해야 할 일에 대해 논의하고 목표를 설정하도록 돕는다. (2) 목표를 달성하기 위해 필요한 단계를 세분화하여 목록으로 정리한다. (3) 단계를 순서대로 정리하여 활동지 18에서 설명한 계단 비유처럼 단계별로 재작성한다. (4) 할 일과 그 시기를 플래너, 달력 또는 다이어리에 기록하여 구체적인 실행 계획을 세운다. 학업 과제를 설정할 때 교사는 목표뿐만 아니라 각 단계도 명확하게 제시해야 하며, 장기 과제의 경우 각 단계에서 작업이 실제로 완료되었는지 확인해야 한다.

언어적 프롬프트

아마도 계획 및 조직화를 돕는 가장 명확하고 접근하기 쉬운 방법은 언어적 촉진일 것이며, 이는 이 장의 '부모/보호자와 협력하기'에서 설명한 바와 같다. 교사는 종종 수업에서 이 전략을 활용한다. 교사와 함께 이 전략을 검토하고, 어떤 방식이 가장 효과적인지 확인하며, 부족한 부분이나 특정 지원이 필요한 영역이 있는지 확인해야 한다.

알람 프롬프트

이 장의 '부모/보호자와 협력하기'에서 설명한 것처럼 알람 촉진의 활용에 대해 논의해야 한다. 그 한 가지 예로 학교 종소리를 들 수 있다.

달력/다이어리

달력이나 일지를 사용하여 날짜를 기억하고 앞으로의 일정을 계획하도록 한다. 만약 가정-학교 일지를 이미 사용하고 있다면 아동이 직접 일지에 기록하도록 독려해야 한다. 만약 사용하지 않는다면 알림장을 시작하는 것이 도움이 되며, 특히 어린 아동의 경우에는 가정과 학교에서 더 많은 도움과 감독이 필요할 수 있다. 교사는 '학급 달력'을 활용하여 학교 행사와 일일 일정을 기록함으로써 달력 사용 방법을 모델링할 수 있다.

시각적 상징

앞서 이 장에서 설명한 부모/보호자를 위한 기술과 동일한 방법을 사용한다. 교사는 이미 교실에서 시각적 상징(예 : 벽이나 게시판에 그림 부착)을 활용하고 있을 수 있지만, 일부 아동은 보다 개별화된 접근이 필요할 수도 있다.

목록

앞서 이 장의 '부모/보호자와 협력하기'에서 설명된 '할 일 목록' 프롬프트의 활용에 대해 논의한다.

보상과 자기 칭찬

앞서 '부모/보호자와 협력하기'에서 설명된 이러한 기술에 대해 논의한다.

교사가 무엇을 할 수 있나요?

표 10.2에는 학교에서 시행할 수 있는 전략 목록을 포함하여 교사를 위해 제안된 접근 방법이 요약되어 있다. 전략의 효과를 극대화하기 위해 가능하다면 부모/보호자와 논의하여 가정과 학교에서 유사하거나 보완적인 전략을 실행하는 것이 도움이 된다. 대부분의 교사와 부모/보호자는 '알림장'을

표 10.2 목표 설정 및 계획 수립을 위한 학교 내 전략

계획 과정 가르치기
- 목표 설정하기
- 목표를 더 작은 단계로 나누기
- 단계를 순서대로 배열하고 목록으로 작성하기
- 할 일을 플래너, 다이어리, 달력에 작성하기
- 과정을 기록하여 아동이 나중에 이를 참고할 수 있도록 하기

언어적 프롬프트
- 아동이 계획을 잊은 경우, "다음은 무엇을 해야 할까?"라고 물어 방향을 잡아주기
- 과정을 반복적으로 설명하여 아동이 현재까지 어디에 도달했는지 명확히 하기

알람 프롬프트
- 아동이 휴대전화, 태블릿, 컴퓨터에 알람과 알림을 설정하도록 격려하기

달력/다이어리
- 아동이 쉽게 볼 수 있는 장소에 달력을 붙이기. 이를 목표와 단계를 기록하는 데 활용하기
- 알림장 또는 다른 다이어리를 사용하여 목표, 단계, 목록을 기록하기. 이를 타임라인 형식으로 정리하기

시각적 상징
- 달력이나 다이어리에 그림이나 상징을 사용해 과제, 단계, 루틴을 나타내기
- 아동이 이루고자 하는 최종 목표의 그림을 추가하기

보상과 자기 칭찬
- 아동이 장기적인 목표를 달성했을 때 추가적인 보상이나 칭찬을 제공하여 이를 인정하기
- 아동이 스스로를 칭찬하고 자신의 성취를 다른 사람과 나눌 수 있도록 격려하기

교직원 협력
- 모든 교직원이 아동에게 어떤 전략이 사용되고 있고 그 이유가 무엇인지 이해하기

사용하는 것이 정보를 공유하는 효율적인 방법이라고 생각한다(2장 참조).

영-스미스 프로그램 진행에 대한 중요한 배경 정보를 제공하는 2장을 읽어볼 것을 권유한다. 교사에게 아동과 함께 구체적인 활동지를 검토할 시간이 없을 가능성이 높지만, 부모/보호자가 이를 수행할 수 없는 경우 특수 교사와 이를 논의하는 것이 도움이 될 수 있다. 이를 실행하는 방법에 대한 지침은 각 장의 '인지행동치료'에서 확인할 수 있다. 버즈와 그의 가

족을 소개하는 활동지는 3장에 요약되어 있다. 나이가 많은 아동(예 : 12세 이상)의 경우 필요하다면 버즈 활동지를 생략하는 대신 아동에게 직접 주제를 소개하고 활동지의 토론 프롬프트를 사용하여 이를 아동의 경험에 적용하고 전략에 대해 토론할 수 있다. 홈미션을 설정하고 아동이 이를 완수하도록 지원해주는 것이 좋으며, 자주 피드백을 주고 칭찬하는 것을 잊지 말아야 한다. 스티커판을 사용하는 경우(2장 참조) 부모/보호자가 정기적으로 검토할 수 있도록 '알림장'에 기재할 수 있다.

참고문헌

Conners, C. K. (2008). *Conners* 3rd edition. Toronto: Multi-Health Systems.

Delis, D. C., Kaplan, E., & Kramer, J. H. (2001). *Delis–Kaplan Executive Function System (D-KEFS)*. San Antonio, TX: The Psychological Corporation.

Emslie, H., Wilson, F. C., Burden, V., Nimmo-Smith, I., & Wilson, B. A. (2003). *The behavioural assessment of dysexecutive syndrome in children*. London: Harcourt Assessment.

Gioia, G. A., Isquith, P. K., Guy, S. C., & Kenworthy, L. (2000). *Behavior Rating Inventory of Executive Function (BRIEF)*. Odessa, FL: Psychological Assessment Resources.

Sexias, M., Weiss, M., & Müller, U. (2012). Systematic review of national and international guidelines on attention deficit hyperactivity disorder. *Journal of Psychopharmacology, 26*(6), 753–765.

11

문제 해결

아이들은 성장하면서 매일 새로운 문제에 직면하게 되며, 학업적인 도전과 사회적인 딜레마를 경험한다. 나이가 들수록 점점 더 자신만의 결정을 내리고 선택을 하게 되는데, 아이들이 성인이 되는 과정에서 실수를 피하려면 문제를 해결하고 올바르게 선택하는 법을 배워야 한다.

인지 발달은 효과적인 문제 해결에 중요한 역할을 하며, 이러한 기술을 습득하기 위해서는 뇌의 성숙이 필요하다. 실제로 문제 해결은 주의력, 기억력, 조직화 능력, 계획력, 유연한 사고, 순서 배열 능력, 반응 억제력과 같은 여러 실행 기능 기술을 복합적으로 활용하는 과정이다. 그러나 이러한 고차원적인 능력은 ADHD 아동에게서 종종 더디게 발달하는 경향이 있다. 따라서 ADHD 아동은 또래에 비해 문제 해결 능력이 부족할 수 있다. 또한 실패할 것이라는 느낌이 들면 쉽게 포기하는 경향이 있을 수 있다. 역설적인 점은, ADHD 아동의 '문제'가 바로 문제 해결 과정에 적극적으로 참여하지 않는 데 있다는 것이다. 즉, 먼저 문제를 인식하고 정의한 뒤 여러 해결책을 떠올리고, 그중 최선의 선택지를 고려하는 과정을 거치지 않는다는 점이다(표 11.1 참조). 유연한 사고와 처음 떠오르는 생각에 즉각적으로 반응하지 않고 충동을 억제하는 능력이 이러한 문제 해결 과정에서 필요하다. 그러나 문제를 더욱 복잡하게 만드는 요소는, 아동이 문제 해결에 어려움을 겪을 때 어른들이 개입하여 도움을 주려 한다는 점이다. 이는 선의에서 비롯된 것이며, 때로는 즉각적인 개입이 필요할 수도 있다(특히 안전과 관련된 우려가 있을 경우). 그러나 장기적으로 볼 때 이러한 개입은 아동이 스스로 학습하고 문제를 해결하는 능력을 기르는 데 도움이 되지 않는다. 자기 효능감과 내적 통제감을 발달시키기 위해서는 아동이 스스로 문제 해결 과정에 참여하도록 유도하는 것이 더 바람직하다. 이를 통해 아동은 스스로 무엇을 해야 할지 깨닫게 되고, 궁극적으로 자신이 직면하게 될 도전 과제를 해결할 수 있다는 자신감을 갖게 될 것이다.

이 장에서는 ADHD 아동의 문제 해결 능력과 이러한 기술의 부족이 삶의 다양한 영역에서 아동의 기능에 미치는 영향을 살펴볼 것이다. 또한 문제 해결 능력 평가 방법을 논의한 후, 인지행동 모델을 활용한 개입 및 전략을 아동과 주변 성인을 위해 다룰 것이다.

소개

다른 사람들의 기대와 함께 아동의 문제 해결 능력이 시간이 지나면서 발달한다는 점을 기억하는 것이 중요하다. 6세에서 11세 사이에 아동의 문제 해결에 대한 자율성과 자신감은 크게 변화하지만, 이 과정은 성인이 되어서도 계속되며, 점차 자신의 판단에 의존하고 결정에 대한 책임을 지게 된다.

행동 기능

아동이 문제를 어떻게 대처하는지는 인지 능력, 과거 경험, 그리고 조직적이고 효과적인 지원 수준을 포함한 여러 요인에 따라 달라진다. 아동이 직면하는 도전 과제 역시 다양하며, 어떤 문제들은 잘못 처리될 경우 자신, 타인 또는 재산에 위험한 결과를 초래할 수도 있다. 일부 아동은 새로운 상황에 직면할 기회를 많이 가졌으며, 이를 통해 주변의 지지적인 성인들이 문제 해결 방법을 가르쳐주는 환경에서 성장했을 수 있다. 이는 단계적 지지(scaffolding) 과정과 관련이 있으며, 아동이 문제를 해결하거나 새로운 기술을 익히도록 점진적으로 도움을 받는 것을 의미한다. 이 과정에서 아동은 현재의 편안한 범위(comfort zone)를 넘어설 수 있도록 도전하지만, 동시에 실현 가능한 속도로 진행되며, 궁극적으로는 아동이 스스로 문제를 해결할 수 있도록 돕는 것이 목표이다. 한편 어떤 아동은 새로운 경험을 접할 기회가 적거나 성인으로부터 충분한 지원을 받지 못할 수 있다. 이러한 아동은 새로운 상황에서 불안을 느끼며, 인지적 혹은 정서적으로 압도당한 기분이 들 수 있으며, 지원을 요청하는 방법조차 알지 못할 수 있다. 긍정적인 문제 해결 능력을 발달시키기 위해서는 유연한 사고방식을 갖추고 새로운 아이디어를 창출할 수 있어야 한다. 또한 아동은 문제 상황에서 즉각적인 감정적 반응이나 충동적인 행동(예 : 때리거나 발길질하는 행동)을 억제할 수 있어야 한다.

학업 기능

문제 해결은 학교 교육 과정과 방과 후 활동에서 필수적인 요소이다. 일부 학습 영역에서는 명확한 문제 해결 과정을 지도하기도 한다(예 : 수학 문제를 푸는 방법, 이야기를 작성하는 기법 개발). 그러나 이러한 문제 해결 방법이 학교에서 발생하는 다른 상황에 쉽게 적용되지는 않는다. 학교에서는 아동이 규칙을 따르고 협력적인 행동을 하며 타협하는 방법을 익히는 것이

표 11.1 문제 해결 과정

1. **문제 인식** : 주의가 부족한 아동은 음성 톤, 표정, 불안한 생각과 같은 초기 경고 신호를 인지하지 못해 문제가 발생하고 있음을 놓칠 수 있다.
2. **문제 정의** : 문제가 발생할 가능성을 나타내는 신호를 인식한 후, 아동은 문제의 원인이 무엇일지 신중히 생각해야 한다. 자신이 한 행동이나 말 때문에 일어난 일인가? 아니면 해야 할 것을 하지 않아서 일어난 일인가?
3. **다양한 해결책 생성** : 아동은 가능한 다양한 해결책을 떠올려야 한다. 떠올린 해결책 중에 이미 좋은 해결책이 있을 수 있으나 그것이 핵심은 아니다. 해결책을 떠올리는 과정에서 생각들을 잘 기억하는 것이 중요하므로, 떠오른 해결책들을 목록으로 정리하는 것이 도움이 된다.
4. **최선의 해결책 고려** : 아동은 머릿속에 떠오른 첫 번째 해결책을 즉시 실행하려는 충동을 억제해야 한다. 그것이 최선의 해결책이 아닐 수 있기 때문이다. 가능한 한 많은 해결책을 떠올린 후 각각의 장단점과 잠재적 결과를 고려하여 가장 적합한 것을 선택해야 한다.
5. **실행** : 아동은 모든 옵션을 신중히 고려한 후 최선의 해결책을 선택하여 차분하고 이성적으로 실행해야 한다. 해결책이 여러 단계를 포함하는 긴 과정일 경우 그 과정을 끝까지 완료하여 해결책이 절반만 실행되지 않도록 해야 한다.
6. **평가** : 아동은 결과를 검토하고 목표를 달성했는지 평가해야 한다. 만약 목표를 달성하지 못했다면 잠재적 해결책 목록으로 돌아가 다른 것이 더 나은 선택인지 고려해야 한다.

요구된다. 하지만 ADHD 아동은 이러한 영역에서 특히 어려움을 겪기 쉽다. 이들은 해야 할 일을 지시받지만, 그에 대한 이유나 과정이 항상 명확히 전달되지는 않기 때문이다.

학교에서 ADHD 아동이 가장 흔히 겪는 문제는 오해를 받는 것, 다른 사람들에게 노력을 기울이지 않는다고 인식되는 것('못하는 것'이 아닌 '안 하는 것'으로 보이는 경우), '멍청하다'는 꼬리표가 붙을까 봐 이해하지 못한 것을 인정하지 않는 것, 떠오른 생각을 실행하고 싶은 충동을 조절하지 못하는 것, 또래에게 놀림을 받거나 괴롭힘을 당하는 것, 또래에게 이용당하는 것 등과 관련이 있다. 이는 ADHD 아동이 감정적으로 반응하는 경향이 있어 자신이 도전받거나 모욕당했다고 느낄 때 분노로 대응하는 경향이 있다는 점에서 더욱 복잡해진다. 이러한 경향은 문제를 긍정적으로 해결하는 능력에 영향을 미친다. 예를 들어 효과적인 문제 해결 과정을 통해 최선의 대응 방법을 고민하고 문제를 해결하려는 시도보다는, 공격적인 반응으로서 즉각적으로 분출하는 경향을 보이게 만든다.

대인관계 기능

사회적 상황에서는 상대방의 의도를 파악하고 적절히 반응하는 과정에서 끊임없이 문제를 해결해야 한다. 이는 실시간으로 이루어지는 정보 교환을 통해 상호작용을 형성하는 과정이다. ADHD 아동이 겪는 딜레마는 종종 새로운 친구를 사귀는 방법, 최선의 사과 방법, 여러 친구 관계 간의 균형을 유지하는 방법, 비판이나 도발에 대응하는 방법, 어른을 개입시켜야 할지 여부(그리고 이를 어떻게 하는 것이 가장 좋은지)에 관한 것이다. 아동이 대인관계에서 발생하는 문제를 해결하는 방식은 자신의 기대, 타인이 자신을 어떻게 생각할 것이라 믿는지, 자신의 기술 수준, 그리고 자기 자신에 대한 신뢰에 따라 달라진다.

대처

ADHD 아동은 문제 해결에 대한 자신감이 부족하여, 스스로 문제를 잘 해결하지 못한다고 느끼거나, 문제를 해결하는 방법을 몰라서 시도조차 하지 않으려 하거나, 시도해도 결국 실패할 것이라고 생각할 수 있다. 이러한 태도는 문제 해결 과정에 참여하려는 동기에 영향을 미친다. 문제를 감당할 수 없다고 여기거나, 단순히 자신에게 닥치는 일이며 통제할 수 없는 것이라고 생각하는 아동일수록 회피 전략을 사용할 가능성이 크다. 그러나 문제를 무시하거나 존재하지 않는 것처럼 행동하는 것은 도움이 되지 않으며, 오히려 문제를 악화시켜 작은 문제가 커다란 문제로 발전할 수 있다.

이러한 문제가 계속 쌓이면 아동은 점점 더 스트레스를 받고 압도감을 느끼며, 기능적인 문제 해결 과정을 수행할 수 있는 능력이 더욱 약화될 가능성이 높아진다.

평가

ADHD의 평가 및 치료에 관한 국제 지침에서는 ADHD를 평가하기 위해 훈련받고 자격을 갖춘 정신건강 전문가가 종합적인 평가 절차를 수행할 것을 권장한다(Sexias, Weiss & Müller, 2012). 평가는 다양한 상황 및 환경에서의 어려움과 행동을 평가하기 위한 심리 측정 설문지, 임상 면담 및 아동 관찰을 포함한 다면적 평가가 이루어진다. 아동 양육에 관련된 여러 사람(가능하면 아동 본인도 포함)으로부터 다양한 관점을 얻는 것이 바람직하며, 여러 다양한 기관으로부터의 자료가 요구된다. 성공 가능성이 높은 적절한 개입을 위한 치료 계획을 개발하려면 아동의 발달적, 환경적 및 심리사회적 요인과 아동의 강약점, 현재 받고 있는 지원 등 아동의 발달 전반에 걸친 어려움의 특징과 복잡성을 완전히 이해하는 것이 중요하다. 이 과정에서 아동이 겪는 동반 질환 및 사회적 문제뿐만 아니라 가족 내 문제도 염두에 두는 것이 필요하다.

측정 도구

5~18세 아동의 실행 기능을 측정하는 실행기능 행동평가 척도(BRIEF; Gioia, Isquith, Guy, Kenworthy & Baron, 2001)와 델리스-카플란 실행기능 시스템(DKEFS; Delis, Kaplan & Kramer, 2001)은 모두 실행 기능, 특히 문제 해결 기술을 평가하는 평정 척도로 사용된다. 성인은 아동이 자기 보

고 설문지를 작성하는 것을 도와주어야 한다. ADHD 아동은 질문을 잘못 읽거나, 답을 놓치거나, 충동적으로 응답하거나, 척도점수를 잘못 표시할 수도 있기 때문이다. 그러나 유도된 질문의 영향을 받지 않도록 응답을 작성하는 것이 중요하다. 읽기에 어려움을 겪는 아동은 항상 문항을 읽어주어야 한다. 대부분의 검사와 마찬가지로 검사 점수는 편견의 영향을 받을 수 있으므로 숙련된 전문가가 신중하게 해석해야 한다.

표 11.2는 아동이 표 11.1에 설명된 문제 해결 단계 중 어느 단계를 적용하는지 평가하기 위한 척도로 사용된다. 이 척도는 아동이 타인의 지시나 지원 없이 문제 해결 단계에 참여하는 빈도를 평가하며, 또한 지원을 받으면서 이러한 단계를 달성할 수 있는지 확인하기 위해 반복적으로 사용한다. 이 척도는 치료와 관련된 논의의 출발점을 제공하는 것을 목표로 하며, 구체적인 예를 요청함으로써 상황적 차이와 맥락을 확인하는 것이 중요하다. 이 척도는 치료사가 치료의 목표 영역을 파악하는 데 도움을 줄 것이다.

표 11.2 문제 해결 기술의 측정

	전혀	때때로	종종	항상
아동은 문제가 발생하고 있음을 인식할 수 있다.				
아동은 문제를 정의할 수 있다.				
아동은 문제를 해결하기 위한 다양한 아이디어를 떠올릴 수 있다.				
아동은 각 아이디어의 장점과 단점을 고려한다.				
아동은 각 아이디어의 잠재적인 결과를 고려한다.				
아동은 선택한 해결책을 끝까지 실행할 것이다.				
아동은 해결책이 성공적이었는지 여부를 고려할 수 있다.				

임상 면담

아동 및 그 주변 사람들과 함께 아동이 문제에 직면했을 때 어떤 일이 일어나는지, 누가 도움을 주는지, 어떤 방법이 도움이 되는지 논의한다. 어린 아동일수록 성인의 도움에 더 의존하기 때문에 현재 일상적으로 아동을 돕고 있는 사람이 누구인지, 어떤 상황에서 지원이 이루어지는지, 구체적으로 어떤 전략이 사용되며 이를 누가 실행하는지를 파악하는 것이 중요하다. 또한 과거에 적용되었던 전략 중 효과적이지 않았던 방법이 무엇인지도 함께 확인하는 것이 필요하다. 모든 사람이 문제를 동일한 방식으로 인식하는 것은 아니다. 직면한 문제를 표로 정리하고, 누가 이를 어떻게 바라보는지와 그 중요도를 평가(0~10점)하는 것이 유용할 수 있다. 예를 들어 수업 중 지나치게 활동적인 아동의 경우 교사는 아동의 행동 자체를 문제로 인식할 수 있다. 반면 부모나 보호자는 효과적인 지원의 부족을 문제로 볼 수 있다. 하지만 아동은 이를 문제라고 여기지 않을 수도 있으며, 오히려 수업 주제가 지루하기 때문에 문제가 발생한다고 생각할 수도 있다.

문제는 이성적이고 실용적인 방식으로 해결할 수 있지만, 숙련된 문제해결 과정을 거치지 않는 사람들은 감정적으로 반응하며 대응할 가능성이 높다. 이는 정상적인 반응이지만, 문제를 왜곡하거나 악화시킬 수 있다. 따라서 아동의 문제에 대한 감정적 반응을 평가하는 것이 중요하며 불안, 좌절, 심리적 고통 등의 수준을 파악해야 한다. 아동은 압도된다고 느끼면 즉각적이고 부적응적인 해결 방법을 선택할 가능성이 높아진다. 아동이 더 긍정적으로 반응하고 협력할 수 있도록 '문제(problem)'라는 단어 대신 '도전(challenge)'이라는 단어를 사용하는 것이 도움이 될 수 있으며, 특히 어린 아동에게는 문제의 심각도를 평가하는 교통 신호등 시스템을 적용하는 것이 효과적일 수 있다(그림 11.1 참조).

빨강 매우 중요한 문제로, 내가 바꿀 수 없다고 느껴요. 매우 불안하거나 두려워요.
이 문제에 대해 종일 생각하고 있으며, 무엇을 해야 할지 모르겠어요.

노랑 이 문제가 나를 괴롭히고 있으며, 무엇을 해야 할지 확신하지 못해요.
이 문제를 많이 생각하는 편이에요.

초록 그렇게 나쁘지는 않고 내가 무엇을 할 수 있을지 알고 있어요.
이 문제로 인해 크게 속상하지는 않아요.

그림 11.1 문제 심각성을 표현하는 교통 신호등 시스템

평가 과정에서는 문제 해결 과정에서 아동이 어려움을 겪는 핵심 지점을 파악하는 것이 중요하다. 표 11.2는 최근 상황에 적용하여 이 논의를 시작하는 데 도움이 될 것이다. 또한 부적응적인 해결 방식이나 회피 전략이 반복적으로 나타나는 패턴이 있는지 주의 깊게 살펴보아야 한다. 아동은 문제가 저절로 사라지기를 바라며 이를 회피하는 방식으로 해결하려 할 수 있다. 그러나 걱정과 고민을 마음속에만 담아두는 대신 누군가에게 이야기하는 것만으로도 도움이 될 수 있다. 아동이 무엇을 해야 할지 몰라 작은 과제를 무시하면 이 과제가 더 큰 과제로 이어져 더 어려워질 수 있다. 이를 다시 무시하면 과제가 더 커지고, 이 과정이 반복되면 회피의 악순환이 된다. 다른 아동의 경우 문제를 해결할 좋은 아이디어가 있을지라도 이를 실행하는 동안 쉽게 산만해지거나 집중하지 못하는 경우가 있다. 따라서 과제를 작은 단계로 나누고 아동의 문제 해결 방식을 기록하는 것은 그들의 문제 해결 접근 방식에서 나타나는 패턴을 확인하는 데 도움이 된다. 부모/보호자와 교사 또한 특정한 문제 해결 방식을 가지고 있을 수 있으며, 이는 때때로 고착화되어 경직된 형태로 나타나기도 한다. 적응적인 전략을 사용한 경우 이를 칭찬하고, 비효율적인 전략은 개입의 대상으로 삼아 개선할 필요가 있다.

선택한 해결책을 실행하는 것은 종종 어느 정도의 자기 확신을 요구한다. 따라서 면담에서는 아동의 자신감과 자기 효능감도 평가해야 한다. 만약 아동이 자신감이 부족하면 좋은 해결책이라도 해결책으로 인식하지 못할 수 있다. 과거에 고려했던 해결책에 대해 논의할 때 아동에게 해당 행동을 실행할 자신감을 평가하도록 요청해야 한다. 이를 통해 자존감 향상과 자신감 발달이 치료 목표로 포함되어야 하는지를 판단할 수 있다(12장 참조).

사고

평가 과정에서 아동의 효과적인 문제 해결에 영향을 미칠 수 있는 생각이나 이미지를 확인해야 한다. 예를 들어 “X를 하려고 생각했는데, 왜 그렇게 하기로 했나요?”, “X를 하지 않기로 결정한 이유는 무엇인가요?”와 같은 질문을 통해 아동의 생각을 탐색할 수 있다. 연령이 높은 아동일수록 자신의 생각을 인식하고 표현하는 능력이 뛰어나므로, 이러한 질문에 대한 대답을 더 잘할 수 있다. 또한 “어차피 소용없어”, “나는 할 수 없어”, “어떻게 해야 할지 모르겠어”와 같은 부정적이거나 도움이 되지 않는 사고 패턴이 있는지 주의 깊게 살펴보아야 한다. 이러한 생각들은 아동의 회피 행동을 증가시킬 가능성이 있다. 연령이 낮은 아동의 경우 언어보다는 이미지로 자신의 생각을 표현하는 것이 더 쉬울 수 있다. 예를 들어 “어떤 모습이 떠올랐나요?” 또는 “그 일이 어떻게 될 거라고 상상했나요?”와 같은 질문을 통해 아동의 사고 과정을 파악할 수 있다. 부정적인 사고는 불안감이나 낮은 자존감을 반영할 수 있으며, 이는 문제 해결 과정에서 중요한 평가 요소가 될 수 있다(7장 및 12장 참조).

감정과 생리학적 특성

아동과 주변 사람들이 이러한 문제나 도전에 의해 받는 감정적인 영향을 평가하는 것이 중요하다. 스트레스, 속상함, 좌절감, 무관심 등의 감정이 흔히 나타날 수 있다. 아이들은 "상관없어" 또는 "그냥 싫어"라고 말할 수 있으며, 이는 나이와 어휘 수준에 따라 달라질 수 있다. 또한 감정적 영향을 보여주는 다른 지표들도 있을 수 있는데, 예를 들어 울음, 회피 행동, 호흡 변화, 얼굴 표정의 변화 등이 포함될 수 있다.

행동

임상 면담에서는 아동의 문제 해결 과정에 도움이 되거나 방해가 되는 전략을 찾아내고 이를 강조해야 한다. 도움이 되는 행동에는 문제를 해결하려 시도하는 것, 문제를 작게 나누는 것, 도움을 요청하는 것, 과거에 효과가 있었던 방법을 다시 시도하는 것, 그리고 다른 사람의 행동을 모방하려는 시도가 포함될 수 있다(특히 적응적인 행동일 경우). 반면 도움이 되지 않는 행동으로는 즉흥적으로 떠오른 첫 번째 아이디어를 바로 실행하는 것, 문제를 다른 사람에게 떠넘기는 것, 문제를 무시하거나 회피하는 것, 공격적으로 반응하는 것 등이 포함될 수 있다.

평가를 보완하기 위해 행동 일지를 작성하도록 요청하는 것이 도움이 될 수 있다. 행동 일지에는 아동이 문제 상황을 얼마나 자주 경험하는지, 문제에 대한 반응(행동적, 정서적 측면), 문제를 해결하는 방식, 적용한 특정 기술, 그리고 그 결과 등을 기록할 수 있다. 이러한 정보를 기록하고 분석하는 방법에 대한 자세한 내용은 6장에서 확인할 수 있다.

문제 해결을 위한 인지행동치료

어린 아동을 대상으로 하거나 활동지를 치료의 기초로 사용하는 경우 첫 회기는 항상 활동지 1, 2, 3으로 시작한다. 아동에게 버즈와 그의 가족을 소개하고(활동지 1), 긍정적인 자기 대화를 소개하고(활동지 2), 보상 시스템을 확인해야 한다(활동지 3). 보상 및 자기 대화 전략은 가정 및 학교에서, 그리고 회기 내에서 적용할 수 있다. 도입 회기를 계획하고 진행하는 방법에 대한 개요는 3장을 참조하라.

문제 해결 회기의 개입 및 활동지 목표는 아동이 체계적인 과정을 적용하여 문제를 해결하도록 가르치고, 어려운 상황에 직면했을 때 부적응적인 반응보다는 도움이 되는 반응을 개발하도록 돕는 데 있다. 치료사는 회기 내 활동계획을 설정하고, 완료한 홈미션을 확인하고, 새로운 활동지(또는 나이가 많은 아동에게는 '전략들')를 통해 작업하고, 새로운 홈미션을 설정하여 이러한 목표를 달성할 수 있다. 필요한 경우 회기 중간에 휴식 시간을 가질 수 있으며, 이는 특히 어린 아동에게 중요할 수 있다. 회기의 구조와 내용에 대한 일반적인 정보는 2장에 제시되어 있으며, 이 장에는 문제 해결 회기의 진행과 관련된 추가적인 정보가 포함되어 있다.

회기 내 활동계획

회기가 시작될 때 아동에게 회기 전에 준비한 회기 내 활동계획서(그림 11.2 참조)를 보여주고, 이를 검토하면서 회기 중에 소개할 주제와 활동지를 연결하여 설명한다. 문제 해결 모듈에서는 활동지 19와 20을 소개하면서 다음과 같이 말한다.

활동계획

파일 검토
성을 만들다 [활동지 19]
휴식 시간
새로운 소년 [활동지 20]
홈미션 안내

그림 11.2 문제 해결 회기 내 활동계획 예시

> "오늘 우리는 버즈와 버즈의 학교 프로젝트에 대한 이야기를 나눌 거예요. 버즈는 성을 만들어야 하지만 계속 미루다가 시간이 부족해진 상황이에요. 이야기를 나눈 후 짧은 휴식 시간 동안 여러분은 이 색연필을 사용해 활동지를 색칠할 수 있어요. 휴식 후에는 버즈가 다른 남자아이와 겪고 있는 문제에 대해 생각해볼 거예요. 사실 그 남자아이는 버즈의 물건을 빼앗고 있었어요. 우리는 버즈가 무엇을 해야 할지에 대해 이야기해볼 거예요."

파일 검토

아동과 함께 파일을 검토하는 것은 홈미션이 완료되었는지 확인하는 것 외에도 중요한 정보 또는 개념을 수정할 기회를 가질 수 있으며, 이를 학습이나 새로 습득한 기술과 통합하는 데에도 도움이 될 수 있다. 아동이 파일에 추가한 그림이나 색칠, 그림, 오려 붙인 잡지 또는 사진을 살펴보는 시간을 갖는다. 그것들에 대해 토론하고 버즈와 그의 가족에 대한 이야기와 연결시키며, 이전에 다루었던 주제나 전략과도 연결시키도록 노력하는 것이 중요하다. 이는 행동 수정을 촉진할 뿐만 아니라 아동에게 보상 시스템으로 작용할 수도 있다. 칭찬은 구두로 해야 하지만 스티커, 손글씨 메모 또는 웃는 얼굴을 추가하여 보상할 수도 있다. 홈미션을 설정했다면 홈미션 기록지에서 부모/보호자의 의견과 피드백을 검토하고 이에 대해 아동과 논의해야 한다. 파일 검토 및 홈미션에 대한 자세한 내용은 2장을 참조하면 된다.

활동지 19. 성을 만들다

활동지 설명

버즈에게 학교 프로젝트가 주어졌어요. 버즈는 집에서 찾을 수 있는 물건들을 이용해 성을 만들어야 해요. 만들기를 좋아하고 몇 가지 아이디어도 있지만, 프로젝트가 너무 막연하게 느껴져 어디서부터 시작해야 할지, 어떤 재료를 준비해야 할지 고민이에요. 결국 버즈는 계속 미루다 보니 일주일이 지나버렸고, 제출일이 바로 내일인데도 아직 시작조차 하지 못했어요.

활동지 프롬프트

- 버즈의 문제는 정확히 무엇인가요?
- 버즈는 문제를 직면하고 있나요, 아니면 회피하고 있나요?
- 만약 버즈가 프로젝트를 하지 않는다면 결국 어떻게 될까요? 버즈는 이에 대해 어떻게 느낄까요?
- 버즈에게 무엇을 하라고 조언하고 싶나요? 성을 만들기 위해 어떤 재료를 사용할 것인가요? 여러분도 문제를 회피한 적이 있나요?
- 버즈가 성을 만들고 프로젝트를 제시간에 완성하기 위해 할 수 있는 아이디어를 함께 적어봅시다.

이제 버즈에게 도움이 될 거라고 생각한 것들을 살펴보고 여러분에게도 도움이 될 만한 것들에 동그라미를 표시하세요.

활동지 19는 회피를 예시로 들어 부적응적인 문제 해결 전략의 개념을 소개한다. 아동은 회피가 장기적으로 해결책이 될 수 없다는 것을 배우고, 이를 방지할 수 있는 효과적인 방법들을 찾는 법을 익히게 된다. 아동이 처음에 도움이 될 만한 활동을 생각하도록 유도하는 것이 중요하다. 이러한 활동에는 계획을 세우고, 무엇을 할 것인지와 언제 할 것인지에 대한 아이디어 목록을 작성하는 것이 포함될 수 있다. 아동은 친구, 부모/보호자, 형제자매와 이야기하거나 함께 작업하면서 도움을 받아 활동 목록을 추가할 수도 있다. 이 연습은 아동이 창의력을 발휘하고, 과제를 어떻게 완수할 것인지에 대해 이야기하도록 유도한다(예 : 시리얼 상자, 계란판, 솜, 물감 등을 사용하는 방법). 또한 이러한 아이디어를 행동과 성취를 이끌어줄 수 있는 실질적인 목록으로 변환하는 과정이 포함된다.

아동에게 과제 활동지를 소리 내어 읽어주거나, 아동이 원한다면 함께 읽는다. 아동이 이야기를 이해했는지 확인한다. 아동이 질문할 기회를 제공하며, "버즈의 문제는 정확히 무엇인가요?"라는 질문을 통해 문제를 정의하고 인식하도록 한다. 이는 아동이 문제에 직면했을 때 스스로에게 물어봐야 할 핵심 질문이다. 이 질문을 통해 아동은 스트레스나 압박되는 감정을 잠시 내려놓고, 정확히 어떤 어려움이 있는지를 고려할 수 있다. 이를 통해 아동은 문제를 인식하고 명확하게 정의하는 법을 배우게 된다. 버즈가 이 과제에 대해 어떻게 느끼는지 이야기해본다. 버즈는 이 과제가 너무 커 보여서 무엇을 해야 할지, 어디서 시작해야 할지 잘 모르겠다고 느끼고 있다. 아동이 버즈가 문제에 직면하고 있는지, 아니면 문제를 회피하고 있는지를 생각해보도록 돕고, 이를 요약해준다. "맞아요, 버즈는 문제를 회피하고 있어요. 버즈는 성을 만들어야 하지만 대신 계속 다른 일들을 하며 시간을 보내고 있어요." 이제 문제를 회피하는 것이 어떤 결과를 가져올지 이야기해본다. 예를 들어 버즈는 학교에서 혼이 날 수도 있고, 다른 사람들을 실망시킬 수도 있다. 이런 상황은 버즈가 속상하고 좌절감을 느끼거나 스스로에게 실망하게 만들 수도 있다. 아동에게 버즈가 스스로를 돕기 위해 무엇을 할 수 있을지 생각해보도록 유도한다. 또한 버즈가 집에서 성을 만들기 위해 어떤 재료들을 모을 수 있을지 함께 논의해본다.

다음으로 아동에게 자신도 문제를 회피했던 경험이 있는지 생각해보도록 유도한다. 이는 학교에서 겪었던 유사한 상황일 수도 있고, 전혀 다른 상황일 수도 있다. 문제를 미루며 더 재미있는 활동에 몰두했던 경우가 있었는지 물어본다. 만약 아동이 "아니요"라고 답한다면, "누구나 한 번쯤은 문제를 회피한 적이 있어요. 한번 생각해보세요"라고 말하며, 문제 회피가 일반적으로 일어날 수 있는 행동임을 설명해준다. 아동이 쉽게 떠올리지 못할 경우 학교 숙제를 미루는 사례를 예로 들어 힌트를 준다. 그런 후 아동에게 그때의 상황을 설명하게 하고, 어떤 일이 있었으며 결국 어떻게 해결했는지 이야기해보도록 한다.

다시 버즈의 문제로 돌아가 버즈가 프로젝트를 완성하는 데 도움이 될 아이디어를 활동지에 기록한다. 여기에는 사용할 재료에 대한 아이디어도 포함된다. 버즈가 프로젝트 진행이 막혀서 어떻게 해야 할지 몰랐을 수도 있지만, 친구들은 다양한 아이디어를 가지고 있기 때문에 함께 이야기하며 문제를 해결했을 수도 있다는 점을 강조한다(그리고 그 과정이 더 재미있을 수도 있다!). 또한 활동 자체뿐만 아니라 과정을 기록하는 것이 매우 중요하다. 아동에게 '과정'이라는 개념을 계단에 비유하여 설명한다. 성이 계단의 꼭대기에 있고, 성에 도달하려면 한 계단씩 올라가야 한다고 말한다. 이 계단 하나하나가 과정이며, 아동이 목표에 도달하기 위해 거쳐야 하는 여정이라고 설명한다.

목표는 아동이 다양한 문제를 해결할 때 스스로 적용할 수 있는 일반적인 문제 해결 전략(표 11.1 참조)을 배우고 활용하도록 하는 것이다. 따라서 버즈가 이 특정 상황에서 해야 할 일에 대한 제안 외에도 일반적으로 활용할 수 있는 전략을 목록에 포함시키는 것이 중요하다. 예를 들어 실제 문제가 무엇인지 스스로에게 질문하기(문제 정의하기), 해야 할 일 목록을 작성하기, 도움을 요청하기(누구에게 요청할지 구체화하기), 이해가 되지 않으면 선생님께 확인하기, 책이나 인터넷에서 정보를 찾아보기 등의 전략이 포함될 수 있다. 아동에게 자신이 직접 활용할 수 있는 전략을 선택하여 동그라미를 표시하도록 유도한다.

회기에서 아동의 노력에 대해 칭찬한다. 이 활동지를 기반으로 홈미션을 설정하는 경우 아동에게 다음 사항을 요청한다.

1. 그림과 말풍선을 색칠해서 활동지를 꾸미거나 이야기 주제와 관련된 사진, 잡지, 만화 등의 그림을 추가해보기
2. 문제를 직면했을 때 도움을 요청하거나 스스로 찾아보는 것과 같은 전략 중 하나 시도하기
3. 가족이나 친구와 같은 가까운 사람에게 그들이 무슨 일을 해야 할지 모를 때 어떻게 대처하는지 물어보기
4. 성을 만들어보고, 그 성을 완성하기 위해 거쳤던 단계를 글로 작성해보기

홈미션을 설정했다면 부모/보호자에게 홈미션 기록지를 작성하도록 하고 다음 회기에서 검토할 수 있도록 파일에 넣을 것을 상기시킨다.

중간 휴식

휴식 시간은 2장에 설명한 대로 회기 내 적절한 시점에 제공해야 한다.

활동지 20. 새로운 소년

활동지 설명

매주 토요일에 버즈는 특별한 일을 맡고 있어요. 엄마는 버즈에게 가게에 가서 엄마가 좋아하는 잡지인 '매직'을 사오라고 하며, 남은 돈으로는 버즈가 원하는 간식을 사도 된다고 하셨어요. 버즈는 보통 사탕을 사곤 했어요. 그런데 최근 이웃집에 새로운 소년이 이사를 왔는데, 그 친구는 친절하지 않았어요. 지난 2주 동안 그 소년은 버즈가 가게에서 나오기를 기다렸다가 버즈의 사탕을 빼앗아갔어요. 그 소년은 버즈보다 덩치가 크고, 버즈는 그가 무서웠어요. 버즈는 어떻게 해야 할지 몰라 고민하고 있어요.

활동지 프롬프트

- 버즈의 문제는 정확히 무엇인가요?
- 버즈는 어떻게 느끼고 있을까요? 버즈는 왜 아무에게도 말하지 않았을까요?
- 여러분이나 여러분이 아는 누군가가 이런 문제를 겪은 적이 있나요?
- 누군가 여러분의 이름을 부르며 기분 나쁜 말을 해서 화가 난 적이 있나요? 그때 어떻게 했나요? 그리고 결국 어떻게 되었나요?
- 이 상황에서 버즈가 할 수 있는 몇 가지 아이디어를 함께 작성해봅시다.
- 그중 버즈에게 가장 적합한 방법은 무엇이며, 왜 그렇게 생각하나요?

이제 버즈에게 도움이 될 거라고 생각한 것들을 살펴보고 여러분에게도 도움이 될 만한 것들에 동그라미를 표시하세요.

활동지 20은 체계적인 문제 해결 과정을 통합하여 아동이 문제를 확인하고 해결하기 위한 단계를 직접 따라가도록 돕는 활동이다. 이를 위해 아동이 다양한 해결책을 자유롭게 떠올릴 수 있도록 유도하고, 각 해결책의 장점과 단점, 그리고 그로 인한 결과를 고려하도록 한다. 이후 가장 적절한 해결책을 실행하고, 그 효과를 평가하는 과정이 포함된다. 이 과정에서는 아동이 최선의 해결책을 평가할 수 있도록 돕는 균형 잡힌 의사 결정 연습이 포함된다. 이 연습을 할 때는 단순히 버즈의 문제에 대한 특정 해결책만을 강조하는 것이 아니라, 문제 해결의 전체 과정을 강조하는 것이 중요하다. 이를 통해 아동이 문제를 해결하는 체계를 익히고, 이후 자신의 문제에도 일반적으로 적용할 수 있도록 돕는 것이 목표이다.

과제 활동지를 아동에게 읽어주는 것으로 시작한다. 아동이 원한다면 아동과 함께 읽고, 아동이 내용을 이해했는지 확인한다. 이야기를 요약하며 "그러니까 버즈가 가게에 가면 한 소년이 밖에서 기다렸다가 버즈의 사탕을 가져간다는 거죠"라고 말한다. 아동에게 이런 행동이 괜찮다고 생각하는지 확인하고, 다른 사람의 물건을 빼앗는 것은 옳지 않다는 점을 다시 한 번 강조한다. 이 일이 2주 연속으로 반복되었다는 점을 강조하며, 버즈가 처음에 왜 아무에게도 말하지 않았는지 아동과 함께 이야기해본다. 아동이 버즈가 직면한 문제를 정의할 수 있도록 돕고, 다음과 같이 요약해 준다. "버즈는 어떻게 해야 할지 모르겠어요. 그 소년은 버즈보다 덩치가 크고, 버즈의 사탕을 빼앗았어요. 그리고 버즈는 그 소년이 무서워요. 버즈는 이 상황이 끝나길 원해요." 이제 버즈의 경험을 아동 자신의 경험이나 친구, 형제자매가 겪었던 경험과 연결해보도록 한다. 아동이 자신의 이야기를 나눌 수 있도록 격려하며, 여기에는 빼앗겼던 경험과 관련되지 않더라도 다른 아이들이 괴롭혔던 경험, 놀림을 받았던 경험, 또는 따돌림을 당했던 경험이 포함될 수 있다. 아동에게 그때 어떻게 대응했는지, 그리고 결국 어떤 결과가 나왔는지 이야기하도록 질문한다.

다음으로 아동이 버즈의 상황을 해결할 수 있는 다양한 해결책을 떠올릴 수 있도록 돕고, 이를 활동지에 적도록 한다. 어떤 해결책이 더 나은지는 중요하지 않으며, 다양한 선택지를 만들어내는 것이 목표이다. 가능한 해결책에는 다음과 같은 것들이 포함될 수 있다. 사탕을 주지 않겠다고 거부하기, 가게 주인에게 말하기, 소년에게 직접 맞서기, 소년과 싸우기, 집에 가서 형(오빠)이나 엄마에게 이야기하기 등이다. 아동과 함께 각 선택지를 논의하고, 최선의 해결책을 결정하기 위해 각 해결책의 장점과 단점을 고려하여 평가하도록 한다. 이 과정은 의사 결정 균형표를 활용하여 각 선택지의 장점과 단점을 생각해보고, 이를 '장점'과 '단점' 칸에 기록하는 방식으로 진행할 수 있다. 특히 비기능적인 선택지를 고려할 때는 해당 선택지의 단점이 장점보다 더 많다는 점을 강조해야 한다. 아동이 문제를 해결하기 위해 비기능적인 선택지(예 : 그 소년을 때리거나 싸움을 거는 것)를 선택한다면 해당 해결 방법이 가져올 잠재적인 결과에 대해 논의하고, 이를 대체할 수 있는 더 나은 해결책을 고려하도록 도와야 한다. 신체적 공격은 절대 용납될 수 없다는 점을 강조하는 것이 중요하다. 아동에게 이미 여러 가지 해결 방법을 떠올려보았다는 점을 상기시키고, 첫 번째 선택이 효과가 없더라도 다른 해결 방법을 시도할 수 있다는 것을 알려준다. 만약 첫 번째 선택이 원하는 결과를 가져오지 않았다면, 버즈에게 왜 그 방법이 효과가 없었는지 생각해보도록 유도한다. 예상하지 못한 어떤 일이 발생했는지 스스로 되돌아볼 수 있도록 돕는다.

이 활동을 완료할 때 문제를 해결하기 위한 일반적인 전략들이 포함되도록 해야 한다(표 11.1 참조). 예를 들어 먼저 자신에게 실제 문제가 무엇인지 질문하고 이를 정의해야 한다. 그런 다음 해야 할 일의 목록을 작성하고, 도움이 필요할 경우 누구에게 도움을 요청할 것인지 구체적으로 정한다. 또한 문제 해결에 필요한 정보를 책이나 인터넷에서 찾아볼 수도 있다. 해결 방법을 결정할 때는 의사 결정 균형표를 사용하여 각 선택의 장점과 단점을 비교해볼 수 있다. 그리고 첫 번째 아이디어가 효과가 없을 경우 왜 효과가 없었는지 생각하고 그 이유를 분석한 후, 대안을 찾아 시도하는 것이 중요하다. 이러한 전략을 활용하면 아동이 문제 해결 과정을 보다 체계적으로 익히고, 다양한 문제 상황에서 적절한 해결책을 찾는 데 도움이 될 수 있다. 아동의 과거 경험을 되돌아보며 문제 해결 과정을 적용해보고 자신이 다르게 할 수 있었던 점이 있는지 고려하도록 질문한다(또는 관찰한 사람이 다르게 행동할 수 있었는지 생각해보도록 한다). 만약 같은 상황이 다시 발생한다면 이번에는 다르게 대처할 것인지 묻는다. 또한 버즈를 위해 생각해낸 해결 전략 중에서 자신에게도 도움이 될 수 있는 전략이 있는지 찾아보고, 이를 표시하도록 한다. 이렇게 함으로써 아동은 문제 해결 능력을 반성적으로 바라보고, 향후 유사한 문제 상황에서 보다 효과적으로 대처할 수 있도록 준비할 수 있다.

회기에서 아동의 노력에 대해 칭찬한다. 이 활동지를 기반으로 홈미션을 설정하는 경우 아동에게 다음 사항을 요청한다.

1. 그림과 말풍선을 색칠해서 활동지를 꾸미거나 이야기 주제와 관련된 사진, 잡지, 만화 등의 그림을 추가해보기
2. 한 주 동안 문제가 생긴다면 잠재적인 해결책을 브레인스토밍하고 이를 적기. 의사 결정 균형표를 작성하여 가장 적합한 해결책을 결정하기. 실행한 해결책을 동그라미로 표시하고, 그 결과가 어땠는지 기록하기. 다음 회기에 이를 가져오기. 필요에 따라 부모/보호자나 교사에게 보여주기

홈미션을 설정했다면 부모/보호자에게 홈미션 기록지를 작성하도록 하고 다음 회기에서 검토할 수 있도록 파일에 넣을 것을 상기시킨다.

피드백 및 보상

회기가 끝나면 활동지 3의 보상 과제에서 확인한 적절한 보상을 적용해야 한다(예 : 아동이 긍정적인 자기 대화에 참여해야 한다). 피드백 및 보상에 대한 자세한 내용은 2장을 참조한다.

부모/보호자와 협력하기

부모나 보호자는 종종 아동에게 문제가 생겼다는 것을 알지만, 아동이 고민을 털어놓지 않으면 어떻게 도와야 할지 막막함을 느낀다. 부모/보호자에게 실용적인 접근법을 취하도록 독려하며, 아동이 스스로 문제를 해결할 수 있도록 모든 기회를 활용해 문제 해결 과정을 가르칠 것을 권장한다. 이를 통해 아동이 스스로 직면하는 다양한 도전에 적용할 수 있는 필수적인 기술을 익힐 수 있도록 돕는다. 부모/보호자는 자신의 문제를 해결하는 과정을 아동 앞에서 소리 내어 시범을 보이는 것으로 시작할 수 있으며, 이때 지나치게 복잡한 문제가 아니라 하루 일정이 너무 많거나 마감일을 맞춰야 하는 상황과 같은 단순한 문제를 예로 드는 것이 좋다.

이 장에서는 부모/보호자가 아동의 문제를 정의하고, 단계적인 문제 해결 과정에 함께 참여하며, 부적응적인 문제 해결 전략을 줄이고, 자율성을 장려하며, 충동성과 불안을 다루고, 올바른 문제 해결 기술을 모델링하여 아동이 문제 해결 과정을 강화하고 확립할 수 있도록 지원하는 전략을 제시한다. 일반적으로 성인은 이미 문제 해결 기술을 갖추고 있으며 이를 자동적으로 적용하지만, 실제로 단계적인 과정이 어떻게 이루어지는지를 아동에게 명확히 설명하는 것이 중요하다. 부모/보호자는 이를 인지하고 아동에게 효과적으로 문제 해결 과정을 전달할 수 있어야 한다. 또한 부모/보호자가 자신의 어려움과 문제를 잘 관리하고, 스트레스를 최소화할 수 있도록 삶의 균형을 유지하는 것이 중요하며, 이를 통해 아동에게 긍정적인 역할 모델이 될 수 있도록 하는 필요성에 대해서도 논의한다.

부모와 함께 작업할 때 치료사는 제안된 기법과 전략을 소개하고, 적절한 경우 회기 중에 역할극을 통해 연습한다(아동이 없는 경우). 이후 회기에서 부모는 가정에서 어떻게 이를 활용했는지 치료사에게 보고한다. 아동을 성공적으로 도울 수 있도록 기술이나 전략을 조정하는 방법을 생각하며 발생하는 장애물이나 어려움을 해결하는 것이 중요하다.

행동을 변화시키고 인지적인 기술을 향상시키기 위한 핵심 전략은 성공을 촉진할 만한 동기를 찾는 것이다. ADHD 아동은 더 크고 좋은 보상일지라도 장기적인 보상에 대한 만족 지연이 어렵기 때문에 즉각적인 보상에 더 잘 반응하는 경향이 있다. 성공에 대한 동기 부여(스티커판 사용 포함) 및 부모/보호자와 협력하는 것과 관련된 일반적으로 적용할 수 있는 주제들은 2장에서 설명되어 있다. 문제 해결 회기 진행과 관련된 보충 정보는 이 장에서 다룬다.

문제 정의

부모/보호자는 아동의 문제를 파악할 때 자신(그리고 교사)이 아동과는 다른 시각을 가질 수 있다는 점을 염두에 두어야 한다. 이는 누가 '옳다' 또는 '그르다'는 의미가 아니다. 중요한 것은 행동 그 자체를 넘어서서 바라보는 것이다. 왜냐하면 아동의 행동은 불편함이나 어려움을 전달하는 수단일 수 있기 때문이다. 치료사는 부모/보호자에게 빙산을 은유로 활용하여 이를 설명할 수 있다. 즉, 겉으로 드러나는 문제는 빙산의 일각에 불과하며, 그 아래에는 보이지 않는 근본적인 원인들이 자리하고 있을 수 있다. 따라서 행동만을 교정하는 것이 아니라, 그 행동을 유발하는 기저 원인을 파악하고 다루는 것이 필요할 수도 있다.

문제 해결 과정을 가르치기

부모/보호자에게 단계별 문제 해결 과정(표 11.1 참조)을 교육한다. 부모/보호자는 이미 이 과정을 알고 있으며 자연스럽게 적용하고 있을 가능성이 높지만, 아동에게 가르치는 내용을 부모/보호자도 이해하고 있어야 가정에서도 이를 강화할 수 있다. 아동이 문제를 겪을 경우 부모/보호자는 아이와 함께 앉아 문제 해결의 단계를 작성하며 지도할 수 있다. 예를 들면 다음과 같다.

1단계 : 무엇이 문제인가요?
2단계 : 어떤 선택지가 있나요?
3단계 : 각 선택지의 장점과 단점은 무엇인가요?
4단계 : 실행해보세요.
5단계 : 결과는 어떠했나요?

이 과정은 아동이 문제 해결 과정을 배우고 이를 적용하는 능력을 키우는 데 도움을 줄 것이다. 3단계에서는 최적의 선택을 할 수 있도록 의사 결정 균형표(활동지 20 관련 회기 참조)를 작성하는 활동을 포함할 수 있다. 5단계를 간과하지 않는 것이 중요하다. 이 단계에서는 해결책을 실행한 후 그 성공 여부를 검토하는 과정이 포함된다. 이를 통해 선택한 해결책이 최선이었는지, 예상하지 못했던 일이 발생했는지(다음번에 고려해야 할 점이 있는지), 그리고 성공을 방해한 장애물이 무엇이었는지를 분석할 수 있다. 만약 첫 번째 해결책이 효과적이지 않다면 부모/보호자는 다른 선택지를 고려하거나 다시 문제 해결 과정을 진행하여 더 많은 해결책을 생각해보아야 한다. 문제가 잘 해결되었을 때는 이 단계를 건너뛰고 싶을 수 있지만, 학습 과정에서 매우 중요한 단계이므로 반드시 수행해야 한다. 해결 과정에서 아동이 예상하지 못했던 일이 발생했을 수도 있으며, 이에 따라 해결책을 조정해야 했을 가능성도 있기 때문이다.

부적응 전략 멈추기

부모/보호자는 아동이 문제를 해결하는 데 부적응적인 방식을 사용하고 있는지 잘 알아차릴 수 있다. 이러한 부적응적 방식에는 회피(문제를 회피하거나 억누르는 것), 경직된 반응, 또는 다른 사람을 탓하는 행동 등이 포함될 수 있다. 만약 이러한 행동이 나타날 경우 부모/보호자는 아동이 문제를 공유하고, 문제 해결 과정에 참여하며, 다른 해결 방법을 생각할 수 있도록 격려해야 한다. 중요한 점은 아동이 배워가고 탐색할 수 있도록 지원해야 하며, 비판받거나 수치심을 느끼지 않도록 해야 한다는 것이다. 아동이 문제를 직면하고 장애물을 극복하기 위해 노력할 때는 칭찬과 보상을 활용하여 긍정적인 강화가 이루어져야 한다.

자율성 장려

부모/보호자는 과거에 아동을 대신하여 문제를 해결해주는 경향이 있었음을 깨닫게 될 수도 있다. 이는 본능적으로 아동을 돕고 지원하며, 문제를 해결해주고, 스트레스를 덜어주며, 위안을 주고자 하는 자연스러운 반응이다. 그러나 아동이 성장함에 따라 부모/보호자는 한 발 물러서서 아동이 스스로 문제를 해결할 수 있도록 해야 한다. 그렇지 않으면 아동이 문제 해결 과정을 익히는 데 더 오랜 시간이 걸릴 수 있으며, 문제 해결 과정은 궁극적으로 아동이 자율적으로 수행할 수 있어야 한다. 부모/보호자에게 아동에 대한 기대치와 아동의 문제 해결 능력에 영향을 미칠 수 있는 요인들에 대해 이야기해야 한다. 이러한 요인에는 아동이 부담을 느끼거나, 감정적으로 동요하거나, 피곤하거나, 충동적으로 행동하는 것, 혹은 특정 상황이나 특정 사람과의 관계에서 어려움을 겪는 것 등이 포함될 수 있다. 이러한 경우에는 아동에게 추가적인 지원이 필요할 수 있다.

멈추고 생각하기

'멈추고 생각하기'는 아동이 충동적이고 자동적인 반응을 멈추고, 대신 다양한 결과를 고려할 수 있도록 돕는 특정 기법이다. 이 기법은 아동이 행동을 서두르지 않고 결과를 신중하게 고려할 수 있도록 유도하는 데 적용될 수 있다. 자세한 내용은 6장의 '부모/보호자와 협력하기'에서 확인할 수 있다.

걱정과 불안 관리

아동이 문제나 문제가 쌓이는 것에 대해 매우 불안해한다면 7장에서 설명한 전략을 활용하는 것이 도움이 될 것이다.

역할 모델

부모/보호자에게 문제를 외면하지 않고 대면하는 것이 자녀에게 훌륭한 역할 모델이 될 수 있음을 상기시켜 준다. 이를 위해 스스로 개선해야 할 부분이 있는지 논의해볼 수 있다. 예를 들어 도움을 요청하는 것, 관계를 회복하는 것, 집안일을 수행하는 것 등이 포함될 수 있다. 문제를 직면하는 것은 문제를 만드는 것과 다르며, 부모/보호자는 자신이 스트레스를 어떻게 관리하는지, 자기 시간을 어떻게 확보하는지, 육아의 다양한 요구를 어떻게 조율하는지, 자녀와의 질적 시간을 어떻게 보장하는지를 성찰해볼 필요가 있다. 또한 부모/보호자가 자신을 위한 시간을 갖는 것이 중요하며 일과 여가, 자기 돌봄과 타인 돌봄 사이에서 균형을 유지하는 것이 필요하다.

부모/보호자가 무엇을 할 수 있나요?

표 11.3에는 가정에서 실행할 수 있는 전략 목록을 포함한 접근 방식이 요약되어 있다. 전략의 효과를 극대화하기 위해 가능하다면 교사와 논의하여 가정과 학교에서 모두 실행하는 것이 도움이 된다. 많은 부모/보호자와 교사는 '알림장'을 사용하는 것이 정보를 공유하는 효율적인 방법이라고 생각한다(2장 참조).

영-스미스 프로그램 진행에 대한 중요한 배경 정보에 대해서는 2장을 참고할 수 있다. 어린 자녀의 경우 부모/보호자가 아동과 각 주제에 권장되는 활동지를 함께 해보는 시간(약 45~60분)을 따로 마련하는 것이 좋다. 각 장의 '인지행동치료'에 지침이 기술되어 있다. 버즈와 그의 가족을 소개하는 활동지는 3장에 요약되어 있다. 나이가 많은 아동(예 : 12세 이상)의 경우 필요하다면 버즈 활동지를 생략하고 대신 아동에게 직접 주제를 소개하도록 할 수 있다. 활동지의 토론 프롬프트를 사용하여 이를 아동의 경험에 적용하고 전략에 대해 토론할 수 있다. 홈미션을 설정하고 자녀가 이를

표 11.3 문제 해결을 위한 가정 내 전략

문제 정의하기
- 문제의 진짜 원인이 무엇인지 생각해보기
- 사실을 고려하기. 가정하지 않기
- 분노와 불안은 문제의 원인이 아니라 결과일 수 있음을 알기

문제 해결 과정을 가르치기
- 자녀와 함께 앉아 그림 11.1의 과정을 가르치기
- 단계별 요약을 적어두기('부모/보호자와 협력하기' 참조)
- 문제 해결 과정을 활용하고 강화할 수 있는 모든 기회를 활용하기
- 성취를 방해하는 장애물에 대해 생각해보는 것이 중요하므로 5단계를 건너뛰지 말기
- 자녀와 함께 이 과정을 적용하여 문제와 어려움을 극복하기

부적응 전략 멈추기
- 회피 행동 주의하기
- 허세를 부리거나 상황을 축소하려는 전략을 조심하기
- 지나치게 피곤하거나 감정적인 느낌 등 자녀의 문제 해결 능력에 영향을 미치는 요인이 무엇인지 고려하기

자율성 장려
- 자녀가 필요할 때 도와주되, 먼저 스스로 연습할 수 있게 독려하기

멈추고 생각하기
- STOP 과정을 사용하여 멈추고 생각하기 과정을 가르치기(6장 참조)
- 이 과정을 시작하기 위한 신호(언어적 및 시각적 신호 모두)를 설정하고 활용하기

감정 조절
- 필요한 경우 불안 관리를 위한 전략 적용하기(7장 참조)
- 필요한 경우 좌절과 분노를 관리하기 위한 전략 적용하기(8장 참조)

역할 모델
- 자신의 문제 해결 과정을 큰 소리로 설명하여 (적절한) 문제 해결 방법을 역할 모델로 삼기
- 일과 여가, 자기 자신과의 균형이 잘 잡혀 있는지 확인하기

완수하도록 지원한다. 자주 피드백을 주고 칭찬하는 것을 잊지 말아야 한다. 스티커판(2장 참조)을 만들어 눈에 잘 띄는 곳에 붙여두고 매일 사용할 수 있도록 한다.

교사 및 학교와 협력하기

아마도 교사가 학교에서 가장 자주 관찰하고 도움을 줄 수 있는 문제는 대인관계와 관련된 문제일 것이다. 학교 환경에서 아동은 친구를 사귀고 유지해야 하며, 개별 학습, 집단 과제, 팀 활동에서 다른 사람들과 협력해야 한다. 또한 좋아하지 않는 또래와의 관계를 조율하고, 성인과의 관계를 관리하며, 규칙과 권위를 존중하는 법을 배워야 한다. 이는 감정을 조절하고 대인 갈등을 해결하는 능력을 요구한다. 교실에서 교사가 주의 깊게 살펴봐야 할 흔한 문제 중 하나는 아동이 과제를 이해하지 못했음에도 불구하고 도움을 요청하지 않는 경우이다. 아동은 당황하거나 바보처럼 보일까 봐 두려워할 수 있으며, 이로 인해 딜레마에 빠지거나 불안을 느낄 수 있다. 중요한 것은 아동이 배우고 탐색할 수 있도록 지원하고, 비판이나 수치심을 느끼지 않도록 돕는 것이다.

또한 문제는 가정 환경과도 관련될 수 있다. 교사는 아동에게 신뢰할 수 있고 가치 있는 상담자로 인식될 수 있으며, 아동이 집에서는 이야기하기 꺼리는 걱정이나 문제를 털어놓을 대상으로 여길 수 있다. 심각한 문제의 경우 공식적인 절차가 개시될 수도 있지만, 그렇지 않은 경우 교사는 아동이 문제 해결 전략을 배울 수 있도록 돕고 지원할 수 있다. 여기에는 문제를 정의하는 방법, 단계별 문제 해결 과정에 참여하는 방법, 부적응적 문제 해결 전략을 줄이는 방법, 자율성을 장려하는 방법, 그리고 충동성과 불안을 조절하는 방법이 포함된다. 일반적으로 성인들은 이미 이러한 기술을 가지고 있으며 무의식적으로 문제 해결 과정을 적용하지만, 실제로 단계별로 진행되는 과정이 있다는 점을 강조하는 것이 중요하다. 교사와 부모는 이 과정을 아이에게 효과적으로 전달할 수 있도록 이를 인식하고 있어야 한다.

교사와 학교는 이미 영-스미스 프로그램에 소개된 여러 개입을 지원하는 구조를 갖추고 있을 가능성이 높다. 따라서 부모/보호자와 교사가 성공 사례와 전략을 공유하며 통합된 전략을 장려할 수 있도록 하는 것이 유용하다. 개입 과정에서 발생할 수 있는 장애물이나 어려움을 해결하기 위해 기술이나 전략을 아동에게 보다 효과적으로 적용할 수 있도록 조정하는 방법을 고민하는 것이 중요하다. 아동의 성공을 촉진하는 동기 부여 방법과 교사 및 학교와 협력하는 데 필요한 일반적인 내용은 2장에서 다루며, 문제 해결 회기를 제공하는 것과 관련된 보충 정보는 이 장에서 구체적으로 설명한다.

문제 정의하기

수업 중이나 운동장에서 문제의 조짐이 보이거나 의심될 경우 아동과 대화하며 상황을 파악하는 것이 중요하다. 아동이 문제를 인식하도록 돕되, 교사(및 부모/보호자)가 아동과 다른 관점을 가질 수 있다는 점을 염두에 두어야 한다. 이는 누구의 입장이 '옳다' 또는 '그르다'를 의미하는 것은 아니다. 아동의 행동을 단순히 표면적으로만 보지 말고, 그 행동이 감정적 어려움을 표현하는 수단일 수도 있음을 고려해야 한다. 치료사는 이를 교사에게 빙산을 비유로 사용해 설명할 수 있다. 즉, 겉으로 보이는 문제는 빙산의 일각에 불과하며, 해결이 필요한 근본적인 원인은 그 아래에 존재할 수 있다.

문제 해결 과정을 가르치기

교사는 학교에서 아이들이 문제를 해결할 수 있도록 돕는 다양한 방법을 가지고 있으며, 먼저 해당 아동에게 효과적인 전략이 무엇인지 고려하는 것이 중요하다. 학교에서 도움이 되는 전략을 파악하고, 이를 부모/보호자와 협력하여 가정에서도 적용할 수 있도록 의사소통하는 방안을 모색해야 한다. 예를 들어 아동이 끈기를 기를 수 있도록 격려하는 방법이나 새로운 문제 해결 방법을 시도한 것 자체에 대해 보상을 제공하는 방식이 있을 수 있다(비록 해결책이 성공적이지 않더라도 노력 자체는 보상받아야 한다). 또한 '부모/보호자와 협력하기'에서 설명된 문제 해결 단계를 교사들이 아동에게 소개하는 것이 중요하며, 특히 가정에서 이미 활용하고 있다면 이를 학교에서도 연계하여 사용할 수 있다. 이 과정은 아동이 문제 해결을 서두르지 않고 다양한 해결책을 고려하도록 돕는 것을 목표로 한다.

부적응 전략 멈추기

교사는 특히 대인관계 및 갈등 해결과 관련하여 아동이 문제를 해결하는 데 부적응적인 방법을 사용하고 있는지 가장 잘 파악할 수 있는 위치에 있다. 회피(문제를 무시하거나 속으로 감추는 것), 경직된 반응, 타인에게 책임을 돌리는 등의 부적응적인 전략이 관찰될 경우 교사는 아동에게 대안을 제시해야 한다. 예를 들어 문제를 다른 사람과 공유하고, 문제 해결 과정을 거치며, 다양한 해결 방법을 고민하도록 유도할 수 있다. 중요한 점은 아동이 배워나가며 문제 해결 능력을 키울 수 있도록 지원하는 것이지 비판받거나 수치심을 느끼게 해서는 안 된다는 것이다. 치료사는 교사와 협력하여 학교에서 아동이 우선적으로 해결해야 할 문제를 논의하고, 교사가 아동이 문제를 다루는 데 도움이 될 수 있는 구체적인 목표를 설정하도록 권장해야 한다. 교사는 아동이 문제를 해결하는 데 있어 건설적인 경로를 따를 수 있도록 유도해야 하며, 이를 위해 "여러분이 원하는 것은 무엇인가요?" 또는 "그 목표를 이루기 위해 어떤 단계를 거쳐야 할까요?"와 같은 질문을 통해 사고를 확장하도록 도울 수 있다. 아동이 자신의 문제를 직면하고 장애물을 극복하기 위해 노력하는 경우 이를 격려하고 보상을 제공하는 것이 중요하다.

자율성 장려

숙련된 문제 해결이 반드시 '이기거나' 또는 '지는' 이분법적인 결과로 이어지는 것은 아니다. 타협이나 사과를 포함한 다양한 해결책이 존재할 수 있다. 교사는 이러한 기술을 연마하는 데 능숙하다. 때때로 교사들이 지시를 내리거나 해결책을 제시하는 것이 더 빠를 수 있지만, 이는 자율적인 문제 해결을 위해 바람직하지 않다. 대신 이 프로그램에서 제시된 단계적 과정에 따라 문제를 해결하도록 유도하는 것이 중요하다. 이를 통해 아동이 스스로 해결책을 찾는 기술을 익힐 수 있다. 예를 들어 논쟁이나 의견 충돌을 겪은 아동과 대화할 때 교사는 "크리스, 너는 이걸 원하고, 샘, 너는 저걸 원하는구나. 어떻게 하면 너희 둘 다 원하는 걸 조금씩 가질 수 있을까? 어떻게 해결할 수 있을까? 지금 둘 다 속상한 상태인데, 이걸 어떻게 풀어나갈 수 있을까?"라고 질문하며 해결 과정을 이끌어나갈 수 있다.

멈추고 생각하기

교사는 충동적인 아동이 즉각적으로 떠오르는 첫 번째 생각에 따라 행동하기보다는 한 걸음 물러서서 다양한 선택지를 고려할 수 있도록 도울 수 있다. 특히 교사가 반복적으로 나타나는 비효율적인 문제 해결 패턴을 관찰했다면, '멈추고 생각하기(Stop and Think)' 기법이 매우 유용할 것이다. 보다 자세한 내용은 6장에서 확인할 수 있다.

걱정과 불안

아동이 특정 문제나 여러 문제의 누적으로 인해 심한 불안을 느끼는 경우 7장에서 제시된 전략들을 활용하는 것이 도움이 될 것이다.

교사가 무엇을 할 수 있나요?

표 11.4에는 학교에서 시행할 수 있는 전략 목록을 포함하여 교사를 위해 제안된 접근 방법이 요약되어 있다. 전략의 효과를 극대화하기 위해 가능하다면 부모/보호자와 논의하여 가정과 학교에서 유사하거나 보완적인 전략을 실행하는 것이 도움이 된다. 대부분의 교사와 부모/보호자는 '알림장'을 사용하는 것이 정보를 공유하는 효율적인 방법이라고 생각한다(2장 참조).

영-스미스 프로그램 진행에 대한 중요한 배경 정보를 제공하는 2장을 읽어볼 것을 권유한다. 교사에게 아동과 함께 구체적인 활동지를 검토할 시간이 없을 가능성이 높지만, 부모/보호자가 이를 수행할 수 없는 경우 특수교사와 이를 논의하는 것이 도움이 될 수 있을 것이다. 이를 실행하는 방법에 대한 지침은 각 장의 '인지행동치료'에서 확인할 수 있다. 버즈와 그의 가족을 소개하는 활동지는 3장에 요약되어 있다. 나이가 많은 아동(예 : 12세 이상)의 경우 필요하다면 버즈 활동지를 생략하는 대신 아동에게 직접 주제를 소개하고 활동지의 토론 프롬프트를 사용하여 이를 아동의 경험에 적용하고 제안된 전략에 대해 토론할 수 있다. 홈미션을 설정하고 아동이 이를 완수하도록 지원해주는 것이 좋으며, 자주 피드백을 주고 칭찬하는 것을 잊지 말아야 한다. 스티커판을 사용하는 경우(2장 참조), 부모/보호자가 정기적으로 검토할 수 있도록 '알림장'에 기재할 수 있다.

표 11.4 문제 해결을 위한 학교 내 전략

문제 정의하기
- 문제의 진짜 원인이 무엇인지 생각해보기
- 사실을 고려하기. 가정하지 않기
- 분노와 불안은 문제의 원인이 아니라 결과일 수 있음을 알기

문제 해결 과정 가르치기
- 아동에게 어떤 것이 효과적이고 어떤 것이 덜 효과적인지 고려하기
- 부모/보호자와 전략을 논의하고 공유하기
- 표 11.1의 문제 해결 과정을 검토하고 학교에서 어떻게 적용할 수 있는지 생각해보기
- 문제 해결 과정을 활용하고 강화할 수 있는 모든 기회를 활용하기
- 성취를 방해하는 장애물에 대해 생각해보는 것이 중요하므로 5단계를 건너뛰지 않기

부적응 전략 멈추기
- 회피 행동 주의하기
- 허세를 부리거나 상황을 축소하려는 전략을 조심하기
- 아동이 문제를 해결하는 데 도움이 되는 구체적인 목표를 설정하고 아동이 목표를 달성할 수 있는 건설적인 경로를 만드는 데 도움이 되는 질문하기
- 지나치게 피곤하거나 감정적인 느낌 등 아동의 문제 해결 능력에 영향을 미치는 요인이 무엇인지 고려하기

자율성 장려
- 아동이 필요할 때 도와주되, 먼저 스스로 연습할 수 있게 독려하기

멈추고 생각하기
- STOP 과정을 사용하여 멈추고 생각하기 과정을 가르치기(6장 참조)
- 이 과정을 시작하기 위한 신호(언어적 및 시각적 신호 모두)를 설정하고 활용하기

감정 조절
- 필요한 경우 불안 관리를 위한 전략 적용하기(7장 참조)
- 필요한 경우 좌절과 분노를 관리하기 위한 전략 적용하기(8장 참조)

교직원 협업
- 모든 교직원이 아동에게 어떤 전략이 사용되고 있고 그 이유가 무엇인지 이해하기

참고문헌

Delis, D. C., Kaplan, E., & Kramer, J. H. (2001). *Delis–Kaplan Executive Function System (D-KEFS)*. San Antonio, TX: The Psychological Corporation.

Gioia, G. A., Isquith, P. K., Guy, S. C., & Kenworthy, L. (2000). *Behavior Rating Inventory of Executive Function (BRIEF)*. Odessa, FL: Psychological Assessment Resources.

Sexias, M., Weiss, M., & Müller, U. (2012). Systematic review of national and international guidelines on attention deficit hyperactivity disorder. *Journal of Psychopharmacology, 26*(6), 753–765.

12

기분과 자존감

자아존중감, 즉 자존감은 '긍정적인 자기 가치와 귀인에 대한 감각'(Rosenberg, 1965)으로 정의되며, '개인이 자신의 수행, 역량 및 속성을 평가하고, 이를 바탕으로 자신의 가치에 대한 결정을 내리는 판단 과정'(Coopersmith, 1967)으로 설명되기도 한다. 따라서 자존감은 다차원적인 개념으로, 인지적(자신에 대한 믿음과 귀속), 정서적(자신의 가치나 존중감에 대한 감정), 행동적(긍정적인 통제와 행동) 요소를 포함한다. 어린 아동은 이러한 추상적인 개념을 반영하거나 이해하기 어려운 경우가 많으며, 대신 주변 사람들로부터 받은 피드백(명시적 및 암시적)을 있는 그대로 받아들이는 경향이 있다. 이는 ADHD 아동이 일반 또래에 비해 낮은 자존감을 갖는 이유를 설명하는 데 도움이 될 수 있다. ADHD 아동은 부모/보호자, 교사, 또래로부터 더 많은 꾸지람과 부정적인 피드백을 받을 가능성이 높고, 실패를 경험할 가능성이 크기 때문이다. 또한 ADHD 성인들은 자신의 삶을 되돌아볼 때 자라면서 항상 다른 사람들과 다르다는 느낌을 가졌다는 것을 보고하는 경우가 많으며, 이는 대개 부정적인 방식으로 인식된다(Young, Bramham, Gray & Rose, 2008).

자아 개념과 자존감의 발달을 이해하는 데 Beck 등(1979)이 개발한 우울증의 인지행동 모델을 참고할 수 있다. 이 모델은 초기 경험, 자기 평가, 타인으로부터 받은 메시지를 기반으로 자기 자신, 세상, 그리고 타인에 대한 신념이 형성되는 과정을 설명한다. 이러한 신념은 부분적으로 세상을 이해하는 렌즈 역할을 하며, 다양한 가정을 형성하는 데 영향을 미친다. 예를 들어 "나는 그다지 잘하지 못해"라는 신념을 가진 사람은 어떤 상황이 잘 풀리지 않을 경우, "그건 내가 뭔가를 잘못했기 때문이야"라고 가정할 가능성이 높다. 이러한 사람은 일상에서 도전적인 상황을 마주할 때 "어차피 잘되지 않을 거니까 시도해봤자 소용없어" 또는 "나는 쓸모없는 사람이야"와 같은 부정적인 생각에 사로잡힐 가능성이 크다. 이러한 인지는 회피 행동을 유발하며, 무력감과 무가치한 감정을 느끼게 만든다. 따라서 아동은 자신의 행동을 통해 환경을 조절하고, 성취감을 느끼며, 자기 효능감을 키울 기회를 놓치게 된다. 이러한 과정은 악순환을 형성하여 아동이 긍정적인 자존감을 발달시키기 어려워지고, 대신 환멸감과 무관심을 경험하게 만든다. 이는 결국 행동 및 품행 문제의 위험을 증가시키는 요인으로 작용할 수 있다. 또한 일부 청소년은 이러한 환경에서 벗어나기 위해 자신이 더 쉽게 정체성을 찾고 '성공의 맛'을 경험할 수 있는 사회적 환경을 찾으려 할 수도 있다. 예를 들어 길거리 폭력배 무리에 합류하는 것이 하나의 대안이 될 수 있다.

이 장에서는 ADHD, 기분, 낮은 자존감 간의 관계를 살펴보고, 인지행동 전략을 활용하여 다양한 환경과 대인관계 속에서 자존감을 증진하는 방법을 제안한다. 아동은 자신의 어려움에도 불구하고 사랑받고 소중한 존재임을 아는 것은 매우 중요하다. 긍정적인 양육 방식은 모든 지원 프로그램의 핵심 요소이다. 부모/보호자는 ADHD 증상이 때때로 문제를 일으킬 수 있음에도 불구하고 자녀를 좋아하고 사랑한다는 사실을 보다 분명하게 표현할 필요가 있을 수 있다.

소개

ADHD 아동은 또래에 비해 부정적인 경험을 더 자주 겪을 가능성이 높으며, 특히 따돌림을 당한다고 느끼거나 주변에서 자신을 받아들여주지 않는다고 느끼는 경우가 많다. 이러한 경향은 특히 늦은 시기에 진단을 받은 아동에게 더욱 두드러질 수 있다. 임상적 이해의 틀이 없는 상태에서 부모/보호자와 교사는 이들의 행동을 반항적이거나 버릇없고 게으른 것으로 해석할 수 있기 때문이다. 이들은 '문제아'로 낙인찍힐 수 있으며, 이러한 메시지가 아동에게 전달되면 스스로를 '문제아'라고 여길 수 있다.

행동 기능

낮은 자존감, 자신에 대한 긍정적 평가 부족, 자신의 능력에 대한 자신감 결여는 우울한 기분을 유발할 수 있는 위험 요인이 된다. 이러한 요인이 존재할 경우 인지적 문제를 더욱 악화시킬 가능성이 높은데, 이는 기분과 주의력이 밀접하게 연관되어 있기 때문이다. 예를 들어 우울한 상태에 있는 사람들은 주의 집중 시간이 짧아지고 기억력 문제를 더 많이 겪는 것으로 알려져 있다. 또한 자신, 타인, 세상, 그리고 미래에 대한 생각이 부정적인 방향으로 치우치는 경향이 있다. 마치 어두운 색안경을 쓰고 세상을 보는 것처럼 모든 것이 회색빛으로 보이고 어둡게 느껴진다. 낮은 자존감을 가진 ADHD 아동은 종종 절망감을 느끼며, 이는 그들이 과제나 활동을 적극적으로 받아들이기보다 회피하도록 만든다. 또한 ADHD 아동은 자신이 다른 사람들의 기준에 미치지 못한다고 느끼며, 종종 사회적 상황에서 위축되거나 물러나는 경향이 있다. 자연스럽게 아동은 이러한 불쾌한 감정을 이해하고 조절하는 데 어려움을 겪는다. 그 결과 짜증을 내거나 스트레스를 받는 경우가 많으며, 일부 아동은 공격적인 행동을 보이기도 한다. 이러한 공격성은 자신뿐만 아니라 다른 사람에게도 향할 수 있으며, 신체적으로 공격하거나 언어적으로 거칠게 행동하는 방식으로 표출될 수 있다.

학업 기능

낮은 자존감을 가진 아동은 주저하고 불확실하며 감정적으로 예민한 모습을 보인다. 이들은 학교 활동, 특히 사회적 및 학업적 활동에서 위축되거나 물러날 수 있다. 특히 지속적인 정신적 노력이 필요한 과제(예 : 손글씨로 작성하는 과제)에 대해 더욱 회피하는 경향이 있을 수 있는데, 이는 자존감이 낮은 아동이 실패와 연관된 과제를 극도로 피하려 하기 때문이다. 또한 이러한 경험은 아동이 앞으로도 계속해서 실패를 예상하게 만들 수 있다. 자존감이 낮은 아동은 과제에 도전할 수 있도록 격려가 필요하며, 자신의 노력에 대해 충분한 칭찬을 받아야 한다. 이러한 과정은 긍정적인 경험을 형성하는 데 도움을 주며, 궁극적으로 자기 효능감과 자신감을 키우는 데 기여할 것이다.

대인관계 기능

자신감이 부족한 아동은 또래 관계에서 어려움을 겪을 수 있다. 이들은 스스로 고립되거나 또래들과 어울리는 것을 피할 수 있다. 또한 괴롭힘이나 놀림을 당하기 쉬운 취약한 위치에 놓일 수도 있다. 어떤 아동은 한 명의 가장 친한 친구와만 어울리며, 그 친구와 함께할 때만 자신감을 느끼기도 한다. 반면 어떤 아동은 자신의 감정을 숨기기 위해 과장된 태도를 보이거나, 자신이 느끼는 불안을 무시하려는 행동을 하기도 한다. 일부 아동은 또래 집단에 적응하려는 목적으로 다른 사람에게 과하게 맞추려 하며, 이 과정에서 쉽게 휘둘리거나, 무분별한 성적 행동을 하거나, 반사회적 행동에 가담할 위험이 있다.

대처

실패를 반복적으로 경험하면 필연적으로 자기 효능감이 낮아지고 자존감이 저하된다. ADHD 아동은 이러한 부정적인 감정을 처리하는 능력이 부족한데, 이는 문제 해결 능력이 부족하기 때문이다. 이들의 증상은 문제를 정확하게 평가하고, 여러 가지 해결책을 떠올리며, 계획을 세우고 조직화한 후 최선의 해결책을 실행하는 능력을 저해한다. 이러한 아동은 위축되거나 회피하는 등의 부적응적인 대처 전략을 보일 가능성이 크다. 우울감이나 우울증이 있으면 미래에 대한 부정적이고 비관적인 시각을 갖게 되며, 다른 사람들의 의도와 반응을 잘못 해석할 가능성이 커진다. 또한 이러한 아동은 부정적인 생각과 감정을 표현하지 않고 침묵 속에서 고통을 겪을 수도 있다. 이들에게 세상은 희망이 없고, 자신은 무력하다고 느껴질 수 있다. 따라서 아동이 이런 모습을 보일 때는 이러한 어두운 감정에서 벗어날 수 있도록 돕고 희망을 가질 수 있도록 길을 밝혀주는 것이 중요하다.

보다 복잡하고 심각한 자존감 및 기분 문제의 경고 신호로는 자해 행동, 지속적인 위축 및 사회적 활동 회피, 자신에 대한 부정적인 생각을 표현하는 것, 자살을 암시하는 발언 등이 있다. 이러한 행동은 임상적 우울증을 나타낼 수 있으며, 임상 평가를 위한 전문가의 상담이 필요할 수 있다. 특히 아동의 생명에 중대한 위험이 있거나 즉각적인 위험이 감지될 경우 병원의 응급 의료 서비스로 즉시 이송해야 한다.

평가

ADHD의 평가 및 치료에 관한 국제 지침에서는 ADHD를 평가하기 위해 훈련받고 자격을 갖춘 정신건강 전문가가 종합적인 평가 절차를 수행할 것을 권장한다(Sexias, Weiss & Müller, 2012). 평가는 다양한 상황 및 환경에서의 어려움과 행동을 평가하기 위한 심리 측정 설문지, 임상 면담 및 아동 관찰을 포함한 다면적 평가가 이루어진다. 아동 양육에 관련된 여러 사람(가능하면 아동 본인도 포함)으로부터 다양한 관점을 얻는 것이 바람직하며, 다양한 기관으로부터의 자료가 요구된다. 성공 가능성이 높은 적절한 개입을 위한 치료 계획을 개발하려면 아동의 발달적, 환경적 및 심리사회적 요인과 아동의 강약점, 현재 받고 있는 지원 등 아동의 발달 전반에 걸친 어려움의 특징과 복잡성을 완전히 이해하는 것이 중요하다. 이 과정에서 아동이 겪는 동반 질환 및 사회적 문제뿐만 아니라 가족 내 문제도 염두에 두는 것이 필요하다.

측정 도구

아마도 가장 잘 알려진 자존감 평가 척도는 Rosenberg(1965)가 개발한 척도일 것이다. 어린 아동을 위한 평가 도구로는 임상 결과 평가 척도가 추천된다. 자존감 저하가 근본적인 기분장애로 인해 발생한 것으로 의심될 경우 평가에는 기분과 우울증에 대한 포괄적인 검사가 포함되어야 한다. 아동의 기분을 평가하는 여러 척도가 있으며, 여기에는 무가치함과 우울감을 측정하는 항목이 포함된다. 일반적으로 사용되는 척도로는 감정적 증상을 평가하는 강점 난점 질문지(SDQ; Goodman, 1997, 2세 이상 대상)와 우울 증상을 측정하는 개정판 아동 불안 및 우울 척도(RCADS; Chorpita, Yim, Moffitt, Umemoto & Francis, 2000, 6세 이상 대상)가 있다. 이러한 척도는 부모/보호자 및 교사가 아동을 관찰하고 이해한 바를 기반으로 평가하며, 아동이 직접 응답하는 자기 보고 방식의 척도도 사용될 수 있다. 성인은 아동이 자기 보고 설문지를 작성하는 것을 도와주어야 한다. ADHD 아동은 질문을 잘못 읽거나, 답을 놓치거나, 충동적으로 응답하거나, 척도점수를 잘못 표시할 수도 있다. 그러나 유도된 질문의 영향을 받지 않도록 응답을 작성하는 것이 중요하다. 읽기에 어려움을 겪는 아동에게는 항상 문항을 읽어주어야 한다. 대부분의 검사와 마찬가지로 검사 점수는 편견의 영향을 받을 수 있으므로 숙련된 전문가가 신중하게 해석해야 한다.

임상 면담

부모/보호자와 교사가 아이들을 서로 비교하지 않는 것은 어려울 수 있다. 사회에는 '정상' 기준, 발달 이정표, 그리고 전형적인 행동에 대한 기대가 존재하기 때문이다. 불행하게도 이로 인해 ADHD 아동은 다른 사람들로부터 주의 깊게 듣지 않거나, 규칙을 따르지 않거나, 일을 끝내지 못한다는 등의 이유로 과도한 비판을 받을 수 있다. ADHD 아동이 또래와 비교될 경우 이들의 개인적인 기술과 강점이 인정받지 못할 수 있다. 이는 ADHD 자체가 다양한 영역에서 기능 저하나 결함을 동반하기 때문이다. 이러한 비교와 비판이 반복되면 아동은 이를 내면화하여 자신이 부족하다는 왜곡된 자기 인식을 갖게 될 수 있으며, 결국 낮은 자존감과 자기 가치감의 저하로 이어질 수 있다.

아동을 둘러싼 환경과 사람들이 아동에게 적응적이고 지지적인지 고려해야 한다. 또한 아동 주변의 성인들이 가지고 있는 기대 수준을 신중하게 평가해야 한다. 아동에게 지나치게 높은 기대를 가지면 아동은 자신이 충분하지 않다고 믿게 될 수 있다. 게다가 비현실적인 기대는 부모, 보호자, 교사의 기대에서만 나타나는 것이 아니라, 아동 스스로에게도 존재할 수 있다. 또한 아동 스스로에 대해 부정적인 태도를 가지고 있는지, 혹은 부모/보호자나 교사로부터 부정적인 시선을 받고 있는지도 주의 깊게 관찰해야 한다. 부모/보호자는 아동의 행동으로 인해 특히 스트레스를 받을 수 있으며, 진단에 대한 걱정과 속상함으로 의도치 않게 아동에게 책임을 돌리거나 부담을 줄 수도 있다. 또한 교사와의 대화를 통해 수업 중 태도나 또래관계에 대한 의견을 구하는 것이 도움이 된다. 교사와 가족에게 현재 잘 진행되고 있는 점과 어려움을 겪고 있는 점에 대해 물어보는 것이 중요하다.

사고

아동과 대화를 나누며, 그들이 자신과 자신의 미래에 대해 가지고 있는 부정적이거나 비판적인 생각을 파악하는 것이 중요하다. 예를 들어 자신을 평가절하하거나, 희망이 없다고 느끼거나, 무가치하다고 생각하는 경우 또는 "아무것도 잘될 리 없어"나 "아무도 나를 좋아하지 않을 거야"와 같은 전반적으로 부정적인 사고를 하는 경우가 있다. 자신을 과도하게 비판하거나 부정적인 사고를 하는 것은 기분장애 또는 낮은 자존감의 신호일 수 있다. 그러나 아동이 이러한 생각을 쉽게 표현하지 못할 수도 있으므로, 치료사는 이 장 후반부의 '창의적 방법'에서 제시하는 '세 단어 기법(three-word technique)'을 적용할 필요가 있다. 만약 아동에게 자살이나 자해와 관련된 생각이 있다면 즉시 전문가의 조언을 구할 것을 권장한다.

감정과 생리학적 특성

부정적인 인지 외에도 우울증의 신체적 징후가 나타날 수 있다. 여기에는 감정적 불안정성 증가(더 쉽게 짜증을 내고 감정 기복이 심해짐), 쉽게 괴로워하거나 눈물을 흘리는 경향, 수면 패턴의 변화(낮 동안 수면, 잠들기 어려움, 이른 아침에 깨어남), 위축, 동기 부족, 낮은 에너지 수준, 무기력, 피로 및 집중력 저하 등이 포함된다. 이러한 증상들이 평소 아동의 상태보다 더 두드러져, 기존 증상이 악화된 것처럼 보일 수 있다. 아동은 에너지가 부족하다고 보고하거나, 몸이 무겁다고 느끼거나, 사고 속도가 느려졌다고 말할 수도 있으며 두통, 식욕 저하, 수면 문제를 경험할 수 있다.

어린 아동의 경우 감정을 표현하는 데 도움을 주기 위해 얼굴 표정 차트나 이 장의 '창의적 방법'에서 설명하는 '감정 주머니 기법'을 활용할 수 있다. 나이가 더 많은 아동은 자신의 감정을 특정 사건, 대인 관계 문제, 걱정 또는 불안과 연결 지을 수 있을 것이다.

행동

가장 흔하게 나타나는 행동적 특성은 위축, 회피, 짜증, 무기력이다. 아동은 이전에 즐기던 활동에서 점점 즐거움을 느끼지 못하고, 선호하던 활동에서 멀어질 수 있다. 이러한 변화가 언제부터 시작되었는지를 파악하는 것이 중요하며, 어떤 요인이 이를 완화하거나 개선하는지, 반대로 악화시키거나 더 어렵게 만드는지를 고려해야 한다. 아동이 짜증을 내거나 반항적인 행동을 한다면 아동에게 주어진 요구 수준이 지나치게 높다는 신호일 수도 있다. 이러한 과도한 요구로 인해 아동이 스트레스를 받게 되면서 문제 행동을 보일 가능성이 높아진다. 이러한 점을 확인하기 위해 "X 상황에서 ○○이는 Y 감정을 느낀다고 했는데, 그다음에는 어떤 행동을 하나요?",

"어떤 일이 너무 어렵다고 느껴지고 '내가 이걸 할 수 있을까?'라는 생각이 들 때 그다음에는 어떻게 되나요?", "도움이 되는 일을 하나요?"와 같은 질문을 활용할 수 있다. 아동이 직접 말한 구체적인 예시를 활용하면 답변을 이끌어내기가 더 쉬울 것이다.

가족 구성원과 교사의 대인관계 방식, 그들의 접근 가능성 및 제공하는 지원 수준도 함께 고려해야 한다. 이러한 모든 요소는 관계의 따뜻함과 만족도에 영향을 미친다. 관계가 무너지면 아동이 거부감, 고립감 또는 혼란을 느끼게 만들 수 있다. 특히 관계가 악화되고 악순환이 형성된 경우 어떤 요인이 관계 단절에 기여했는지 정확히 파악하기 어려울 수 있다. 치료사는 이러한 관계의 경직성이 나타나는 부분을 확인하여, 그 부분 혹은 개인의 '정체된' 상태를 파악하고 이를 중재할 수 있는 지점(예 : 협상 및 타협을 통한 개입)을 찾아야 한다.

우울 증상의 발현 시점을 정확히 파악하는 것이 매우 중요하다. 치료사는 아동의 '평소' 행동 양상과 우울 증상으로 인해 악화된 행동 양상을 구분해야 한다. 최근 들어 인지적 및 행동적 패턴이 질적으로나 양적으로 상당히 변화했다면, 이는 우울장애 때문일 수 있다. 아동이 사회적으로 위축되거나, 울음을 자주 터뜨리거나, 무언가를 쉽게 포기하거나, 이전에 즐겼던 활동에서 더 이상 즐거움을 느끼지 못하는 등의 행동은 심각하게 받아들여야 한다. 활동이나 관계에서 물러난 아동은 긍정적인 강화를 받을 기회가 줄어들 가능성이 높으며, 이는 기분 저하로 이어질 수 있다. 상황을 피하거나 회피하는 것은 단기적으로는 감정을 조절하는 데 도움이 될 수 있지만, 시간이 지나면서 이러한 방식은 상황을 개선하지 못한다. 이는 아동이 자신의 감정을 공유하고 해결책을 찾는 법을 배우지 못하게 만들기 때문이다.

창의적 방법

일부 아동(특히 어린 아동)은 자신의 생각과 감정을 인식하거나 표현하는 데 어려움을 겪을 수 있다. 이를 돕기 위해 치료사가 활용할 수 있는 여러 가지 기법이 있다. 감정 표현을 돕기 위해 아동에게 자신이 어떻게 느끼는지를 그림으로 그려보도록 요청할 수 있다. 또는 "내 감정은 어떤가요?"라는 얼굴 표정 차트를 제시하고, 아동이 자신의 감정을 선택하도록 한 후 그 감정과 관련된 생각을 탐색할 수도 있다. 7장의 '창의적 방법'에서 설명된 '불안 주머니' 기법은 우울한 기분과 낮은 자존감과 관련된 감정을 확인하는 데 사용할 수 있다.

생각을 탐색하는 방법으로는 '세 단어 기법'을 활용할 수 있다. 이 방법은 세 단어를 사용하여 아동의 부정적인 사고와 신념을 이끌어내는 방식이다. 예를 들어 "○○이를 가장 잘 설명하는 세 가지 단어를 말해줄 수 있나요?"라고 질문할 수 있다. 또한 아동이 다른 사람들이 자신을 어떻게 인식한다고 생각하는지를 파악하기 위해 "○○이 반 친구들(혹은 선생님, 형제자매, 가장 친한 친구, 부모/보호자)이 ○○이에 대해 가장 자주 말하거나 생각하는 세 가지 단어를 말해줄 수 있나요?"라고 물어볼 수도 있다.

아동의 생각과 감정의 강도를 파악하기 위해 '감정 온도계'를 사용할 수 있다. 이는 1에서 10까지의 숫자로 감정의 강도를 표시하도록 하는 방식이며, 1은 매우 약한 감정을, 10은 매우 강한 감정을 나타낸다. 같은 방식으로 '생각 온도계'를 활용할 수도 있다. 이를 통해 아동이 특정 생각을 전혀 믿지 않는지(1), 혹은 매우 강하게 믿는지(10)를 평가할 수 있다.

사회적 기술을 위한 인지행동치료

어린 아동을 대상으로 하거나 활동지를 치료의 기초로 사용하는 경우 첫 회기는 항상 활동지 1, 2, 3으로 시작한다. 아동에게 버즈와 그의 가족을 소개하고(활동지 1), 긍정적인 자기 대화를 소개하고(활동지 2), 보상 시스템을 확인해야 한다(활동지 3). 보상 및 자기 대화 전략은 가정 및 학교에서, 그리고 회기 내에서 적용할 수 있다. 도입 회기를 계획하고 진행하는 방법에 대한 개요는 3장을 참조하라.

기분과 자존감 회기의 개입 및 활동지 목표는 아동이 긍정적인 사고방식을 배우고, 긍정적인 자존감을 형성하며, 자신의 긍정적인 특성을 인식하고 스스로에 대해 좋은 감정을 갖도록 돕는 것이다. 치료사는 회기 내 활동계획을 설정하고, 완료한 홈미션을 확인하고, 새로운 활동지(또는 나이가 많은 아동에게는 '전략들')를 통해 작업하고, 새로운 홈미션을 설정하여 이러한 목표를 달성할 수 있다. 필요한 경우 회기 중간에 휴식 시간을 가질 수 있으며, 이는 특히 어린 아동에게 중요할 수 있다. 회기의 구조와 내용에 대한 일반적인 정보는 2장에 제시되어 있으며, 12장에는 기분과 자존감 회기의 진행과 관련된 추가적인 정보가 포함되어 있다.

회기 내 활동계획

회기가 시작될 때 아동에게 회기 전에 준비한 회기 내 활동계획서(그림 12.1 참조)를 보여주고, 이를 검토하면서 회기 중에 소개할 주제와 활동지를 연결하여 설명한다. 기분과 자존감 모듈에서는 활동지 21과 22를 소개하면서 다음과 같이 말한다.

활동계획

파일 검토

이야기를 쓰다 [활동지 21]

휴식 시간

버즈의 힘든 하루 [활동지 22]

홈미션 안내

그림 12.1 기분과 자존감 회기 내 활동계획 예시

"버즈는 글쓰기 대회에서 2등을 한 후 매우 자랑스러워하고 있어요. 우리가 즐기는 것과 열심히 노력하는 것들에 대해 더 이야기해보려고 해요. 그 후에는 짧은 휴식을 가진 다음, 색연필을 사용해서 활동지를 색칠할 수 있어요. 그러고 나서 버즈가 어떻게 힘든 하루를 좋은 하루로 바꾸는지에 대해 들어볼 거예요."

파일 검토

아동과 함께 파일을 검토하는 것은 홈미션이 완료되었는지 확인하는 것 외에도 중요한 정보 또는 개념을 수정할 기회를 가질 수 있으며 이를 학습이나 새로 습득한 기술과 통합하는 데에도 도움이 될 수 있다. 아동이 파일에 추가한 그림이나 색칠, 그림, 오려 붙인 잡지 또는 사진을 살펴보는 시간을 갖는다. 그것들에 대해 토론하고 버즈와 그의 가족에 대한 이야기와 연결시키며, 이전에 다루었던 주제나 전략과도 연결시키도록 노력하는 것이 중요하다. 이것은 행동 수정을 촉진할 뿐만 아니라 아동에게 보상 시스템으로 작용할 수도 있다. 칭찬은 구두로 해야 하지만 스티커, 손글씨 메모 또는 웃는 얼굴을 추가하여 보상할 수도 있다. 홈미션을 설정했다면 홈미션 기록지에서 부모/보호자의 의견과 피드백을 검토하고 이에 대해 아동과 논의해야 한다. 파일 검토 및 홈미션에 대한 자세한 내용은 2장을 참조하면 된다.

활동지 21. 이야기를 쓰다

활동지 설명

버즈는 모험을 상상하는 것을 좋아하고, 이를 글로 표현하는 것에 능숙해요. 하지만 선생님이 이야기를 읽어줄 때 가만히 앉아서 듣는 것을 어려워하고, 때때로 학교에서 긴 글을 써야 할 때는 안절부절못하기도 해요. 버즈의 선생님은 버즈가 이야기를 좋아한다는 것을 알고, 버즈에게 이야기 공모전에 참가해보라고 제안했어요. 버즈는 윌마가 강아지였을 때 정원 울타리에 난 구멍을 통해 기어나가 숲속에서 길을 잃었던 이야기를 쓰기로 했고, 매일 조금씩 글을 써나갔어요. 그리고 마침내 버즈의 이야기가 공모전에서 2등을 차지했어요! 버즈는 기쁨을 감출 수 없었고, 선생님은 버즈가 받은 상장을 벽에 걸어 모두가 볼 수 있도록 해주었어요. 버즈는 스스로가 매우 자랑스러웠어요.

활동지 프롬프트

- 버즈는 무엇을 잘하나요? 그리고 무엇을 잘하지 못하나요?
- 버즈는 왜 매일 조금씩 이야기를 썼을까요?
- '자랑스럽다'는 것은 무엇을 의미하나요? 버즈는 왜 자랑스러움을 느꼈을까요?
- 버즈의 이야기는 윌마가 길을 잃는 내용이었어요. 만약 여러분이 이야기를 써야 한다면 어떤 내용을 쓰고 싶나요?

버즈는 이야기 쓰기를 잘해요. 여러분이 잘하는 것들을 목록으로 적어보세요. 사소한 것들도 좋아요!

활동지 21의 목적은 아동이 자신이 가진 긍정적인 자질, 기술, 재능을 인식하도록 돕는 것이다. 모든 사람이 강점과 약점을 가지고 있다는 점을 이해하는 것이 중요하며, 이 연습에서는 버즈가 이야기를 쓰는 데 능숙하지만, 자신이 좋아하는 일조차도 끝까지 마무리하는 데 어려움을 겪는다는 예시를 통해 이를 소개한다. 이를 바탕으로 아동이 버즈의 경험을 자신의 강점과 어려움에 적용하여 스스로를 돌아볼 수 있도록 한다. 또한 이 연습은 어려운 일이라도 포기하지 않고 지속하는 것이 중요하며, 성취가 보상과 연결될 수 있다는 메시지를 전달함으로써 회복탄력성을 기르도록 한다.

아동에게 과제 활동지를 소리 내어 읽어주거나, 아동이 원한다면 함께 읽는다. 아동이 이야기를 이해했는지 확인한다. 버즈가 잘하는 것에 대해 이야기한다(예 : 모험을 상상하는 것, 이야기 쓰기, 선생님의 조언을 듣는 것, 어려운 과제를 끝낼 방법을 찾는 것). 또한 버즈가 어려워하는 것에 대해서도 논의한다(예 : 가만히 앉아 있기, 과제 마무리하기, 듣기). 아동에게 버즈가 이야기를 매일 조금씩 쓰는 이유를 생각해보도록 한다. 다양한 답변이 나올 수 있으며, 예를 들어 큰 과제를 수행하는 데 도움이 되거나, 더 작은 단계에 집중할 수 있거나, 부담을 덜 느낄 수 있기 때문이다. 아동의 답변을 정리하며, "맞아요, 버즈는 한 번에 조금씩 이야기 쓰는 것이 더 쉬웠을 거예요. 덜 산만해지고 과제를 끝낼 수 있었을 테니까요"라고 요약한다.

다음으로 아동에게 '자랑스럽다'는 것이 무엇인지 생각해보도록 한다. 이에 대해 탐색한 후 아동의 답변을 요약하여 "그래요. '자랑스럽다'는 건 자신이 한 일이나 노력한 것에 대해 정말 기쁘고 만족스러워하는 감정이에요"라고 정리해준다. 그런 다음 버즈가 왜 자랑스러움을 느꼈는지 아동이 생각해보도록 돕는다. 버즈는 자신의 성취에 대해 자랑스러워했을 뿐만 아니라, 다른 사람들의 피드백(예 : 버즈가 2등을 차지한 대회 심사위원들의 평가, 교실 벽에 그의 상장을 걸어준 선생님의 반응)도 영향을 미쳤다는 점을 강조한다. 이어서 "버즈는 이야기를 쓰고 상장을 받았기 때문에 자랑스러움을 느꼈어요. 비록 쉽지 않았지만 그는 과제를 수행하는 자신만의 최선의 방법을 찾았고, 결국 공모전에서 2등을 했어요. 다른 사람들도 버즈가 얼마나 열심히 노력했는지 알 수 있었어요"라고 설명한다.

그 후 아동이 자신의 상상력과 창의력을 발휘할 수 있도록 직접 자신만의 모험 이야기를 들려주도록 한다. 만약 아동이 무엇을 이야기해야 할지 모르는 것 같다면, "즉흥적으로 이야기를 만드는 것이 어려울 수도 있지만, 꼭 정답이 있는 것은 아니에요. 여러분이 원하는 주제로 자유롭게 이야기해보세요"라고 말하며 부담을 덜어줄 수 있다. 필요하다면 아동이 학교에서 있었던 일, 방학 때 있었던 일, 혹은 생일날의 경험 등을 떠올려보도록 유도한다. 이후 아동에게 자신이 잘하는 것들의 목록을 작성하도록 한다. 이 활동의 목표는 아동이 스스로 긍정적인 특성을 인식하고 공유할 수 있도록 돕는 것이다. 아동이 말하는 내용에 대해 호기심을 가지고 관심을 보이며, 다음과 같은 질문을 통해 더욱 깊이 탐색하도록 유도한다. 아동이 왜 자신이 이러한 활동이나 과제에 능숙하다고 생각하는지, 노력해서 잘하게 된 것인지, 연습을 통해 실력을 쌓은 것인지, 다른 사람들이 아동에게 어떤 말을 해주거나 행동을 통해 칭찬해준 경험이 있는지 질문한다. 이때 단순히 성취에만 초점을 맞추지 않고, '좋은 친구가 되는 것', '새로운 사람과 이야기하는 것', '집에서 도움을 주는 것'과 같은 무형의 강점도 포함할 수 있도록 한다. 또한 회기 활동 중 발견한 아동의 능력을 직접 언급하며 강조한다. 예를 들어 "선생님은 ○○이가 아이디어를 공유하는 것을 정말 잘한다고 생각해요. 그리고 색칠하고 활동지를 꾸미는 것도 참 잘하는 것 같아요"라고 말하며 아동의 장점을 구체적으로 칭찬한다.

회기에서 아동의 노력에 대해 칭찬한다. 이 활동지를 기반으로 홈미션을 설정하는 경우 아동에게 다음 사항을 요청한다.

1. 그림과 말풍선을 색칠해서 활동지를 꾸미거나 이야기 주제와 관련된 사진, 잡지, 만화 등의 그림을 추가해보기
2. 한 주 동안 자신이 잘하는 것들을 활동지에 추가하기
3. 부모/보호자 또는 교사에게 자신이 잘하는 것들을 목록으로 작성해달라고 요청하기
4. 자신만의 모험 이야기를 작성하여 다음 회기에 가져오기

홈미션을 설정했다면 부모/보호자에게 홈미션 기록지를 작성하도록 하고 다음 회기에서 검토할 수 있도록 파일에 넣을 것을 상기시킨다.

중간 휴식

휴식 시간은 2장에 설명한 대로 회기 내 적절한 시점에 제공해야 한다.

활동지 22. 버즈의 힘든 하루

활동지 설명

가끔 버즈는 모든 일이 다 잘못되는 것처럼 느껴요. 오늘도 속상한 기분이 들어서 엄마에게 자신이 학교에서 정말 열심히 노력하는데도 누구보다도 더 많이 혼나는 것 같다고 말했어요. 그러자 엄마는 그것이 '방해가 되는 생각'이며, 그런 생각을 하면 기분이 나아지지 않는다고 이야기했어요. 대신 그런 생각들과 싸우기 위해 '도움이 되는 생각'을 떠올려야 한다고

(계속)

활동지 22. 버즈의 힘든 하루(계속)

말했어요. 엄마는 버즈에게 예전에 이야기 공모전에서 2등을 했던 일과 선생님이 그의 상장을 교실 벽에 걸어두었던 일을 떠올려보라고 했어요. 그리고 버즈를 얼마나 사랑하는지, 그리고 그때 얼마나 자랑스러웠는지에 대해 말하며 버즈를 다독여주었어요. 엄마는 이런 것들이 '도움이 되는 생각'이라며, 앞으로도 더 많이 떠올려보라고 했어요. 버즈는 곰곰이 생각하다가 자신을 볼 때마다 꼬리를 흔들며 반겨주는 윌마를 떠올렸어요. 그리고 이번 주말에 엄마가 자기와 가장 친한 친구를 볼링장에 데려가줄 거라는 사실도 기억해냈어요.

활동지 프롬프트

- 활동지 그림에 버즈가 가진 '방해가 되는 생각'들이 있습니다. 도움이 되는 생각들을 추가해봅시다. 방해가 되는 생각은 빨간색으로, 도움이 되는 생각은 초록색으로 색칠하세요.
- 여러분도 가끔 힘든 하루를 보내나요? 무엇이 여러분을 기분 좋게 만들어주나요?

활동지의 가운데에 여러분의 이름을 적고, 다음에 힘든 하루를 보낼 때 기분을 나아지게 해줄 도움이 되는 생각들을 주변에 적어보세요.

활동지 22는 자존감 향상을 위한 활동으로, 부정적인 생각을 반박하고 긍정적인 기분을 유지할 수 있도록 돕는 긍정적인 사고방식을 아동에게 소개한다. 아동과 함께 버즈의 생각과 감정을 탐색하며, 버즈가 때때로 자신에 대해 부정적으로 느끼고, 이러한 생각들이 그의 자존감을 낮추는 데 영향을 주는 것에 대해 토론한다. 이 과정에서 아동은 부정적인 사고를 '방해가 되는 생각'으로 정의하고, 이를 '도움이 되는 생각'으로 대체해야 한다는 개념을 배우게 된다. '도움이 되는 생각'은 긍정적인 자기 진술을 통해 긍정적인 사고방식을 유지하고 동기부여를 돕는 전략이다. 이 활동에서는 아동이 '방해가 되는 생각'을 빨간색으로, '도움이 되는 생각'을 초록색으로 색칠하도록 한다. 이는 신호등의 '정지-출발'과 같은 시각적 단서와 일관되게 적용된다. 이를 통해 치료사는 아동이 자신에 대한 생각과 감정을 이야기하고, 스스로 적용할 수 있는 '도움이 되는 생각'을 목록으로 작성하도록 유도한다.

아동에게 과제 활동지를 소리 내어 읽어주거나, 아동이 원한다면 함께 읽는다. 아동이 이야기를 이해했는지 확인하고, '방해가 되는 생각'과 '도움이 되는 생각'의 개념을 제대로 이해했는지 확인한다. 아동에게 "두 가지 생각의 차이점이 무엇일까요?", "'도움이 되는 생각'을 하면 어떤 기분이 드나요?", "'방해가 되는 생각'을 하면 어떤 기분이 드나요?"와 같은 질문을 할 수 있다. 아동이 버즈 주변의 말풍선에 추가할 도움이 되는 생각을 떠올릴 수 있도록 도와준다. 활동지에 있는 예시를 사용할 수도 있지만, 아동이 회기에서 버즈에 대해 배운 다른 것들을 떠올려 활용할 수도 있다. 아동에게 '방해가 되는 생각'을 빨간색으로, '도움이 되는 생각'을 초록색으로 색칠하도록 요청한다. 만약 이 과정이 너무 많이 걸린다면, 말풍선 주위를 해당 색으로 테두리만 그리도록 할 수도 있다. 빨간색과 초록색의 연관성을 신호등에 빗대어 "이건 마치 신호등과 같아요. 빨간색은 방해가 되는 생각을 멈추라는 의미이고, 초록색은 도움이 되는 생각을 시작하라는 의미예요"라고 설명할 수 있다.

아동에게 안 좋았던 날이나 일이 잘 풀리지 않았던 순간을 떠올릴 수 있는지 물어본다. 그때 어떤 일이 있었는지 이야기해보도록 요청한다. 가능한 한 자세한 내용을 듣도록 하며, 그 과정에서 '방해가 되는 생각'이 있었는지, 있었다면 그것이 무엇이었는지도 함께 확인한다. 그다음 아동이 기분을 나아지게 하기 위해 무엇을 했는지 확인한다(예 : 누군가와 이야기하기, 휴식 취하기, 운동하기). 어떤 '도움이 되는 생각'을 떠올렸는지 묻고, 상황이 좋지 않을 때 기분을 나아지게 하는 방법이 무엇인지 탐색한다. 아동에게 "기대되는 일이 있나요?", "취미가 있나요?", "어떤 활동을 하나요?", "어떤 사람들은 장난감을 가지고 놀거나, 영상을 보거나, 누군가와 이야기하면서 기분을 나아지게 하기도 해요. 여러분도 이런 걸 하나요?"와 같은 질문을 하며 답을 유도할 수 있다. 이어서 아동이 누구와 자신의 감정에 대해 이야기할 수 있는지 물어본다. 그 사람이 누구인지에 대해 관심을 가지고 궁금해하며 알아본다. 그들이 해주는 말이 어떻게 도움이 되는지 묻는다. 그들이 문제를 해결해주는지, 단순히 들어주는지, 특별히 무언가를 해주는지(예 : 안아주기, 아동을 웃게 만들기, 안전하다고 느끼게 해주기) 등을 확인한다.

아동이 '방해가 되는 생각'/'도움이 되는 생각' 전략을 의식적으로 사용할 가능성은 낮다. 아동에게 자신만의 '도움이 되는 생각'을 떠올릴 수 있도록 도와준다. 활동지의 가운데에 자신의 이름을 적게 한 후 말풍선 안에 '도움이 되는 생각'을 적도록 한다. 이 문장은 구체적인 내용일 수도 있고(예 : "나는 받아쓰기를 10점 맞았어"), 일반적인 내용일 수도 있다(예 : "나는 친절해"). 이러한 문장은 "나는 ~을 잘해", "나는 ~하려고 노력해", "나는 ~을 할 수 있어", "사람들은 나를 ~하다고 말해" 등의 형태로 시작될 수 있다.

회기에서 아동의 노력에 대해 칭찬한다. 이 활동지를 기반으로 홈미션을 설정하는 경우 아동에게 다음 사항을 요청한다.

1. 그림과 말풍선을 색칠해서 활동지를 꾸미거나 이야기 주제와 관련된 사진, 잡지, 만화 등의 그림을 추가해보기
2. 활동지를 부모/보호자와 공유하고, 함께 더 많은 내용을 추가하기. 추가할 내용이 많아지면 새로운 활동지를 시작하기
3. 활동지에 자신의 이름 아래에 자신의 사진을 붙이거나, 자신의 그림

을 그리기

4. 활동지를 자기 방에 붙여두고, 다음에 힘든 하루를 보낼 때 읽으며 도움을 받기

홈미션을 설정했다면 부모/보호자에게 홈미션 기록지를 작성하도록 하고 다음 회기에서 검토할 수 있도록 파일에 넣을 것을 상기시킨다.

피드백 및 보상

회기가 끝나면 활동지 3의 보상 과제에서 확인한 적절한 보상을 적용해야 한다(예 : 아동이 긍정적인 자기 대화에 참여해야 한다). 피드백 및 보상에 대한 자세한 내용은 2장을 참조한다.

부모/보호자와 협력하기

이 절에서는 아동이 자신에 대해 긍정적인 생각과 감정을 형성할 수 있도록 부모/보호자가 지원하는 전략에 대해 논의한다. 부모/보호자는 자녀가 성취할 수 있는 것에 대해 현실적인 기대를 가지는 것이 중요하며, 그렇지 않을 경우 자녀를 실패로 이끌 수 있다. 이 장에서는 자녀가 기분이 저조하거나 무력감을 느낄 때 이를 지원할 수 있는 인지 및 행동 기법을 제시한다. 이러한 조기 개입은 아동이 우울증으로 빠지는 것을 예방하는 데 도움이 될 가능성이 크다. 또한 부모/보호자와 아동 간의 부정적인 상호작용의 악순환을 피하는 방법과 아동의 자존감을 높이기 위한 긍정적인 실천 방안도 함께 제시한다.

부모/보호자와 함께 작업할 때 치료사는 제안된 기술과 전략을 소개해야

한다. 가능하면 회기 중에 아동이 없는 상태에서 역할극을 통해 연습하고 시뮬레이션할 수 있다. 이후 회기에서 부모/보호자는 가정에서 이러한 기법을 어떻게 적용했는지 치료사에게 알려주어야 한다. 또한 기술이나 전략을 실행하는 과정에서 발생한 어려움이나 장애물을 논의하고 해결하는 것이 중요하다.

행동을 변화시키고 인지적인 기술을 향상시키기 위한 핵심 전략은 성공을 촉진할 만한 동기를 찾는 것이다. ADHD 아동은 더 크고 좋은 보상일지라도 장기적인 보상에 대한 만족 지연이 어렵기 때문에 즉각적인 보상에 더 잘 반응하는 경향이 있다. 성공에 대한 동기 부여(스티커판 사용 포함)와 부모/보호자와 협력하는 것과 관련된 일반적으로 적용할 수 있는 주제들은 2장에서 설명되어 있다. 기분 및 자존감 회기 진행과 관련된 보충 정보는 이 장에서 다룬다.

현실적인 기대

부모/보호자는 자녀의 능력, 기술 및 행동에 대해 현실적인 기대를 갖는 것이 중요하다. 이러한 기대는 상황에 따라 달라질 수 있으며, 예를 들어 피곤한 아동은 더 산만해지고 안절부절못하며, 평소에는 할 수 있는 일도 제대로 수행하지 못할 가능성이 높다. 부모/보호자와 대화하며, 자녀의 인지능력, 참여도 및 행동에 영향을 미칠 수 있는 요인들에 대해 논의해야 한다. 예를 들면 피로, 배고픔, 시간, 활동에 대한 흥미, 주변에 누가 있는지 등이 해당될 수 있다. 다음과 같은 질문을 해볼 수 있다.

> "자녀가 이전에는 그 일을 해낼 수 있었나요?", "얼마나 많은 지원이 필요했나요?", "어느 시점에서 어려움을 겪었나요?", "어려움을 극복하는

데 무엇이 도움이 되었나요?", "그때 혹은 그 상황에서 자녀의 능력에 영향을 미치는 요인에 대해 어떻게 이해하고 계신가요?", "자녀의 감정이나 기분이 현재 하고 있는 일에 어떤 영향을 미친다고 생각하시나요?"

이 과정을 통해 부모/보호자는 한 걸음 물러서서 시간을 가지고 자신의 기대를 되돌아보고 재고할 수 있도록 돕는다. 이를 통해 언제 자녀를 지원해야 하는지, 어떤 방식으로 도울 수 있는지, 실패와 우울한 기분을 어떻게 다뤄야 하는지, 그리고 부모와 자녀 간의 부정적인 사이클이 형성되는 것을 어떻게 예방할 수 있는지를 파악할 수 있다.

기분 저하에 주의하기

부모/보호자에게 자녀의 기분을 관찰하고(필요할 경우 기록하며), 특히 기분 저하가 며칠이나 지속되는지 주의 깊게 살펴보도록 안내한다. 자녀가 무기력해 보이거나, 위축되거나, 의욕이 부족하거나, 평소 즐기던 활동에 대한 흥미를 잃은 것처럼 보이는지 확인한다. 이를 극복하기 위해 긍정적인 자기 대화(도움이 되는 생각), 호흡 및 이완 운동, 수영이나 팀 스포츠와 같은 신체 활동, 그리고 즐거운 시간을 갖는 것이 도움이 된다. 호흡과 이완 운동은 'So I have ADHD'라는 심리교육 자료에 포함되어 있으며, 이는 심리학 서비스 웹사이트(www.psychology-services.uk.com/service-users.htm)에서 다운로드할 수 있다. 만약 자녀가 문제에 대해 속상해한다면 문제 해결 전략을 사용하여 그 문제를 해결하도록 격려해야 한다. 부모/보호자는 자녀와 함께 이 기법들을 연습하여 자녀가 자신의 기분을 조절할 수 있도록 도와야 한다. 이러한 기법을 자녀가 더 많이 연습할수록 점점 더 자연스러워진다는 점을 부모/보호자에게 상기시켜 주어야 한다.

아동이 배우고 성공할 수 있도록 돕기

부모/보호자는 여러 가지 방법으로 자녀가 배우고 성공할 수 있도록 도울 수 있다. 이를 위해서 자녀가 환경에 더 잘 적응할 수 있도록 지원하거나, 학습을 최대한 지원하고 기회를 극대화할 수 있도록 환경 자체를 변화시키는 것이 필요하다. 이 책에는 적용할 수 있는 다양한 전략들이 포함되어 있으며, 특히 핵심 증상 세 가지에 초점을 맞춘 4, 5, 6장의 내용이 매우 유용할 수 있다.

부정적인 피드백 피하기

부모/보호자에게 자녀에 대해 이야기할 때 어떤 표현을 쓰는지 스스로 생각해보도록 독려하고, 자녀의 강점과 어려움에 대해 이야기하도록 유도한다. 만약 부정적인 표현이 많고, 자녀의 기술과 강점에 대한 긍정적인 대화보다 '문제 중심적인 대화'가 더 많은 경우, 이는 반드시 조정되어야 한다. 마찬가지로 노력보다 성공에 지나치게 초점이 맞춰져 있다면, 이를 균형 있게 조정해야 한다. 이러한 메시지는 아동이 스스로를 어떻게 인식하고 무엇을 중요하게 여기는지에 영향을 미친다. 만약 아동이 부모가 자신을 '문제'로 여긴다고 생각한다면, 실제로 부모가 아동을 그렇게 생각하고 있을 가능성이 높다. 부모/보호자에게 아동과 아동의 행동이 항상 동일한 것은 아니라는 점을 상기시켜야 한다. 부모/보호자는 아동에 대한 부정적인 논의가 아동에게 들리지 않도록 주의해야 한다.

아동의 노력을 칭찬하기

부모/보호자에게 가장 중요한 역할 중 하나는 아동이 노력하는 모습, 해야 할 일을 수행하는 행동, 감정을 조절하는 태도 및 긍정적인 특성을 보일 때 이를 알아차리고, 언급하며, 칭찬하는 것임을 상기시켜야 한다. 부모/보호자에게 원하는 행동이 나타난 직후 즉시 칭찬하도록 권장해야 한다. 이는 칭찬의 효과를 극대화하고 긍정적인 행동을 강화하는 데 도움이 된다. 또한 부모/보호자가 '구체적인' 방식으로 칭찬하도록 유도해야 한다. 이렇게 하면 아동이 구체적인 행동과 칭찬을 명확하게 연관 짓는 데 도움이 된다. 예를 들어 "가게에서 참을성 있게 기다렸구나. 잘했어"와 같이 말하는 것이 좋다. 부모/보호자는 아동이 스스로를 칭찬하도록 격려할 수도 있다. 아동은 긍정적인 말을 마음속으로 되새기거나 소리 내어 말할 수 있다. 또한 칭찬이 지나치게 자주 사용되거나 부적절하게 제공되어 그 가치를 잃지 않도록 균형을 맞추는 것이 중요하다.

긍정적인 환경 조성하기

아동은 따뜻하고, 수용적이며, 지지적인 사람들로 둘러싸여 있을 때 더욱 잘 성장하며, 이를 통해 삶을 이해하고 자신의 경험과 감정을 인정받을 수 있다. 부모/보호자와 아동이 긍정적인 환경을 최대한 조성할 필요가 있다는 점을 논의해야 한다. 부모/보호자가 때때로 압도되거나 스트레스를 느끼는 것은 드문 일이 아니다. 따라서 부모/보호자가 스스로를 위한 시간을 갖도록 격려하고, 필요하다면 자신의 문제나 감정을 다루거나 다른 사람으로부터 정서적 또는 실질적인 지원을 받을 수 있도록 돕는 것이 중요하다. 궁극적인 목표는 가족이 함께 보내는 시간을 보다 긍정적인 경험으로 가득 채우는 것이다.

지역사회 활동

부모/보호자는 자녀가 지역사회 활동에 참여하도록 격려해야 하며, 이를 통해 아동의 관심사를 확장하고, 사회적 기술을 발달시키며, 다양한 사회적 관계망을 형성할 수 있는 기회를 극대화할 수 있도록 돕는 것이 중요하다.

부모/보호자가 무엇을 할 수 있나요?

표 12.1에는 가정에서 실행할 수 있는 전략 목록을 포함한 접근 방식이 요약되어 있다. 전략의 효과를 극대화하기 위해 가능하다면 교사와 논의하여 가정과 학교에서 모두 실행하는 것이 도움이 된다. 많은 부모/보호자와 교사들은 '알림장'을 사용하는 것이 정보를 공유하는 효율적인 방법이라고 생각한다(2장 참조).

영-스미스 프로그램 진행에 대한 중요한 배경 정보에 대해서는 2장을 참고할 수 있다. 어린 자녀의 경우 부모/보호자가 아이와 각 주제에 권장되는 활동지를 함께 해보는 시간(약 45~60분)을 따로 마련하는 것이 좋다. 각 장의 '인지행동치료'에 지침이 기술되어 있다. 버즈와 그의 가족을 소개하는 활동지는 3장에 요약되어 있다. 나이가 많은 아동(예 : 12세 이상)의 경우 필요하다면 버즈 활동지를 생략하고 대신 아동에게 직접 주제를 소개하고 활동지의 토론 프롬프트를 사용하여 이를 아동의 경험에 적용하고 제안된 전략에 대해 토론할 수 있다. 홈미션을 설정하고 자녀가 이를 완수하도록 지원한다. 자주 피드백을 주고 칭찬하는 것을 잊지 말아야 한다. 스티커판(2장 참조)을 만들어 눈에 잘 띄는 곳에 붙여두고 매일 사용할 수 있도록 한다.

표 12.1 기분과 자존감을 위한 가정 내 전략

현실적인 기대
- 자녀에 대한 기대가 현실적인지 시간을 두고 고려해보기
- 자녀가 더 많은 어려움을 겪는 특정 시간이 있는지 자문해보기(예 : 피곤할 때, 특정 시간대, 특정 사람들과 있을 때)
- 언제, 어떻게 개입하는 것이 최선일지 파악하기

기분 저하에 주의하기
- 기분 저하가 지속된다면 자녀의 활동과 행동을 기록하기
- '생각 온도계' 또는 '감정 온도계'를 사용하여 자녀가 기분을 어떻게 느끼는지 측정하도록 도와주기
- 자녀가 긍정적인 자기 대화(도움이 되는 생각)를 사용할 수 있도록 유도하기
- 자녀가 신체 활동에 참여하도록 격려하기
- 자녀가 위축되거나 눈물을 흘리거나 무가치함을 표현하거나 자해 의도를 보인다면 의사에게 상담받기
- 자녀에게 호흡 및 이완 운동을 소개하고, 함께 연습하기

아동이 성공하고 배우도록 돕기
- 이 책의 관련 장에서의 전략을 복습하기. 특히 핵심 증상에 대한 전략(4, 5, 6장)을 복습하기

부정적인 피드백 피하기
- 자녀가 자신에 대해 부정적인 이야기를 듣지 않도록 하기
- 건설적인 피드백하기
- 건설적인 피드백과 긍정적인 피드백을 균형 있게 제공하기
- 자녀가 문제가 아니라, 자녀는 해결해야 할 문제를 가지고 있는 것임을 기억하기

아동의 노력을 칭찬하기
- 성취뿐만 아니라 노력을 칭찬하기
- 볼 때마다 즉시 칭찬하기
- 작은 자녀의 성취도 눈여겨 보기
- 칭찬은 정확하고 구체적으로 하기. 무엇을 위해 칭찬하는지 구체적으로 말하기
- 목표를 설정하여 매일 세 번 자녀를 칭찬하기

긍정적인 환경 조성하기
- 자신을 위한 시간을 가지기
- 함께 즐거운 시간을 보내기

지역사회 활동
- 자녀가 모임에 가입하도록 격려하여 기술과 사회적 네트워크를 최대화하기

교사 및 학교와 협력하기

자신의 행동이나 학업 노력에 대해 자주 부정적인 피드백을 받는 것은 아동에게 상처가 될 수 있으며, 일부 아동은 이에 따라 기분이 저하되고 자존감이 낮아질 수 있다. 이 절에서는 교사가 아동의 회복력과 대처 능력을 키울 수 있도록 돕고, 긍정적인 자존감을 형성하도록 지원할 수 있는 전략을 제시한다. 만약 교사가 부모/보호자의 기대와 아동의 능력 간의 불일치 또는 부정적인 상호작용의 반복을 관찰한다면 이를 해결해야 한다. 또한 아동의 기분이 저하되거나 무력감을 느낄 때 지원하고, 자존감을 향상시킬 수 있도록 돕는 인지 및 행동 기법을 소개한다. 이러한 조기 개입은 아동이 우울감에 빠지는 것을 예방하는 데 도움이 될 가능성이 높다.

학교에서 아동들은 기술을 익히고, 배우며, 발전해야 한다. ADHD 아동에게 가장 효과적인 성공 접근법은 학습 과정이 적절한 휴식, 다양한 교수 도구, 그리고 재미있는 활동과 균형을 이루는 것이다. 따라서 교사들은 학업 활동과 과외 활동 사이에서 균형을 유지하도록 돕고, 필요할 경우 교육심리학자나 특수교사의 도움을 받아 지원이나 지도를 제공하는 것이 좋다. 이는 특히 서론에서 설명된 심각한 우울 증상과 낮은 자존감을 보이는 아동에게 더욱 중요하다.

교사와 학교는 이미 영-스미스 프로그램에 소개된 여러 개입을 지원하는 구조를 갖추고 있을 가능성이 높다. 따라서 부모/보호자와 교사가 성공 사례와 전략을 공유하며 통합된 전략을 장려할 수 있도록 하는 것이 유용하다. 개입 과정에서 발생할 수 있는 장애물이나 어려움을 해결하기 위해 기술이나 전략을 아동에게 보다 효과적으로 적용할 수 있도록 조정하는 방법을 고민하는 것이 중요하다. 아동의 성공을 촉진하는 동기 부여 방법과 교사 및 학교와 협력하는 데 필요한 일반적인 내용은 2장에서 다루며, 기분과 자존감 회기를 제공하는 것과 관련된 보충 정보는 이 장에서 구체적으로 설명한다.

현실적인 기대

'부모/보호자와 협력하기'의 '현실적인 기대' 부분을 참고하는 것이 유용할 수 있으며, 거기에 설명된 동일한 기법을 교사들과의 작업에서도 적용할 수 있다. 일부 아동은 교육 심리학자 또는 특수교사의 평가와 지도를 위해 의뢰가 필요할 수 있으며, 이는 아동의 인지적 결함 또는 행동에 대한 이해를 돕는다. 이러한 과정은 교수 방법 또는 교육과정을 조정하는 것을 요구할 수 있다. 또한 교사는 부모/보호자가 학업적 기대를 재조정하도록 돕는 역할을 해야 할 수도 있다.

기분 저하에 주의하기

도달할 수 없는 목표를 이루려고 노력하는 아동은 쉽게 낙담할 가능성이 크다. 만약 그들이 실패하고 있다고 느끼거나, 다른 사람을 실망시키고 있다고 생각하거나, 자신이 충분히 잘하지 못한다고 믿는다면, 이는 기분 저하로 이어질 수 있으며, 더 나아가 우울증으로 악화될 위험이 있다. 부모/보호자와 마찬가지로 교사도 아동의 기분을 주의 깊게 관찰하고(필요한 경우 기록하며), 특히 며칠 동안 지속되는 기분 저하가 있는지 확인해야 한다. 학교에서 아동의 행동 변화가 관찰되었을 때, 즉 아동이 더 무기력해 보이거나, 위축되거나, 의욕이 부족하거나, 평소 즐기던 활동에 흥미를 잃은 모습이 나타날 경우 교사는 부모/보호자와 연락하여 가정에서도 동일한 모습이 관찰되는지 확인해야 한다. 도움이 될 수 있는 전략으로는 아동이 긍정적인 자기 대화(도움이 되는 생각)를 적용하도록 돕고, 신체 활동에 참여하도록 유도하는 것이 있다.

부정적인 상호작용 주의하기

교사는 부모/보호자 또는 교사와 아동 간의 부정적인 상호작용을 주의 깊게 관찰해야 하며, “그 아이는 항상 X를 해” 또는 “그 아이는 절대 X를 못해”와 같은 부정적인 일반화된 표현이 사용되는지를 살펴야 한다. 이러한 표현이 아동의 자존감에 미칠 수 있는 부정적인 영향을 교사들이 인식하도록 돕고, 부모/보호자와 대화하거나 서면으로 소통할 때 이를 어떻게 다룰 수 있을지 논의해야 한다. 교사들이 이러한 상황을 효과적으로 대처할 수 있도록 연습하는 것도 도움이 될 수 있다. 또한 교사는 특정한 상황적 맥락을 고려하여 민감하게 접근해야 하며, 판단적이거나 비난하는 표현을 피해야 한다. 예를 들어 아동의 행동을 지적할 때 단순히 문제를 나열하는 것이 아니라, 해결책을 모색할 수 있도록 유도하는 방식이 필요하다. 예를 들면 다음과 같다.

> “○○이가 항상 무례하고 참을성이 없다고 말씀하셨었죠. ○○이가 아마 친구들은 상황에 따라 잘 기다릴 수 있다는 것을 알고 있어서 그렇지 못한 자신에 대해 나쁘게 느끼는 것 같습니다. 저는 수업에서 ○○이가 질문에 답할 차례를 기다리려고 정말 노력하는 모습을 보았어요. 비록 어려워하기는 하지만, 아동이 노력하고 있다는 것을 우리가 알고 있다고 인정해주고, 노력한 것에 대해 칭찬해주는 것이 좋을 것 같습니다.”

아동이 배우고 성공할 수 있도록 돕기

교사는 학교 환경에서 아동이 더 잘 대처할 수 있도록 작은 변화를 만들어 학습 기회를 최대화할 수 있다. 적용할 수 있는 많은 전략이 있으며, 특히 4, 5, 6장에서 다루는 세 가지 핵심 증상에 중점을 둔 전략들이 도움이 될 수 있다.

아동의 노력을 칭찬하기

칭찬과 보상은 종종 눈에 보이는 성과에 대해 제공되는 교실 내 기법이다. ADHD 아동이 칭찬과 보상을 받을 수 있도록 하려면 아동이 계획 과정이나 결과를 고려하는 사고 과정을 시도할 때와 같이 보이지 않는 노력도 잘 관찰하여 칭찬해야 한다. 교사는 아동이 스스로를 칭찬하도록 격려할 수도 있다. 아동이 마음속으로 긍정적인 말을 하거나 소리 내어 말하도록 유도하면, 이는 아동이 과제에 집중하도록 동기를 부여하는 데 도움이 된다.

방과 후 활동

학교에서는 종종 아동이 참여할 수 있는 다양한 방과 후 활동이 제공되며, 교사는 아동이 새로운 기술을 개발하고 연습할 수 있도록 적절한 활동을 추천할 수 있다. 예를 들어 체스 클럽에 가입하면 집중력, 계획 수립, 전략적 사고 능력을 키우는 데 도움이 될 수 있고, 축구나 농구 클럽에 참여하면 팀워크 능력을 향상시킬 수 있다. 또한 토론 클럽에 가입하면 경청하는 법과 차례를 지키는 기술을 익히는 데 도움이 된다. 이러한 활동은 아동이 다양한 환경에서 사회적 기술을 연습할 기회를 제공하기도 한다. 이는 다른 사람들과의 관계 속에서 긍정적인 자아감을 유지하는 데 중요한 요소가 될 수 있다. 예를 들어 한 아동이 학업 과목에서 어려움을 겪을 수 있지만, 넷볼 팀의 주장이 될 수도 있다. 교사와 함께 아동이 다른 사람들에게 가치 있는 존재로 느낄 수 있도록 돕는 방법을 논의해야 한다. 예를 들면 아동에게 자신의 긍정적인 특성을 상기시키고, 사회적 단서를 활용하도록 유도하며, 긍정적인 결과를 얻을 수 있도록 대인관계 갈등을 중재하는 방법이 포함될 수 있다.

교사가 무엇을 할 수 있나요?

표 12.2에는 학교에서 시행할 수 있는 전략 목록을 포함하여 교사를 위해 제안된 접근 방법들이 요약되어 있다. 전략의 효과를 극대화하기 위해 가능하다면 부모/보호자와 논의하여 가정과 학교에서 유사하거나 보완적인 전략을 실행하는 것이 도움이 된다. 대부분의 교사와 부모/보호자는 '알림장'을 사용하는 것이 정보를 공유하는 효율적인 방법이라고 생각한다(2장 참조).

영-스미스 프로그램 진행에 대한 중요한 배경 정보를 제공하는 2장을 읽어볼 것을 권유한다. 교사에게 아동과 함께 구체적인 활동지를 검토할 시간이 없을 가능성이 높지만, 부모/보호자가 이를 수행할 수 없는 경우 특수 교사와 이를 논의하는 것이 도움이 될 수 있을 것이다. 이를 실행하는 방법에 대한 지침은 각 장의 '인지행동치료'에서 확인할 수 있다. 버즈와 그의 가족을 소개하는 활동지는 3장에 요약되어 있다. 나이가 많은 아동(예 : 12세 이상)의 경우 필요하다면 버즈 활동지를 생략하는 대신 아동에게 직접 주제를 소개하고 활동지의 토론 프롬프트를 사용하여 이를 아동의 경험에 적용하고 전략에 대해 토론할 수 있다. 홈미션을 설정하고 아동이 이를 완수하도록 지원해주는 것이 좋으며, 자주 피드백을 주고 칭찬하는 것을 잊지 말아야 한다. 스티커판을 사용하는 경우(2장 참조), 부모/보호자가 정기적으로 검토할 수 있도록 '알림장'에 기재할 수 있다.

표 12.2 기분과 자존감을 위한 학교 내 전략

현실적인 기대
- 아동에 대한 기대가 현실적인지 시간을 두고 고려해보기
- 아동이 더 많은 어려움을 겪는 특정 시간이 있는지 자문해보기(예 : 피곤할 때, 특정 시간대, 특정 사람들과 있을 때)
- 언제, 어떻게 개입하는 것이 최선일지 파악하기
- 필요할 경우 교육 전문가의 조언과 지침받기

기분 저하에 주의하기
- 기분 저하가 지속된다면 아동의 활동과 행동을 기록하기
- 아동의 기분과 감정에 대해 아동의 부모/보호자와 이야기하기
- '생각 온도계' 또는 '감정 온도계'를 사용하여 아동이 기분을 어떻게 느끼는지 측정하도록 도와주기
- 아동이 긍정적인 자기 대화(도움이 되는 생각)를 사용할 수 있도록 유도하기(3장 참조)
- 아동이 위축되거나 눈물을 흘리거나 무가치함을 표현하거나 자해 의도를 보인다면 부모/보호자와 교사 간의 공동 회의를 열어 우려 사항을 논의하기

부정적인 상호작용 주의하기
- 아동과 부모/보호자 간의 부정적인 상호작용에 주의하기
- 부모/보호자가 아동에 대해 부정적인 일반화된 진술을 사용하는지 살펴보기
- 부모/보호자와의 상호작용에 대해 비판적이지 않거나 비난하지 않는 방식으로 논의하기

아동이 성공하고 배우도록 돕기
- 이 책의 관련 장에서 전략을 복습하기. 특히 핵심 증상에 대한 전략(4, 5, 6장)을 중점적으로 다루기

아동의 노력을 칭찬하기
- 성취뿐만 아니라 노력을 칭찬하기
- 볼 때마다 즉시 칭찬하기
- 작은 아동의 성취도 눈여겨보기
- 칭찬은 정확하고 구체적으로 하기. 무엇을 위해 칭찬하는지 구체적으로 말하기
- 목표를 설정하여 매일 세 번 아동을 칭찬하기

방과 후 활동
- 아동이 적절한 방과 후 활동에 참여하여 기술을 최대한 습득하고, 사회적 네트워크를 확장할 수 있도록 격려하기

교직원 협력
- 모든 교직원이 아동에게 어떤 전략이 사용되고 있고 그 이유가 무엇인지 이해하기

참고문헌

Beck, A. T., Rush, A. J., Shaw, B. F., & Emery, G. (1979). *Cognitive therapy of depression*. New York: Guilford Press.

Chorpita, B. F., Yim, L., Moffitt, C., Umemoto L. A., & Francis, S. E. (2000). Assessment of symptoms of DSM-IV anxiety and depression in children: A Revised Child Anxiety and Depression Scale. *Behaviour Research and Therapy, 38*(8), 835–855.

Coopersmith, S. (1967). *The antecedents of self-esteem*. San Francisco: W. H. Freeman.

Goodman, R. (1997). The strengths and difficulties questionnaire: A research note. *Journal of Child Psychology and Psychiatry and Allied Disciplines, 38*(5), 581–586.

Miller, S. D., & Duncan, B. L. (2000). *The Outcome Rating Scale*. Chicago, IL: Authors.

Rosenberg, M. (1965). *Society and the adolescent self-image*. Princeton, NJ: Princeton University Press.

Sexias, M., Weiss, M., & Müller, U. (2012). Systematic review of national and international guidelines on attention deficit hyperactivity disorder. *Journal of Psychopharmacology, 26*(6), 753–765.

Young, S., Bramham, J., Gray, K., & Rose, E. (2008). The experience of receiving a diagnosis and treatment of ADHD in adulthood. A qualitative study of clinically referred patients using Interpretative Phenomenological Analysis. *Journal of Attention Disorders, 11*(4), 493–504.

찾아보기

|기타|

지은이

Susan Young

런던 임페리얼칼리지 정신건강센터의 법의학 임상심리학 분야의 임상 선임 강사이며, 아이슬란드 레이캬비크대학교의 초청 교수이다. 브로드무어병원의 자문 심리학자로 명예 계약을 맺었으며, 웨스트런던정신건강신탁(West London Mental Health Trust)에서 법의학 연구 및 개발 책임자로 활동하고 있다. 또한 ADHD를 가진 청소년과 성인의 평가와 치료, 그리고 정신질환이나 정신장애를 가진 범죄자의 평가와 치료에 관해 풍부한 임상 경험을 보유하고 있다. 과거에는 모즐리병원에서 임상신경심리학자로 근무하며, 영국 최초로 성인 ADHD 서비스 분야에서 신경심리학 서비스를 정착시키고 발전시켰다.

2007년과 2013년에는 영국 정신약리학회(British Association of Psychopharmacology) 합의 회의에 참여하여 아동, 청소년, 성인 ADHD 관리 지침을 개발했으며, NICE (National Institute for Health and Clinical Excellence)의 ADHD 임상 지침 개발 집단(2008; 2013)의 일원으로 아동과 성인의 심리치료, 전환 과정, 그리고 성인 ADHD 진단 및 치료에 필요한 임상 절차와 서비스에 대한 전문가 지침 제공에 기여했다. Young 교수는 영국의 ADHD 파트너십(www.UKADHD.com)의 회장이자, 성인 ADHD 네트워크(www.UKAAN.org)의 부회장이며, 성인 ADHD 유럽 네트워크(www.eunetworkadultadhd.com)의 회원, 그리고 ADHD 재단(www.adhdfoundation.org.uk)의 이사로 활동하고 있다.

과학저널에 100편 이상의 논문을 발표했으며, 3개의 심리학적 중재 프로그램과 3권의 책을 저술했다. 그녀의 저서는 아이슬란드어, 스웨덴어, 덴마크어, 히브리어, 스페인어, 카탈루냐어, 폴란드어, 중국어, 일본어, 프랑스어, 이탈리아어, 포르투갈어, 네덜란드어, 튀르키예어로 번역되었다.

Jade Smith

소아 및 아동 정신건강 서비스 분야의 임상심리학자로, 신경발달장애와 정신건강 문제를 가진 청소년을 대상으로 한 평가와 치료 개입에 풍부한 경험을 보유하고 있다. 영국 전역의 커뮤니티 및 보호시설에서 근무한 경력이 있으며, 사우스런던앤모즐리 NHS 신탁재단(South London & Maudsley NHS Foundation Trust)의 국가 및 전문 아동 정신건강 서비스에서도 근무한 경험이 있다. 또한 아동 서비스 내에서 ADHD 치료 경로를 성공적으로 개발했다.

신경발달학적인 차이를 지닌 청소년과 그 가족의 접근성을 높이기 위해 근거 기반 치료법을 지속적으로 적용하고 있으며, 인지행동치료(CBT), 체계적 치료, 대인관계 치료 등 다양한 모델을 활용하고 있다. Smith 박사는 다수의 논문을 발표했으며, 영국의 ADHD 파트너십(www.UKADHD.com)의 교육위원회 위원으로 활동하고 있는 동시에, 아동 건강을 위한 임상 평가 도구와 국가 교육 자료 개발에도 기여하고 있다.

옮긴이

김지연

이화여자대학교 심리학과 박사

현 아이코리아 아동발달교육연구원 원장
　한양대학교 아동심리치료학과 겸임교수
　서울여자대학교, 서울사이버대학교 출강
전 중구 아이존 센터장

보건복지부 공인 정신건강임상심리사 1급
한국발달심리학회 공인 발달심리사 1급 및 수련감독자
한국발달지원학회 공인 놀이심리사 1급 및 수련감독자

권윤정

이화여자대학교 심리학과 박사 수료

현 아이코리아 아동발달교육연구원 수석연구원
　가톨릭대학교 상담심리대학원 아동심리학과 출강
전 하이토닥 아동발달심리센터 부소장
　중구아이존 센터장

보건복지부 공인 정신건강임상심리사 1급
한국임상심리학회 공인 임상심리전문가
한국발달심리학회 공인 발달심리사 1급
한국발달지원학회 공인 놀이심리상담사 1급

정재은

이화여자대학교 아동학과 박사 수료

현 마이온차일드(MyOwnChild) 대표
　아이코리아 아동발달교육연구원 심리영역 연구원

여성가족부 공인 청소년상담사 2급
보건복지부 공인 보육교사 2급